왕생요집

수행과 구원의 서사

겐신[源信] 지음
김성순 옮김

왕생요집

수행과 구원의 서사

겐신[源信] 지음
김성순 옮김

불광출판사

열한 번째, 혹은 첫 번째

『무량수경』 상권에서는 나무아미타불 염불을 "열 번 정도" 하면 극락에 왕생할 수 있다고 하였으며, 그 하권에서는 "한 번"만 외워도 극락에 왕생할 수 있다고 하였습니다. 그래서 너무 쉽다고, 사람들은 이행도(易行道)라 부릅니다. 대승불교의 아버지라는 용수(龍樹)보살 때부터 그랬습니다. 『십주비바사론』 「이행품」에서 이행도를, 배를 타고 물길을 가는 것에 비유하였습니다. 지금이야 물길보다는 자동차를 타고 가는 육로가 더욱 쉬운 길인지 알 수 없지만, 옛날에는 물길이 쉬웠습니다. 바람만 잘 만나면 편하게 갈 수 있었기 때문입니다.

그런데 그렇게 쉬운 길이라 해도, 문제는 쉽게 "나무아미타불"이라는 염불이 입에 붙지 않습니다. 믿지 못해서입니다. 극락세계를 믿지 못하고, 아미타불을 믿지 못합니다. 저 역시 그랬습니다. 『아미타경』에서 "믿기 어려운 법"이라고 말한 것도 다 이유가 있었던 것입니다.

그렇다면, 어떻게 믿음을 일으킬 수 있을까요? 저의 경우를 비추어 본다면 믿음을 일으키는 데에는 정토의 법문을 듣는 것 외에는 길이 없었습니다. "듣는다"는 말은 직접 어떤 설법이나 강의를 듣는 것을 뜻합니다. 그런데 현재 우리나라 불교 형편에서는, 참으로 유감스럽게도, 극락이나 아미타불 이야기를 듣기가 쉽지 않습니다. 그래서 그 대안으로 책을 읽어야 합니다. 읽는 것도 듣는 것입니다.

그렇다면 어떤 책을 읽어야 할까요? 오늘 저는 이 자리를 빌려서, 제가 10여 년 정토불교를 공부해 오면서 마음속으로 정리해 본 "정토불교 필독서 목록 15"를 밝히고자 합니다. 다음과 같습니다.

    1. 『무량수경』

    2. 『아미타경』

    3. 『관무량수경』

    4. 『십주비바사론』「이행품」

    5. 『정토론』(=『왕생론』)

    6. 『정토론주』(=『왕생론주』)

    7. 『안락집』

    8. 『관무량수경소』

    9. 『무량수경종요』

    10. 『무량수경연의술문찬』

    11. 『왕생요집』

책 이름만 적어 두었습니다. 물론 이외에도 좋은 법문, 좋은 책, 읽어야 할 책들이 수도 없이 많이 있습니다. 그래서 이 목록은 '최소한'입니다. 적어도 이 정도는 읽자는 것입니다.

이러한 책들을 우리말로 번역하고, 또 강의록을 쓰는 것 등도 중요합니다. 이미 그렇게 되어 있는 것도 있고, 아직 안 된 것도 있습니다. 저 역시 아직 못 읽은 책도 있습니다. 읽었다 해도 거듭거듭 곱씹어야 할 책들입니다.

그중에서 이번에『왕생요집』이 번역되었습니다. 참으로 기쁜 일이 아닐 수 없습니다.

역자이신 김성순 선생님은 동아시아 천태종의 염불결사에 대한 연구로 박사학위를 취득한 연구자입니다. 그 논문 속의 한 장(章)이 바로 『왕생요집』의 저자 겐신[源信, 惠心僧都] 스님의 결사운동에 관한 것이었습니다. 그러므로 가장 적절한 번역자라고 생각합니다. 덕분에 저로서도 『왕생요집』을 비로소 다 읽어 보게 되었습니다. 감사드립니다.

끝으로『왕생요집』이 열한 번째에 자리하고 있습니다. 그렇지만 동시에 첫 번째가 되어도 좋다고 봅니다. 왜냐하면 『왕생요집』 자체에서 저자인 겐신 스님이 이미 말하고 있습니다만, 첫 번째 『무량수경』에서 열 번째 경흥 스님의 『무량수경연의술문찬』까지, 그 중요한 부분들을 모두 다 집대성했기 때문입니다. 열 권의 책들을 다 읽기 힘들다는 점을 생각하면, 우선 이 『왕생요집』부터 읽는 것도 방법입니다. 그래서 첫 번째라고 하였던 것입니다.

그 이전의 책들에 등장하는 중요한 글들을 다 정리하여 편집함으로써 그 뒤에 오는 책들의 길잡이가 되었습니다. 일본의 옛 스님이 쓰신 책이지만, 일본적인 것은 거의 나오지 않습니다. 안심하시고 읽으셔도 좋습니다. 원효 스님, 경흥 스님은 물론 신라 스님들의 책으로부터도 많은 인용이 되고 있습니다. 그만큼 보편성이 있는 책이라고 말씀드릴 수 있을 것입니다.

부디 일독을 하셔서 정토에 대하여 믿음을 일으키고, 입으로 "나무아미타불" 염불을 할 수 있기를 바랍니다. 이 책과 인연이 닿은 우리 모두 말입니다.

귀한 책을 출판해 주시는 불광출판부에도 박수를 보냅니다.

나무아미타불.

김호성 / 동국대학교 교수

목차

권상(卷上)

권중(卷中)

권하(卷下)

극락왕생을 위한 가르침과 수행이라는 것은, 탁세·말법 시대의 사람들을 깨달음의 길로 인도하는 눈과 발이다. 출가자와 재가자, 귀하고 천한 자, 뉘라서 귀의하지 않겠는가. 그러나 현밀(顯密)의 교설이 같지 않으니, 사관(事觀)과 이관(理觀)의 실천도 여러 가지로 다양하다.

지혜가 뛰어나고 정진하는 사람이라면 어려움이 없겠지만, 나처럼 완고하고 둔한 사람이라면 어찌 엄두가 나겠는가. 이 때문에 염불의 법문 한 가지에 의지하여 그 경론의 요체를 설하는 문장을 모은 것이다. 이 책을 읽고, 염불 수행하면 이해하기 쉽고, 실천하기도 쉬울 것이다.

이 책은 총 십문(十門)으로 되어 있으며, 세 권으로 나뉜다. 첫째, 염리예토(厭離穢土), 둘째, 흔구정토(欣求淨土), 셋째, 극락증거(極樂證據), 넷째, 정수염불(正修念佛), 다섯째, 조념방법(助念方法), 여섯째, 별시염불(別時念佛), 일곱째, 염불이익(念佛利益), 여덟째, 염불증거(念佛證據), 아홉째, 왕생제업(往生諸業), 열째, 문답요간(問答料簡)이다.

이 책을 가까이에 두고 항상 잊지 않도록 하라.

제
1

염리예토
厭離穢土

삼계(三界)[1]는 편안함이 없는 곳이니, 가장 싫어하고 멀리할 만한 곳이다. 이제 그 모습을 모두 일곱 가지로 밝히고자 한다. 첫째, 지옥, 둘째, 아귀, 셋째, 축생, 넷째, 아수라(阿修羅), 다섯째, 인(人), 여섯째, 천(天), 일

1　욕계(欲界)·색계(色界)·무색계(無色界)를 말한다. 미혹됨으로 인해서 생사윤회를 반복하는 세계이다. 욕계는 음욕과 식욕의 이욕(二欲)을 지닌 자가 머무르는 곳이며, 지옥·아귀(餓鬼)·축생·이수라(阿修羅)·인(人)·천(天)의 육도로 이루어진다. 욕계의 천(天), 즉 신들의 세계인 사천왕천(四天王天)·도리천(忉利天)·야마천(夜摩天)·도솔천(兜率天)·화락천(化樂天)·타화자재천(他化自在天)을 육욕천(六欲天)이라 한다. 색계는 이욕을 떠난 자가 머무르는 곳이며, 정묘한 물질[色]로 이루어져 있다. 선정의 심천(深淺)에 따라 4등급으로 이루어지기 때문에 사선천(四禪天)으로 불리며, 16천~18천으로 세분된다. 무색계는 물질의 속박을 떠난 청정한 정신세계이며, 사무색정(四無色定)을 닦은 자가 머무르는 곳이다. 무색계의 최고처인 비상비비상처를 유정천(有頂天)이라 한다. 욕계의 육천, 색계의 십팔천, 무색계의 사천을 합쳐서 삼계이십팔천(三界二十八天)이라고 부른다. 『구사론(俱舍論)』 권8 「분별세품(分別世品)」 참조.

곱째, 총결(總結)이다.

제1. 지옥도(地獄道)

지옥은 또한 여덟 가지로 나뉜다. 첫째, 등활(等活), 둘째, 흑승(黑繩), 셋째, 중합(衆合), 넷째, 규환(叫喚), 다섯째, 대규환(大叫喚), 여섯째, 초열(焦熱), 일곱째, 대초열(大焦熱), 여덟째, 무간(無間)이다.

1. 등활²지옥(等活地獄)

등활지옥은 이 염부제 아래 1천 유순(由旬)³이 되는 곳에 있으며, 넓이가 1만 유순이다. 이 지옥 안의 죄인들은 항상 서로 해칠 마음을 품고 있다. 서로 마주치면 마치 사냥꾼이 사슴을 만난 듯 각자 서로 쇠 손톱으로 붙잡고 할퀸다. 피와 살이 다하면 오직 뼈만 남게 될 뿐이다. 혹은 옥졸이 손에 쇠막대와 쇠몽둥이를 들고 머리부터 발까지 두루 때리고 다지니, 몸이 마치 모래뭉치처럼 부서진다. 혹은 요리사가 어육을 자르는 것처럼 예리한 칼로 갈기갈기 도려낸다. 서늘한 바람이 불어오면 원래대로 살아나서, 문득 다시 일어나 전처럼 고통을 받게 된다.

....

2   소생, 갱생이라는 의미이다. 옥졸에게 고문을 당하며 온몸이 찢겨 죽어도 다시 곧 살아나서 끝없이 고통을 반복하여 당하는 지옥이다.

3   길이의 단위. 1유순은 약 7킬로미터이다. 일설에는 14.4킬로미터라고도 한다.

그때 공중에서 "이 모든 유정 중생이 등활(等活)로 돌아갈 수 있겠구나."라고 말하는 소리가 들려온다. 또는 옥졸이 쇠갈퀴로 땅을 치면서 "살아나라, 살아나라." 하고 노래 부른다고 한다.

이러한 것들을 다 자세히 기술하지 못한다.[이상은 『대지도론(大智度論)』·『유가사지론(瑜伽師地論)』 등의 여러 경론에서 핵심을 모아 찬술한 것이다.]

인간의 50년이 사천왕천(四天王天)⁴의 하루 낮 하룻밤에 해당하는데, 그 수명은 5백 년이다. 사천왕천의 수명(5백 세)은 이 지옥의 하루 밤낮이며, 등활지옥의 수명은 5백 년이다. 살생한 자가 이 지옥에 떨어지게 된다.[이상 수명에 대해서는 『구사론』에, 업인(業因)에 대해서는 『정법념처경』에 의거하였다. 이하 여섯 지옥도 마찬가지이다.]

『우바새계경(優婆塞戒經)』에서는 사천왕천의 1년을 첫 번째 등활지옥의 하루 밤낮으로 삼았다. 이하 그에 준해서 이해하라.

이 지옥의 네 문 밖에는 또 그에 딸린 16별처 지옥이 있다. 첫 번째는 시니처(屎泥處: 똥지옥)로서 극히 뜨거운 똥이 있으며, 그 맛은 가장 쓰다. 금강충(金剛蟲)이 그 안에 가득 차 있는데, 죄인들이 그 안에서 이 뜨거운 똥을 먹으면 모든 벌레들이 죄인의 몸에 한꺼번에 다투어 몰려들어 피부를 도려내서 그 살을 씹으며, 뼈를 부러뜨려서 골수를 마신다. 생전에 사슴과 새를 죽인 자가 이 지옥에 떨어지게 된다.

두 번째는 도륜처(刀輪處)로서 10유순 높이의 철벽이 둘러싸고 있

---

4   욕계의 제1천이며, 지상에 가장 가까운 천이다. 수미산의 중복(中腹)에 있으며, 불법을 수호하는 사천왕(동방 持國天, 남방 增長天, 서방 廣目天, 북방 多聞天)과 그 권속이 머무르고 있다.

는 곳이다. 사나운 불이 항상 이글이글 그 안에 가득 차 있는데, 인간세계의 불은 여기에 비하면 눈과 같을 정도이다. 그 몸에 닿기만 해도 겨자씨처럼 부서진다. 또한 뜨거운 쇠가 마치 장대비처럼 내린다. 또한 극히 예리한 칼날로 이루어진 칼 숲이 있으며, 양날의 칼날이 마치 비처럼 내린다. 온갖 고통이 번갈아 이르니 참고 견딜 수가 없다. 생전에 재물을 탐내어 살생한 자가 이 지옥에 떨어지게 된다.

세 번째는 옹숙처(瓮熟處)로서 죄인을 잡아서 쇠 옹기에 넣고서 마치 콩 볶듯 지져댄다고 한다. 생전에 살생을 하여 그것을 익혀 먹은 자가 이 지옥에 떨어지게 된다.

네 번째는 다고처(多苦處)로서 이 지옥에는 수만억 종류의 무량한 독이 있으며, 이루 다 말할 수가 없다. 생전에 남을 포박한 사람, 몽둥이로 때린 사람, 남을 먼 곳으로 보낸 사람, 절벽에서 떨어뜨린 사람, 연기를 쐬게 해서 괴롭힌 사람, 어린아이를 겁박한 사람, 이와 같이 갖가지로 남을 괴롭힌 사람이 모두 이 지옥에 떨어지게 된다.

다섯 번째는 암명처(暗冥處)로서 어두컴컴한 곳에서 어두운 불에 탄다고 한다. 힘세고 사나운 바람이 금강의 산에 불면, 마치 모래가 흩어지듯 갈리고 부서진다. 뜨거운 바람에 날리면, 마치 날카로운 칼에 베이듯 한다. 생전에 양의 입과 코를 막아 죽인 자, 거북을 두 벽돌 사이에 넣고 압살시킨 자가 이 지옥에 떨어진다.

여섯 번째는 불희처(不喜處)로서 대화염이 주야로 타고 있는 곳이다. 부리로 불을 뿜는 새와 개, 여우가 있는데, 그 소리가 극히 흉악하고 심히 공포스럽다. 항상 와서 죄인의 뼈와 살을 낭자하게 씹어 먹는다. 금강의 부리를 가진 벌레가 뼈 속으로 드나들면서 골수를 먹는다. 생전에 조가비를 불고 북을 쳐서 두려운 소리를 내거나, 조수(鳥獸)를 살해한 자들이 이 지옥에 떨어진다.

　일곱 번째는 극고처(極苦處)로서 험한 절벽의 아래에 있으며, 항상 쇠 불로 타고 있는 곳이다. 생전에 제멋대로 살생한 자가 그 안에 떨어지게 된다.[이상은 『정법념처경』에 의거한 것이다. 남은 아홉 가지 지옥은 경에서 설하지 않았다.]

2. 흑승[5]지옥(黑繩地獄)

　흑승지옥은 등활지옥의 아래에 있으며, 넓이가 등활지옥과 같다. 옥졸이 죄인을 잡아서 뜨거운 쇠로 된 땅에 눕히고, 뜨거운 쇠 오랏줄로 종횡으로 몸을 묶어서 뜨거운 쇠도끼로 오랏줄을 따라 쪼갠다. 톱으로 가르고, 칼로 저미면서 수백수천 조각으로 만들어 곳곳에 뿌린다. 또는 뜨거운 쇠 오랏줄을 매달아 그물처럼 종횡으로 무수히 교차해 놓고 죄인들을 몰아 그 안에 집어넣는다. 악한 바람이 사납게 불면 그 몸을 얽어서 그 살과 뼈를 태우는데 독하기가 끝이 없다.[이상은 『유가사지론(瑜伽師地論)』·『대지도론』에 근거한 것이다.]

또한 좌우 양쪽에 큰 철산(鐵山)이 있는데, 산 위에는 각자 쇠 깃발 기둥을 세워 놓았다. 기둥의 맨 윗부분에 쇠줄이 매여 있다. 그 줄 아래에는 뜨거운 솥들이 빽빽이 줄지어 있다. 죄인을 몰아 철산을 지고, 오랏

5　목재 등에 선을 긋는 도구를 말한다. 죄인의 몸에 흑승으로 선을 그어서 그대로 잘라내는 지옥이라는 의미이다.

줄 위를 걷게 한다. 걷다가 쇠솥에 떨어지면 부서져서 끝없이 타게 된다.[『관불삼매해경』]

등활지옥과 흑승지옥의 16별처는 일체의 고통을 열 배로 무겁게 받는다.

옥졸들은 다음과 같이 죄인에게 꾸짖는다.

마음이 제일 원망스러운 것이다.
이 원망이 가장 악한 것이다.
이 원망은 사람을 묶어서 염라(閻羅)[6]가 있는 곳으로 보낼 수 있다.
네가 홀로 지옥에서 타는 것은
악업을 저질렀기 때문에 먹힌 것이다.
처자, 형제 등의 친속들도 구해 줄 수 없다.[이하 자세한 것은 생략한다.]

다음 다섯 지옥은 각자 모두 이전 모든 지옥 고통의 열 배로 받게 되니, 이 예로 적용하면 알 수 있을 것이다.[이상 『정법념처경』]

인간의 1백 년은 도리천(忉利天)[7]의 하룻밤인데 그 도리천의 수명은 1천년이다. 이 도리천의 1천 년 수명은 지옥의 하루 밤낮이다. 이 지옥의 수명은 1천 년인데, 살생하고 도둑질한 자가 이 지옥에 빠지게 된다.

....

6   염마(閻魔: yama)라고도 하며, 베다 시기부터 등장했던 신이다. 망자들이 모이는 천상의
     지배자이며, 육욕천의 야마천(夜摩天)에 그의 이름이 남아 있다. 후에는 명계의 대표로서
     망자의 생전의 죄를 심판하는 신으로 인식된다. 지장신앙이나 도교사상과 습합되면서 여
     러 가지 성격이 부여되었으며, 지옥의 주신(主神)으로 인식되기도 한다.

7   욕계의 제2천에서 두 번째이다. 수미산의 정상에 있으며, 제석천과 그 권속이 머무른다. 사방
     의 봉우리에 각기 팔천(八天)이 있으며, 거기에 중앙의 제석천을 더해서 삼십삼천이 된다.

또 다른 별처 지옥인 등환수고처(等喚受苦處)는 험한 산기슭 무량 유순에 있다. 뜨거운 검은 오랏줄[黑繩]에 (죄인을) 다 묶은 후에 날카로운 쇠칼이 있는 뜨거운 땅으로 떨어뜨린다. 뜨거운 쇠 이빨을 가진 개에게 잡아먹히는데, 온몸이 조각조각 갈라진다. 소리를 지르고 아우성을 쳐도 구하러 오는 자가 없다. 생전에 악한 사견에 의지하여 설법한 자, 모든 것이 진실하지 않고 성찰하지 않는 자, 절벽에 몸을 던져 자살한 자 등이 이 지옥에 떨어진다.

또 다른 곳에 외취처(外鷲處)라는 별처 지옥이 있는데, 옥졸이 노하여 몽둥이로 심하게 때리는 곳이다. 주야로 항상 달리면서 손에 뜨거운 쇠칼을 들고 쇠뇌와 화살을 당긴다. 죄인의 뒤를 따라 달려 쫓아가며 베고, 때리고, 쏜다. 옛날에 재물을 탐해서 사람을 죽이고, 포박하고, 먹을 것을 빼앗은 자가 이 지옥에 떨어진다.[『정법념처경』 생략 인용]

3. 중합[8]지옥(衆合地獄)

중합지옥은 흑승지옥의 아래에 있으며, 넓이는 흑승지옥과 같다. 많은 철산이 짝을 지어 마주 보고 있다. 소머리, 말머리를 한 모든 옥졸들이 손에 무기를 쥐고서 죄인들을 몰아서 산 사이로 넣고 이때 산을 당겨서 (죄인을) 압박한다. 몸이 꺾이고 부서지며, 피가 온 땅에 흐른다. 혹 다른 철산은 공중에서 죄인에게로 떨어지니, 마치 모래처럼 부서진다. 혹은 돌 위에 (죄인을) 놓고 바위로 누르거나, 혹은 쇠절구에 (죄인을) 넣

---

8 다중의 고통이 함께 가해진다는 의미이다.

고 쇠 절굿공이로 찧는다. 극악한 지옥 귀신과 불타는 철 사자(鐵獅子), 호랑이, 이리 등의 여러 짐승과 까마귀, 독수리 등의 새가 다투어 와서 먹는다.[『유가사지론(瑜伽師地論)』·『대지도론』]

쇠 불꽃 부리를 한 독수리가 죄인의 창자를 가져다가 나무 꼭대기에 걸어 놓고 씹어 먹는다. 그곳에는 큰 강이 있고 그 안에 쇠갈고리들이 있는데, 모두 불타고 있다. 옥졸이 죄인을 들어 저 강 속에 던지면 쇠갈고리 위에 떨어진다. 또 그 강 속에는 뜨거운 붉은 구리물이 있어서 죄인이 떠다닌다. 혹은 몸이 해처럼 떠오르는 자도 있고, 혹은 무거운 돌처럼 가라앉는 자도 있고, 손을 들어 하늘을 향해 소리쳐 우는 자도 있고, 함께 서로 가까이 모여 우는 자들도 있는데, 오랫동안 큰 고통을 받지만 주인도 없고, 구해 줄 이도 없다.

　또다시 옥졸이 지옥 사람을 도엽림에 데려다 놓는다. 그 나무 꼭대기에 단정하게 꾸민 여인이 있는 것을 보고서 이를 보자마자 나무에 올라간다. 나뭇잎이 칼처럼 그 몸의 살을 도려내고, 그 다음에 근육을 도려내어 모든 곳을 잘라낸다. 나무 꼭대기에 다 올라가면 그 여인은 다시 땅에 있다. 교태 어린 눈으로 죄인을 올려다보면서 말하기를, "그대와의 인연을 생각하면서 이곳에 왔는데, 그대는 어찌하여 내 곁으로 오지 않는 건가요? 어찌하여 나를 안아 주지 않는 건가요?"라고 한다. 죄인이 이를 보고 욕망이 끓어올라 다시 내려가기 시작한다. 칼 잎은 다시 위를 향하게 되는데, 날카롭기가 면도칼과 같아서 전처럼 온몸을 조각조각 잘라낸다. 땅에 당도하고 나면, 그 여인은 다시 나무 꼭대기에 있고, 죄인은 그것을 보고 다시 나무 위로 오른다. 이렇게 끝없이 반복하면 스스로 미쳐 버리게 된다.

왕생요집

저 지옥에서 이와 같이 반복되고 불에 태워지는 것은 삿된 욕심이 원인이 된 것이다.[이하 자세한 것은 생략한다.]

옥졸이 죄인을 꾸짖어 말하며 게송을 설하였다.

다른 사람이 악을 저지르고,
다른 사람이 괴로운 과보를 받는 것이 아니다.
스스로 지은 업을 스스로 과보로 받는 것이다.
중생들 모두가 이와 같다.[『정법념처경』]

인간세상의 2백 년이 야마천(夜摩天)[9]의 하루가 된다. 야마천의 수명이 2천 년인데, 이는 중합지옥의 하루가 된다. 중합지옥의 수명이 2천 년인데, 살생하고, 도둑질하고, 간음한 자가 이 지옥 안에 떨어지게 된다.

이 대지옥에도 16별처 지옥이 있는데, 그중 한 곳의 이름이 악견처(惡見處)이다. 다른 사람의 아이를 강제로 데려다가 삿된 음행을 하여 울린 자가 이곳에 떨어져 고통을 받게 된다.

죄인은 지옥 안에서 자신의 아이를 보게 되는데, 옥졸이 쇠막대 혹은 쇠송곳으로 그 아이의 음부를 찌르기도 하고, 혹은 갈고랑이로 그 음부에 못을 박기도 한다. 자신의 아이가 이와 같이 고통스러운 일을 당하는 것을 보고, 사랑하는 마음에 비통함과 애절함을 견딜 수가 없다. 이 사랑하는 마음으로 인한 고통이 불에 타는 고통보다 더하니, 그

---

9   욕천의 제3천이다. 일야(日夜)·시절(時節)·시분(時分)이 나뉘는 때에 불가사의한 환락을 얻는다고 한다.

16분의 1에도 미치지 못한다. 그 죄인이 이와 같이 마음에 고통스러운 핍박을 받고 나면 다시 몸의 고통을 받게 된다.

머리(얼굴)를 아래쪽에 두고, 뜨거운 구리액을 그 똥구멍에 붓는다. 구리액이 그 몸 안으로 들어가 대장, 소장 등의 장기를 익히며, 차례로 다 태우고 나서 아래로 나오게 된다. 심신의 두 가지 고통을 두루 받는 것이 무량한 시간 동안 그치지 않는다.

또 다른 별처 지옥은 이름이 다고뇌처(多苦惱處)이며, 남자가 남자에게 삿된 음행을 한 자들이 여기에 떨어져 고통을 받는다고 한다. 죄인은 자신의 동성애 상대 남자를 만나게 되는데, 몸의 모든 부분이 다 불에 타고 있는 상태로 와서 그 (죄인의) 몸을 껴안는다. 모든 몸의 조각이 다 흩어져서 죽은 후에도 다시 살아난다. 극도의 공포감이 생겨나서 달려 도망가다가 절벽에서 떨어지게 되면, 불타는 부리를 가진 새와 여우가 그 죄인을 씹어 먹는다.

또 다른 별처 지옥의 이름은 인고처(忍苦處)인데, 다른 사람의 아내를 빼앗은 자가 여기에 떨어져 고통을 받게 된다. 옥졸이 그를 나무 꼭대기에 걸어 두는데, 머리는 아래로, 발은 위로 둔다고 한다. 아래에서 큰 불길이 일어나 온몸을 태우고, 다 타고 나면 다시 살아나게 된다. 입을 열어 절규하지만 입에서 나온 불이 그 심장과 폐를 태우고, 생장(生臟)과 숙장(熟臟)10 등을 익힌다.[나머지 부분은 경에서 설한 바와 같다.[이상 『정법념처경』 생략 인용]

10　생장(生臟)은 소화기관의 상부, 숙장(熟臟)은 하부를 말한다.

4. 규환[11]지옥(叫喚地獄)

규환지옥은 중합지옥의 아래에 있으며, 넓이가 중합지옥과 같다. 옥졸의 머리가 노란 것이 마치 황금 같으며, 눈에서 불이 나오고 붉은색 옷을 입었다. 수족이 장대하고 바람처럼 빠르다. 입으로 무시무시한 소리를 내며 죄인을 전율하게 한다. 죄인들은 놀라 두려워하며 머리를 땅에 두드리면서 애원한다.

"원컨대 자비를 내리시어 소인을 풀어 주십시오."

이렇게 말해 보지만 옥졸을 더욱 분노하게 만든다.[『대지도론(大智度論)』]

혹은 쇠몽둥이로 머리를 때리기도 하고, 뜨거운 쇠 땅에서 달리게 하기도 한다. 혹은 죄인을 뜨거운 번철에 놓고 뒤집어가며 굽기도 한다. 혹은 뜨거운 곳에 던져서 지지고 삶기도 한다. 혹은 뜨겁게 끓고 있는 쇠방에 몰아넣기도 한다. 혹은 집게로 입을 벌려서 구리물을 들이부우면 불에 탄 오장이 항문으로 쏟아지기도 한다.[『유가사지론(瑜伽師地論)』·『대지도론』]

죄인들이 게송으로 옥졸들의 비정함을 비난하여 게송을 설하였다.

> 그대들은 어찌 자비심이 없는가.
> 또 어찌 적정(寂靜)도 없는가.
> 나는 자비심을 담는 그릇이니

11　고통에 몰려서 비명을 지르는 지옥이라는 의미이다.

나에게 어찌 자비심을 베풀지 않는가.

이때 염라인들이 죄인들에게 다음과 같이 답하였다.

너는 애욕의 올무에 넘어가서
악업과 불선업을 저질렀다.
지금 악업의 과보를 받고 있는 것인데
어찌하여 나를 원망하는 것이냐.

다시 옥졸들이 다음과 같이 게송을 설하였다.

네가 본디 악업을 지은 것은
욕심과 어리석음에 끌린 것이다.
그때에 어찌 참회하지 않았느냐.
지금 참회한들 어찌 갚을 수 있겠느냐.[『정법념처경』]

인간세계의 4백 년이 도솔천(兜率天)[12]의 하루가 된다. 도솔천의 수명인 4천 년이 이 규환지옥의 하루가 된다. 규환지옥의 수명은 4천 년인데, 살생·도둑질·간음·음주를 한 자가 이 지옥에 떨어지게 된다.

규환지옥에도 16별처 지옥이 있는데, 그중 한 곳이 화말충(火末虫) 지옥이다. 과거에 술에 물을 타서 판 자가 이 지옥에 떨어져서 404가지

---

12 욕계의 제4천이다. 미래에 부처가 될 보살이 남은 생애를 보내는 곳이며, 석존께서도 이곳에서 내려와서 마야부인의 태내로 들어왔다고 설해진다. 현재는 미륵보살이 이곳 도솔천에 머무르고 있으며, 그 생애를 마친 다음에 사바세계에 하생하여 성불하게 된다.

왕생요집

의 병을 한꺼번에 앓게 된다.[풍병·황병·냉병·잡병이 각자 101가지의 병증이 있어 합치면 404가지가 된다.] 그 한 가지 병의 힘이 하루 새에 사대주(四大洲)의 여러 사람을 죽게 할 수 있는 정도이다. 또한 자신의 몸에서 벌레가 나와서 그 피부와 살·뼈·골수를 먹게 된다.

또 다른 별처 지옥의 이름은 운화무(雲火霧)지옥이다. 과거에 다른 사람에게 술을 먹여 취하게 해서 희롱하고 욕보인 자가 여기에 떨어져 고통을 받게 된다. 지옥불의 두께가 2백 주(肘)[13]인데, 옥졸이 죄인을 잡아서 불 속을 걷게 한다고 한다. 발에서 머리까지 모두 녹아 버리는데, 발을 들면 다시 살아나게 된다. 이와 같이 무량한 시간 동안 고통을 주는 것을 그치지 않는다. 나머지는 경전의 글과 같다. 다시 옥졸들이 죄인을 꾸짖으며 다음과 같이 게송을 설하였다.

부처님 앞에서 어리석은 짓을 하고
세간과 출세간의 모든 일을 망치고
불처럼 해탈을 태워 버리는 것이
이른바 술의 무서움이다.[『정법념처경』]

5. 대규환지옥(大叫喚地獄)

대규환지옥은 규환지옥의 아래에 있으며, 넓이가 규환지옥과 같다. 고

---

13 인간의 팔꿈치의 길이를 말하는 것으로, 약 50센티미터에 해당한다. 따라서 2백 주(肘)를 현대의 도량으로 환산하면 100미터 정도로 볼 수 있다.

통 받는 모습도 같은데, 다만 앞의 네 지옥 및 16별처 지옥에서 받는 모든 고통의 열 배를 받게 된다.

　인간의 8백 년이 화락천(化樂天)[14]의 하루가 된다. 화락천의 수명인 8천 년이 대규환지옥의 하루가 된다. 대규환지옥의 수명은 8천 년인데, 살생·도둑질·간음·음주·거짓말[妄語]을 한 자가 이 지옥에 떨어진다. 옥졸들이 죄인을 꾸짖으며 게송을 설하였다.

　거짓말[妄語]은 가장 강한 불이니,
　큰 바다마저도 태울 수 있다.
　하물며 거짓말 하는 사람을 태우는 것은
　마치 초목이나 장작을 태우는 것처럼 쉽다.

또 16별처 지옥 중에 수봉고(受鋒苦)지옥이라고 하는 곳이 있다. 뜨겁고 날카로운 쇠침으로 입과 혀를 한꺼번에 꿰어 찌르니 소리내어 울 수도 없다.

　또 다른 별처 중에 수무변고(受無邊苦)지옥이라는 곳이 있다. 옥졸들이 뜨거운 쇠 집게로 그 혀를 뽑는데, 다 뽑아내면 다시 생겨난다. 생겨나면 다시 뽑는데, 눈을 뽑는 것 역시 마찬가지이다. 또한 칼로 그 몸을 깎는데, 칼이 마치 면도칼처럼 날이 몹시 얇고 예리하다. 이와 같은 갖가지 다른 종류의 모든 고통을 받는데 모두 거짓말의 과보이다. 나머지는 경전에서 설하는 것과 같다.[『정법념처경』 생략 인용]

....

14　육계의 제5천이다. 스스로 묘락(妙樂)의 경지를 만들어내서 즐기는 신들의 세계이다.

6. 초열지옥(焦熱地獄)

초열지옥은 대규환지옥의 아래에 있으며, 넓이가 대규환지옥과 같다. 옥졸들이 죄인을 잡아서 뜨거운 쇠 땅 위에 눕히고, 뒤집었다 엎었다 하면서 머리부터 발까지 크고 뜨거운 쇠몽둥이로 마치 고기단자를 치듯 때리고 다진다.

혹은 몹시 달구어진 큰 번철 위에 (죄인을) 놓고 뜨겁게 지져댄다. 좌우로 굴리면서 겉과 속을 구워 얇게 만든다. 혹은 커다란 쇠꼬챙이를 아래에서부터 꿰어 머리를 뚫고 나오게 해서 뒤집어가며 구우니, 그 중생의 모든 털구멍과 입 등에서 모두 불이 뿜어져 나오게 된다. 혹은 뜨거운 쇠(솥)에 넣기도 하고, 혹은 뜨거운 쇠 망루에 가두기도 하여 쇠 불이 맹렬하게 타올라 골수까지 뚫기도 한다.[이상은 『유가사지론』·『대지도론』]

만약 이 지옥의 콩알만 한 불이라도 염부제에 두게 되면 일시에 세상이 다 타 버리게 된다. 하물며 죄인의 몸은 생채소처럼 약한데 장시간 타게 되면 어찌 견딜 수 있겠는가. 이 지옥의 인간들이 이전의 다섯 지옥의 불을 보면 마치 눈서리처럼 느낄 것이다.[『정법념처경』]

인간의 1천6백 년은 타화천[15]의 하루이며, 그 타화천의 수명은 1만 6천 년이다. 타화천의 수명은 이 지옥의 하루에 해당한다. 이 지옥의 수명

---

15 타화자재천(他化自在天)을 줄인 이름. 욕계의 제6천이며, 최고처이기도 하다. 이 천의 신들은 다른 천의 신들이 지어낸 욕경(欲境: 욕망의 대상)을 자재롭게 사용하여 쾌락을 얻는다. 천마(天魔) 파순(波旬) 등으로 불리는 마왕이 항상 많은 권속을 통솔하며 인간계의 불도를 방해한다고 한다. '사마(四魔: 煩惱魔·陰魔·死魔·天魔)' 중의 천마가 이 타화천이다.

역시 그러하다. 살생·도둑질·간음·음주·거짓말·사견을 가진 자가 이 지옥에 떨어지게 된다.

네 문의 밖에는 다시 16별처 지옥이 있다. 그중 한 곳의 이름이 분다리가(分茶離迦)지옥이다. 저 죄인들의 몸은 겨자씨만큼이라도 다 화염에 싸이지 않은 곳이 없다. 다른 지옥의 사람들이 말하기를, "빨리 와라, 빨리 와라! 여기에 분다리가 연못이 있다. 마실 수 있는 물이 있고, 나무 그늘이 있다."고 한다. 따라서 달려가면 길 위에 구덩이가 있고, 그 안에서는 불길이 맹렬하게 타고 있다. 죄인들이 다 빠지면 모든 몸이 다 불타 없어진다. 다 타면 다시 살아나고, 살아나면 다시 탄다. 갈증이 멈추지 않아 다시 앞으로 나아간다. 그곳에 빠지게 되면 분다리가가 불타오르는데 높이가 5백 유순이다. 그 불길에 타게 되면 죽었다가 다시 살아나게 된다. 스스로 굶어 죽어서 천상에 태어나길 바란다거나, 또는 타인을 가르쳐서 사견에 머무르게 하는 자가 이곳에 빠지게 된다.

암화풍(闇火風)이라고 하는 또 다른 별처 지옥이 있다. 말하기를, "저 죄인들이 악풍에 날리게 되어 허공중에 의지할 곳이 없다."고 한다. 마치 바퀴처럼 빨리 굴러가서 몸이 보이지 않게 된다. 이렇게 굴러가다가 다른 칼바람이 생겨나면 몸이 모래처럼 부서져 시방으로 흩어진다. 다 흩어지고 나면 다시 살아난다. 다 살아나면 다시 흩어진다. 이렇게 영원히 반복하게 된다.

만약 어떤 사람이 일체 제법에 상(常)과 무상(無常)이 있으며, 무상한 것은 몸이며, 항상한 것은 사대(四大)라고 하는 사견을 가졌다면, 이러한 고통을 받게 된다. 나머지는 경에서 설한 것과 같다.[『정법념처경』]

7. 대초열지옥(大焦熱地獄)

대초열지옥은 초열지옥의 아래에 있으며, 그 크기가 같고, 고통 역시 같다.[『유가사지론』·『대지도론』] 다만 앞의 여섯 근본지옥과 그 별처 지옥들의 온갖 고통의 열 배를 더 받는데, 모두 다 상세히 얘기할 수는 없다. 그 수명은 반 중겁(中劫)[16]이며, 살생·도둑질·간음·음주·거짓말[妄語]·사견(邪見) 및 청정한 계율을 지키는 비구니를 범한 자가 이 지옥에 떨어진다.

이 악업을 지은 사람은 먼저 중음(中陰)에서 대지옥의 모습을 보게 된다. 염라인은 얼굴이 추악하고, 수족이 극히 뜨거우며, 몸을 뒤틀면서 팔뚝을 딱 바라지게 하여 위협한다. 죄인이 그것을 보면 극히 두려워하게 된다. 그 목소리는 마치 우레가 울리는 것 같아서 죄인이 그 목소리를 들으면 더욱 공포를 느끼게 된다. 옥졸은 그 손에 예리한 칼을 들고 있으며, 배가 무척 크고 마치 검은 구름 빛깔과 같다. 눈은 마치 등불처럼 타고 있으며, 갈고리 모양의 흰 이빨이 칼끝처럼 날카롭다. 팔과 손이 모두 길며, 몸을 움직이면 모든 부분의 근육이 다 거칠게 솟구친다. 이처럼 갖가지로 두려운 형상을 보여 주고서 죄인의 목을 단단히 묶어서 데리고 간다.

680만 유순의 땅과 바다를 지나면 주성(州城)이 바다 밖에 있는데, 다시 36억 유순을 가서 점점 아래로 10억 유순을 내려간다. 모든 바람

16　1중겁(中劫)의 절반. 겁(劫)은 시간의 단위이다. 사방 1유순의 성에 겨자 열매를 가득 채워서 백 년에 한 알씩 꺼내서 성 안 겨자가 다 없어져도 겁이 끝나지 않는다는 설이 있다. 또 다른 설에는 사방 1유순의 반석을 옷감으로 백 년에 한 번 스쳐서 반석이 다 마멸되어도 겁이 끝나지 않는다고도 한다.(『잡아함경』권34) 또한 성의 크기가 사방 40리인 경우 1소겁(小劫), 80리는 1중겁, 120리를 1대겁(大劫)이라 하기도 한다.

가운데서 가장 강한 바람은 업풍(業風)[17]이다. 이러한 업풍이 악업을 지은 사람을 데리고 그 지옥으로 가는 것이다.

그곳에 도착하면 염라마왕이 갖가지로 (죄인을) 꾸짖는다. 꾸지람이 끝나면 악업의 오랏줄에 묶여서 지옥을 향해 나가게 된다. 멀리 대초열지옥의 커다란 화염 덩어리를 보고, 또한 지옥 죄인들의 우는 소리를 들으면서 비통, 근심, 두려움에 그의 마음이 무량한 고통을 겪는다. 이렇게 무량 백천만억의 무수한 세월 동안 울부짖는 소리를 듣게 되며, 공포가 열 배로 커지면서 마음이 놀라고 두려워하게 된다.

염라인들이 죄인을 꾸짖으며 다음과 같이 설한다.

너는 지옥의 소리를 듣는 것으로도
이미 이처럼 두려워하는데
하물며 지옥에서 불에 타면 어떻겠느냐.
마치 마른 장작과 풀이 타듯이 불에 타는데
타는 것은 이 불이 아니라
악업이 바로 타는 것이다.
불은 다 타면 꺼질 수 있으나
업의 불은 끌 수 없다.

이와 같이 괴로운 꾸짖음이 끝나면 지옥으로 데리고 간다. 커다란 불덩

---

17 악업의 힘은 인간을 지옥으로 몰아 보낼 만큼 힘이 강하다고 하는 의미로서, 지옥으로 향하여 부는 사나운 바람을 말한다.

어리가 있는데, 그 불덩어리의 높이가 5백 유순이고, 그 폭은 2백 유순이다. 불꽃이 이글이글 타오르는데, 이것은 저 죄인이 지은 악업의 힘이다. 급하게 그 몸을 던져 불덩어리에 떨어지니, 마치 큰 산꼭대기에서 절벽으로 죄인을 미는 것 같다.[이상 『정법념처경』 생략 인용]

이 대초열지옥의 네 문 밖에는 16별처가 있다. 그중 한 곳은 일체의 무간(無間) 내지 허공이 바늘구멍 하나만큼의 틈도 없이 다 불타고 있다. 죄인들은 불 속에서 소리치며 비명을 지르는데 무량 억년의 세월 동안 항상 불타는 것이 그치지를 않는다. 청정한 우바이를 범한 자가 이 지옥에 떨어진다.

또 다른 별처 지옥이 있는데 이름이 보수일체고뇌(普受一切苦惱)지옥이다. 불타는 칼로 온몸의 껍질을 벗겨내는데, 그 살은 건드리지 않고 피부만을 벗겨낸다. 그 몸과 피부를 나란히 뜨거운 땅 위에 펴놓고 불로 태우고 뜨거운 쇳물을 그 몸에 붓는다. 이와 같이 무량 억천 년의 세월 동안 커다란 고통을 받는다. 비구가 계율을 지키는 부녀를 술로 꾀어 정신을 잃게 한 후에 함께하거나, 혹은 재물을 (그 부녀에게) 준 자가 이 지옥에 떨어지게 된다. 나머지는 경에서 말하는 바와 같다.[『정법념처경』 생략 인용]

8. 아비지옥(阿鼻地獄)

아비지옥은 대초열지옥의 아래 욕계의 가장 낮은 곳에 있다. 죄인이 장차 저 아비지옥을 향해 가려 할 때에, 먼저 중음에서 어떤 이가 울면서 게송을 설한다.

모든 것이 다 화염이며,

모든 공간에 틈이 없다.

모든 공간에 빈 곳이 없다.

일체의 땅에도

모두 악인이 가득 들어차 있다.

나는 지금 귀의할 곳이 없으니,

고독하여 함께할 이도 없다.

악처(惡處)의 어두움 속에서

커다란 불덩어리 안으로 들어간다.

나는 허공 안에서

해와 달, 별도 볼 수 없다.

이때 염라인이 분노하며 답한다.

영겁의 시간 동안

큰 불이 너의 몸을 태울 것이다.

어리석은 인간이 이미 악업을 저질렀으니

이제 와서 후회한들 무슨 소용 있으리.

이 죄인은 천·아수라·건달바·용·귀신이 아니라

업의 올무에 묶이게 될 것이다.

너를 구할 수 있는 사람은 없다.

마치 큰 바다에서

오직 한 움큼의 물을 취하는 것과 같으니

이 고통은 마치 한 움큼의 물과 같은 것이며

나중의 고통은 마치 대해와 같은 것이다.

꾸지람을 마치자 지옥으로 끌고 가는데, 저 지옥까지의 거리가 2만 5천 유순이다. 저 지옥의 울음소리를 들으면서 열 배로 번민하고 절망한다. 머리를 아래로 향하고, 발을 위로 하여 2천 년의 세월을 지나 아래로 향하여 간다.[『정법념처경』 생략 인용]

저 아비성의 사방 넓이는 8만 유순이며, 일곱 겹의 철성과 일곱 층의 쇠 그물로 되어 있다. 아래쪽은 열여덟 칸으로 나뉘어 있으며, 칼 숲으로 둘러싸여 있다. 네 모퉁이에는 네 마리의 구리 개가 있는데, 몸길이가 40유순이며, 눈은 번갯불과 같고, 이빨은 칼과 같다. 칼산 같은 이빨에 혀는 쇠 가시와 같다. 모든 모공에서는 사나운 불이 나오는데, 그 연기의 냄새가 독해서 세간에 비유할 만한 것이 없을 정도이다.

열여덟 명의 옥졸이 있는데, 머리는 나찰과 같고, 입은 야차와 같이 생겼다. 64개의 눈이 있는데, 거기에서 쇠구슬을 쏘아댄다. 갈고리 이빨은 위로 솟았는데, 그 높이가 4유순이며, 이빨 끝에서 불이 흘러 아비성을 가득 채운다. 머리 위에는 여덟 개의 소머리가 있는데, 하나하나의 소머리에는 열여덟 개의 뿔이 달려 있고, 각각의 뿔끝에서는 모두 사나운 불길이 나온다. 또한 일곱 겹의 성안에는 일곱 개의 쇠 깃발이 있는데, 깃발 머리에서 마치 끓는 샘처럼 불길이 솟아 나온다. 그 불길이 흩어지며 흘러서 또한 성안을 가득 채운다. 네 문의 문지방 위에는 열여덟 개의 솥이 있는데, 끓는 구리물이 용출하여 또한 온 성안을 가득 채운다.

하나하나의 칸 사이에는 8만 4천 마리의 쇠 벌과 큰 뱀이 독과 불을 뿜어내면서 성안에 가득 차 있다. 그 뱀이 으르렁대는 소리가 마치 10만의 우레가 울리는 듯하고, 커다란 쇠구슬을 비처럼 뿜어서 성안에 가득하다.

5백억 마리의 벌레가 있는데, 8만 4천 개의 주둥이 끝에서 불이 흘러나와 비처럼 내린다. 이 벌레가 내려올 때에 지옥불이 온통 가득 차서 8만 4천 유순을 두루 비추게 된다. 또한 8만 억천의 고통 중의 고통이 모두 이 안에 모여 있다.[『관불삼매해경(觀佛三昧海經)』생략 인용]

『유가사지론』제4권에서 다음과 같이 설하였다.

"동쪽으로부터 수백 유순의 삼열대철지(三熱大鐵地) 위에서 맹렬하게 불길이 올라와서 그 유정 중생을 찌른다. 피부를 찢고 살 속으로 들어가 근육을 끊고 뼈를 부수며, 다시 그 골수를 뽑아서 마치 기름 등촉처럼 태운다. 이렇게 몸을 움직이면 모두 맹렬한 불길이 된다. 동쪽과 마찬가지로 남쪽, 서쪽, 북쪽이 또한 이러하다. 이로 말미암아 저 모든 중생들과 맹렬한 불이 서로 섞이니, 오직 사방에서 불덩이가 오는 것만 보인다. 화염과 섞여서 틈이 없으니, 고통을 받는 것 역시 틈이 없다. 오직 고통에 몰려서 울부짖고 비명 지르는 소리를 듣고서 중생이 있음을 알 따름이다.

또한 옥졸은 쇠 키에 삼열철탄을 가득 채워서 까부르고 골라내어 죄인을 열철지(熱鐵地) 위에 세워 놓는다. (죄인으로 하여금) 대열철산에 오르게 하는데, 올라가면 다시 내려가고, 내려가면 다시 오르게 한다. 그 입 속에서 혀를 뽑아 백 개의 쇠못으로 그 혀를 늘여서 주름이 없어질 때까지 쇠가죽 늘이듯 한다.

다시 (죄인을) 열철지 위에 눕히고 뜨거운 쇠 인두로 입을 벌리게 하고, 삼열철 구슬을 그 입 속에 넣는다. 넣은 즉시 그 입과 목구멍이 타고, 장부를 녹이고 아래로 나오게 된다. 또한 구리물을 그 입에 들이부으면 입과 목구멍을 태우고, 창자를 녹이고 아래로 나온다."[이상 『유가사지론』. 삼열(三熱)지옥이라고 하는 것은 소연(燒燃)·극소연(極燒燃)·편극소연(遍極燒燃) 지옥을 말한다.]

앞의 칠대 지옥과 더불어 별처 지옥의 일체의 모든 고통이 1푼[分]이라면, 아비지옥(의 고통)은 1천 배 이상이다. 이와 같은 아비지옥의 사람들이 대초열지옥의 죄인들을 보면, 마치 타화자재천에 있는 이들을 보듯 한다.

사대주, 욕계 육천에서는 지옥의 냄새를 맡으면 기운이 모두 소진하는데, 이는 무슨 까닭인가. 지옥의 죄인들에게서는 극히 심한 냄새가 나기 때문이다. 무슨 까닭에 지옥의 냄새가 오지 않는 것인가. 출산(出山)과 몰산(沒山)이라는 두 큰 산이 있어서 그 냄새를 막아 주기 때문이다.

만약 어떤 사람이 일체 지옥이 갖고 있는 고뇌의 냄새를 맡는다면 다 기억하지도 못하고 냄새를 맡는 즉시 죽게 될 것이다.

이처럼 아비 대지옥은 천분의 일도 다 말하지 못한다. 무슨 까닭인가. 다 말할 수도 없고, 다 들을 수도 없고, 비유할 수도 없기 때문이다. 만약 어떤 이가 말하고 듣는다면 이 사람은 피를 토하고 죽게 된다.[『정법념처경』 생략 인용]

이 무간지옥의 수명은 1중겁이다.[『구사론(俱舍論)』] 오역죄를 짓고, 인과의 진리를 부정하고, 대승(大乘)을 비방하고, 사중금계(四重禁戒)를 범하고, 헛되이 신도의 보시를 받아먹고 사는 자가 여기에 떨어진다.[『관불삼매해경』]

이 무간지옥의 네 문 밖에는 또 16별처 지옥이 있는데, 그중 한 곳의 이름이 철야간식처(鐵野干食處)이다. 죄인의 몸 위에서 10유순 분량의 불이 타는데 모든 지옥 중에서 이곳의 고통이 가장 크다. 또한 마치 여름철 장마처럼 쇠 벽돌 비가 내려서 몸이 마른 포처럼 부서지면 불이빨을 가진 여우가 와서 항상 씹어 먹는다. 잠시라도 고통을 받는 것이 그치지 않는다. 전생에 불상, 승방, 승려의 이부자리를 태운 자가 이 지옥에 떨어지게 된다.

또 다른 별처 지옥은 흑두처(黑肚處)지옥으로, 주리고 목마르며, 몸이 태워진다고 한다. 자신의 살을 먹고, 다 먹고 나면 또 살아나며, 살아나면 다시 먹는다. 흑두사가 있어서 그 죄인을 감고 발끝부터 점점 먹어 들어간다. 사나운 불에 들어가 태워지기도 하고, 쇠솥에 들어가 구워지기도 하면서 무량 억년 동안 이러한 고통을 받게 된다. 생전에 불전에 바쳐진 재물을 취하여 먹고 살았던 자가 이 지옥에 떨어지게 된다.

또 다른 별처 지옥은 우산취처(雨傘聚處)지옥이다. 1유순 높이의 철산이 위에서 아래로 죄인을 치면 마치 모래뭉치처럼 부서진다. 부서지면 다시 살아나고, 살아나면 다시 부서진다. 또 11염(炎)이 휘감고 몸을 태운다. 또 옥졸이 칼로 두루 몸을 조각조각 잘라서 극열의 백납액에 그 잘라낸 조각을 넣는다. 404가지의 병에 두루 걸려서 영원히 고통을 받게 된다. 생전에 벽지불(辟支佛)의 식량을 훔쳐서 자신이 먹어 버리고 그것을 바치지 않은 자가 이 지옥에 떨어지게 된다.

다른 별처 지옥은 염파도처(閻婆度處)지옥이다. 몸이 마치 코끼리처럼 큰 악한 새가 있는데, 이름이 염파(閻婆)이다. 날카로운 부리에서 불꽃이 나온다. 죄인을 잡아서 아득한 공중으로 날아올라 동서로 돌아다니다가 그 죄인을 놓아 버린다. (죄인은) 돌처럼 땅에 떨어져 조각조각으로 부서지며, 부서진 다음에는 다시 합쳐진다. 다 합쳐진 다음에는 다시 잡아 올린다. 또한 날카로운 칼이 가득한 길에서 죄인의 발과 다리를 자르기도 한다. 혹은 불타는 이빨을 가진 개가 와서 그 몸을 물어뜯어서 오랜 시간 동안 커다란 고통을 받게 된다. 생전에 (식수원인 물길을 끊게 해서) 다른 사람으로 하여금 목말라 죽게 한 자가 이 지옥에 떨어지게 된다. 나머지는 경전에서 설한 바와 같다.[이상 『정법념처경』]

『유가사지론』 제4권에서 팔대지옥 근처에 있는 별처 지옥을 총괄하여 다음과 같이 말한다.

"저 팔대지옥은, 모두 사방이 성벽으로 둘러싸여 있으며, 동서남북에 문이 설치되어 있다. 성벽은 쇠로 되어 있으며, 그 사방의 네 문으로만 드나들 수 있다. 그 하나하나의 문 밖에는 각각 네 개의 외원이 있는데, 재가 무릎 높이로 차 있는 곳이라고 한다. 저 모든 중생들이 나가서 머물 곳을 찾아 돌아다니다가 여기에 이르러 발을 딛을 때는 가죽과 살, 피가 모두 없어지고 문드러지게 된다. 그러나 발을 들면 다시 살아난다.

이 재 무더기 외원의 다음 무간(無間)에는 시체와 똥이 잠긴 구덩이가 있다. 이 모든 중생들이 머물 곳을 찾아 저기에서 나오게 되면, 점점 그 지옥 안에 빠져 들어가서 수족이 다 잠기게 된다. 또 시체 똥구덩이 안에는 여러 벌레들이 있는데, 양구타(孃矩吒)라고 하는 벌레는 피부 속을 뚫고 들어가서 근육을 끊고 뼈를 부수어 골수를 뽑아 먹는다.

시체 똥구덩이 다음 무간에는 날카로운 도검인로(刀劍刃路)가 있는데, 위로 향한 칼날들이 길을 이룬다. 저 모든 중생들 머물 곳을 찾아서 저 지옥을 나와 돌아다니다가 여기에 이르게 된다. 발을 딛을 때는 피부, 살, 근육, 피가 모두 사라지고 문드러지게 된다. 발을 들어 올리면 다시 옛날처럼 돌아온다.

도검인로를 지나면 곧 도엽림(刀葉林)이다. 저 모든 중생들은 머물 곳을 찾아서 저곳으로부터 나와서 도엽림 그늘로 가게 된다. 금방 그 아래 앉자마자 있으면 미풍이 쫓아 일어나서 칼 이파리가 떨어져서 그 몸을 마디마디 베고 끊어 놓는다. 이윽고 땅에 넘어지면 검은 개가 등뼈 속의 배를 잡아당겨서 씹어 먹는다.

도엽림에 접하여 바로 쇠 가시숲인 철설랍말리림(鐵設拉末梨林)[18]이 있다. 저 중생들은 머물 곳을 찾아 곧 그리로 가서 마침내 그 위로 올라가게 된다. 올라갈 때에는 모든 칼끝이 아래로 향해 돌아 있다가 아래로 내려갈 때에는 모두 다시 위로 돌려져 향한다. 이 때문에 온몸을 마디마디 뚫고 찌르게 된다. 이때 쇠 부리를 가진 커다란 새가 저 중생의 머리 위로 올라가거나, 그 어깨 위에서 눈알을 쪼아서 씹어 먹는다. 철설랍말리림의 무간에 넓고 큰 강이 있는데, 뜨겁게 끓는 잿물이 그 안에 가득 차 있다. 저 모든 유정 중생들이 머물 곳을 찾아서 저 지옥으로부터 나오면 이곳에 떨어진다. 마치 콩을 큰 솥에 넣어 맹렬하게 타오르는 불에 삶는 것처럼 끓어오르는 강물을 따라 빙빙 돌게 된다. 강의 남쪽 언덕에는 여러 옥졸들이 손에 몽둥이와 동아줄, 큰 그물을 쥐고 나란히 줄 서 있다. 중생들을 막아서 빠져나갈 수 없게 동아줄로 묶기

18　설랍말리(設拉末梨: śālmalī)는 '가시'라는 의미이다.

도 하고, 그물로 건져내기도 하여 다시 대열철지 위에 놓는다. 드러누운 저 중생에게 '너희는 지금 무엇을 하려 하는가?'라고 물어서, 죄인이 '우리는 지금 아무것도 느끼지 못한다. 온갖 굶주림으로 고통에 시달리고 있다.' 하고 대답하면, 이때 저 옥졸이 쇠 인두로 입을 벌리게 하여 극히 뜨거운 쇠구슬을 입안에 넣는다. 다른 것은 앞에서 말한 바와 같다.

만약 저들이 '나는 지금 오직 목마름과 고통에 시달리고 있을 뿐이다.'라고 답하게 되면, 이때 옥졸들이 바로 구리물을 그 입에 들이붓는다. 이렇게 해서 오랜 시간 고통을 받게 되는 것이다. 이전 세상에서 지은 모든 것을 지옥에서 감지할 수 있으니, 악업과 불선업을 다 없애지 못하면 이 속에서 빠져나가지 못하는 것이다. 도검인로(刀劍刃路)나, 도엽림(刀葉林)이나, 철설랍말리림을 합쳐 모두 하나로 보면 사원(四園)이 되는 것이다."[이상『유가사지론』·『구사론』인용. 하나하나의 지옥의 네 문 밖에 각자 사원이 있으니, 합쳐서 이름을 16별처라고 한다.『정법념처경』에서 말한 팔대지옥 16별처의 이름이나 모습과는 각자 다르다.]

또한 알부타(頞部陀) 등의 팔한지옥(八寒地獄)[19]이 있는데, 상세한 것은 경론을 보라. 여기에서는 상세하게 그 부분을 서술하지 않는다.

---

19 『구사론』권11에 나오는 것으로, ① 알부타(頞部陀), ② 니라부타(尼刺部陀), ③ 알찰타(頞哳陀), ④ 확확타(臛臛陀), ⑤ 호호파(虎虎婆), ⑥ 올발라(嗢鉢羅), ⑦ 발특마(鉢特摩), ⑧ 마하발특마(摩訶鉢特摩)로 되어 있다.

제2. 아귀도(餓鬼道)

두 번째로 아귀도를 설명한다. 아귀도의 주처(住處)는 두 곳이 있으니, 첫째는 지하 5백 유순의 염라왕계에 있으며, 둘째는 인(人)과 천(天)의 사이에 있다. 그 모습이 무척 다양한데 지금은 일부만 설명하겠다.

신장이 1척(尺) 정도 되기도 하고, 혹은 인간과 비슷하기도 하며, 혹은 1천 유순의 길이이기도 하고, 혹은 설산과 같기도 하다.[『대집경(大集經)』]

확신(鑊身)이라는 아귀는 그 몸이 장대하여 인간의 두 배이며, 얼굴과 눈이 없고, 수족이 마치 큰 솥의 다리와 같다. 몸속에 뜨거운 불이 가득 차 있어서 그 몸을 태우게 된다. 생전에 재물을 탐하여 도살한 자가 이 과보를 받게 된다.

혹은 식토(食吐)라는 아귀도 있는데, 그 몸이 거대하여 길이가 반 유순이다. 항상 인간이 구토한 것을 먹고자 하나 구할 수가 없어서 고통스럽다. 생전에 남자가 좋은 음식을 혼자 먹고 처자에게 주지 않거나, 부인이 혼자 먹고 남편과 자식에게 주지 않거나 한 자들이 이 과보를 받는다.

어떤 아귀는 이름이 식기(食氣)인데, 세상 사람들의 병에 의지하여 물가나 숲속에서 제를 지내면 이 (음식의) 향기를 맡고서 스스로 목숨을 부지해 나간다. 생전에 처자식들 앞에서 혼자 맛있는 음식을 먹은 자가 이 과보를 받는다.

식법(食法)이라는 아귀는 험난한 곳으로 다니면서 먹을 것을 구한다. 몸의 색이 검은 구름과 같고, 눈물을 비처럼 흘린다. 만약 사원에 이르러 어떤 이가 축원 설법을 해주면 이로 인하여 힘을 얻어 목숨이 살아 남는다. 생전에 명리를 탐하여 부정한 설법을 한 자가 이 과보를 받는다.

어떤 아귀는 이름이 식수(食水)인데, 배고픔과 목마름이 그 몸을 태운다. 허둥지둥 두려워하며 물을 찾지만 얻을 수가 없어서 고통을 받는다. 긴 털이 얼굴을 덮어서 눈이 보이지 않는다. 물가로 달려가서 어떤 이가 물을 건너면 발밑에 남아서 떨어지는 물을 재빠르게 받아 취해서 스스로 살아간다.

어떤 이는 물을 움켜쥐어 돌아가신 부모에게 베풀어서 곧바로 약간의 수명을 존립시키기도 한다. 만약 스스로 물을 취하게 되면 물을 지키는 모든 귀신들이 몽둥이로 때린다. 생전에 술에 물을 타서 팔거나, 지렁이, 나방을 빠뜨리거나, 선한 법을 닦지 않은 자가 이 과보를 받는다.

희망(悕望)이라는 이름의 어떤 아귀는, 세상 사람들이 돌아가신 부모를 위해 제사를 지내는 때에 그 음식을 얻어먹을 수 있지만 다른 것들은 모두 먹지 못한다. 어떤 이가 수고롭게 약간의 물건을 얻었는데 꾀어서 그것을 취해 쓴 자가 이 과보를 받는다.

어떤 아귀는 바다에서 사는데, 수풀이나 물이 없어 거처가 매우 뜨겁다. 그곳의 겨울이 인간계의 여름보다 천 배는 더워서 간신히 아침이슬로 명을 부지한다. 비록 바닷가에 살지만 바닷물이 말라 있는 것으로 보인다. 생전에 길 가던 사람이 병들어 고통과 피로가 극심한데 속여서 그의 물건을 아주 싼 값에 취한 자가 이 과보를 받는다.

어떤 아귀는 항상 무덤에 가서 불에 태운 시체를 씹어 먹지만 배불리 먹을 수가 없다. 옛날에 감옥의 간수로서 죄수의 음식을 취한 자가 이 과보를 받는다.

어떤 아귀는 나무에서 사는데, 마치 적목충(賊木虫)처럼 몸이 꽉 끼어 눌려서 큰 고통을 받는다. 생전에 서늘한 그늘을 주는 나무를 베고, 승려들이 사는 승원의 숲을 벤 자가 이 과보를 받는다.[『정법념처경』]

또 어떤 아귀는 머리털을 늘어뜨려 두루 온몸을 휘감고 있다. 그 털이 칼처럼 몸을 찌르고 베거나, 혹은 불로 변하여 몸을 두루 감싸서 태운다. 혹 어떤 아귀는 주야로 각각 다섯 아이를 낳아서 그 아이를 잡아먹지만 외려 항상 굶주린다.[『육바라밀경』]

또 어떤 아귀는 일체 음식을 먹을 수가 없고 오직 자신의 머리를 깨서 뇌를 꺼내 먹는다. 어떤 아귀는 입에서 불이 나와 날아다니는 나방이 불에 뛰어들면 (그것을) 음식으로 삼는다. 어떤 아귀는 똥을 먹고, 눈물, 고름, 피를 마시며, 그릇을 씻고 남은 것을 먹는다.[『대지도론』]

외적 장애에 의해 먹을 수 없는 아귀도 있는데, 주리고 목말라 급속히 몸이 말라 간다고 한다. 맑은 물을 보게 되면 달려서 그곳으로 가지만, 힘센 귀신이 있어서 몽둥이로 (그 물을) 마구 치면 불로 변하기도 하고, 혹은 다 말라 버리기도 한다. 내적 장애로 인해 먹지 못하는 아귀도 있는데, 입이 바늘구멍만 하고 배는 큰 산만 하다고 한다. 음식을 구해도 그것을 먹을 수가 없다. 내외부의 장애가 없어도 먹을 수가 없는 아귀도 있는데, 마침 작은 먹을거리를 만나서 먹게 되면 맹렬한 불로 변하여 몸을 태우고 나온다고 한다.[『유가사지론』]

인간세계의 한 달이 아귀도의 하루가 된다. 아귀도의 수명은 5백 년이다. 『정법념처경』에서 이르기를, "인색하게 굴고, 탐욕스럽고, 질투하는 자가 아귀도에 떨어지게 된다."고 하였다.

제3. 축생도(畜生道)

세 번째로 축생도를 설명한다. 축생도의 주처(住處)는 두 곳이 있는데, 근본 축생도는 대해(大海)에 있고, 지말(支末) 축생도는 인천(人天)에 섞여 있다. 각각 별도로 논하면 34억 종류가 있지만 총론에서는 세 가지를 넘지 않는다. 첫 번째는 새 종류, 두 번째는 짐승류, 세 번째는 벌레 종류이다.

이와 같은 무리들의 강약이 서로 해하면서 먹고 마시는 중에도 잠시도 편안한 적이 없다. 주야로 항상 두려움을 품고 사는데, 심지어는 물에 속하는 것들도 어부에게 해를 입는다. 뭍으로 다니는 모든 축생류들은 사냥꾼에 의해 해를 입는다. 코끼리, 말, 소, 나귀, 낙타, 노새와 같은 축생들은 쇠갈고리에 그 뇌가 잘리기도 하고, 콧속을 뚫리기도 하며, 혹은 머리에 고삐를 매이기도 한다. 등에 무거운 짐을 지고도 채찍을 맞으면서 다만 물과 풀을 생각할 뿐 다른 것은 알지 못한다.

또한 그리마, 도마뱀, 쥐, 이리 등은 어둠 속에서 살다가 어둠 속에서 죽는다. 서캐와 이 등, 사람 몸에 의지하여 사는 것들은 다시 사람에 의해 죽게 된다. 또한 모든 용의 무리들은 삼열의 고통을 받는 것을 주야로 멈추지 않는다. 혹은 이무기가 그 몸이 장대하지만 귀먹고, 어리석고, 발이 없어서 구불구불 굴러서 배로 가니, 모든 벌레들이 쪼아 먹는다.

혹은 터럭 하나의 백분의 일, 혹은 창(窓)에 떠다니는 먼지, 혹은 1만 유순의 이와 같은 모든 축생들이 한 시각 혹은 일곱 시각을 지나거나, 혹은 1겁 내지 백겁, 천만겁을 지나거나, 혹은 1중겁 내지 백천만억 겁을 지나면서 무량한 고통을 받게 된다. 혹은 모든 어긋나는 인연을

만나서 자주 잔혹한 해를 입는다. 이러한 모든 고통들은 이루 헤아릴
수도 없다. 어리석고 부끄러움이 없는 무리들, 신도에게 물자를 보시
받고도 아무것도 갚지 않는 자들이 이 과보를 받는다.[이상의 모든 문장은
여러 경론에 있는 것이다.]

제4. 아수라도(阿修羅道)

네 번째 아수라도에는 두 가지가 있음을 밝힌다. 능력이 뛰어난 대부분
의 아수라는 수미산 북쪽에 있는 큰 바다의 아래에 머물고 있다. 일부
능력이 하열한 아수라는 사대주 사이 산의 바위 안에 있다. 구름 속에
서 우레가 울리면 이를 하늘 북[天鼓]의 소리라고 하면서 두려워하며 허
둥지둥 마음속으로 떨면서 놀라고 슬퍼한다. 또한 항상 제천에 의해 책
망을 당하여 몸이 다치거나 요절하거나 한다.

　그 밖에도 날마다 세 번씩(아침, 낮, 저녁) 고통스럽게 스스로를 자책
하고, 갖가지 근심과 고통을 이루 다 말할 수가 없다.

제5. 인도(人道)

다섯 번째로 인도를 밝히자면 대략 세 가지의 모습이 있으니, 응당 상
세하게 관찰해야 한다. 첫 번째는 부정상(不淨相), 두 번째는 고상(苦相),
세 번째는 무상상(無常相)이다.

1. 부정상(不淨相)

보통 사람은 몸속에 360개의 뼈를 가지고 있는데 마디마디가 서로 떠받치고 있다. 손(발)가락뼈가 발뼈를 떠받치고, 발뼈가 복사뼈를 떠받치고, 복사뼈가 장딴지뼈를 떠받치고, 장딴지뼈는 무릎뼈를 떠받치고, 무릎뼈는 넓적다리뼈를 떠받치고, 넓적다리뼈는 볼기뼈를 떠받치고, 볼기뼈는 허리뼈를 떠받치고, 허리뼈는 등골을 떠받치고, 등뼈는 늑골을 떠받치고, 또 등뼈는 목뼈를 떠받친다. 목뼈는 턱뼈를 떠받치고, 턱뼈는 치아뼈를 떠받친다. 위에는 두개골이 있다. 또한 목뼈는 어깨뼈를 떠받치고, 어깨뼈는 팔뼈를 떠받친다. 팔뼈는 팔뚝뼈를 떠받친다. 팔뚝뼈는 손바닥뼈를 떠받친다. 손바닥뼈는 손가락뼈를 떠받친다. 이와 같이 전전하여 차례차례 연쇄적으로 큰 것을 이루는 것이다.[『대반열반경』 인용]

360개의 뼈가 모여 이루어진 것이 마치 썩고 무너진 집과 같다. 모든 마디의 지지는 네 가닥의 가느다란 맥이 빙 둘러서 채우고 있다. 5백 개로 나뉘는 살은 마치 진흙과 같으며, 6맥으로 서로 이어져 있다. 5백 개의 근육은 7백 개의 가느다란 맥[細脈]으로 싸여서 엮여 있다.

열여섯 개의 커다란 맥[麤脈]은 갈고리처럼 서로 묶고 있다. 두 줄의 근육 끈이 있는데 길이가 3심(尋: 1심은 8尺)[20] 반(6미터)이며, 안에서 얽어서 맺고 있다. 열여섯 장기와 위는 생장, 숙장을 둘러 감싼다. 또한 25기맥(氣脈)은 마치 창틈과 같으며, 107개의 관(官)은 마치 깨진 그릇과 같

---

20 길이의 단위. 양손을 뻗은 길이로서, 약 180센티미터이다. 중국에서는 8척(尺), 일본에서는 6척에 해당한다.

다. 8만 개의 모공이 마치 어지러운 풀로 덮여 있는 것 같고, 오근(五根: 안·이·비·설·신)과 칠규(七竅: 눈·귀·코·입)는 부정한 것으로 가득 차 있다.

일곱 겹의 가죽으로 싸여 여섯 가지의 맛(단맛·신맛·짠맛·매운맛·쓴맛·담담한 맛)으로 장양하는 것이, 마치 제사 지내는 불에 무엇을 태우든 싫어하지 않는 것과 같다. 이와 같은 몸은 모두 더러운 냄새가 나니 자성이 무너지고 문드러진 것이다. 뉘라서 이 몸뚱아리에 교만함을 품겠는가.[『대보적경』 권96]

9백 덩어리의 살이 뼈 위를 덮고, 9백 개의 근육이 그 사이를 이어 주고 있다. 3만 6천 개의 맥(혈관) 안에 세 되[升]의 혈액이 흐르고 있다. 99만 개의 모공이 있어서 항상 땀이 배출된다. 아흔아홉 겹의 피부가 그 위를 덮어 싸고 있다.[이상은 몸 안의 사이 뼈와 살 등에 관한 내용이다.]

또한 뱃속에는 오장이 있다. 켜켜이 서로 덮어 주며 겹쳐서 아래를 향하고 있어 마치 연꽃과 같은 모습이다. 장기 내부가 비고 트여서 안과 밖이 서로 통한다. 각기 90중으로 되어 있다. 폐장은 위에 있으며, 그 색은 희다. 간장은 청색이다. 심장은 중앙에 있고, 색은 붉다. 신장은 아래에 있으며, 그 색은 검다.

또한 육부가 있는데, 대장은 오로지 배설물을 내보내는 것만 하는 전송지부(傳送之府)이며, 폐와 연관되어 있다. 길이가 3심(尋) 반이며, 색은 희다. 쓸개는 신체를 청정하게 하는 청정지부(淸淨之府)이며, 간장과 연관되어 있다. 그 색은 푸르다. 소장은 영양을 활발하게 흡수하는 수성지부(受盛之府)이며, 심장과 연관되어 있다. 길이는 16심(30미터 남짓)이고, 붉은색이다. 위는 음식물을 받아들이는 오곡지부(五穀之府)이며,

비장과 연관되어 있다. 세 되의 똥이 안에 들어 있으며, 그 색은 누렇다. 방광은 오줌을 저장하는 진액지부(津液之府)이며, 신장과 연관되어 있다. 한 말[斗]의 오줌이 안에 있으며, 그 색은 검다. 삼초(三焦)는 소화와 배설을 맡는 중독지부(中瀆之府)이다.

이러한 갖가지 장부들이 종횡으로 분포되어 있다. 대장과 소장은 흰색과 붉은색이 갈마들며 열여덟 번을 둘둘 감아서 마치 독사가 또아리를 튼 것과 같다.[이상 복중(腹中) 장부(腸府)]

또한 머리에서 발꿈치에 이르기까지, 골수에서 피부에 이르기까지 8만 마리의 벌레가 있다. 머리가 넷에 입이 네 개, 99개의 꼬리를 갖고 있으며, 형상이 다 다르다. 하나하나의 벌레 속에는 또 9만 마리의 작은 벌레가 있는데, 짐승의 가을터럭[秋毫]보다 더 작다.[『선경(禪經)』·『차제선문(次第禪文)』등]

『보적경(寶積經)』에서 설하였다.

"처음 태(胎)가 나올 때 7일이 경과하면 8만 마리의 벌레가 몸에서 생겨나 여기저기서 씹어 먹는다. 지발(舐髮)이라는 두 마리의 벌레는 터럭의 뿌리에 의지하여 살면서 항상 그 터럭을 먹는다. 요안(繞眼)이라는 두 마리의 벌레는 눈에 상주하면서 눈을 계속 먹는다. 뇌에 의지하여 사는 네 마리의 벌레는 뇌를 먹는다. 이름이 도엽(稻葉)이라는 한 마리의 벌레는 귀에 의지해 살면서 귀를 먹는다. 장구(藏口)라는 벌레는 코에 살면서 코를 먹는다.

요척(遙擲)과 편척(遍擲)이라는 두 마리의 벌레는 입술에 살면서 입술을 먹는다. 이름이 침구(針口)인 한 마리의 벌레는 혀에 의지해 살면서 혀를 먹는다. 5백 마리는 왼쪽에 의지해 살면서 왼쪽을 먹는다. 오른쪽 역시 그러하다. 네 마리는 생장(生藏)을 먹는다. 두 마리는 숙장(熟藏)을 먹는다. 네 마리는 소변의 통로에 의지하여 오줌을 먹고 지낸다. 네 마리는 대변의 통로에 의지하여 똥을 먹고 산다. 이름이 흑두(黑頭)라고 하는 한 마리는 다리에 의지하여 다리를 먹고 산다.

이와 같이 8만 마리가 이 몸에 의지하여 주야로 먹어 치우며 몸에 열이 나게 하고, 마음에 근심이 생겨나게 한다. 갖가지 병이 나타나게 되면 어떠한 양의도 치료하지 못한다."[『보적경』 제57권 생략 인용]

『승가타경(僧伽吒經)』에서 이르기를, "사람이 죽으려 할 때에 모든 벌레들도 두려워하여 서로 잡아먹어서 온갖 고통을 겪게 되며, 남녀 권속들이 크게 슬퍼하게 된다. 모든 벌레들이 서로 잡아먹어서 오직 두 벌레가 7일간 투쟁하다가 7일이 지나면 한 벌레의 목숨이 다하고 나머지 벌레 한 마리가 살아남는다."고 한다.[이상 구더기에 대한 설명이다.]

가령 좋은 반찬에 갖가지 맛난 것을 다 먹어도 하룻밤 사이에 모두 더러운 똥이 된다. 이를테면 똥이 크든 작든 모두 냄새가 나듯 이 몸도 그러하다. 어린이에서 노인에 이르기까지 오직 부정할 뿐이니, 바닷물을 퍼다가 씻어도 정결하게 할 수 없다. 겉으로는 비록 단정하고 엄숙한 모습을 하고 있어도 안에 담고 있는 것은 모두 부정하다. 마치 그림 속의 병에 똥을 가득 담고 있는 것과 같다.[『대지도론』·『마하지관』 등에서 의미를 취한 것이다.]

그러므로 『선경(禪經)』에서 이렇게 게송을 설하였다.

몸은 냄새나고 부정한 것임을 알라.

어리석은 자는 겉으로 보아

좋은 것에 탐착하고

안의 부정함을 관하지 않는다.[이상 몸의 부정함을 든 것이다.]

하물며 명이 끝난 다음에랴. 무덤에 버리고 나서 하루 이틀 지나 7일에 이르면 그 몸이 부풀어 오르고 색이 푸르딩딩하게 변하며, 썩어 문드러진 피부를 뚫고 고름과 피가 흘러나온다. 수리, 매, 소리개, 올빼미, 여우, 개 등 여러 짐승들이 움켜잡고 끌어당겨 먹는다. 짐승들이 다 먹고 나면 더럽고 문드러져서 수많은 벌레와 구더기들이 다 나오고 냄새가 나서 죽은 개보다도 더 고약하다. 이내 백골이 다 된다. 마디마디가 다 흩어지고 수족과 해골이 각기 다른 곳에 있으며, 바람에 쓸리고 햇빛에 쬐이며, 비에 젖고 서리를 맞는다. 세월이 쌓이면 색이 변해서 마침내 썩고 부서져서 흙과 서로 섞이게 된다.[이상 구경부정(究竟不淨)[21]에 대해 『대반야경』·『마하지관』 등에 의거하여 설명하였다.]

이 몸은 처음부터 끝까지 부정한 것임을 알아야 한다. 사랑의 대상이 되는 남녀 역시 모두 이러하다. 지혜로운 자라면 누가 다시 애욕에 집

....

[21]   오종부정(五種不淨)의 다섯 번째에 해당한다. 오종부정은 『마하지관』 권7 상 외에도 『차제선문(次第禪門)』 권8에 나타난다. 첫째, 외물의 부정함을 보고 염리심(厭離心)을 일으키는 것을 자상부정(自相不淨)이라 한다. 둘째, 몸 안 스물여섯 기관의 부정함을 보는 것을 자성부정(自性不淨)이라 한다. 셋째, 자신들의 몸은 부모의 정혈(精血)이 화합하여 생겨나게 되었음을 깨닫는 것을 종자부정(種子不淨)이라 한다. 넷째, 몸이 태에 있을 때에는 생장과 숙장의 사이에 있으니, 이를 생처부정(生處不淨)이라 한다. 다섯째, 몸이 죽은 후에 무덤 사이에 버려져서 썩어 문드러져 냄새나는 오물이 되는 것을 구경부정(究竟不淨)이라 한다.

착하는 마음을 내겠는가. 그러므로 『마하지관』에서 이르기를, "이 상을 보지 않으면 애욕에 물듦이 몹시 강하다. 만약 이 상을 보게 되면 애욕의 마음이 모두 사라지게 되어 차마 견디기 힘들 정도가 될 것이다. 만약 똥을 보지 않았다면 밥을 먹을 수 있겠지만, 홀연히 냄새를 맡게 되면 바로 구토를 하게 될 것이다."라고 하고 있다.

또한 "만약 이 상을 깨닫는다면 아무리 또다시 높은 눈썹, 고운 눈[翠眼], 흰 이, 붉은 입술일지라도 똥 무더기에 분칠하여 그 위에 덮어 놓은 것처럼 여길 것이다. 또한 마치 썩어 문드러진 시체에 임시로 색칠을 해놓은 것과 같으리니, 하물며 눈으로 보는 것마저 꺼리지 않겠는가. 녹장(鹿杖) 바라문[22]을 시켜 자해를 할망정, 하물며 입 맞추고 끌어안고 음란한 짓을 하겠는가. 이와 같이 생각하는 것은 음욕병을 치료하는 대황탕(大黃湯)이다."라고 설하였다.[이상]

2. 고상(苦相)

이 몸은 처음 태어났을 때부터 항상 고뇌를 겪는다. 『대보적경』에서 설한 바처럼, 남자로든 여자로든 생명을 받아 땅에 태어날 때, 혹은 손으로 받들거나, 혹은 옷에 싸이거나, 혹은 겨울이나 여름일 때는 냉풍, 열풍에 접촉하여 큰 고통을 겪는다. 마치 살아서 가죽이 벗겨진 소가 담벼락에 살을 쓸리는 것과 같다.[이상은 경에서 뜻을 취한 문장이다.]

....

22 부정관을 닦아서 자신을 혐오하게 된 비구가 녹장 바라문에게 의지하여 자신을 살해하게 했다는 일화에서 나온 표현이다.[『십송률(十誦律)』권2]

성장한 다음에도 또한 고뇌가 많다. 같은『대보적경』에서 다음과 같이 설하였다.

"이 몸이 겪는 것도 또한 두 가지의 고통이 있으니, 이른바 눈, 귀, 코, 혀, 인후, 치아, 가슴, 배, 수족에 모든 병이 생겨나는 것이다. 이러한 404가지의 병이 그 몸을 위협하니, 내고(內苦)라고 이름한다.

또한 외고(外苦)가 있으니, 감옥에서 매질하고, 때리고, 회초리질하거나 귀와 코를 베고, 수족을 베고, 모든 악귀들이 그 편을 드는 것이다. 모기와 등에, 벌 등의 독충이 물어뜯고, 추위, 더위, 기갈, 비바람이 함께 이르며, 갖가지 괴로움이 그 몸을 위협하는 것이다.

이 오음신(五陰身)[23]의 하나하나의 위의(威儀), 행·주·좌·와가 모두 고통이 아닌 것이 없다. 만약 오랜 시간 동안 행하여 잠시도 쉬지 않는다면, 이를 이름하여 외고라 한다. 머무르거나 눕거나 또한 모두 고통인 것이다."[이상 생략 인용]

나머지 모든 것에도 고통의 상이 있으니, 눈앞에서 볼 수 있어서 더 설명할 필요는 없다.

3. 무상상(無常相)[24]

『대반열반경(大般涅槃經)』에서는 다음과 같이 설하였다.

....

23   색(色)·수(受)·상(想)·행(行)·식(識) 다섯 가지 집적물. 인간 존재를 육체와 정신의 다섯 가지의 집적물로 보는 것이다.

24   모든 것이 움직이고 변하며 항상 그대로 정지되어 있는 것이 없다는 개념이다. 하지만 이 문장에서 겐신[源信]이 사용한 무상의 개념은, '죽음'을 의미한다. 후세에 일반화된 "무상=죽음"이라는 관념의 전거 중 하나라고 할 수 있다.

"사람의 운명은 계곡물보다 더 빨리 흐르니, 오늘은 존재하더라도 내일 또 보전하기 힘들다. 어찌하여 마음을 멋대로 두어서 나쁜 법이 머무르게 하는가."

『출요경(出曜經)』에서는 다음과 같이 게송을 설하였다.

이날(오늘)이 이미 저물었으니
목숨이 그만큼 줄었구나.
마치 작은 물속 물고기처럼
여기에 무슨 낙이 있으리오.

『마야경(摩耶經)』에서는 다음과 같이 게송을 설하였다.

백정이 소를 끌고
도살장에 가는 길이
한 걸음 한 걸음 사지에 가까워지는 것처럼
사람의 목숨도 그러하다.[이상]

비록 장수를 위해 수행을 한다 하더라도 종래에는 죽음을 면치 못할 것이다. 비록 부귀의 보응이 있다 하더라도 반드시 늙고 병드는 때가 있게 마련이다.

『대반열반경』에서는 다음과 같이 게송을 설하였다.

이 세간에 태어난 모든 것은

모두 죽음으로 돌아간다.

수명이 무량하리라 생각해도

반드시 마지막이 있게 된다.

무릇 성한 것은 반드시 쇠하게 되며

만남에는 반드시 헤어짐이 있게 된다.

젊은 시절은 오랫동안 머무르지 않으며

뛰어난 외모는 병의 침해를 받게 되고

목숨은 죽음에 의해 삼켜진다.

변하지 않는 것은 없다.

또 『죄업응보경(罪業應報經)』에서는 다음과 같이 게송을 설하였다.

흐르는 물은 가득 고이지 않으며

맹렬한 불이라도 오래 타지는 않는다.

해가 뜨면 잠깐 새에 지고,

달이 차도 다시 이지러진다.

영화롭고 존귀한 자도

무상하게 순식간에 사라져 가느니

지금 부지런히 정진하고

무상존에 정례해야 한다.[이상]

단지 모든 범부 중생이 아니라도 속으로는 이러한 두려움이 있다. 선계에 올라 도에 통한 자도 또한 이와 같다.

『법구비유경(法句譬喩經)』에서 다음과 같이 게송을 설한 것과 같다.

하늘도, 바다도 아니고,
산속도 아니다.
죽음을 벗어나는
불사의 타방처는 없다.[하늘에 오르고, 바다에 들어가고, 바위에 숨은 (죽음을 피
한) 세 사람의 인연은 경에서 자세히 설하였다.]

모든 다른 고통과 근심을 혹시 면한 자가 있어도 죽음은 끝내 피할 곳
이 없음을 알아야 한다. 모름지기 가르침대로 수행하며 상락(常樂)의 정
토를 흔구(欣求)하라.

『마하지관』에서는 다음과 같이 설하였다.

"죽음의 귀신은 호걸과 현자를 가리지 않는다. 사람은 약해서 무너
지기 쉬우니, 믿을 만한 것이 못 된다. 어찌 편안하게 백 세를 살기를 바
라겠는가. 사방으로 다니며 물자를 아끼고 모으며 재물을 긁어모은다.
긁어모으는 것으로도 만족을 못하여 지치지도 않는 중에 영영 떠나게
되면, 그가 가진 재산은 무리들의 차지가 된다. 아득하게 어두운 길을
홀로 가게 된다. 뉘라서 옳고 그름을 묻겠는가. 나를 거쳐 간 거센 물,
사나운 바람, 찰나의 번개가 무상함을 깨달으니, 산, 바다, 하늘, 도시에
도피할 곳이 없다. 이와 같이 관하게 되면, 마음에 커다란 공포가 생겨
나 잠들어도 편하지 않고, 먹어도 그 맛을 느끼지 못한다. 마치 머리에
붙은 불을 끄듯이 바로 벗어나길 원한다."

또 『마하지관』에서 다음과 같이 설하였다.

"마치 여우가 귀와 꼬리를 잃고 두려움을 벗어나기 위해 짐짓 잠들어 보지만, 문득 '머리를 자른다.'는 소리를 듣고 크게 놀라 공포에 떠는 것과 같다. 생(生)·노(老)·병(病)을 만나도 급하게 여기지 않더니 죽음은 소홀히 하지 못한다. 어떻게 두려워하지 않을 수 있겠는가. 공포심이 일어날 때는 마치 열탕과 불을 밟은 것과 같아서 오진육욕(五塵六欲)[25]이 잠시라도 물들 틈을 주지 않는다."[이상 생략 인용]

인도(人道)가 이와 같으니 실로 멀리하지 않으면 안 된다.

제6. 천도(天道)

천도는 세 가지가 있으니, 첫째는 욕계(欲界), 둘째는 색계(色界), 셋째는 무색계(無色界)이다. 그 양상은 넓어서 설명하기가 어렵다.

한 곳을 들어 나머지의 예로 삼겠다. 예를 들어 도리천(忉利天) 같은 곳은 비록 쾌락은 끝이 없으나 명이 다할 때에 오쇠상(五衰相)이 나타난다. 첫째, 머리 위의 꽃장식이 홀연히 시든다. 둘째, 천의에 먼지와 때가 묻는다. 셋째, 겨드랑이 아래에 땀이 난다. 넷째, 두 눈을 자주 깜박인다. 다섯째, 천상의 본거(本居)를 좋아하지 않게 된다. 이 상이 나타날 때에는 천녀 권속이 풀잎처럼 모두 멀리 떠나게 된다. 숲에 쓰러져 누워 슬

---

25   색·성·향·미·촉의 오경(五境), 즉 안·이·비·설·신 오근(五根)의 대상을 말한다. 사람의 본성을 더럽히기 때문에 오진(五塵)이라고도 한다. 의근(意根)의 대상으로서 법경(法境)을 더하여 육경(六境)·육진(六塵)이라고 한다. 육욕(六欲)은 육근에서 생겨난 욕망을 말한다.

피 울며 탄식하여 말하기를, "이 모든 천녀들이 나를 항상 아껴 주었는데 어찌하여 하루아침에 나를 풀잎처럼 버린단 말인가. 나는 이제 믿고 의지할 데가 없으니 누가 나를 구해 줄 것인가?"라고 한다.

선견성(善見城)[26]도 지금은 길이 끊어지고, 제석의 보좌도 아침에 배알할 길이 없다. 수승전(殊勝殿) 안에서 화려한 풍경을 조망하는 것도 영영 끊겼다. 제석천의 보물 코끼리는 어느 날에 함께 타 볼꼬? 중차원(衆車苑)에는 다시 가 볼 수가 없고, 추삽원(麁澁苑) 안에서 갑옷을 입을 일도 없다. 잡림원(雜林苑)에서 연회를 하는 날도 없고, 환희원(歡喜苑)에서 노니는 것도 기약이 없다.

겁파수(劫波樹) 아래 부드러운 백옥 위에 앉을 수도 없고, 만타지니 수승지(曼陀枳尼殊勝池)의 물에서 목욕할 수도 없다. 네 가지 감로수도 종내 먹을 수 없고, 오묘음(五妙音)의 음악도 문득 끊어져서 들을 수가 없다.

슬프다! 이 몸이 홀로 이 괴로움을 다 겪어야 하다니. 원컨대 자비를 내려 주셔서 나의 수명을 긍휼히 여겨 구해 주시고, 다시 짧은 기간이라도 늘여 주시면 즐겁지 않겠습니까. 저 마두산(馬頭山) 옥초해(沃焦海)[27]에는 떨어지지 않도록 해주십시오.

이렇게 말을 해도 나서서 구해 주는 자가 없다.[『육바라밀경(六波羅密經)』]

이 고통이 지옥보다 심한 것임을 마땅히 알아야 한다. 그래서 『정법념

---

26 제석천의 주처이며, 수미산의 정상, 도리천의 중앙에 있다. 사면이 각각 2,500유순이며, 높이는 1유순 반이다. 지면은 평탄하고 황금으로 되어 있으나 부드럽다. 성안에는 보옥으로 장식된 궁전인 수승전(殊勝殿)이 있고, 성 밖에는 중차원(衆車苑)·추삽원(麁澁苑)·잡림원(雜林苑)·환희원(歡喜苑)의 네 정원이 있다.

27 옥초석(沃焦石)이 잠겨 있는 바다. 중생이 고통을 받는 곳이다. 옥초석은 대해의 밑에 있으며, 아비지옥의 불에 달궈져서 바닷물을 계속 빨아들인다고 한다.

처경』에서는 다음과 같이 게송을 설하였다.

> 천상에서 물러갈 때
> 마음에 큰 고뇌가 생겨나니
> 지옥의 모든 고통이
> 16분의 1에도 미치지 못한다.

또한 대덕천(大德天)이 곧 생겨난 후에는 옛 천의 권속을 버리고 그를 따르게 된다. 혹 어떤 위덕천(威德天)은 마음으로 따르지 않을 때에는 쫓아내고 출궁시켜 머무르지 못하게 한다.[『유가사지론』]

다른 오욕천도 모두 이러한 고통이 있다. 색계와 무색계의 상 2계에는 이러한 일이 없다고 해도 마침내는 물러나게 되는 고통을 겪게 된다. 삼계의 최고천인 비상천(悲想天)에서도 다음에 아비지옥에 떨어지는 것을 면하지는 못한다. 천상계 역시 즐겨 구할 만하지 않다는 것을 마땅히 알아야 한다.[이상 천도를 설하였다.]

제7. 총결염상(總結厭相)

우리들의 육체는 생로병사가 네 마리의 독사를 한 바구니[28]에 넣어 둔 것처럼 고통스러울 뿐이니 좋아할 만한 것이 아니다. 사산(四山: 생로병

28　원문에는 '一箧'이라고 표기되어 있다. 북본(北本)『열반경』권23 참조.

사)이 합쳐서 오면 피할 곳이 없으나 모든 중생들이 탐착하여 스스로 (눈을) 가린다. 오욕에 깊이 탐착하고, 영원하지 않은 것을 영원하다고 말하며, 즐거움이 아닌 것을 즐거움이라 한다. 그것은 마치 악창을 물로 씻어내고, 눈을 찌르는 속눈썹을 손바닥에 뽑아내고 안도하는 것과 같다. 여전히 모두 꺼려야 할 것이 아닐까. 하물며 또 칼산과 화탕(火湯)이 점차 다가오는데 어느 지혜로운 자가 이 몸뚱이를 보물처럼 여기며 아낄 것인가.

그러므로 『정법념처경』에서는 다음과 같이 게송을 설하였다.

> 지혜로운 자는 항상 근심을 품고 산다.
> 마치 옥중의 죄수처럼.
> 어리석은 자는 항상 즐거워한다.
> 마치 광음천(光音天)[29]의 신처럼.

『대보적경』에서는 다음과 같이 게송을 설하였다.

> 갖가지 악업으로 재물을 얻어
> 처자를 양육하는 것을 즐거움이라 생각하지만
> 목숨이 다할 때에 몸을 조이는 고통은
> 처자마저도 구해 주지 못한다.

....

29 색계 제2 선천(禪天)의 최고처로서, 극광정천(極光淨天)이라고도 한다. 이 천이 말을 하면 입에서 청정한 빛이 나와서 그 빛이 언어가 된다.

저 삼도(三塗)의 두려움 속에

처자와 지인을 만날 수 없고

거마(車馬)와 재보(財寶)는 타인에게 돌아가니

고통을 받아도 뉘라서 괴로움을 나누겠는가.

부모 형제와 처자, 친구, 종복과 재물

죽고 나면 누구 하나 와서 가까이하지 않는다.

오로지 악업만이 항상 따라다닌다.

염라왕은 항상 죄인들에게 이른다.

작은 죄라도 나에게 덮어씌울 것이 없는지

네가 지은 죄가 지금 스스로 오는 것이다.

업보를 자초하면 대신해 줄 자가 없다.

부모와 처자도 구해 줄 수가 없다.

오직 성실하게 수행해서

업의 인(因)에서 벗어나야 한다.

그러므로 족쇄가 되는 업을 버리고 멀리 벗어나

안락함을 구하는 법을 잘 알아야 하는 것이다.

또 『대집경(大集經)』에서는 다음과 같이 게송을 설하였다.

처자와 보물, 왕위는

임종 시에 따르지 않는 것들이다.

오직 계율과 보시, 방일하지 않는 것이

금생과 후생에 반려가 될 뿐이다.

이와 같이 전전하며 악을 행하고 고통을 받는다. 헛되이 생사를 윤회하며 끝이 없다.

마치 『잡아함경(雜阿含經)』의 게송에서 설하는 것과 같다.

> 한 사람이 한 겁 중에
> 받게 되는 모든 몸과 뼈가
> 항상 부패하지 않고 쌓인다면
> 마치 비포라산(毘布羅山)[30]과 같을 것이다.

한 겁이 이러한데 하물며 무량겁임에랴. 우리는 수행을 한 적이 없어서 헛되이 무량겁을 지나왔다. 지금 만약 성실히 수행하지 않는다면 미래에도 역시 그러할 것이다. 이와 같이 무량한 생사 안에서 사람 몸을 얻기가 심히 어렵다. 사람 몸을 얻어도 모든 근기를 갖추기가 어렵다. 모든 근기를 갖추어도 부처님의 가르침을 만나기가 어렵다. 부처님의 가르침을 만나도 신심을 내는 것이 또한 어렵다.

그러므로 『대반열반경』에서 이르기를, "인도(人道)에 태어나는 자는 마치 손톱 위의 흙처럼 적은 수이고, 삼악도(三惡道)에 떨어지는 자는 온 세상의 흙만큼 많다."고 하였다.

또한 『법화경』에서는 다음과 같이 게송을 설하였다.

....

30　'거대한 산'이라는 의미이다. 『대당서역기(大唐西域記)』 권9에 따르면, 마가다성 북문 서쪽에 비포라산이 있다고 한다.

무량무수겁 동안

이 법을 만나는 것도 어렵다.

이 법을 잘 알아듣는 자도

또한 얻기 어렵다.

그러나 지금 우리는 마침 이러한 인연을 갖추었으니, 마땅히 고해를 벗어나 다만 금생에서 정토에 왕생해야 함을 알아야 한다. 그러나 우리들 머리에는 눈서리를 이었고, 마음에는 속세의 때가 물들었다. 비록 일생이 다해도 욕망은 사라지지 않는다. 마침내 죽어서 백일하에 혼자서 황천에 들어갈 때에 수백 유순의 동굴 같은 맹렬한 불길 속에 떨어진다. 비록 하늘에 외치고 땅을 두드리지만 무슨 보탬이 되겠는가. 원컨대 모든 행자들은 빠르게 염리심을 내어 속히 깨달음의 길로 따라 나오라. 보물산에 들어가서 빈손으로 돌아가지 말라.

묻는다

염리심을 생하는 데 상응하는 답은 무엇인가?

답한다

만약 자세히 관하고자 한다면, 앞에서 설명한 대로 육도·인과·부정(不淨)·고(苦) 등이 좋다.

또는 용수보살이 선타가왕(禪陀迦王)에게 나아가 권하여 설한 게송에서 말하였다.

이 몸은 부정한 아홉 구멍[不淨九孔]³¹에서 흐르는 것이다.

끝이 없는 것이 마치 바다와 같다.

얇은 거죽에 덮여서 청정한 척하고

영락(瓔珞)을 빌려서 짐짓 스스로 장엄한다.

모든 지혜로운 자는 곧 알게 되나니

그 허탄함을 보고 바로 버린다.

마치 옴 걸린 자가 사나운 불길에 다가가는 것 같으니

처음에는 잠깐 기쁘지만 나중에는 고통이 더한다.

탐욕의 마음도 또한 그러하다.

처음에는 즐겁지만 종내는 근심이 많아진다.

몸의 실상을 보면 모두 부정(不淨)하니

곧 공(空)·무아(無我)를 관하게 된다.

만약 이 관을 잘 수행할 수 있다면

가장 뛰어난 이익이 된다.

비록 잘생기고, 문벌이 좋은 현자라 하더라도

계행과 지(智)가 없으면 금수와 같다.

비록 못생기고, 천한 집안에 견문이 적더라도

계행과 지를 잘 수행하면 명예롭게 된다.

팔법(八法)³²을 면할 수 있는 자는 없다.

이를 끊을 수 있다면 진실로 비할 데가 없을 것이다.

모든 사문, 바라문, 부모, 처자 및 권속들

---

31 인체에 있는 아홉 개의 구멍. 입, 두 눈, 두 귀, 두 콧구멍, 대소변 구멍을 말한다.

32 사람의 마음을 선동하는 여덟 가지로, 팔풍(八風)이라고도 한다. 이(利)·쇠(衰)·훼(毀)·예(譽)·칭(稱)·기(譏)·고(苦)·낙(樂)을 말한다.

그들의 말을 들어주기 위해

여러 불선(不善)과 비법(非法)의 행을 짓지 말라.

설령 이들을 위해 지은 죄과라 해도

미래에 큰 고통을 오직 이 몸으로 겪게 된다.

여러 악을 짓고 즉시 과보를 받지 않은 것은

마치 도검으로 베어도 다치지 않은 것과는 다르니,

임종 시에 비로소 죄상이 다 나타나서

나중에 지옥에 들어가 여러 고통을 겪게 된다.

신(信)·계(戒)·시(施)·문(聞)·혜(慧)·참(慚)·괴(愧)

이 칠법을 성재(聖財)라 하며, 진실로 비할 데 없는 것이다.

석존께서는 세간을 초월한 진귀한 보물이라고 설하셨다.

세간을 초월한 진귀한 보물이다.

족함을 알면 비록 가난하더라도 부자라고 할 수 있으며

재물이 많아도 욕심이 많으면 가난하다고 할 수 있다.

재물 쌓는 일에 전념하게 되면 여러 고통이 늘어나게 되니

마치 용이 머리가 여럿이면 괴로움이 많아지는 것과 같다.

마땅히 맛있는 것을 독약과 같이 바라보아야 한다.

지혜의 물로 깨끗하게 씻어 청정하게 해야 한다.

비록 이 몸을 보존하기 위해 먹어야 할지라도

맛을 탐하여 교만을 키우지 말라.

모든 욕심과 물듦을 멀리하고

성실하게 무상(無上) 열반도를 구하라.

먼저 이 몸을 조화롭게 하여 차분해진

연후에 재계를 수행해야 한다.

하룻밤을 다섯 시간[33]으로 나누어서

2시에 해당되는 시간에 자야 한다.

초야·중야·후야에는 생사를 관하고

성실하게 깨달음을 구하여 헛되이 보내지 않도록 하여야 한다.

적은 양의 소금을 항하(恒河)에 풀어도

물에 짠맛이 밸 수 없는 것처럼

미세한 악이 여러 선을 만나게 되면

소멸되어 흩어지는 것과 같다.

비록 천계에서 욕망을 여읜 즐거움을 누리더라도

여전히 무간지옥 거센 불길의 고통으로 떨어질 수 있다.

비록 천궁에 거하며 광명을 함께 누리지만

나중에는 지옥의 암흑 속으로 들어가게 된다.

이른바 흑승지옥, 등활지옥에서는 불타고, 잘리고, 베이며, 무간의

팔대지옥은 항상 불타고 있으니

모두 중생의 악업에 의한 과보이다.

만약 그림을 보거나, 그들의 말을 듣거나

혹은 경서의 내용을 따라 스스로 생각해 보라.

이와 같이 때를 아는 것만으로도 견디기 어려운데

하물며 자신의 몸으로 겪어내는 것임에랴.

만약 어떤 이가 하루에

3백 번 창으로 그의 몸을 뚫는다 해도

아비지옥의 한순간의 고통에 비하면

....

33　오후 7시~8시부터 순차적으로 2시간씩 다섯으로 나눈 것이다.

백천만분의 일에도 미치지 않는다.

축생도의 고통도 끝이 없다.

혹은 묶여 있거나 혹은 채찍질을 당하며

혹은 구슬, 깃털, 뿔, 이빨, 뼈, 고기 등을 위해 잔혹하게 해침을 당한다.

아귀도의 고통도 또한 그러하다.

모든 하고자 하는 것이 뜻대로 되지 않으며

기갈에 시달리고 추위와 더위에 고통을 당한다.

피로와 고달픔의 고통이 극심하고 끝도 없으며

똥오줌과 오물들로 부정하다.

백천만겁이 지나도 (먹을 것을) 얻기가 어려우며

설령 조금 얻는다 해도

다시 서로 빼앗고 찾다가 흩어지게 된다.

서늘한 가을에는 열병을 앓고

따뜻한 봄에는 추위로 고통을 당한다.

과수원 숲으로 달려가면 모든 과일이 다 사라지고

맑은 시냇물에 이르면 물이 다 말라 버리게 된다.

죄업의 연(緣) 때문에 수명이 길고 오래가니

1만 5천 세를 넘기게 된다.

매질을 당해 생긴 독[楚毒]이 없는 곳이 없으니

모두 아귀도의 업보이다.

번뇌의 격류가 중생을 띄우고

깊은 공포와 타오르는 고통이 된다.

이러한 모든 티끌과 곤고함을 단멸코자 한다면

진실한 해탈의 지혜를 닦아야 한다.

모든 세간의 거짓 법을 여윈다면
곧바로 청정 부동의 깨달음을 얻게 되리라.[이상 110행 게송으로 된 것을 생략
하여 인용한 것이다.]

만약 간단하게 관하는 법을 알고 싶다면 마명(馬鳴)보살의 '뇌타화라(賴
吒和羅)'**34**라고 하는 기악의 문구를 소개하기로 하겠다.

유위법은 환상 같고, 임시로 만든 것과 같으니
삼계의 지옥에 속박되어 어떠한 즐거움도 없다.
왕위에 있으면 높은 세력으로 마음먹은 대로 할 수 있지만
죽음이 이르게 되면 뉘라서 계속 남을 수 있겠는가.
마치 하늘의 구름이 순식간에 흩어져 사라지는 것과 같다.
이 몸은 허위이니 마치 피었다 곧 지는 파초와 같고,
원수나 도적 같은 것이라 집착할 것이 못 된다.
마치 독사가 든 상자와 같으니 뉘라서 사랑하고 좋아하겠는가.
이 때문에 제불은 항상 이 몸뚱이를 꾸짖었다.[이상]

이 안에서 무상(無常) · 고(苦) · 공(空) · 무아(無我)에 대해 모두 설명하고

34　마명(馬鳴)은 인도의 시인이며, 불전을 주제로 하는 서사시 『불소행찬(佛所行讚: Buddhacarita)』의 저자로 유명하다. 그의 활동 연대는 이견이 있지만, 구마라집역 『마명보살전(馬鳴菩薩傳)』에 따르면 카니시카 왕과 친교가 있었던 것으로 전해지고 있기 때문에 1~2세기경의 인물로 추정해 볼 수 있다. 뇌타화라(賴吒和羅)는 장자의 아들로서, 석존께서 그의 소욕지족(少欲知足)을 찬탄하신 것이 『사분율』 권3에 전한다.

있으니, 알아듣는 자는 도를 깨달을 것이다.

또한 견뢰(堅牢) 비구가 굴 벽에 새긴 게송[35]에서 다음과 같이 설하였다.

> 생사가 끊이지 않는 것은
> 탐욕과 기호 때문이다.
> 원망을 키워서 무덤까지 데려가고
> 헛되이 모든 고통을 받는다.
> 몸에서는 마치 시체 같은 냄새가 나고
> 아홉 구멍에서는 부정한 것이 흐른다.
> 변소의 구더기가 똥을 좋아하는 것과
> 어리석게 몸에 탐착하는 것이 다르지 않다.
> 생각과 망념과 분별이 바로 오욕의 근본이다.
> 지혜로운 자는 분별하지 않으니 오욕이 단멸된다.
> 삿된 마음으로 탐착을 만들어내고
> 탐착은 번뇌를 만든다.
> 정념(正念)은 탐욕이 없으니
> 나머지 번뇌도 또한 없어진다.[이상]

과거 미루건타(彌樓揵馱) 부처님께서 멸하신 후 정법이 멸할 때 타마시리(陀摩尸利)보살이 이 게송을 구하여 널리 불법을 펴서 중생들에게 무

....
35   『대보적경』권78에서 인용한 게문. 미루건타불(彌樓揵陀佛)의 제자인 견뢰 비구가 석굴의 벽에 새긴 것으로 전한다.

량한 이익이 되게 하였다. 또한 『인왕경(仁王經)』에 네 개의 뛰어난 게송이 있으니, 이를 참고로 봐도 좋다.

극히 축약된 것을 원한다면 『금강반야경(金剛般若經)』의 게송과 같은 것을 들 수 있다.

> 일체유위법은
> 꿈, 환영, 거품, 그림자와 같고,
> 이슬과 같고, 또 번개와 같다.
> 마땅히 이와 같이 관해야 한다.

또 『대반열반경』 게송에서는 다음과 같이 설하였다.

> 모든 것은 변한다.
> 이것이 생멸법이다.
> 생멸이 다 끊어지면
> 적멸의 낙을 이룬다. [이상]

기원정사 무상당(無常堂)의 네 모퉁이에는 수정으로 만든 종(鍾)이 있는데, 그 종의 소리에서 또한 게송이 설해졌다고 한다. 병든 중이 종소리를 들으면 고뇌가 사라지고 청량한 즐거움을 얻게 되어 마치 삼매에 들고 정토에 왕생한 듯한 느낌이 든다고 한다. 하물며 설산(雪山) 대사(석가의 전생인 설산동자)가 온몸을 희사하여 이 게를 얻었음에랴. 수행자는 깊이 사념하고 그것을 소홀히 하지 않도록 하라. 설한 대로 잘 관하고,

마치 사자가 사람을 쫓아내듯이 탐(貪)·진(瞋)·치(癡) 등의 혹업(惑業)을 여의어야 한다. 어리석은 개가 흙덩이를 쫓는 것과 같은 외도의 무익한 고행은 하지 말아야 한다.

묻는다

부정(不淨)·고(苦)·무상(無常)의 그 뜻은 이해하기 쉽다. 하지만 현실에 본체가 나타나는데 왜 이것을 공(空)이라고 하는가?

답한다

어찌 경전에서 꿈, 환상, 화작(化作)과 같다고 설한 적이 없겠는가. 그러므로 꿈의 세계를 예로 들며 공의 의미를 생각해 보라고 한 것이다.

『대당서역기(大唐西域記)』에 다음과 같은 설화가 있다.

"바라닐사국(波羅疶斯國) 시록림(施鹿林: 녹야원) 동쪽으로 2, 3리를 가면 물이 마른 연못이 있다. 옛날에 한 은사가 이 연못 옆에 초옥을 엮고 세상을 피해 지냈다. 많은 선술을 익히고, 신령한 이치를 연구하여 기와와 자갈을 보석으로 만들고, 사람이나 동물로 모습을 바꿀 수 있었다. 그러나 아직 바람과 구름을 타고 선인의 수레에 동승하는 데까지는 미치지 못했다. 더욱 책에 몰두하여 옛 문헌을 연구하고, 신선술을 연구했다. 그 방법이란, 절의가 군은 한 열사(烈士)에게 명하여 긴 칼을 들고 단의 모퉁이에 서 있게 하되, 숨을 죽이고, 말을 끊고, 저녁부터 다음날 아침까지 그 자세를 무너뜨리지 않는 것이라고 했다. 신선이 되려는 자가, 단의 중앙에 앉아서 손으로 긴 칼을 잡고, 입으로 신비한 주문을 외며, 보이는 것, 들리는 것들을 모두 끊으면, 미명에 신선이 되어 하늘로 오르게 된다고 했다. 마침내 신선이 되는 방법에 의거하여 한 명의 열사를 찾아서 여러 번 선물을 하고, 남몰래 은혜를 베풀었다.

은사가 하룻밤 동안 소리를 내지 말아 달라고 하자, 열사가 말하기를, '죽음도 사양하지 않을진대, 어찌 숨을 죽이는 정도이겠는가.'라고 대답하였다. 이에 신선의 법을 받을 단과 장(場)을 설치하고, 방법에 따라 의식을 거행했다. 앉아서 해가 지기를 기다렸다가, 해가 진 후에 각기 자신의 일을 분담하여 행했다. 은사는 신주를 외고, 열사는 손에 예리한 섬도(銛刀)를 지니고 거의 새벽이 되려 하고 있었는데, 갑자기 비명을 질렀다.

은자가 물었다.

'그대에게 간곡히 소리를 내지 말아 달라고 했는데, 어찌 놀라 소리를 지르는가?'

열사가 말하였다.

'명을 받은 후에 밤이 되자, 정신이 어지러워지면서 꿈꾸는 것과 같이 이상한 일이 계속 일어났습니다. 옛날에 모시던 주인이 와서 위로하고 감사를 하는데, 두터운 은혜에 감동했으나, 말을 할 수가 없었습니다. 주인이 진노하여 저를 죽여서 중음신이 되어 시체를 보며 탄식했으나, 오히려 세세토록 말없이 깊은 은덕을 갚기를 원하여 드디어 남인도 대바라문의 집안에 태어나게 되었습니다. 수태되고, 태어나는 과정에서 고액을 겪어서 은덕을 말하지 못했습니다. 학업을 익히고, 관례를 하고, 결혼하고, 부모상을 당하고, 자식을 낳는 데 이르러 매번 지난날의 은혜를 생각했지만 참고 말을 하지 않아서 집안의 친척들이 모두 괴이하게 생각했습니다. 나이 65세가 지나자, 저의 처가 말하기를, 〈당신은 말을 할 수 있습니다. 만약 말을 하지 않는다면 당신의 아들을 죽이겠습니다.〉라고 하였습니다. 제가 그때 생각하기를, 〈이미 생을 달리하여 태어났고, 내가 이렇게 노쇠한 데다 오직 이 어린 아들 하나뿐이다.〉

라고 하였는데, 이 때문에 그 처에게 살해하지 말라고 하면서 마침내 이렇게 소리를 내게 된 것입니다.'

은사가 말했다.

'내가 바로 그 사람이다. 이는 과거의 마장(魔障)이 희롱한 것일 뿐이다.'

열사가 은혜에 감복하여 일이 이루어지지 못한 것을 비통해하다가 화병이 나서 죽었다."[이상 생략 인용]

꿈의 세계가 이러하니, 모든 것이 또한 그러하다. 망상과 꿈에서 깨어나지 못하여 공한 것을 실재하는 것이라 말한다. 그래서 『성유식론(成唯識論)』에서 말하기를, "진각(眞覺)을 얻지 못하면 항상 꿈속에 있게 된다. 그러므로 부처님께서는 생사를 긴 밤과 같다고 말씀하신 것이다."라고 하였다.

묻는다
만약 무상(無常)·고(苦)·공(空) 등을 관한다면 어찌 소승(小乘)이 자신을 조절하여 자기의 깨달음만 얻으려 하는 것과 다르겠는가?
답한다
이 관(觀)은 소승에 국한하지 않고 대승에도 통하는 것이다.

『법화경(法華經)』에서 설하는 것과 같다.

대자비는 집이 되고,
온화함과 인욕은 옷이 되고,

공(空)은 자리가 되나니,

여기에 앉아서 설법을 하기 위한 것이다.[이상]

제법이 공함을 관하는 수행은 대자비심과 충돌하지 않는다. 하물며 고관이나 무상관 등은 보살의 자비의 원력을 북돋지 않겠는가. 이 때문에 『대반야경(大般若經)』 등에서는 부정관(不淨觀) 등의 관법도 또한 보살의 수행법이 되니, 알고 싶은 자는 다시 경문을 읽어 보라고 하였다.

묻는다

이러한 관법과 심법으로 어떠한 이익을 얻을 수 있는가?

답한다

만약 항상 이와 같이 마음을 조복시키는 자라면, 오욕이 약해지고 엷어져서 임종 때 정념(正念)이 흐트러지지 않고 악도에 떨어지지 않게 된다.

『대장엄론(大莊嚴論)』의 권진계념(勸進繫念)[36] 게송에서는 다음과 같이 설하였다.

> 젊은 날에 병이 없을 때는
>
> 게으르고 정진하지 않으며,
>
> 여러 일에 욕심내느라
>
> 보시·계율행·선정을 행하지 않는다.
>
> 죽음에 이르러서야

....

36   한 곳에 생각을 매어 두도록 권하는 것.

후회하고 선업을 닦는다.

지혜로운 자는 마땅히

오욕의 생각을 단멸하는 것을 관찰해야 한다.

마음을 닦는 수행을 하는 자는

임종 시에 후회가 없으니

마음이 이미 전일하여

잘못된 생각이 없기 때문이다.

지혜로운 자는 마음을 잘 지켜서

임종할 때에 뜻이 흐트러지지 않는다.

마음이 전일하게 되도록 수행하지 않으면

임종 시에 반드시 산란하게 된다.[이상]

『보적경(寶積經)』 제57권에서 다음과 같이 게송을 설하였다.

마땅히 이 몸을 관해야 한다.

근맥이 다시 축축한 피부에

둘러싸이고 덮여 있다.

아홉 군데에 창문(瘡門)이 있어서

두루 오줌과 똥, 모든 부정한 것들이 흐르고 넘친다.

막사와 대나무 우리가 곡식 등으로 가득 채워지는 것과 같이

이 몸도 또한 이와 같다.

갖가지 더러움이 그 안에 가득하여

뼈와 기관을 움직이는 것이

위태롭고 견실하지 않다.

어리석은 이들은 항상 쾌락을 좋아하나,

지혜로운 자는 물들고 탐착함이 없다.

콧물, 타액, 땀이 항상 흐르고

농혈이 항상 가득 차 있다.

누런 기름이 유즙에 섞이고

뇌는 두개골 안에 가득 차 있다.

흉격(胸膈)에는 담음(痰癊: 가슴의 병)이 흐른다.

안에는 생장(生臟)과 숙장(熟臟)

비계와 피막

오장(五臟)의 모든 소화기관들이 있다.

이와 같은 냄새나고 문드러진 것들은

모든 부정(不淨)한 것과 함께 거한다.

죄의 몸은 깊이 두려워할 만한 것이니

이는 곧 원가(怨家)가 된다.

아는 것도 없이 탐욕스러운 사람은

어리석게 항상 보호하려 해도

이렇게 냄새나고 더러운 몸은

마치 썩은 성곽과 같다.

낮이나 밤이나 번뇌에 시달리고

움직이고 흐르는 것이 잠시도 멈추지 않는다.

몸은 성(城)이고, 뼈는 성벽

피와 살은 진흙이다.

탐·진·치를 그림으로 칠하여

가는 곳마다 장엄한다.

혐오스러운 뼈와 몸의 성에

피와 살이 서로 연합한다.

항상 악지식에 의해

내외의 고통으로 서로 괴로워한다.

난타(難陀)야, 마땅히 알아야 하리니,

내가 말한 바와 같이

주야로 항상 마음을 붙들어 매서

욕망의 경계를 여의어야 한다.

만약 멀리 여의고자 한다면

항상 이와 같이 관하여야 한다.

성실하게 해탈의 경지를 찾아서

속히 생사의 바다를 초월하라.[이상]

모든 나머지 이익에 관해서는 『대지도론』·『마하지관』 등에서 볼 수 있다.

제
2
◉
흔구정토
欣求淨土

극락과 극락에 거주하는 불보살의 바른 공덕은 끝이 없어서 백겁 천겁 동안 설해도 다하지 못할 것이다. 수치나 비유로도 알려 줄 방법이 없다. 그러나 『군의론(群疑論)』에서는 30종의 이익을 밝혀 놓았고, 『안국초(安國抄)』에서는 24종의 즐거움을 기록해 놓고 있어서, 극락을 찬탄하고 받드는 것은 전적으로 사람의 마음에 있음을 알 수 있다.

지금 십락(十樂)을 들어 정토를 찬탄하는 것은, 마치 털 한 오라기를 대해(大海)에 담그고 적시는 것과 같다. 첫째는 정토의 보살 성중이 맞이해 주는 즐거움[聖衆來迎樂]이다. 둘째는 연꽃이 처음으로 피는 것에 의해 극락에 태어나는 즐거움[蓮華初開樂]이다. 셋째는 신통자재를 얻는 즐거움[身相神通樂]이다. 넷째는 다섯 가지 신묘한 경계, 즉 극락세계의 묘락을 얻는 즐거움[五妙境界樂]이다. 다섯째는 쾌락이 다함이 없는 즐거움[快樂無退樂]이다. 여섯째는 옛날에 인연이 있던 자를 가까이 접하게 되는 즐거움[引接結緣樂]이다. 일곱째는 보살 성중과 함께 만나는 즐거움[聖衆具會樂]이다. 여덟째는 부처님의 법문을 듣는 즐거움[見佛聞法樂]이다. 아홉째는 마음먹은 대로 부처님께 공양하는 즐거움[隨心供佛樂]이다. 열째는 불도를 증진하는 즐거움[增進佛道樂]이다.

제1. 성중래영락(聖衆來迎樂)[1]

무릇 악업을 지은 이들이 목숨이 다할 때는 바람과 불(생기와 체온)이 먼저 사라지기 때문에 열이 나고 고통이 많다. 선업을 쌓은 이들이 임종할 때는 흙과 물(체성분과 물기)이 먼저 사라지기 때문에 완만하여 고통이 없다. 하물며 염불의 공덕을 쌓은 이임에랴. 아미타 정토에 마음을 의지하는 것이 해가 갈수록 깊어지는 자는 임종할 때 커다란 기쁨이 절로 생겨난다. 이는 아미타불의 본원력으로 여러 보살과 백천 비구 대중이 함께 밝게 대광명을 발하며 눈앞에 나타나기 때문이다.

　　이때 대비관세음보살이 백 가지 복으로 장엄된 손[2]을 뻗어서 보물 연화대를 수행자 임종인 앞에 가져온다. 대세지보살은 수많은 성중과 동시에 찬탄하며 손을 뻗어서 수행자를 인접한다. 이때 수행자는 눈으

---

1 극락왕생을 지향하는 수행자의 임종에 아미타불과 보살 성중이 맞이하러 와서 극락에 데리고 가는 것. 『관무량수경』·『무량수경』·『아미타경』 등의 정토삼부경에 나타나는 교의이다.

2 백 가지의 복덕으로 장식된 손. 백복이라는 것은 보살이 성불하여 삽십이상을 얻기까지 심은 복덕으로, 한 가지 상에 대해 백복을 심은 것이다.

로 직접 이 장면을 보고 마음속에서 환희가 생겨나 심신이 안락하게 되니, 마치 선정에 든 것과 같다.

초암(草庵)에서 눈을 감은 순간이 곧 연화대에 결가부좌하는 시간이며, 아미타불의 뒤를 따라 보살 성중 사이에서 일순간에 서방 아미타 극락세계에 왕생하게 되는 것임을 알라.[『관경(觀經)』·『평등각경(平等覺經)』및 『전기(傳記)』등에 의거한 것이다.]

저 도리천(忉利天)에서 억천 년 동안 즐거움을 누리는 것도, 대범천 왕궁에서의 깊은 선정의 즐거움도, 이들 모두 즐거움이 되기에는 부족하다. 윤회를 끝없이 전전하여 삼도(三途)를 면하지 못하였으나 이곳에서 관음의 손에 의해 보물 연화대에 의탁하여 영원히 고해를 초월하여 정토에 왕생하게 되면, 이때의 환희심은 말로는 다 못할 것이다.

용수(龍樹)는 게송에서 다음과 같이 설하였다.

이 세상 목숨이 다할 때에
저 불국토에 나는 자는
무량한 공덕을 갖추게 된다.
이 때문에 우리는 귀명(歸命)하는 것이다.

제2. 연화초개락(蓮華初開樂)

수행자가 저 불국토에 왕생하여 연꽃이 처음 필 때에 그 즐거움이 내영

(來迎)할 때보다 백천 배로 커진다. 마치 맹인이 처음 눈이 밝아질 때와 같은 것이다. 또한 벽촌의 비루한 자가 홀연히 왕궁에 들어선 것과 같다. 자신의 몸을 보니 이미 자마금빛이 되어 있고, 저절로 보배로운 옷이 입혀져 있고, 금가락지, 팔찌, 보관 등으로 장엄되어 있다.

부처님의 광명을 보고 청정안(淸淨眼)을 얻게 되며, 전생에 익히 여러 법문을 들은 까닭에 접하게 되는 색과 소리가 뛰어나지 않은 것이 없다. 허공계의 장엄이 끝이 없으니, 눈이 구름길 사이에서 헤매고 있다. 수승한 법륜을 굴리는 소리가 보배 세계에 가득하다. 누각, 전각, 숲, 연못의 안팎이 밝게 빛나고, 오리, 기러기, 원앙이 멀리서, 가까이서 무리지어 난다.

중생들이 마치 소나기처럼 시방세계에서 왕생하는 것을 보거나, 성중이 마치 항하의 모래처럼 무수히 많은 불국토에서 오는 것을 볼 수 있다. 누대에 올라 시방을 바라보는 자가 있거나, 궁전에 올라가 허공에 머무르는 자가 있거나, 공중에 머무르며 경을 외고, 설법하는 자가 있거나, 공중에 머무르며 좌선하고 설법하는 자도 있다.

지상의 숲도 또한 이와 같다. 곳곳에서 시냇물을 건너며 발을 담그고, 음악을 연주하고, 꽃을 뿌리고, 누각과 전각을 왕래하며 여래를 예찬한다. 이러한 무량한 천인 성중들이 마음 내키는 대로 노닐고 있다. 하물며 화불과 보살, 향기로운 구름 꽃구름이 불국토에 가득한데, 그 이름을 다 알려 주지도 못한다.

또한 차츰 고개를 돌려 멀리 바라보니, 미타여래께서 마치 금산왕 (金山王)[3]처럼 보옥 연꽃에 앉아 보배 연못의 한가운데 계신다. 관세음

....
3   부처님의 웅장한 모습을 금산(金山)에 비유한 것. 금산은 수미산을 둘러싸고 있는 일곱

보살, 대세지보살은 위의를 갖추었고, 또한 보옥 연화대에 앉아 부처님을 좌우에서 모시고 무량한 성중들이 공경하며 에워싸고 있다.

또한 보배로 된 지면에는 보배 나무가 줄지어 있고, 각 보배 나무 아래에는 한 분의 부처님과 두 분의 보살이 앉아 있다. 광명이 두루 유리 땅을 장엄하는 것이 마치 어두운 밤중에 커다란 횃불을 밝히는 것과 같다.

이때 관세음보살과 대세지보살이 수행자의 앞에 이르러 대자비의 음성으로 여러 가지 위로의 말을 한다. 수행자는 연화대에서 내려와 오체투지(五體投地)하며 머리를 땅에 대고 예경한다. 곧 보살을 따라 천천히 부처님께서 계신 곳에 이르러 칠보 계단에 무릎을 꿇고 만덕을 갖춘 존귀한 모습을 바라본다. 한 번 진실한 도를 들으면 보현의 원력의 바다에 들어가게 된다. 환희의 빗물을 목마르게 그리듯이 불법을 흠모하는 마음이 뼈에 사무쳐야 비로소 미증유한 불국토에 들게 된다. 수행자는 지난날 사바세계에서는 겨우 경문이나 읽었지만 지금은 이러한 것들을 바로 볼 수 있게 되니, 환희심이 그 얼마나 크겠는가. 대부분 『관무량수경』 등에서 뜻을 취한 것이다.

용수(龍樹)는 다음과 같이 게송을 설하였다.

사람이 선근(善根)을 심는 것에 대해
의심을 품는다면 꽃이 피지 않는다.
신심이 청정한 자는
꽃이 피어 부처님을 보게 되리라.

....

겹의 산으로서, 황금으로 되어 있다고 한다.

제3. 신상신통락(身相神通樂)

저 불국토의 중생은 몸이 황금색으로 빛나고, 안팎이 모두 청정하며, 항상 광명이 있어서 서로를 비춘다. 삼십이상(三十二相)을 모두 갖추어서 장엄단정하고 뛰어남이 세간의 모습과 비할 수가 없다. 여러 성문 대중들의 신광은 1심(尋: 8尺), 보살의 광명은 1백 유순을 비춘다. 혹은 10만 유순을 비춘다고도 한다.

제6천의 천주[4]도 저 불국토 중생에 비하면 마치 제왕의 주변에서 구걸하는 자와 같다. 또한 저 불국토 중생들은 오신통을 갖추고 있어서 그 묘용을 헤아리기 어려우며, 하고자 하는 대로 행할 수 있다. 시방세계의 모습을 보고자 하면 걸어서 돌아다니지 않고도 볼 수 있다. 시방세계의 소리를 듣고자 한다면 자리에서 일어나지 않고도 들을 수 있다. 무량한 숙명의 일을 마치 지금 듣는 것처럼 안다. 육도 중생의 마음을 마치 명경을 들여다보듯 안다. 무수한 불찰토를 마치 지척을 오가듯 왕래한다. 백천만억 나유타국을 가로지르며 오르내린다. 일념 안에서 자재하여 장애가 없다.

지금 이 사바세계의 중생은 삼십이상 중에서 누가 한 가지 상이라도 얻었는가. 오신통 중에서 한 가지 신통이라도 얻었는가. 등불과 햇빛이 아니면 비춤이 없고, 걷지 않으면 이르지 못한다. 비록 종잇장 하나라도 그 바깥을 보지 못하고, 일념이라도 그 나중의 일을 알지 못한다. 울타리[樊籠]를 벗어나지 못하고, 일마다 장애가 있다.

....

4 욕천 중에서 가장 높은 천인 타화자재천의 천주는 천마 파순(波旬) 혹은 마왕으로 불리며, 많은 권속을 거느리고 항상 불도를 방해하는 자로 묘사된다.

그러나 불국토의 중생은 삼십이상과 오신통을 갖추지 못한 이가 한 사람도 없다. 1백 대겁 동안 좋은 상호(相好)를 갖추기 위한 수행을 닦아서 나온 것이 아니고, 사선(四禪)[5]을 통해 신통의 인(因)을 닦은 것도 아니고, 단지 불국토에 태어난 것으로 얻는 과보인 것이니, 즐겁지 않겠는가.[대부분 『쌍관경(雙觀經)』·『평등각경(平等覺經)』에 의거한 것이다.]

용수가 게송에서 설하였다.

　　　　인(人)과 천(天)의 신상(身相)이 같으니
　　　　마치 금산(金山)의 꼭대기처럼
　　　　모두 수승한 귀의처이다.
　　　　이 때문에 두면례(頭面禮)를 하는 것이다.
　　　　불국토에 왕생하면
　　　　천안통(天眼通)·천이통(天耳通)을 갖추게 되니
　　　　시방에 걸림이 없이 가서
　　　　불보살께 계수(稽首) 배례한다.
　　　　불국토의 모든 중생들이 신변과 신통을 갖추고
　　　　또한 숙명통(宿命通)까지 갖추고 있다.
　　　　이 때문에 귀명례(歸命禮)를 하는 것이다.

5　　색계에서의 네 가지 선정의 단계. 먼저 초선(初禪)은 욕계의 악을 떠나는 데서 생기는 기쁨과 즐거움이 있는 경지[離生喜樂]이고, 2선(禪)은 안으로 고요하여 어지러운 생각도 세밀한 생각도 없고 정(定)에서 생기는 기쁨과 즐거움이 있는 경지[定生喜樂]이며, 3선은 기쁨까지도 떠나 모든 것을 버리고, 구함이 없는 바른 지혜와 바른 생각이 있는 경지[意念捨樂]이고, 4선은 심신의 즐거움을 떠나서 극선청정(極善淸淨)의 경지에 머무르는 것이다. 신통의 지혜는 4선의 단계에서 얻어진다고 한다.

제4. 오묘경계락(五妙境界樂)[6]

아미타불의 사십팔대원[四十八願]으로 정토를 장엄하여 일체 만물이 지극히 아름답고 뛰어나다. 보이는 것은 모두 청정하고 뛰어난 것이고, 들리는 것 모두 해탈로 이끄는 소리가 아닌 것이 없다. 향·미·촉의 경계 또한 이와 같다.

저 불국토 세계의 땅은 유리로 되어 있으며, 길가의 경계는 금줄로 되어 있고, 평탄하여 높고 낮음이 없다고 한다. 넓고도 넓어서 끝이 없고, 빛나고 뛰어나게 아름다우며 청정하다. 여러 좋은 옷을 그 땅에 펼쳐 놓았고, 모든 인(人)과 천(天)이 그것을 밟고 다닌다.[이상 땅의 모습]

갖가지 보물로 이루어진 불국토는 하나하나의 계(界)마다 5백억 칠보로 이루어진 궁전 누각이 있다. 높이는 마음대로, 넓이도 생각하는 대로 이루어진다. 모든 보물 침상과 좌석에는 좋은 옷들이 덮여 있고, 일곱 겹의 난간과 백억 개의 화당(華幢), 구슬, 영락, 보물, 깃발과 화개[蓋] 등이 있다. 전각과 누각에는 여러 천인들이 있고, 항상 기악을 연주하며 여래께 노래를 공양한다.[이상 궁전]

강당, 정사(精舍), 궁전, 누각의 내외와 좌우에는 목욕할 수 있는 여러 연못이 있다. 황금 연못의 바닥에는 백은의 모래가 깔려 있다. 백은 연못의 바닥에는 황금 모래가 깔려 있다. 수정 연못의 바닥에는 유리 모래

---

6   왕생인의 오관(안·이·비·설·신)의 대상이 되는 오경(색·성·향·미·촉), 즉 극락세계의 정경이 언어로 표현하기 힘들 정도로 청정한 것을 말한다.

가 깔려 있다. 유리 연못의 바닥에는 수정 모래가 깔려 있다. 산호·호박·차거(硨磲)·마노·백옥·자금(紫金)도 또한 이와 같다. 팔공덕수(八功德水)가 그 안에 가득한데, 보옥의 모래가 깊은 곳까지 빛나지 않는 곳이 없다.[팔공덕이라는 것은, 첫째, 청정하고, 둘째, 맑고 차가우며, 셋째, 단맛이 나고, 넷째, 가볍고 부드러우며, 다섯째, 윤택하고, 여섯째, 편안하고 화기로우며, 일곱째, 마실 때 기갈 등의 여러 고통을 없애 주며, 여덟째, 마시면 몸의 감각기관에 도움이 되고, 여러 뛰어난 선근을 쌓을 수 있는 것이다.『칭찬정토경(稱讚淨土經)』인용]

사방 주변의 계단과 길도 보물로 이루어져 있다. 갖가지 보물 꽃이 연못을 가득 덮고 있다. 청련화는 푸른빛, 황련화는 누른빛, 적련화·백련화도 모두 각자의 빛을 가지고 있다. 산들바람이 불어오면 꽃의 빛이 일렁인다. 하나하나의 꽃의 빛 안에는 여러 화불이 있어서 작은 물결 따라 점점 흘러간다. 차분하고 세심하게 느리지도 빠르지도 않게 천천히 흘러간다. 그 물소리는 미묘하고 불법이 아닌 것이 없다. 고(苦)·공·무아·바라밀(波羅蜜)에 대해 설명하기도 하고, 혹은 여래 십력(十力)[7]·사무외(四無畏)·십팔불공법(十八不共法)[8]을 설하기도 한다. 대자대비한

---

7   ① 이치에 합당한지 아닌지를 아는 처비처지력(處非處智力), ② 행하는 것의 과보를 아는 업이숙지력(業異熟智力), ③ 여러 선정에 대해 아는 정려해탈등지등지력(靜慮解脫等持等至智力), ④ 사람들의 능력을 아는 근상하지력(根上下智力), ⑤ 사람들이 이해하고 있는 정도를 아는 종종승해지력(種種勝解智力), ⑥ 사람들의 탄생이나 행위를 아는 종종계지력(種種界智力), ⑦ 여러 세계에서의 행업의 인과를 아는 편취행지력(遍趣行智力), ⑧ 전생의 일을 아는 숙주수념지력(宿住隨念智力), ⑨ 사람들의 생사와 내생의 일을 아는 사생지력(死生智力), ⑩ 번뇌를 단멸한 경지와 그에 이르는 방법을 아는 누진지력(漏盡智力)을 말한다.

8   성문·연각·보살과는 달리 부처님만 갖고 있는 열여덟 가지 특징을 말한다.『구사론』권 27에서는 '십력(十力)·사무외(四無畏)·삼념주(三念住)·대비(大悲)'를 합친 것을 '십팔불공법'이라고 말하였다.

소리를 내기도 하고, 무생법인(無生法忍)[9]의 소리를 내기도 하는데, 그것을 들으면 환희가 무량하게 된다. 청정적멸의 진실한 뜻을 따르고, 보살 성문이 행하는 도에 따르게 된다.

또한 기러기·원앙·무수리(황샛과)·해오라기·거위·학·공작·앵무·가릉빈가 등 여러 빛깔의 새가 있다. 매일 여섯 차례 조화롭고 우아한 소리로 부처님·불법·비구승을 염하는 자를 찬탄하면서 오근(五根)·오력(五力)·칠보리(七菩提)의 부분을 설한다. 거기에 삼악도의 고통은 없고, 다만 자연스러운 쾌락의 소리만 있을 뿐이다.

저 모든 보살과 성문 대중들이 보물 연못에 들어가 목욕할 때에 연못의 깊이가 그들 마음대로 조절된다. 마음의 때를 씻고, 맑고 밝게 목욕을 다 마치면 각자 떠난다. 공중에 머무르는 이도 있고, 나무 아래 머무르는 자도 있다. 강경(講經)이나 송경(誦經)을 하는 자도 있고, 경을 받거나, 독경하는 것을 듣는 자도 있고, 좌선하는 자, 경행(經行)하는 자도 있다. 그중 수다원과(須陀洹果)를 얻지 못한 자는 바로 수다원과를 얻고, 아라한과를 얻지 못한 자는 아라한과를 얻는다. 불퇴전지[阿惟越致]에 이르지 못한 자는 바로 불퇴전이 확정된다. 모두 다 도를 얻으니, 환희에 넘치지 않는 자가 없다.

또한 맑은 하천의 아래에는 금모래가 깔려 있고, 깊이와 물의 온도는 사람들이 선호하는 대로 맞춰진다. 여러 사람들이 강가에 모여서 경치를 즐기며 논다.[이상 수상(水相)]

연못과 강의 언덕에는 전단수(栴檀樹)가 있어서 지나가면 잎사귀들이

9　일체가 공이라는 진리를 깨달아 마음에 흔들림이 없는 것.

서로 소리를 낸다. 자금의 이파리와 백은의 가지, 산호로 된 꽃과 차거 (硨磲) 열매, 한 가지 보물로만 된 것도 있고, 혹은 일곱 보물이 섞인 것 도 있으며, 가지·이파리·꽃·열매가 장식으로 장엄되어 있다. 모든 보 배 나무에 온화한 바람이 때맞춰 불어오면 그물 장식이 가볍게 움직이 면서 아름다운 꽃들이 길에 떨어진다. 바람 따라 향기가 흩어지고, 물 에 떠서 향기가 흘러간다. 게다가 궁음(宮音)과 상음(商音)이 조화되는 미묘한 소리를 내는데, 마치 백천 가지의 음악이 동시에 연주되는 것 같다. 듣는 자는 자연히 불·법·승을 염하게 되니, 다른 6천만 가지의 음 악이 이 나무의 한 가지의 소리보다 못하다.

　이파리 사이에서 꽃이 생겨나고, 꽃 위에는 과일이 있는데, 모두 광 명을 발하는 보개(寶蓋)로 변화하여 일체의 부처님의 법사가 보개 안에 비친다.

　또한 시방 불국토를 보고자 하면 보배 나무 사이에 다 비친다. 나무 에는 일곱 겹의 보물 그물이 있고, 보물 그물코 하나하나에는 5백억 개 의 아름다운 꽃 궁전이 있다. 궁전 안에는 여러 천신 동자가 영락을 반 짝거리며 자유롭게 노닐고 있다. 이러한 칠보 나무들이 불국토 세계에 두루 서 있다. 아름다운 꽃, 부드러운 풀도 가는 곳마다 있으며, 보드랍 고, 향기로우며, 깨끗해서 그것을 만지는 자의 마음을 즐겁게 한다.[이상 수림(樹林)]

여러 보물로 엮은 그물이 허공을 가득 덮고 있으면서 보물 방울을 늘 어뜨려 뛰어난 법음을 들려준다. 하늘 꽃은 아름다운 색이 분분하게 이 리저리 떨어진다. 보물 옷의 장신구도 함께 휘돌다가 내려오는데, 마치 새가 하늘을 날다가 아래로 내려와 부처님께 공양하며 흩어지는 것 같다. 또한 많은 악기가 허공에 떠 있어서 두드리지 않아도 스스로 울리며 묘법을 설한다.[이상 허공(虛空)의 상]

또한 선호하는 대로 묘향(妙香)·도향(塗香)·말향(抹香) 등의 무수한 향들이 불국토 세계 가득 향기를 풍긴다. 어떤 자가 맡는다면, 번뇌와 수고로움, 허물의 습(習)이 자연히 사라질 것이다. 땅에서 허공에 이르기까지 궁전과 꽃과 나무, 일체 만물이 모두 무수한 보물과 온갖 종류의 향이 합쳐져서 이루어져 있다. 그 향은 두루 시방세계에 풍기고 있으며, 보살들이 향을 맡으면 모두 불도 수행을 한다.

또한 저 불국토의 보살·나한(羅漢)·중생들이 먹고자 할 때는 칠보 식탁이 저절로 나타난다. 칠보 그릇에 맛있는 음식들이 가득하고, 세간의 음식 맛이나 천상의 맛과도 다르다. 향과 아름다움이 비할 데가 없고, 단맛과 신맛이 마음대로 조절된다. 색깔을 보고 향을 맡으면 심신이 맑고 깨끗해지며, 다 먹게 되면 그 즉시 몸의 힘이 증장된다. 식사를 마치면 식탁과 그릇이 사라졌다가 때가 되면 다시 나타난다.

또한 저 불국토 중생들이 옷을 입고자 하면 원하는 대로 옷이 나타난다. 계율에 정해진 대로의 옷이 저절로 몸에 걸쳐지게 되며, 재단·바느질·세탁을 하지 않아도 된다.

또한 광명이 두루 비치어 해와 달, 등촉이 필요 없으며, 추위와 더위가 조화를 이룬다. 봄·여름·가을·겨울이 없으며, 자연히 덕풍(德風)이 불어와 차가움과 따뜻함을 조절한다. 중생이 이 바람에 접촉하면 몸이 절로 쾌락을 얻으니, 이는 마치 비구가 멸진삼매(滅盡三昧)를 얻은 것과 같다.

매일 이른 아침에 아름다운 꽃이 날려 온 불토에 가득하고, 향기가 선명하다. 꽃잎은 마치 도라면(兜羅綿)[10]처럼 아름답고 부드럽다. 발로 그 위를 밟으면 네 마디[寸] 깊이로 파묻혔다가 발을 들면 다시 원상태로 올라간다. 이른 아침이 지나면 그 꽃이 땅속으로 묻힌다. 이전의 꽃이 다 묻히면 다시 새로운 꽃비가 내린다. 신시(申時), 초저녁, 밤중, 늦은 밤에도 또한 이러하다.

이런 것들이 다섯 가지 미묘한 경계이니, 비록 보고, 듣고, 느끼는 자들의 심신을 기분 좋게 할지라도 감정적인 탐착을 키우지는 않고, 한없이 수승한 공덕을 자라나게 한다. 모든 시방세계 수없이 많은 불국토 중에 극락세계의 공덕이 가장 뛰어난 것이다. 210억 불토의 청정한 공덕이 모두 이 안에 집약되어 있다.

이와 같은 국토의 모습[相]을 관하는 자는 무량억겁의 극중한 악업을 제거하고, 목숨이 다한 후에 반드시 저 불국토에 나게 될 것이다.[이상은 『무량수경(無量壽經)』·『관무량수경(觀無量壽經)』·『아미타경(阿彌陀經)』·『칭찬정토경(稱讚淨土經)』·『보적경(寶積經)』·『평등각경(平等覺經)』·『사유경(思惟經)』 등에 의거하여 썼다.]

세친(世親)의 『왕생론(往生論)』에서 다음과 같이 게송을 설하였다.

　저 불국토 세계의 상을 보면
　삼계도(三界道)보다 수승하다.
　허공처럼 다함이 없고
　넓고 커서 끝이 없다.

....

10　백양수(白楊樹)의 꽃에서 채취한 부드러운 면.

보배로운 꽃이 천만 가지

가득 연못과 우물을 덮고 있다.

산들바람이 꽃잎을 간질이면

이리저리 반짝거리며 어지러이 돈다.

궁전의 누각에서 시방의 무애함을 바라본다.

갖가지 나무들은 모두 다른 색으로 빛나며

보배 난간을 에워싸고 있다.

수없이 많은 보배를 엮은

비단 그물이 허공에 두루 펼쳐져 있다.

갖가지 방울이 소리를 내며

뛰어난 법음을 설한다.

중생이 바라는 것은 모두 다 채워진다.

그러므로 나는 저 아미타 불국토에 태어나기를 원하는 것이다.

제5. 쾌락무퇴락(快樂無退樂)

지금 이 사바세계에서는 즐거움에 탐닉할 수가 없다. 전륜성왕의 수억에 이르는 칠보도 오래가지 못하고, 천상의 낙(樂)도 오쇠(五衰)가 일찍오게 된다. 유정천(有頂天)[11]도 윤회하지 않는다는 기약이 없는데, 하물며 나머지 세상 사람임에랴. 실제로 일어나는 일과 원하는 것이 어그러

---

[11]　무색계(無色界)의 최고처인 비상비비상처(非想非非想處)를 말하며, 삼계의 최상계이다.

지고, 즐거움과 고통이 함께하는 것이다.

부자는 반드시 오래 살지는 못하고, 오래 사는 자는 반드시 부유하지는 못하다. 혹시 옛날에는 부자였을지 몰라도 지금은 가난하거나, 혹은 아침에 태어나 저녁에 죽기도 한다. 그러므로 경에서 이르기를, "날숨이 들숨을 기다리지 않고, 들숨이 날숨을 기다리지 않는다."고 하였다. 죽음이란 현재의 즐거움이 끝나고 슬픔이 오는 것만은 아니다. 목숨이 다할 때에 죄를 따라서 고통에 떨어지게 된다. 거기에 비해 저 서방세계에서 받는 즐거움은 무궁한 것이다. 사람과 천이 서로 만나면 자비로운 마음으로 서로 대하니, 마치 한 사람 같다. 함께 유리로 된 땅을 경행(經行)하며, 함께 전단나무 숲에서 놀고, 궁전에서 궁전을 오가며, 수풀과 연못 사이를 걷는다. 만약 조용히 있고 싶을 때에는 바람과 물결, 악기 소리가 저절로 귀에서 멀어진다. 만약 보고 싶을 때에는 산천, 계곡이 눈앞에 나타난다. 향법·미법·촉법이 마음먹은 대로 되는 것이다. 혹은 사다리를 건너고 날아서 음악을 연주하기도 하고, 혹은 허공에 올라 신통을 나투기도 한다. 혹은 타방에서 온 보살을 맞이하고 환송하기도 하며, 천인·성중과 함께 유람하기도 한다.

혹은 보배 연못가에서 새로이 왕생한 사람을 위문하며 이렇게 말하기도 한다.

"너는 알지 못하는가? 이곳이 극락세계라고 하는 곳이다. 이 세계의 주인은 아미타불이시니, 지금부터 이 부처님께 귀의하여야 한다."

혹은 함께 보배 연못 안에 있거나, 각자 연화대 위에 앉아 있거나, 서로 숙명의 일을 이야기한다.

"나는 본디 그 나라에 있었으니, 발심하고 구도할 때에 그 경전을 가지고 그 계율행을 수호하고, 선법(善法)을 행하며, 보시를 하였다."

각자 쌓은 선한 공덕을 말해 주며, 왕생하게 된 과정을 모두 설명한다. 혹은 시방제불이 중생을 이롭게 하기 위한 방편에 대해 함께 얘기하거나, 혹은 삼유(三有: 욕계·색계·무색계)의 중생이 고통에서 벗어나는 인연에 대해 함께 의견을 나눈다. 토의가 끝나면 인연에 따라 서로 떠난다. 지향하는 곳이 같으면 함께 가기도 한다. 혹은 칠보 산, 칠보 탑, 칠보 방(七寶坊)에 오르기도 한다.[칠보의 산과 탑, 건물에 관한 것은 『시왕생아미타불국경(十往生阿彌陀佛國經)』에 나온다.]

팔공덕지에서 목욕하며, 편안하게 명상하고, 경전을 독송하며 강설한다. 이와 같이 자유롭게 활동하는 즐거움이 계속 이어지면서 다함이 없다. 여기 극락은 한 번 왕생하면 물러섬이 없으니 삼재팔난의 두려움을 영원히 면하고, 수명도 무량하여 종내 생로병사의 고통이 없다. 마음먹은 대로 일이 이루어지니 사랑하는 이와 이별하게 되는 고통[愛別離苦]이 없다. 모든 것을 자비의 눈으로 평등하게 바라볼 수 있기 때문에 증오를 품은 자와 함께하게 되는 고통[怨憎會苦]이 없다. 선업 외에는 없으니 고통이 생겨나지 않는다. 금강처럼 강한 몸에는 오성음(五盛陰: 色·覺·想·行·識)의 고통이 없다. 한 번 칠보로 장엄된 연화대에 생을 의탁하면 영원히 삼계의 고해(苦海)를 여의게 된다. 만약 별원(別願)에 의해 비록 타방에 태어나더라도 생멸을 자재할 수 있으며, 선악의 업보에 따라 다시 생멸하게 되지는 않는다. '고통스럽지 않다', '즐겁지 않다'고 하는 개념조차도 없는데, 하물며 모든 고통임에랴.

용수는 다음과 같이 게송을 설하였다.

불국토에 태어난 자는
삼악도에도, 아수라도에도
영원히 떨어지지 않으리니
지금 아미타불께 귀명례를 올립니다.

제6. 인접결연락(引接結緣樂)

사람이 세상에서 구하는 것이 뜻대로 되지 아니하니, 나무는 고요히 있고 싶으나 바람이 멈추지 않는다. 자식은 모시고 싶으나 어버이가 기다려 주지 않는다. 마음으로는 부모님께 간담(肝膽)이 부서질 정도로 정성을 다해 효도하고 싶지만 가난 때문에 묽고 거친 음식[水菽]도 감당하지 못한다. 군신, 사제, 처자, 붕우, 은인, 모든 선지식도 또한 이와 같다. 헛되고, 수고로우며, 어리석게 사랑하는 마음으로 윤회의 업을 더욱 늘릴 뿐이다. 하물며 다시 업의 과보에 따라서 태어나는 곳이 서로 떨어지게 되면 육취(六趣), 사처(四處) 어느 곳인지 알지 못한다. 들짐승과 산새, 뉘라서 전생 어버이의 안부를 알려 줄 것인가.

『심지관경(心地觀經)』[12]의 게송에서 다음과 같이 설하였다.

부모는 자식을 위하여 온갖 죄를 짓고
삼도에 떨어져서 긴 세월 고통을 겪는다.

....

12　　　『대승본생심지관경(大乘本生心地觀經)』 권3.

남녀들이 성인(聖人)의 신통지를 갖추지 못해서
윤회를 보지 못하면 은혜를 갚기 어렵다.
유정 중생은 윤회하여 육도에 태어난다.
마치 수레바퀴 돌듯 처음도 끝도 없다.
혹은 부모가 되고 남녀가 되어
세세생생 서로 은혜를 입는다.

만약 극락에 태어난다면, 지혜가 고명하고 신통에 통달하여 세세생생 은인과 선지식을 원하는 대로 접하여 가르침을 받을 수 있다. 천안(天眼)으로 태어날 곳을 보고, 천이(天耳)로 말소리를 듣고, 숙명지(宿命智)로 그 은혜를 기억하고, 타심지(他心智)로 그 마음을 다 헤아린다. 신의 경지에 통하여 뒤따라서 변화를 드러내며, 방편력으로 가르치고 길을 보여 준다. 마치 『평등각경(平等覺經)』에서 이르기를, "저 불국토의 왕생인은 모두 전생에서 기인한 내생을 스스로 알고, 팔방과 상하(시방세계)의 과거·미래·현재의 일을 안다. 저 모든 천인과 사람, 벌레, 날짐승, 꿈틀거리는 것들이 마음속으로 하는 생각, 입으로 하고픈 말을 안다. 어느 세월, 어느 겁에 이 불국토에 태어나 보살도를 행하고, 아라한도를 얻을지를 모두 미리 안다."고 한 것과 같다.

또한 『화엄경』 「보현행원품」에서는 다음과 같이 서원을 발하였다.

바라옵건대 내가 목숨이 다하는 때에
일체의 장애를 다 없애고,
저 아미타불을 뵈옵고,

정토에 왕생하고자 합니다.

저는 바로 저 불국토에 왕생하여

이 대원(大願)을 곧바로 성취할 것입니다.

모든 것이 원만하게 다 성취되어

일체 중생계를 이롭게 하고 즐겁게 할 것입니다.

무연(無緣) 중생에게도 이러할진대, 하물며 연을 맺은 중생임에랴.

용수는 게송에서 다음과 같이 설하였다.

티 없이 장엄한 빛이여,

일념 일시에

제불의 법회를 두루 비추어

모든 중생을 이롭게 하시네.

제7. 성중구회락(聖衆具會樂)

『아미타경』에서 이른 것처럼, 중생 중에 정토의 가르침을 들은 자는 마땅히 저 불국토에 태어나기를 발원해야 한다. 그 까닭이 무엇인가. 극락에 왕생하면 이처럼 모든 뛰어난 선행을 행하는 사람들과 함께 한 곳에 모두 모일 수 있기 때문이다.[이상]

저 모든 보살 성중의 덕행은 불가사의하다. 보현보살이 이르기를, "만약 어떤 중생이 선근을 심지 않았거나, 적은 선을 심은 성문 보살들은 나의 이름을 듣지도 못했거늘, 하물며 나의 몸을 보겠는가. 만약 어떤 중생이 살아 있을 때 나의 이름을 들었다면 아뇩다라삼먁삼보리(阿耨多羅三藐三菩提)를 얻어 불퇴전(不退轉)하게 된다. 꿈속에서 나를 보고, 목소리를 들은 자도 또한 이와 같다."고 하였다.

『화엄경』에서 또 다음과 같이 설하였다.[13]

나는 항상 중생들에 수순하여
미래 일체 겁이 다하도록
항상 보현의 광대한 행을 닦고
무상의 대보리를 원만하게 깨닫는다.
보현의 모습은 마치 허공과 같아서
불국토가 아니라 진여(眞如)에 의지하여 머무른다.
모든 중생이 원하는 바에 따라서
두루 그 모습을 나투어 모두에게 평등하게 한다.
모든 찰세계, 모든 부처님께서 계신 곳에서
갖가지 삼매와 신통을 드러내고,
하나하나의 신통이 두루 다 나타나니
모든 시방 국토에 남겨진 자가 없다.
마치 모든 찰토가 여래께서 계신 곳과 같으며,
저 찰토의 먼지 속도 또한 그러하다.

『화엄경』 게송에서 다음과 같이 설하였다.

....

13　80권본『화엄경』권80.

문수사리(文殊師利) 대성존이시여,
삼세제불이 어머니로 삼으시네.
시방 여래의 초발심(初發心)은
모두 문수사리의 교화의 힘이다.
일체 세계의 모든 유정 중생이
그 이름을 듣고, 몸과 광명의 상을 보고,
또한 품류에 따른 화현을 보게 되면
모두 성불하게 되는 불가사의함이여.

『심지관경(心地觀經)』에서는 다음과 같이 게송을 설하였다.

만약 단지 이름만을 듣는 자라면
12억 겁 생사의 죄를 없애고,
만약 예배 공양을 하는 자라면
항상 정토[14]에 태어나게 된다.
1일에서 7일간 칭명(稱名)하는 자라면
문수보살이 반드시 올 것이다.
만약 전생의 장애가 있어도
꿈속에서 보게 되면
바라는 바를 원만하게 성취할 것이다.
만약 형상을 보게 되면
백천겁 동안 악도에 떨어지지 않는다.

....

14   원문에는 '佛家'로 되어 있다.

만약 자비심을 행하게 되면

바로 문수를 볼 수 있다.

만약 문수보살의 이름을 수지 독송하면

설령 과거의 중한 장애가 있어도

아비지옥의 사나운 불길로 떨어지지 않고

항상 타방 청정 불토에 태어나게 된다.[『문수사리반열반경(文殊師利般涅槃經)』의 교의에 따른 것이다. 문수보살의 형상은 이 경에서 자세히 설하였다.]

백천억 나유타의 부처님께서 중생을 이익 되게 하시는 것이 문수사리가 1겁 중에 지은 이익에 미치지 못한다. 그래서 문수사리보살을 칭명하는 것이 저 백천억 제불 명호를 수지하는 것보다 복이 많은 것이다.[『대보적경(大寶積經)』의 교의에 따른 것이다.]

미륵(彌勒)보살[15]의 공덕은 무량하여 단지 이름만 듣는 것만으로도 흑암처 지옥에 떨어지지 않는다.

　　미륵보살을 일념이라도 칭명하는 자는 1천2백 겁 생사의 죄를 다 제거할 수 있다. 미륵보살의 가르침에 귀의하는 자는 무상도(無上道)를 얻어서 불퇴전하게 된다.[『미륵상생경(彌勒上生經)』의 교의에 따른 것이다.]

....

15　미륵보살(Maitreya)은 자씨(慈氏)·자존(慈尊) 등으로도 한역되며, 아일다(阿逸多: 無能勝, Ajita)라고도 한다. 미래불로서의 미륵여래는 초기 경전에서 이미 나타나며, 대승불교에서는 석존을 계승하여 이 세상에서 성불설법을 하는 일생보처(一生補處)의 보살로서 신앙된다. 현재는 도솔천 내원에 머무르며 신들을 위해 설법하고 있지만, 56억 7천만 년 후에는 염부제에 하생하게 된다. 하생한 미륵여래는 화림원(華林園) 용화수(龍華樹) 아래에서 3회의 설법을 하여 모든 인천(人天)을 제도한다고 한다.

(미륵불을) 찬탄 예배하는 자는 백천만억 아승기겁 생사의 죄를 제거하게 된다.[『허공장보살경(虛空藏菩薩經)』·『불명경(佛名經)』의 교의에 따른 것이다.]

무량 천만겁 동안 닦은바
원(願)·지(智)·행(行)이
광대하여 헤아릴 수 없고,
찬탄하여도 다할 수가 없다.[40권본『화엄경』의 게송이다. 보현·문수·미륵의 세
보살이 극락에 있는 것은 40권본『화엄경』에 설해져 있다.]

지장보살은 매일 아침에 선정(禪定)에 들어 여러 세계를 샅샅이 살피고 법계 중생들의 고통을 없애 주어 구제했다. 지장보살의 비원(悲願)은 나머지 다른 어느 보살들보다 더 강한 것이었다.[『지장십륜경(地藏十輪經)』의 교의에 따른 것이다.]

『지장십륜경(地藏十輪經)』에서 다음과 같이 게송을 설하였다.

단지 하루 동안 지장보살의 공덕과
큰 이름[大名]을 칭찬하는 것이
구지겁(俱胝劫) 동안 다른 지자(智者)의
덕을 칭찬하는 것보다 수승하다.
백겁 동안 그 공덕을 찬탄한다 해도
다하지 못할 것이기 때문에
마땅히 받들어 공양하여야 한다.[『대보적경』의 교의에 따른 것이다.]

관세음보살이 이르기를, "중생에게 고통이 있으면 내 이름을 세 번 부르라. 가서 구제해 주지 않는다면 정각을 얻지 않겠다."고 하였다.[『홍맹해혜경(弘猛海慧經)』의 교의를 따른 것이다.]

만약 어떤 이가 백천 구지(俱胝) 나유타 동안 제불의 명호를 칭명하거나, 또는 잠시라도 나의 명호를 지극한 마음으로 칭념한다면 그 두 가지의 공덕은 평등하다. "나의 명호를 칭념하는 자는 모두가 다 불퇴전지를 얻게 될 것이다."[『십일면경(十一面經)』]라는 교의를 따른 것이다.

『청관음경(請觀音經)』에서 다음과 같이 게송을 설하였다.

> 만약 중생이 내 이름을 듣는다면
> 고통을 여의고 해탈을 얻으리라.
> 또한 지옥에서 노닐면서
> 대자비로 고통을 대신 받으리라.

『법화경』[16]에서는 다음과 같이 설하였다.

"홍서(弘誓)의 깊이는 바다와 같이 몇 겁이 지나도록 불가사의하다. 수천억 부처님을 모시면서 대청정원을 발하고, 신통력을 구족하며, 지혜와 방편을 널리 닦는다. 시방의 모든 국토에 나투지 않는 곳이 없으니, 마음에 의심이 생겨나지 않는다. 관세음보살 정성(淨聖)은 고뇌와 죽음과 재액에서 의지처가 되어 주고, 일체 공덕을 갖추어 자비의 눈으로 중생을 바라본다. 복의 바다가 무량하기 때문에 마땅히 정례(頂禮)해

---

16   『법화경』 권7 「관세음보살보문품(觀世音菩薩普門品)」.

야 한다.”

대세지(大勢至)보살이 이르기를, “나는 모든 악취(惡趣)에서 제도 받지 못한 중생을 구할 수 있다.”고 하였다.[『대보적경』]

또한 “지혜 광명으로 모든 것을 두루 비추고, 삼악도(三惡途)를 벗어나고 무상력(無上力)을 얻게 하기 때문에 이 보살의 이름을 대세지라 한다. 이 보살을 관하는 자는 무수한 아승기겁 생사의 죄를 제거하고, 윤회하지 않으며, 항상 제불 정토에서 노닐게 된다.”고 설하였다.[『관무량수경』]

「용수찬(龍樹讚)」[17]에서 다음과 같이 설하였다.

> 무량무변 무수겁 동안
> 널리 원력을 닦고, 아미타불을 도우며,
> 항상 중생이 있는 곳에 처하여 법을 펴니,
> 중생이 듣게 되면 청정안을 얻는다.
> 신통이 시방 국토에 두루 미치어
> 일체중생 앞에 다 나타난다.
> 중생이 지극한 마음으로 염한다면
> 모두 정토로 인도할 것이다.

....

17 가재(迦才), 『정토론(淨土論)』에서 인용하고 있는 〈청관음세지이보살게(請觀音勢至二菩薩偈)〉.

또 『정토론(淨土論)』 〈청관음세지이보살게(請觀音勢至二菩薩偈)〉에서 다음과 같이 게송을 설하였다.

　관음보살과 대세지보살을 칭명하라.

　공덕과 지혜를 무량하게 갖추고

　자비를 구족하여 세간을 구하고

　두루 일체 중생해를 다닌다.

　이렇게 뛰어난 이는 심히 만나기 어려우니

　일심 공경하여 두면례(頭面禮)를 행하라.[이상]

정토에서는 이러한 일생보처 대보살의 수가 항하의 모래알 수만큼 많고, 상이 단정하고 장엄하며, 공덕을 구족하고, 항상 아미타불을 둘러싸고 있다. 또한 모든 성문 대중들은 그 수를 헤아리기 어려우며, 신통지혜에 통달하고 위력이 자재하여 손바닥 안에 일체 세계를 지닐 수 있다. 설령 대목건련 같은 이가 천만억 무량무수 아승기겁 동안 다 모여서 저 초회 성문들을 세도 겨우 물방울 하나만큼 세는 정도에 지나지 않는다.

　그중 열반에 오른 이가 무수하고, 새로이 아라한과를 얻은 이가 또한 무수하지만 모두 증감이 되지 않는다. 마치 대해수에서 항하의 물을 덜어내거나, 보탠다고 해도 증감이 없는 것과 같다.

　모든 보살들의 수는 두 배에 달한다. 『대지도론(大智度論)』에서 "아미타불 정토에는 보살승이 많고 성문승이 적다."고 설한 것과 같다.[이상]

　이처럼 성중이 그 불국토에 가득하여 서로 멀리서 우러러본다. 멀리서 목소리를 들으면서 함께 깨달음을 구하는데, 한 사람도 예외가 없다. 하물며 시방 항하의 모래 수만큼 많은 불토의 무량진수 보살 성중임에랴.

각자 신통을 나투어 정토에 이르러 존안을 우러러 공경하고 공양한다. 혹은 아름다운 꽃을 공양하거나, 보배 향을 태우거나, 아주 귀한 옷을 바치거나, 천상의 기악을 연주하여 우아하고 조화로운 음악과 노래로 세존의 공덕을 찬탄하고, 법문을 펴서 교화하는 것을 듣는다. 이와 같이 주야로 오가는 것이 끊이지 않는다. 동쪽으로 가고, 서쪽에서 오고, 서쪽으로 가고, 북쪽에서 오고, 북쪽으로 가고, 남쪽에서 오며, 사방 상하가 또한 이와 같다. 거듭 서로 열리고 닫히는 것이 마치 번화한 도시와 같다.

이 보살들은 한 번 그 이름을 듣는 것도 적은 인연이 아닌데, 하물며 백천만겁 동안 뉘라서 만나 볼 수 있겠는가. 그러나 저 불국토의 중생들은 항상 한 곳에 모여 서로 말을 나누고 함께 안부를 물으며 공경하고 친근하게 배우니 즐겁지 않겠는가.[이상『쌍관경(雙觀經)』·『관무량수경(觀無量壽經)』·『평등각경(平等覺經)』]

용수는 게송[18]에서 다음과 같이 설하였다.

불국토의 모든 보살들은
모든 상호를 다 갖추고
모두 스스로 몸을 장엄한다.
내가 지금 귀명례를 올리니
삼계 지옥을 벗어나고저.
눈이 연꽃잎 같은

---

18 『십주비바사론(十住毘婆沙論)』권5 「이행품(易行品)」.

성문 대중이 무량하다.

이 때문에 머리 숙여 예배한다.

또 다음과 같이 설하였다.[19]

시방에서 온 모든 불자들은

신통을 나투어 불토에 이른다.

존안을 우러러 항상 공경하니

이에 아미타불께 정례(頂禮)를 올린다.

제8. 견불문법락(見佛聞法樂)

지금 이 사바세계에서 부처님을 만나 법문을 듣는 것이 심히 무척 어렵다.

사자후(獅子吼)[20]보살이 다음과 같이 게송을 설하였다.

우리들이 무수 백천겁 동안

----

19 용수 저술로 전해지는 『십이례(十二禮)』. 선도(善導)의 『왕생예찬(往生禮讚)』에 「용수보살원왕생예찬게(龍樹菩薩願往生禮讚偈)」로 인용되었다.

20 『심지관경(心地觀經)』에서 부처님께 심지관의 법문을 들려 달라고 요청한 보살. '사자후(獅子吼)'는 부처님께서 당당하게 설법하시는 모습을 사자의 포효에 빗댄 것이다.

사무량(四無量)·삼해탈(三解脫)²¹을 닦고서

지금 석가모니 세존을 뵙는 것은

마치 눈먼 거북이 뜬 나무를 만난 것 같다.

또한 유동(儒童)²²보살이 온몸을 희사하여 비로소 절반의 게송을 얻었
으며, 상제(常啼)²³보살은 간을 베이며 멀리 반야(般若)를 구했다. 보살
들도 이러한데, 하물며 범부들임에랴. 부처님께서는 사위성에서 25년
간 계셨으니, 그곳의 9억의 집안 중에 3억은 부처님을 뵙고, 3억은 겨우
목소리를 듣고, 그 나머지 3억은 보지도, 듣지도 못했다. 세상에 계실 때
도 이러했는데, 하물며 멸후(滅後)임에랴.

그러므로 『법화경』에서 다음과 같이 설하였다.

이 모든 죄업 중생은

악업의 인연으로

아승기겁을 지나는 동안

삼보의 이름을 듣지 못했다.

21 사무량은 네 가지의 광대한 이타심인 자비희사의 사무량심으로서, ① 자무량(慈無量), ②
비무량(悲無量), ③ 희무량(喜無量), ④ 사무량(捨無量)을 말한다. 삼해탈은 깨달음의 문
이 되는 세 종류의 선정으로서, ① 공해탈문(空解脫門: 모든 것은 고정적인 실체를 가지
고 있지 않음을 관하는 것), ② 무상해탈문(無相解脫門: 모든 것이 공하기 때문에 차별의
상이 없음을 관하는 것), ③ 무원해탈문(無願解脫門: 모든 것은 상이 없으므로 원하고 구
할 것이 없음을 관하는 것)을 말한다.

22 젊은이라는 의미로서, 여기서는 석존의 전생인 설산동자를 가리킨다.

23 세상 중생의 고통을 보고 슬퍼하며 항상 눈물을 흘리기 때문에 '상제(常啼)'로 불린다고
한다.

그러나 저 불국토 중생들은 항상 아미타불을 보고, 항상 심오하고 뛰어난 법을 듣는다. 말하였다.

"장엄하고 청정한 지상에 보리수가 있어서 가지와 잎이 사방으로 펼쳐지고, 온갖 보물로 이루어져 있다. 나무 위에는 보배 그물이 덮여 있으며, 가지 사이에는 구슬 영락이 늘어뜨려져 있어서 바람이 가지와 잎을 건드리면 묘법을 연주하는 소리를 낸다. 그 소리가 모든 불국토에 두루 퍼져서 그 소리를 듣는 자는 심오한 법인(法忍)을 얻어서 불퇴전지에 머무르며, 이근(耳根)이 청정하고 밝아진다. 나무의 색을 보고, 나무의 향을 맡으며, 나무의 맛을 맛보고, 나무의 빛에 접촉하고, 나무의 상을 마음에 새기는 모든 것이 또한 그러하니, 불도를 이루게 되면 육근이 청정하고 밝아진다.

나무 아래 좌대가 있으니 장엄 무량하다. 좌대 위에는 부처님께서 계시니 상호가 무변(無邊)하여 비할 데가 없다. 오슬(烏瑟: 육계)은 높이 솟아 있고, 맑은 하늘처럼 진한 비취색이다. 백호는 오른쪽으로 돌고 있으며[右旋], 가을 달처럼 충만하다. 푸른 연꽃 같은 눈, 붉은 과일 같은 입술, 가릉빈가처럼 아름다운 목소리, 사자 왕처럼 두터운 가슴, 선록왕(仙鹿王) 같은 장딴지, 천폭륜(千輻輪)[24]이 있는 발뒤꿈치, 이러한 8만 4천의 상호가 자마금빛 몸에 갖추어져 있으며, 무량수의 광명은 마치 억천의 일월을 모아 놓은 듯하다. 칠보 강당에서 묘법을 강연할 때는 범음이 심오하고 뛰어나 중생들의 마음을 법열에 들게 할 수 있다.

보살·성문·천인 대중들이 일심합장하며 존안을 우러러보면, 즉시 자연히 미풍이 불어와서 칠보수의 무량한 꽃이 바람을 따라 사방으로

....

24 천(千)의 수레바퀴 모양. 부처님의 손바닥과 발바닥에 있다.

흩어지고, 모든 천인은 음악을 연주한다. 이때의 기쁨은 말로 다할 수가 없다.

혹은 거듭 광대신(廣大身)을 나투기도 하고, 장륙척(丈六尺), 장팔척신을 나투기도 하며, 보리수 아래에 있거나, 보배 연못 위에 있거나 한다. 중생이 본래 숙명에 의해 구도할 때, 마음에 품은 원의 대소에 따라 뜻하는 대로 경전의 법문을 설하여 그들로 하여금 빠르게 이해해서 도를 얻게 한다. 이처럼 갖가지 근기에 따라서 다양한 법문을 설한다.

관음·세지 두 보살은 항상 부처님의 좌우 양쪽에 앉아 받들어 토론을 한다. 부처님께서는 항상 이 두 보살과 함께 대좌하시며, 팔방 상하의 과거·미래·현재의 일을 논의하신다.

때로 동방의 항하의 모래 수같이 많은 불국토의 무량무수한 보살들이 모두 다 무량수불께서 계신 곳에 가서 공경하고 공양하며, 보살 성문 대중들도 남서 북방 사유 상하에서 역시 이러하다. 저 장엄하고 청정한 정토의 미묘하고 불가사의함을 보고, 무량심을 일으키게 되어 자신의 불국토도 또한 그러하기를 원한다.

이때에 세존께서 몸을 움직이며 미소를 지으시니, 입에서 무수한 빛이 나와서 시방 국토를 두루 비춘다. 빛이 방향을 돌려 몸을 세 번 에워싸고 돌다가 정수리로 들어가니, 모든 천인 대중이 발을 구르며 모두 기뻐한다. 관세음보살은 옷을 단정히 하고, 머리를 숙이며 부처님께 묻는다.

'무슨 까닭으로 웃기만 하시는 것입니까? 부디 말씀해 주십시오.'

이때에 마치 우레와 같은 범성이 팔음(八音)[25]이 화락하게 울렸다.

....

25 부처님의 음성에 구비된 여덟 가지 뛰어난 특징. 천태 교전인 『법계차제(法界次第)』 등에 보인다. ① 극호음(極好音): 듣는 이를 불도로 인도하는 것, ② 유연음(柔軟音): 희열을 주는 것, ③ 화적음(和適音): 이치를 깨닫게 하는 것, ④ 존혜음(尊慧音): 지혜를 주는 것,

'이제 보살에게 수기를 주리니, 내가 이르는 것을 성심껏 잘 들으라. 시방에서 온 보살들의 원을 나는 다 알고 있다. 장엄 정토에 가는 것을 뜻에 두고 있다. 그들은 수기를 받아 반드시 부처가 될 것이다. 일체법이 마치 꿈, 환상, 메아리와 같음을 깨닫고, 모든 뛰어난 원을 구족하였으니, 반드시 이러한 정토를 이루게 되리라. 법이란 마치 번개, 그림자와 같음을 알고, 보살도를 다 이루고, 모든 공덕의 근본을 갖추면 수기를 받아 반드시 부처가 되리라. 제법의 본성이 일체 공·무아임을 통달하고, 오로지 청정 불토를 구하면 반드시 이러한 정토를 세우게 되리라.'[이상]

하물며 물, 새, 나무, 숲까지도 모두 묘법을 보여 주는데, 모든 듣고자 하는 이들은 자연히 들을 수 있을 것이다. 이러한 법열이 또한 어디에 있겠는가?"[이 내용의 많은 부분은 『쌍관경』·『평등각경』에 의거하였다.]

용수가 지은 찬문[26]에서 다음과 같이 설하였다.

황금색 보배 연못에 사는 연꽃이여,
선근에서 생겨난 묘대 연좌라네.
그 연좌 위에 마치 산왕(山王)처럼 계시는
아미타불께 정례를 올리네.
모든 유(有)는 무상·무아와 같은 것이니
또한 물, 달, 번개, 그림자, 이슬과 같다네.
중생을 위해 법에 고정된 개념이 없음을 설하신다.

⑤ 불녀음(不女音): 경외감을 느끼게 하는 것, ⑥ 불오음(不誤音): 정견을 얻게 하는 것,
⑦ 심원음(深遠音): 깊은 이치를 깨닫게 하는 것, ⑧ 불갈음(不竭音): 다함이 없는 것.

26 제2 흔구정토의 주 19 참조.

그래서 나는 아미타불께 정례를 올리네.

바라옵기는 모든 중생들이 함께

정토에 왕생할진저.

제9. 수심공불락(隨心供佛樂)

저 불국토 중생들은 주야로 여섯 차례 항상 갖가지 하늘 꽃[天華]을 무량수불께 공양한다. 또한 타방 제불께도 공양하고 싶은 마음이 있으면 바로 (부처님) 앞에 두 무릎을 세우고 꿇어앉아 두 손을 공수(拱手)하며 부처님께 아뢴다. 부처님께서 허락하시면 모두 크게 기뻐하며 천억만 명의 사람들이 각자 날아간다.

무리지어 서로 함께 가다가 흩어져 날아서 팔방 상하의 무수한 부처님들께서 계신 곳에 이르면 모두 앞에서 예를 올리며 공양 공경한다. 이렇게 매일 아침 각자 활짝 핀 아름다운 꽃으로 타방 10만억 부처님들께 공양한다.

또한 옷, 기악, 일체의 도구 등도 마음먹은 대로 생겨나서 공양 공경한다. 밥 먹을 때가 되면 본 불국토로 돌아와서 밥 먹고, 산보하고, 모든 법문을 들으면서 법락을 얻는다. 혹 말하기를, 매일 삼시에 타방 제불께 공양한다고 한다.

수행자들아, 지금 남겨진 가르침을 따라서 시방 불국토의 갖가지 공덕을 듣고, 경문을 보면서 아득하게 동경하는 마음을 일으킬 수 있을 것이다. 각자 말하기를, "우리는 언제나 시방정토를 보고, 제 불보살을 만나게 될까. 매번 경문을 대하며 한탄하지 않을 때가 없다. 그러나

우연히 정토에 왕생하게 된다면, 자력에 의하거나, 불력에 힘입어서이거나, 아침에 갔다가 저녁에 오고, 눈 깜짝할 새에 가고 돌아올 수 있다. 시방의 모든 불국토를 두루 돌아다니며, 직접 제불들을 받들고, 보살들을 만나서 항상 정법을 듣고, 대보리의 수기를 받으며, 일체 찰토에 두루 다닐 수 있다. 모든 불사를 행하고, 보현행을 닦으니, 즐겁지 않겠는가."라고 한다.[『아미타경』·『평등각경』·『쌍관경』]

용수는 게송²⁷에서 다음과 같이 설하였다.

> 극락정토 대보살들은
> 매일 세 차례
> 시방불께 공양한다.
> 이 때문에 예배한다.

제10. 증진불도락(增進佛道樂)

지금 이 사바세계에서 수행하여 불과를 얻기가 극히 어렵다. 무엇 때문인가. 고통을 받는 것에 대해 항상 근심하고, 즐거움을 누리는 것에 항상 집착하기 때문이다. 고통이라 하는 것, 즐거움이라 하는 것은 해탈로부터 멀리 벗어나 있다. 천계로 오르거나, 지옥계로 떨어지거나, 모두 윤회가 아닌 것이 없다. 가끔 발심하여 수행하는 자도 있지만 또한

....

27   『십주비바사론』 권5 「이행품」.

성취하기 어렵다. 안에서 번뇌가 압박하고, 밖에서 악연이 이끈다. 혹은 이승심(二乘心)을 내거나, 혹은 삼악도로 돌아가기도 한다.

마치 물속에 비친 달이 파도를 따라 움직이기 쉬운 것처럼, 최전선의 군사가 칼날을 보면 돌아오는 것처럼, 어린 물고기가 크게 자라기 어려운 것처럼, 암몰라과(菴沒羅果)[28]가 열매를 맺는 것이 적듯이 저 사람들이 60겁 동안 퇴전한 것이 이 때문이다.

오직 석가모니만이 무량겁 동안 어렵고 고통스러운 수행으로 공덕을 쌓아서 보살도를 구하는 것을 멈춘 적이 없다. 삼천대천세계(三千大千世界)를 관하여 겨자씨만 한 작은 생명이라도 보살이 목숨을 희사하지 않은 곳이 없다. 중생을 위한 까닭에 나중에야 성불한 것이다. 그 나머지 중생들은 스스로의 지혜로는 감당이 되지 않으니, 어린 코끼리의 힘이 미약하여 칼과 화살에 죽은 것이다.[29]

그러므로 용수보살이 다음과 같이 설하였다.[30]

마치 40리의 얼음에
어떤 사람이
한 되의 뜨거운 물을 부으면
당시에는 얼음이 줄어든 것 같지만
밤이 지나고 밝음이 오면

----

28 꽃은 많으나 열매가 적게 열리는 과수.

29 『마하지관』 권7 하에 등장하는 비유. 미숙한 자가 설법하여 자타가 함께 장애에 막히는 것을 비유한 것이다.

30 『대지도론(大智度論)』 권29.

이내 그 녹은 부분에 얼음이 가득 채워져 있는 것과 같다.

범부들이 발심하여 고통을 구제한다는 것

또한 이와 같은 것이다.

욕심과 성냄의 경계에서 순역[順違]이 많기 때문에

스스로 번뇌를 일으켜서 도리어 악도에 떨어진다.[이상]

저 극락정토 중생들은 많은 인연을 가지고 있기 때문에 마침내 불퇴전하여 불도를 증진시킨다. 첫째는 부처님의 자비원력이 항상 섭수하고 있기 때문이다. 둘째는 부처님의 빛이 항상 비치어 보리심이 자라나기 때문이다. 셋째는 물, 새, 나무, 숲, 풍령(風鈴) 등의 소리가 항상 염불·염법(念法)·염승(念僧)의 마음을 생하게 하기 때문이다. 넷째는 순수한 모든 보살들을 선한 벗으로 삼아서 밖으로 악연이 없고, 안으로 여러 유혹을 제복시키기 때문이다. 다섯째는 수명이 영겁이라 부처님과 동등하며, 불도를 수행하여 생사의 간극이 없기 때문이다.

『화엄경』 게송[31]에서 다음과 같이 설하였다.

만약 어떤 중생이 한 번 부처님을 보면

반드시 모든 업장을 제거하게 된다.

한 번 본 것도 이러한데, 하물며 항상 보는 것임에랴. 이러한 인연으로 말미암아 저 불국토 중생들은 만물에 대해 집착하는 마음이 없다. 가

....

31   80권본 『화엄경』 권2.

고, 오고, 나아가고, 멈추는 데 마음에 매인 바가 없다.

모든 중생에 대해 대비심을 일으키니 자연히 증진되어 무생인(無生忍)을 깨달으며, 마침내 반드시 일생보처(一生補處)에 이르게 된다. 또는 지극히 빨리 무상보리(無上菩提)를 깨달아 중생을 위하여 팔상(八相)[32]을 드러낸다. 연에 따라 장엄청정국토에 있으면서 묘법륜을 굴려 모든 중생을 제도한다. 모든 중생이 정토를 흔구하게 하고, 나처럼 금일에 극락에 뜻을 두고 서원하거나 또는 시방 국토에 가서 중생을 인도한다. 마치 아미타불의 대자비본원처럼 이러한 이익이 어찌 즐겁지 아니한가.

일생 동안 성실하게 수행하는 것이 눈 깜짝할 새 아닌가. 어찌 잡다한 일을 버려두고 정토왕생을 구하지 않는 것인가. 원컨대 모든 수행자들은 힘써 노력하고 나태하지 말라.[대부분 『쌍관경』·『천태십의론(天台十疑論)』에서 뜻을 취했다.]

용수는 게송[33]에서 다음과 같이 설하였다.

저 부처님의 무량한 방편의 세계는

육도[聚]·악지식이 없어서

왕생하면 물러남이 없이 보리에 이른다.

그 때문에 나는 아미타불께 정례를 올린다.

....

32　석존의 생애를 여덟 가지 장면으로 표현한 것. 팔상성도(八相成道) 혹은 팔상시현(八相示現)이라고도 한다. ① 강도솔(降兜率): 도솔천에서 이 세상에 내려오다. ② 탁태(托胎): 마야부인의 태내에 들다. ③ 출태(出胎): 탄생하다. ④ 출가(出家): 왕궁을 떠나 수행을 시작하다. ⑤ 항마(降魔): 보리수 아래에서 마왕을 제복시키다. ⑥ 성도(成道): 깨달음을 이루다. ⑦ 전법륜(轉法輪): 설법교화. ⑧ 입열반(入涅槃): 사라쌍수 아래에서 열반에 들다.

33　제2 흔구정토의 주 19 참조.

내가 저 부처님의 공덕을 말하노니,

여러 가지 선이 바다처럼 끝이 없다.

행한 선근[34]이 청정한 자여,

원하건대 중생과 함께 정토에 태어나기를

원하건대 모든 중생과 함께 안락국에 왕생하기를.

....

34   공덕을 생하는 선행. 선(善)의 종자. 선본(善本).

제 3 ●

극락증거
極樂證據

극락의 증거를 밝히는 것에는 두 가지가 있다. 첫째는 시방(十方)에 대한 것이고, 둘째는 도솔(兜率)에 관한 것이다.

제1. 시방(十方)

물는다
시방에 정토가 있는데, 어찌하여 오직 극락정토에 태어나기만을 원하는 것입니까?

답한다

천태(天台) 대사[1]가 말하기를, "많은 경론의 곳곳에서 오직 중생에게 권하기를 아미타불만을 염하여 서방 극락세계를 구하게 한다. 『무량수경』·『관무량수경』·『왕생론』 등 수십여 부 경론에서는 간절하게 서방정토에 태어나는 것을 권하고 있다. 이러한 경론에 의거하여 치우쳐서 염불하게 된 것이다."라고 하였다.[이상]

대사가 일체의 경론을 다 살펴본 것이 열다섯 번이었으니, 그 서술한 것을 믿지 않으면 안 될 것이다.

가재(迦才) 대사의 3권본 『정토론』에는 12경 7론(論)을 인용하고 있다. 12경은, ①『무량수경』, ②『관무량수경』, ③『소아미타경(小阿彌陀經)』, ④『고음성왕경(鼓音聲王經)』, ⑤『칭양제불공덕경(稱揚諸佛功德經)』, ⑥『발각정심경(發覺淨心經)』, ⑦『대집경(大集經)』, ⑧『시방왕생경(十方往生經)』, ⑨『약사경(藥師經)』, ⑩『반주삼매경(般舟三昧經)』, ⑪『대아미타경(大阿彌陀經)』, ⑫『무량청정평등각경(無量淸淨平等覺經)』이다.[『쌍관무량수경』·『청정각경』·『대아미타경』은 동본이역이다.]

또한 7론은, ①『왕생론(往生論)』, ②『기신론(起信論)』, ③『십주비바사론(十住毘婆沙論)』, ④『일체경중미타게(一切經中彌陀偈)』, ⑤『보성론(寶

---

1   천태 지의(天台智顗, 538~597). 천태종의 개조. 형주 화용현(현 호남성) 출신이다. 18세에 출가하여 23세에 광주 대소산(大蘇山: 하남성 소재)의 혜사(慧思)에게서 법화삼매(法華三昧)를 배우고 깨달음을 얻었다고 한다. 38세 되던 해에 천태산에서 은거 수행을 하면서 천태교학을 수립했고, 그 후 금릉 영요사(靈曜寺), 광택사(光宅寺)에서 강의했다. 수나라 통일 후에는 문제(文帝)·양제(煬帝)의 귀의를 받았다. 형주에 옥천사(玉泉寺)를 창건하고, 천태 주요 교의서를 강의했다. 천태삼대부(天台三大部)인 『법화현의(法華玄義)』·『마하지관(摩訶止觀)』·『법화문구(法華文句)』 외에도 『유마경(維摩經)』·『금강경』 등의 소(疏)와 『차제선문(次第禪門)』 등의 많은 저술이 있다.

性論)』, ⑥『용수십이례론(龍樹十二禮論)』, ⑦『섭대승론(攝大乘論)』, ⑧『미타게(彌陀揭)』이다.[이상. 지경(智憬)[2] 스님은 여기에 동의하고 있다.]

나 개인적으로 견해를 보태자면 다음과 같다.

『법화경』「약왕품(藥王品)」, 40권본『화엄경(華嚴經)』「보현원(普賢願)」, 『목련소문경(目連所問經)』, 『삼천불명경(三千佛名經)』, 『무자보협경(無字寶匧經)』, 『천수다라니경(千手陀羅尼經)』, 『십일면경(十一面經)』, 『불공견삭다라니(不空羂索陀羅尼)』, 『여의륜다라니』, 『수구존승(隨求尊勝)다라니』, 『무구정광광명(無垢淨光光明)다라니』, 『아미타다라니』 등이다. 모든 현밀교 중에서 전적으로 극락정토 수행을 권하는 것은 다 헤아릴 수가 없다. 그러므로 한 길로 극락왕생을 발원하고 구하는 것이다.

묻는다

부처님께서 이르시기를, "제불 정토에 실로 차별이 없다."고 하셨는데, 무슨 까닭에 여래께서 서방정토만을 찬탄하시는가?

답한다

『수원왕생경(隨願往生經)』에서 부처님께서 이 의심에 대해 해결하셨다.

"사바세계는 사람이 탐욕이 많고 탁하며, 신심 있는 자는 적다. 사견(邪見)을 익히는 자는 많으나 정법을 믿지 않는다. 전일하게 수행할 수가 없고 마음이 어지러워서 의지가 없다. 실제로 (정토 간에) 차별이

---

2   지경(智憬: 8세기 중반)은 나라 시대에 활약했던 학자로서, 료벤[良弁]과 신죠[審詳] 등에게 사사한 법상·화엄 학자이다. 그는 정토학에도 달통했던 것으로 알려져 있다. 『동역전등목록(東域傳燈目錄)』에는 그의 저술로 『무량수경종요지사(無量壽經宗要指事)』 1권, 『무량수경지사사기(無量壽經指事私記)』 1권 등을 들고 있다.

없으나, 모든 중생으로 하여금 전일한 마음을 갖게 하기 위하여 저 아미타 정토를 찬탄하는 것뿐이다. 모든 왕생인은 저 아미타불의 원을 따르면 불과(佛果)를 얻지 못하는 이가 없을 것이다."

또한 『심지관경』에서 다음과 같이 설하였다.

"모든 불자들은 마땅히 지극한 마음으로 한 부처님과 한 보살의 모습을 눈앞에 보는 것을 추구해야 한다. 이러한 것을 일러 출세간의 요체라 한다. 운운. 이 때문에 전일한 마음으로 하나의 극락정토를 구하는 것이다."

묻는다

그 마음을 전일하게 하기 위해서라면, 왜 정토 중에서 오직 극락정토만을 골라서 권하는가?

답한다

가령 다른 정토를 권한다 해도 이 어려움을 피하지 못한다. 부처님의 뜻을 헤아리기 어려우며, 오직 믿고 따를 뿐이다. 예를 들면, 어리석은 사람이 불구덩이에 떨어지면 스스로 탈출하지 못하니, 선지식은 한 방편으로써 그를 구한다. 어리석은 사람이 힘을 얻으면 마땅히 빨리 탈출하기 위해 힘쓸 것이다. 어찌 이리저리 다른 방법을 논하겠는가? 수행자도 또한 이러하다. 다른 마음을 내지 말라.

『목련소문경(目連所問經)』에서 이른 것과 같이, 마치 1만 갈래 하천에 떠 있는 초목과 같으니, 앞에서는 뒤를 돌아보지 않고, 뒤에서는 앞을 돌아보지 않으며, 모두 대해(大海)에서 만나게 된다.

세간도 또한 이와 같다. 비록 권세와 부귀가 있고, 마음먹은 대로 살 수 있어도 모두 생로병사를 면하지 못한다. 단지 불경을 믿지 않는 이유로 후생에 사람이 되어도 더욱 심하게 곤궁해지고, 천불(千佛)의 국토에 태어날 수 없는 것이다.

이 때문에 내가 이르노니, 무량수 불국토는 가기도 쉽고 깨달음을 얻기도 쉽다. 그런데 사람이 수행하는 것도, 왕생도 하지 못한다 하여, 아흔다섯 가지의 사도(邪道)를 행한다. 내가 말하건대 이러한 사람은 눈이 없는 사람이며, 귀가 없는 사람이다.

『아미타경』에서는 다음과 같이 설하였다.

"내가 보기에는 이것이 이익이 되기에 이렇게 말하는 것이다. 만약 이 가르침을 믿는다면 마땅히 저 불국토에 태어나도록 발원해야 한다."[이상]

부처님께서 간절히 가르치시니, 오직 믿어야 한다. 하물며 아미타불의 기연(機緣)이 없는 것이 아니잖은가. 어찌 억지로 거절하겠는가.

천태의 『십의론(十疑論)』에서 말하기를, "아미타불은 특별히 사십팔대비원(四十八大悲願)이 있어서 중생을 구제하신다."고 한다. 또한 저 아미타불의 광명이 법계의 염불 중생을 두루 비추고, 섭수하여 버리지 않는다. 시방의 각 무수한 제불도 혀를 펴서 삼천세계[三千界]를 덮어 아미타불을 염하면, 부처님의 대비본원력을 입어서 극락세계에 태어나는 것이 결정되는 것을 일체중생에게 증명했다.

또한 『무량수경』에서 이르기를, "말법 시대에 법이 멸했을 때, 이 경을 백 년 동안 지니면 세상에 있을 때에 중생을 인도하여 저 불국토에 태어날 것이다."라고 하였다. 그러므로 아미타불은 이 세계의 극악

한 중생과 함께 유달리 인연이 있음을 알 수 있다.[이상]

자은(慈恩) 대사[3]가 말하기를, "말법 시대 만년 동안 다른 경전이 다 멸하지만, 아미타신앙의 가르침만 중생에게 이로움을 주며 홀로 남게 된다."고 하였다. 석존께서 특별히 남겨 놓은 것이 백 년이다. 말법 시대 1만 년을 모두 지나는 동안 일체 모든 경전이 다 멸하여 사라지는데도, 석존의 은혜가 두터워 가르침을 백 년 동안 남겨 놓으신 것이다.[이상]

또한 회감(懷感)[4] 선사는 다음과 같이 설하였다.

『반주삼매경』에서 설하기를, "발타화(跋陀和)보살의 청으로 석가모니불께서 말씀하시기를, 미래 중생이 어떻게 시방제불을 만나서 가르침을 받을 수 있느냐고 하자, 아미타불을 염하면 바로 시방 일체불을 보게 된다. 이 아미타불은 사바세계의 중생과 특별한 인연이 있어서, 먼저 이 부처님을 전심으로 칭명염불하면 삼매가 쉽게 이루어진다."고 하였다.[이상]

또한 관음·세지는 본디 이 국토에서 보살행을 닦고 있었지만 저 극락정토에서 다시 태어났으니, 숙세의 인연을 좇는 것이 어찌 감응이 없다고 하겠는가.

---

3 기(基, 632~682). 법상종의 조사. 장안의 자은사(慈恩寺)에 주석했기 때문에 자은 대사로 불렸다. 현장(玄奘)에게 사사했으며, 『성유식론(成唯識論)』을 번역했다. 『성유식론술기(成唯識論述記)』 20권, 『성유식론추요(成唯識論樞要)』 4권 등 다수의 저술이 있다. 『왕생요집』에 인용되어 있는 『서방요결석의통규(西方要決釋疑通規)』와 같은 저술은 당말의 위작으로 보고 있다.

4 선도(善導)와 거의 동시대에 살았으며, 법상종 승려이다. 그의 저서로는 『석정토군의론(釋淨土群疑論)』이 있다. 인용된 문장은 권6에 나온다.

제2. 도솔(兜率)

묻는다

현장 삼장(玄奘三藏)[5]이 이르기를, "서방(서역)의 도속(道俗)은 함께 미륵 정토 수행을 한다. 같은 욕계라서 그 수행이 쉽게 이루어지므로 대소승의 스승들이 모두 이 법을 인정했다."고 한다.

　거기에 비해 아미타 정토는 모든 비루하고 오염된 자들의 수행이 성취되기 어렵지 않을까. 구역(舊譯)의 경론에서 말하는 것처럼, 칠지 이상의 보살은 그 분(分)에 따라 보불(報佛)[6] 정토를 보는 것이 가능하다. 신역 논의에 의거하면, 삼지 보살이 되면 처음으로 보불 정토를 볼 수 있다고 한다. 어찌 하품 범부가 왕생할 수 있겠는가? 인도에서 이미 이러한데, 지금 어찌 극락정토를 권하는가?

답한다

중국과 변방 지역은 그 장소가 비록 다르지만 현밀교문(顯密教門)의 교리는 동일하다.

5　현장(玄奘, 602~664). 법상종 조사. 하남성 낙양 출신. 불전 연구를 위해 인도에 가서 나란다사에서 계현(戒賢: Śīlabhadra)에게 유식학(唯識學)을 배웠다. 정관(貞觀) 19년(645)에 장안에 돌아와서 75부 1,335권의 경론을 번역했다. 일반적으로 현장역은 '신역'으로 불리며, 그 이전의 번역은 '구역'으로 불린다. 제자로는 기(基)·보광(普光)·법보(法寶)·신방(神昉) 등이 있다.

6　보신불(報身佛). 삼신[法身·報身·應身]의 하나. 법신은 자성신(自性身), 법성신(法性身)이라고도 하며, 진여 그 자체를 가리킨다. 따라서 법신에는 색도 모양도 없고, 설법하는 것도 없다. 보신은 수용신(受用身)이라고도 하며, 부처가 되기 위한 수행을 쌓아서 그 과보로서 완전한 공덕을 갖추게 된 부처님을 말한다. 보신은 무한한 수명을 지니고, 설법을 계속 한다고 한다. 응신은 변화신(變化身)이라고도 하며, 중생의 근기에 응해서 제도하기 위해 나타나는 부처님이라는 의미이다. 사바세계에 출현한 석존이 대표적이다. 또한 삼신이 거주하는 곳인 법토(법성토)·보토(수용토)·응토(변화토)의 삼토가 있는데, 일반적으로 정토로 불리는 것은 보토(수용토)이다.

지금 인용한바 (경론의) 증거가 이미 많다. 어찌 불교의 명문(明文)을 어기고 서역 천축의 풍문(風聞)을 따르겠는가. 하물며 기원정사 무상원(無常院)에서는 병자에게 서쪽을 바라보게 하고 불국 정토로 가는 관상(觀想)염불을 시키지 않았는가. 자세한 것은 아래의 임종행의(臨終行儀)에서 설명하였다. 부처님의 의도는 오로지 극락정토 수행을 권하는 것이었음이 명백하다. 서역의 풍속이 어찌 차이가 나겠는가.

또한 회감 선사의 『군의론(群疑論)』에서는 극락정토와 도솔 정토에 대해 열두 개의 우열을 정하고 있다.

첫째, 교화의 주체인 화주(化主)로서 부처님과 보살의 차이가 있기 때문이다.(아미타는 부처님이지만 미륵은 보살이다.) 둘째, 정토와 예토의 차이이다.(도솔천은 사바세계와 같은 욕계에 속한다.) 셋째, 여인의 유무이다.[7] 넷째, 수명의 장단이다. 다섯째, 내외의 유무이다. 도솔천 내원(內院)은 불퇴전(不退轉)이지만, 외원은 퇴전이 있다. 서방 아미타 정토는 모두 퇴전이 없다. 여섯째, 오쇠(五衰)[8]의 유무이다. 일곱째, 상호(相好)의 유무이다. 여덟째, 오통(五通)의 유무이다. 아홉째, 불선심(不善心)이 일어나느냐, 일어나지 않느냐의 차이이다. 열째, 죄가 멸해지는 것의 다소이다. 미륵을 칭명염불하면 1천2백 겁의 죄가 제거된다. 아미타불을 칭명염불하면 80억 겁의 죄가 제거된다. 열한째, 고통이 있는지의 여부이다. 열두째, 태어나는 방식의 차이이다. 천에서는 남녀의 슬하 품속에서 태

---

7 극락에 여인이 없다는 교의는 세친의 『왕생론(往生論)』 등에 근거한 것이다. 대승선근의 계에는 하근기나, 이승(二乘)의 종(種), 여인이 없이 평등하다고 하는 내용인데, 그 바탕에 여성에 대한 차별이 깔려 있다고 볼 수 있다.

8 제1 염리예토의 주 26 참조.

어나지만, 서방정토에서는 연꽃 속의 궁전 속에서 태어난다. 비록 두 곳의 우열의 의미가 이와 같지만 양쪽 모두 부처님께서 권하고 찬탄하신 것이니 서로 시비하지는 말라.[이상 두 세계의 우열의 차별을 개략한 것이다.]

자은 대사의 『서방요결(西方要決)』에서는 열 가지의 다른 점을 제시하고 있다. 앞의 여덟 가지는 회감 선사가 제시한 범주를 벗어나지 않기 때문에 다시 인용하지 않는다.

　　그 아홉째 항목에서 서방정토는 부처님께서 내영(來迎)하시지만 도솔 정토에서는 그렇지 않다고 했는데, 회감 선사는, 내영은 둘 다 같다고 하였다. 열째 항목에서 서방정토는 경론에서 간절하게 권하는 경우가 무척 많지만 도솔 정토는 많지 않고, 간절하지도 않다고 하였다.

　　회감 선사는 또한 두 정토로의 왕생의 난이(難易)에 대해서도 열다섯 가지의 동일한 것과 여덟 가지의 다른 점을 제시했다. 여덟 가지의 다른 점은, 첫째로 본원이 다르다는 것이다. 미타는 인섭원(引攝願)이 있는데, 미륵은 원(願)이 없다. 원이 없는 것은 마치 스스로 물을 헤엄쳐 건너가는 것과 같고, 원이 있는 것은 배를 타고 물 위를 가는 것과 같다. 둘째로 광명이 다르다. 아미타불의 광명은 염불 중생을 비추며, 그들을 섭수하고 버려두지 않는다. 미륵은 그렇지 않다. 광명이 비치면 마치 대낮처럼 자유롭게 행동하지만, 광명이 없을 때는 마치 어둠 속에서 오고 가는 것과 같다.

　　셋째는 수호하는 것이 다르다. 무수한 화불과 관음·세지 보살이 항상 수행자들이 있는 곳에 온다. 『칭찬정토경(稱讚淨土經)』에서 이르기를, "시방의 무수한 항하의 모래같이 많은 제불이 중생을 섭수하는 곳"이라고 하였다.

『시왕생경(十往生經)』에서 이르기를, "부처님께서 25보살을 보내어 항상 수행자들을 수호하시지만 도솔천에서는 그렇지 않다. 수호함이 있으면, 마치 많은 사람들이 함께 가는 것처럼 강적의 핍박을 두려워하지 않지만, 수호함이 없으면 마치 험한 길을 혼자 가는 것처럼 반드시 사나운 사람에게 공격을 당하게 된다."고 하였다.

넷째는 혀를 펴서 증명하는 것이 다르다. 시방불은 혀를 펴서 정성을 증명하지만, 도솔은 그렇지 않다.

다섯째는 성중(聖衆)이 다르다. 화취(華聚)보살, 산해혜(山海慧)보살은, "만약 어떤 중생이 서방정토 왕생을 다하지 못했는데, 내가 먼저 가서 정각을 이루지 않겠습니다."라고 사홍서원(四弘誓願)[9]을 발하였다. 여섯째는 멸죄의 다소는 앞에 나온 것과 같다. 일곱째는 중악(重惡)이 다르다. 오역죄(五逆罪)를 지어도 또한 서방정토에 왕생할 수 있다고 하나, 도솔은 그렇지 않다.

여덟째는 교설이 다르다. 『무량수경』에서 이르기를, "오악취(五惡趣)의 인과가 끊기고, 자연히 악도에 떨어지지 않게 되며, 도가 상승함이 끝이 없고, 쉽게 갈 수 있기 때문에 가려고 하는 이가 없다."고 하였다. 도솔은 그렇지 않다. 두 정토의 왕생의 난이(難易)에 대해서는 이미 열다섯 가지가 같아서 태어나기가 어렵다고는 할 수 없다. 하물며 팔문(八門)이 달라서 가기 어렵다고 하겠는가. 제학들에게 청하노니, 이치를 탐구하고, 난이(難易) 이문(二門)을 잘 고찰하면 그 의혹을 영원히 제거할 수 있을 것이다.[이상은 생략하여 인용한 것이다. 다만 열다섯 가지의 동일한 항목은 저 논서를 보라.]

9　모든 보살이 발하는 네 가지의 서원. 자세한 것은 이 책의 본문 p.138 참조.

묻는다

현장(玄奘)이 전한 것은 잘 해석하지 않으면 안 된다.

답한다

서역의 수행법에 어두워서 이해하기 어렵다. 지금 한 번 이해해 보고자 말하는 것이다. 서역의 수행자들은 대부분이 소승이다.[15국이 대승을 배우고, 15국이 대승과 소승을 함께 배우며, 41국이 소승을 배운다.] 도솔천에 상생하는 것은 대승과 소승이 함께 공유하는 것이다. 타방 불토에 가는 것을 대승에서는 인정하지만 소승에서는 인정하지 않는다. 도솔천 상생은 대승과 소승이 모두 인정하기 때문에 양자 모두 도솔천에 대해 얘기한다. 타클라마칸 사막[10] 동쪽(중국)에서 대승이 융성하여 저 서역에서 행하는 여러 수행법이 동시에 수용되지는 못했다. 하물며 모든 교학이 반드시 동시에 흥성하겠는가. 그중에서 특히 아미타염불의 법문이, 말법 시대에 경전의 가르침이 멸한 후에 오탁악세의 중생의 방도에 도움이 되는 바가 많다. 현장의 시기 천축에서는 아직 (이 정토신앙이) 흥성하지 않았던 것으로 생각된다. 만약 그렇지 않았다면 현장의 만상좌 규기 (窺基: 慈恩) 대사가 어찌 『서방요결(西方要決)』을 저술하여 아미타와 도솔천의 열 가지 우열을 정해서 권했겠는가.

묻는다

『심지관경』에서 이르기를, "내가 지금 제자를 미륵에 부촉하니 용화회 (龍華會) 중에 해탈을 얻을 것이다."라고 하였는데, 어찌 여래께서 도솔을 권하신 것이 아니겠는가?

10　원문에는 '流沙'로 되어 있다.

답한다

이것 또한 틀림이 없다. 누가 『상생경』・『심지관경』 등의 여러 경전을 부정하겠는가? 그러나 극락정토에 관한 현밀(顯密) 경전이 천여 개인 것만 못하다.

또한 『대비경(大悲經)』 제3권에서 다음과 같이 설하였다.

"현세와 미래세에 법이 멸하려 할 때에는 비구, 비구니가 불가에 출가를 하고서도 손으로 아이의 팔을 잡아끌고 함께 술집에서 술집으로 놀러 다니며 불가 안에 있으면서도 여법한 행을 하지 않는다. 또한 본성이 사문이라 해도 오염된 사문의 행동을 하며, 스스로 사문이라 하나, 사문의 흉내만 내는 자로서 가사와 옷만 걸치고 있는 자가 반드시 있을 것이다. 하지만 이러한 자들도 현겁(賢劫)에는 미륵을 필두로 하여 최후의 비로자나불에 이르기까지 무여열반하게 될 것이다. 무슨 까닭인가. 이러한 모든 사문들 중에 한 번이라도 부처님을 칭명하거나, 한 번이라도 믿음을 낸 자에 이르기까지 공덕이 끝내 헛되지는 않기 때문이다."

『심지관경』도 또한 이와 같다. 저 경전에서 말하는 용화(龍華)는 도솔을 이르는 것이 아니다. 지금 그것을 살펴보건대, 석존 입멸로부터 미륵 자존(慈尊)의 출세에 이르기까지는 57구지(俱胝: 나유타의 10분의 1) 60백천 세의 기간이다.[이 숫자는 『대비바사론』의 설에 의한 것이다.] 그 사이에 윤회의 고통은 어느 정도이겠는가. 어찌 현생의 마지막에 바로 (극락의) 연꽃에 화생하기를 바라지 않고, 유원한 생사유전의 세계에 머물러 용화회가 열릴 때까지 기다리는가?

하물며 만약 극락에 태어난다면 주야로 마음대로 도솔궁에 왕래할 수 있으며, 내지는 용화회에서는 새로 미륵불의 청중에서 제일의 수좌가 될 수 있으니, 이는 금의환향하는 것과 같다. 어느 누가 이 일을 기뻐하지 않겠는가. 만약 특별한 인연이 있다면 다른 정토를 구하는 것도 좋으리라. 마음으로 원하는 대로 하는 것은 좋으나, 잘못된 생각에 집착해서는 안 된다.

그러므로 회감(懷感) 법사가 이르기를, "도솔천에 뜻을 둔 자는 서방 아미타 정토 수행자를 훼방하지 말고, 서방정토에 태어나기를 원하는 자는 도솔천 수행을 비난하지 말라."고 하였다. 각자 본성에 따라 마음에 맞게 수행하고 서로 시비하지 말라. (이렇게 한다면) 어찌 좋은 곳에 태어나지 않고 삼악도를 전전하겠는가. 운운.

제 4
●
정수염불
正修念佛

염불을 바르게 닦는 수행법에도 다섯 가지가 있다. 세친(世親)보살[1]이 『왕생론』에서 이르기를, "오념문(五念門) 수행을 성취하면 마침내 안락 국토에 태어나 아미타불을 보게 된다."고 하였다. 첫째, 예배문(禮拜門), 둘째, 찬탄문(讚歎文), 셋째, 작원문(作願門), 넷째, 관찰문(觀察門), 다섯째, 회향문(廻向門)이다. 이 중 작원문과 회향문은 아미타염불 외의 모든 수행에도 통용된다.

....

1   세친(世親: Vasubandhu, 400~480). 천친(天親)이라고도 번역한다. 서북인도 간다라 지방
출신이다. 형인 무착(無着: Asangha, 395~470)과 함께 유가행유식학의 대성자로 평가된
다. 유가행파(瑜伽行派)는 『해심밀경(解深密經)』·『대승아비달마경(大乘阿毗達磨經)』
등의 중기 대승경전과, 미륵(Maitreya)이 저술한 『유가사지론(瑜伽師地論)』·『대승장엄경
론송(大乘莊嚴經論頌)』·『중변분별론송(中邊分別論頌)』등의 논서에 의거하여 유식사상
을 전개한 학파이다. 세친은 형 무착의 권유에 의해 대승불교에 귀의했으며, 유가행파의 논
서를 연구했다. 『유식삼십송(唯識三十頌)』·『유식이십론(唯識二十論)』등의 저작을 통해
미륵 이래의 아뢰야학설을 정비했으며, 식의 전변에 의한 인식의 생성을 명확하게 밝혔다.

제1. 예배문(禮拜門)

첫 번째, 예배문은 삼업[身業·口業·意業]에 상응하는 신업이다. 일심으로 귀명하여 오체투지하고, 멀리 서방 아미타불께 예배한다. 횟수의 다소에 상관없이 다만 정성스런 마음으로 해야 한다. 간혹『관불삼매해경(觀佛三昧海經)』의 경문을 외기도 한다.

　　내가 지금 한 부처님께 예경하는 것은, 곧 모든 부처님께 예경하는 것이다. 한 부처님에 대해 사념하면 곧 일체불을 볼 수 있다. 한분 한분의 부처님 앞에서 한 수행자가 두면족례(頭面足禮)를 하는데, 이들은 모두 나의 분신이다.[내가 생각건대 모든 부처님은 아미타불의 분신이거나, 혹은 시방 일체제불이다.]

혹은 이렇게 염해야 한다.

> 예배하는 인간[能禮], 예배 받는 부처님[所禮]의 성(性)은 공적(空寂)하여
> 자신(自身)과 타신(他身)의 체가 다르지 않다.
> 바라건대 중생과 함께 도를 체득하고
> 무상의(無上意)를 발하여 진리에 귀의하고저.

혹은『심지관경(心地觀經)』에 의거하여 여섯 종류의 공덕을 실천해야 한다. 첫째, 무상(無上)의 대공덕을 생하는 원천이다. 둘째, 무상의 대은덕을 갖춘다. 셋째, 다리가 없거나, 두 발이 달렸거나, 다리가 많은 중생까지 모든 중생 중에서 존귀한 존재이다. 넷째, 부처님은 마치 우담바라가 피는 것처럼 극히 만나기 힘들다. 다섯째, 삼천대천세계에서 홀로

출현한다. 여섯째, 세간과 출세간에서 공덕이 원만하여 일체의(一切義)의 근거가 된다. 부처님께서는 이상과 같은 여섯 종류의 공덕을 갖추시고 항상 일체중생에게 이익을 주실 수 있다.

이상 경문이 극히 소략해서 이제 언어를 추가해서 예배 작법을 보여 주려 한다.

첫 번째로 다음과 같이 염하라.

한 번만 나무불을 칭해도
모두 이미 불도를 이루었다.
그러므로 나는 귀명하여
무상의 공덕을 예배한다.

두 번째로 다음과 같이 염하라.

자비의 눈으로 중생을 바라본다.
평등하게, 마치 자식처럼.
그러므로 내가 지극히 크신 자비의 모친께
귀명하여 예배드린다.

세 번째로 이렇게 염하라.

시방의 모든 큰 스승께서
아미타불을 공경하신다.
그러므로 내가 귀명하여

무상의 양족존(兩足尊)을 예배한다.

네 번째로 이렇게 염하라.

　　한 번 부처님의 이름을 듣는 것이
　　우담바라가 피는 것보다 희유하다.
　　그러므로 내가 극히 만나기 어려운 분께
　　귀명하여 예배드린다.

다섯 번째로 이렇게 염하라.

　　1백 구지(俱胝)의 계(界)에
　　두 존자가 나오지 않는다.
　　그러므로 내가 귀명하여
　　희유한 대법왕을 예배한다.

여섯 번째로 이렇게 염하라.

　　불법의 중덕해(衆德海)는
　　과거·현재·미래가 일체이다.
　　그러므로 내가 귀명하여
　　원융만덕의 존자를 예배한다.

만약 널리 예배하기를 좋아하는 수행자가 있으면 용수보살의 『십이례(十二禮)』에 의거해서 행해야 한다. 또 선도(先導)[2] 화상의 육시예법(六時禮法)이 있는데, 여기에서 자세히 인용하지는 않는다. 다른 제행을 하지 않고 단지 이 예배를 행하는 것만으로도 왕생할 수 있다.『관허공장보살불명경(觀虛空藏菩薩佛名經)』에서 이르기를, "아미타불을 지극한 마음으로 예경하면 삼악도를 여의고 불국토에 태어날 수 있다."고 하였다.

제2. 찬탄문(讚歎門)

두 번째, 찬탄문은 삼업(三業)에 상응하는 구업(口業)이다.『십주비바사론』제3권[3]에서 설하기를, "아미타불의 본원은 이러하다. 만약 어떤 이가 나의 이름을 칭하고 스스로 귀의하면 반드시 불퇴전[必定]의 경지에 들어 아눅다라삼먁삼보리를 얻는다. 그러므로 항상 기억하고 게송으로 찬탄해야 한다."고 한 것과 같다.

....

2 선도(善導, 613~681)는 산동성 임치현(臨淄縣) 출신이다. 석벽산(石碧山) 현중사(玄中寺)에서 도작(道綽)에게『관무량수경』을 사사하고, 아미타 정토 수행을 했다. 도작이 사망한 후 종남산 오진사(悟眞寺)와 장안 광명사(光明寺) 등에서 주석하면서 서민들에게 정토신앙을 포교하는 한편,『관경소(觀經疏)』4권,『법사찬(法事讚)』2권,『반주찬(般舟讚)』1권,『관념법문(觀念法門)』1권,『왕생예찬(往生禮讚)』1권을 저술하였다. 담란과 도작의 정토교학을 계승하여 아미타불의 본원력에 의해 칭명염불하는 자는 극악의 범부라 해도 극선의 보토(報土)에 왕생할 수 있다는 교의를 제시했다. 육시예법은『왕생예찬』을 가리킨다.

3 현행본(現行本)『십주비바사론(十住毘婆沙論)』권5「이행품(易行品)」제9.

무량한 광명지혜

몸은 마치 황금산과 같다.

나는 지금 신·구·의 삼업으로

합장 계수(稽首)하여 예배한다.

시방 현재불은

갖가지 인연으로

저 부처님의 공덕을 찬탄하고

나는 지금 귀명하여 예배한다.

불족(佛足)의 천폭륜(千輻輪)은

부드럽고, 연꽃색이라

보는 이가 모두 환희하고

두면족례를 행한다.

미간의 백호광명은

마치 청정한 달과 같아서

얼굴이 더욱 빛나니

두면족례를 행한다.

저 부처님께서 설하신 법문

모든 죄의 뿌리를 파하고

아름다운 말씀은 이로움이 많으니

나는 지금 계수례를 행한다.

일체의 현성중(賢聖衆)과

모든 인천중(人天衆)이

모두 함께 귀명한다.

그러므로 나도 지금 예배한다.

저 팔도(八道)⁴의 배에 올라서면

힘든 바다를 잘 건널 수 있나니

스스로를 제도하고 또 남을 제도할 수 있다.

나는 자재한 이를 예배한다.

제불은 무량겁 동안

그 공덕을 찬양하고도

오히려 다하지 못하니

청정인에게 귀명한다.

내가 지금 또한 이러하니

무량한 덕을 칭찬하고

이 복의 인연으로써

원하노니 항상 나를 기억하소서.

이 복의 인연으로써

얻은 뛰어난 덕을

원하노니 모든 중생들도

또한 다 얻을 수 있기를.

저『십주비바사론』에는 32절의 게송이 설해져 있지만 지금 여기에서는 간략하게 인용했다. 이 밖에 또『왕생론(往生論)』⁵의 게송이나, 밀교의 불찬(佛讚), 아미타 별찬(別讚) 등도 있다. 이러한 문장을 한 번을 읽거나 혹은 여러 번을 읽거나, 한 행을 읽거나 혹은 여러 행을 읽거나 다만 정

....

4   팔정도.

5   세친의『왕생론』.

성을 다해야 하며, 횟수의 다소를 논하지는 않는다. 설령 다른 수행이 없이 오직 찬탄에만 의지하더라도 발원하는 대로 반드시 왕생할 수 있다.

『법화경』에서는 다음과 같이 게송을 설하였다.

> 혹은 환희심을 가지고
> 노래로 부처님의 덕을 찬송한다면
> 하나의 작은 음(音)으로도
> 모두 이미 불도를 이루리니.

한 음으로도 이미 이러한데 하물며 항상 찬불을 함에랴. 불과(佛果)가 이러할진대 하물며 왕생임에랴. 진언(眞言)에 의한 찬불은 그 이익이 무척 깊어서 다 드러낼 수가 없다.

제3. 작원문(作願門)

1. 보리심(菩提心)의 행상(行相)

이하 삼문[作願·觀察·回向]은 삼업에 상응하는 의업(意業)이다. 도작(道綽)[6] 선사의 『안락집(安樂集)』에서 다음과 같이 설하였다.

....

6   도작(道綽, 562~645)은 산서성 문수(汶水) 출신이다. 14세에 출가하여 『대반열반경』 연구에 뜻을 두었으며, 나중에 혜찬(慧瓚)에게 선 수행을 배웠다. 48세에 석벽산 현중사에서 담란의 비문을 보고 정토교에 귀의했으며, 이후에 아미타염불에 전념하여 매일 백

"『무량수경』에서는 무릇 정토에 왕생하려면 반드시 발보리심을 원천으로 삼아야 한다고 하였다. 무엇을 보리(菩提)라 하는가. 이는 무상불도를 이르는 것이다. 만약 부처가 되려고 발심하는 자가 있으면, 이 보리심이 광대한 법계에 두루 가득 차게 되며, 또한 머나먼 미래까지 이어지게 되고, 이 마음이 두루 갖추어지면 이승(二乘)의 장애를 벗어날 수 있다. 그러므로 한 번 이 보리심을 일으킬 수 있으면 영원히 생사의 유전을 초월하게 된다."

『정토론』에서 이르기를, "발보리심이라는 것은, 곧 부처가 되려는 마음이다. 부처가 되려는 마음은, 곧 중생을 제도하려는 마음이다. 중생을 제도하려는 마음은, 곧 중생을 섭수하여 불국토에 태어나게 하려는 마음이다."라고 하였다. 지금 불국토에 태어나기를 원하기 때문에 먼저 보리심을 발해야 하는 것이다.

보리심이 정토의 깨달음의 요체라는 것을 알아야 한다. 그러므로 삼문(三門)으로 나누어서 보리심의 뜻을 분명하게 하려고 한다. 수행자는 이것을 복잡하다고 싫어해서는 안 된다. 첫째는 보리심의 행상(行相)[7]을 밝히는 것이고, 둘째는 그 이익[福德]을 명확하게 하는 것이며, 셋째는 총괄[料簡][8]이다.

첫째, 행상이라는 것은, 부처가 되고자 하는 마음을 총괄적으로 이

만 번을 일과 수행으로 실천했다. 제자로는 선도(善導)·도무(道撫) 등이 있다. 주요 저서인 『안락집』 2권은 『관무량수경』에 근거하였으며, 담란(曇鸞)의 『왕생론주(往生論註)』의 사상을 계승하여 왕생극락의 교의를 정비한 책이다. 말세의 범부에 맞는 수행론으로서 '정토문(淨土門)'을 제시하고, 아미타불의 본원에 귀의하는 칭명염불의 실천에 의한 극락왕생을 권하고 있다.

7   발보리심의 실천 체계.
8   문답 형식으로 문제를 고찰하고 검토하는 것.

르는 말이다. 또한 위로는 보리를 구하고, 아래로는 중생을 교화하려는 마음[上求菩提下化衆生心]이라고도 하는데, 이를 달리 부르자면 사홍서원(四弘誓願)이다.

여기에는 두 종류가 있다. 첫째, 사물을 인연으로 하는 사홍원[9]이다. 이는 곧 중생을 인연으로 하는 자비를 생하는 것, 혹은 일체의 사물을 인연으로 하여 생하는 자비이다. 둘째, 이(理)를 인연으로 하는 사홍원으로, 이는 무엇 때문에 생하는 것이 아닌 (절대보편의) 자비이다.

사물을 인연으로 하는 사홍원은, 첫째, 중생무변서원도(衆生無邊誓願度)이다. 일체중생이 모두 불성을 가지고 있으니, 나는 그들을 모두 무여열반에 들어가게 하겠다고 염하라. 이 마음은 널리 중생을 이롭게 하겠다는 계[饒益有情戒][10]에 해당하며, 또한 은덕심(恩德心)[11]이기도 하고, 연인(緣因)불성[12]이자, 응신(應身)보리의 인(因)[13]이기도 하다. 둘째, 번뇌무변서원단(煩惱無邊誓願斷)이다. 이는 섭률의계(攝律儀戒)이

----

9   원문에서는 '연사(緣事)'라는 용어를 사용하고 있다. 연사(緣事)의 사홍서원은 사(事), 곧 개별적이고 구체적인 현상을 연(緣)으로 하여 발하는 사홍서원을 말한다. 이(理)를 인연으로 하는 사홍서원은, 이(理), 즉 보편의 진리에 의해서 발하는 사홍서원을 말한다.

10   삼취정계(三聚淨戒)의 하나. 삼취정계는 『보살영락본업경(菩薩瓔珞本業經)』·『유가사지론(瑜伽師地論)』 등에서 대승보살이 수지해야 할 계법으로 설하고 있는 것이다. 첫째, 섭률의계(攝律儀戒: 일체의 악을 끊어내는 것), 둘째, 섭선법계(攝善法戒: 일체의 善을 닦는 것), 셋째, 섭중생계(攝衆生戒: 일체의 중생을 섭수하여 이로움을 주는 것)이다. 섭중생계는 '요익유정계(饒益有情戒)'라고도 한다.

11   부처님의 삼덕 중의 하나. 첫째, 은덕(恩德: 중생에게 은혜를 베푸는 것), 둘째, 단덕(斷德: 번뇌를 없애는 것), 셋째, 지덕(智德: 진리를 아는 것)이다.

12   삼인불성(三因佛性)의 하나. 삼인불성은, 첫째, 정인불성(正因佛性: 모든 것에 본래 구비되어 있는 진여의 이치), 둘째, 요인불성(了因佛性: 진여의 이치를 비춰 주는 지혜), 셋째, 연인불성(緣因佛性: 지혜를 일으키는 緣이 되는 선근공덕)을 말한다.

13   삼신보리인(三身菩提因)의 하나.

며, 단덕심(斷德心)이고, 정인불성(正因佛性)이며, 법신보리의 인이다. 셋째, 법문무진서원지(法門無盡誓願知)이다. 이는 섭선법계(攝善法戒)이며, 지덕심(智德心)이고, 요인불성(了因佛性)이며, 보신보리(報身菩提)의 인(因)이다. 넷째, 무상보리서원증(無上菩提誓願證)이다. 이는 불과(佛果)인 보리를 서원하는 것으로, 앞의 세 행원을 구족하는 것에 의해서 삼신원만(三身圓滿)의 보리를 증득하여 일체중생을 널리 제도하는 것이다.

다음으로 이(理)를 인연으로 하는 원은, 일체의 제법은 본래 모든 것을 초월한 적정(寂靜)이어서 유(有)도 아니고, 무도 아니며, 항상(恒常)하지도 않고, 단절되지도 않는 것이다. 더럽지도, 청정하지도 않으며, 생도 아니고 멸도 아니다. 색 하나, 향 하나가 중도(中道) 아닌 것이 없다. 생사가 곧 열반이고, 번뇌가 곧 보리이다. 하나하나의 번뇌가, 뒤집어 보면 바로 8만 4천의 모든 바라밀이다. 무명이 변하여 지혜가 되니, 마치 얼음이 녹아서 물이 되는 것과 같다. 결코 먼 데 있는 사물이 아니며, 다른 곳에서 오는 것도 아니다. 단지 일념의 마음에 두루 구족되어 있는 것이니, 마치 여의주처럼 존재하는 보물도 아니고, 존재하지 않는 보물도 아니다. 만약 없다고 하면 거짓말이고, 만약 있다고 하면 곧 사견(邪見)이다. 마음으로 알 수 있는 경지가 아니고, 말로 설명할 수 있는 것도 아니다.

중생은 이 불가사의하고, 잡을 수도 없는 세계 안에 있으면서 생각으로 속박을 만들고, 벗어날 방법도 없는 가운데 해탈을 구한다. 이 때문에 법계에 두루 차 있는 중생에 대해서 대자비심을 일으켜 사홍서원을 세우는 것이다. 이를 순리(順理)발심이라 하며, 최상의 보리심이다.[『마하지관』제1권을 보라.]

또한『사익경(思益經)』¹⁴에서는 다음과 같이 설하였다.

"일체법이 법이 아님을 알라. 일체중생이 중생이 아님을 알라. 이를 이름하여 보살이 무상보리심을 발했다고 한다."

또『장엄보리심경(莊嚴菩提心經)』에서는 다음과 같이 설하였다.

"보리심은 유(有)도 아니고, 만들어낸 것도 아니며, 문자를 떠나 있는 것이다. 보리는 곧 마음[心]이며, 마음은 곧 중생이다. 만약 이와 같이 이해할 수 있다면 이것을 보살이 보리를 닦는다고 이름한다. 보리는 과거·미래·현재가 아니다. 이처럼 마음도, 중생도, 또한 과거·미래·현재가 아니다. 이러한 것을 이해할 수 있다면 보살이라고 이름한다. 그러나 이 중에서 실제로 얻을 수 있는 것은 아무것도 없다. 얻어지는 것이 없기 때문에 얻는 것이다.

만약 일체법에서 얻어지는 것이 없으면 이를 보리라 한다. 초심자를 위해서 보리가 있다고 말하는 것이다. …(중략)… 그러나 이러한 가운데에 마음이 있는 것도 아니고, 또한 마음을 지어내는 자도 없다. 또한 보리가 있는 것도 아니고 보리를 만드는 자도 없다. 또한 중생이 있는 것도 아니고, 중생을 만들어내는 자도 없다."

이 사(事)와 이(理), 두 종류 사홍서원에는 각각의 두 가지 의미가 있다. 첫째, 처음의 두 가지 원은 중생의 고제(苦諦)와 집제(集諦)의 고통을 없애고자 하는 것이고, 나중의 두 가지 원은 중생에게 도제(道諦)와 멸제(滅諦)의 즐거움을 주는 것이다. 둘째, 처음의 한 가지[度]는 이타의 서원

14　『사익범천소문경(思益梵天所問經)』권3.

이고, 나중의 세 가지[斷·止·證]는 자리(自利)의 서원이다.

중생의 이제(二諦: 苦·集)의 고통을 없애고, 중생에게 이제[滅·道]의 즐거움을 준다고 하는 것은, 모두 첫 번째[度] 원 안에 집약되어 있다. 이 첫 번째 원을 궁극적으로 완전하게 하고자 하면 다시 자리의 입장에서 나중의 세 가지 원[斷·止·證]을 발해야 하는 것이다.

이는 『대반야경(大般若經)』에서 "유정 중생에게 이익 되게 하기 위하여 깨달음을 구하기 때문에 보살이라 한다. 그러나 의지하여 집착하지 않기 때문에 마하살이라 한다."고 설하는 것과 같다.

또한 앞의 세 원[道·斷·知]은 인(因)이고, 개별이라면, 네 번째 원[證]은 과(果)이고, 총합이다.

이 사홍서원을 발한 이후에는 자타 법계에 모두 이익을 주고, 함께 극락에 태어나 불도를 성취하려는 것으로 말할 수 있다. 따라서 마음속으로 다음과 같이 염해야 한다.

"나는 중생과 함께 극락에 태어나 앞의 사홍서원을 완전하게 다 이루겠다."

만약 다른 별원이 있다면 사홍서원 이전에 그것을 외워야 한다. 만약 마음이 청정하지 않으면 정도를 행하는 인(因)이 아니며, 마음에 제한이 있으면 대보리가 아니다. 만약 정성을 다하지 않으면 그 원력이 강하지 않다. 그러므로 청정하고, 깊고, 넓게 성심(誠心)을 갖지 않으면 안 된다. 남들보다 뛰어난 명예와 이욕 등을 위한 것이 아니다. 부처님의 눈에 비친 무진법계 일체중생, 일체 번뇌, 일체 법문에 대해서 이 네 가지의 행원을 일으키는 것이다.

묻는다

어떠한 법 안에서 무상도를 구하는가?

답한다

여기에는 둔하고, 예리한 두 가지의 구별이 있다. 『대지도론(大智度論)』
에서 말한 것처럼, 황석(黃石) 안에는 금의 성분이 있고, 백석 안에는 은
의 성분이 있는 것과 같다. 이처럼 일체 세간법 안에 모두 깨달음의 성
(性)이 존재한다. 제불 성현이 지혜·방편·지계·선정 등의 수단을 가지
고 인도하며, 이 열반의 법성을 중생에게 얻게 한다. 근기가 뛰어난 자
는 이 제법이 모두 법성(法性)임을 알게 된다. 예를 들면 신통력을 가진
사람은 기와나 돌을 금으로 변하게 할 수 있는 것과 같다. 근기가 둔한
자는 방편을 분별하여 그를 구해서 법성을 얻게 한다. 예를 들면 대장
장이가 돌을 두들겨 단련한 연후에야 금을 얻는 것과 같다.

또 다음과 같이 설하였다.

"고행과 두타행(頭陀行)을 하면서 초저녁, 한밤중, 늦은 밤에 마음을
닦고, 좌선·관상·고행을 하여 득도하는 것은 성문의 가르침이다. 제법
의 상은 속박됨도 없고, 해방됨도 없음을 관하여 마음이 청정하게 되는
것은, 보살의 가르침으로서 문수사리의 본연(本緣)이다."

『제법무행경(諸法無行經)』의 희근(喜根)보살의 게송을 인용하면 다음과
같다.

음욕이 곧 도이다.
성냄과 어리석음[恚癡]도 또한 이와 같다.

이러한 세 가지 안에

무량 제불의 도가 있다.

만약 어떤 사람이

음(淫)·노(怒)·치(痴)와 도를 분별한다면

이 사람은 도를 제거하는 것이니

이를테면 하늘과 땅 같은 것이다.

이러한 70여 송의 게가 있다. 또 『대지도론』에서 말하기를, "일체법은 얻어질 수 있는 것이 아니다. 이것이 불도이며, 제법의 실상이다. 이 불가득(不可得)이라는 것 또한 불가득이다."라고 하였다.

또한 가섭보살이 부처님께 아뢰었다.

일체 제법 중에

모두 깨달음의 본성이 있으니

오직 바라옵건대 세존이시여,

저를 위해 분별하여 설해 주소서.

또 『대반야경』에서는 "일체의 유정 중생은 모두 여래장(如來藏)이다. 그 것은 보현보살의 본체가 두루 미치고 있기 때문이다."라고 설하였다.

『법구경』에서는 다음과 같이 게송을 설하였다.

제불은 탐(貪)·진(瞋)에 의지하여

도량에 자리 잡는다.

번뇌는 제불의 종자(種子)이며

본래부터 동요됨이 없다.

오개(五蓋)[15]와 오욕(五慾)을

제불의 종성(種性)으로 삼는다.

항상 이것으로 장엄하며

본래부터 동요됨이 없다.

제법은 본디 이래로

옳음도 없고 그름도 없이

시비의 성품이 적멸하며

본래부터 동요됨이 없다.[이상 여섯 문장은 근기가 뛰어난 사람의 보리심일 뿐이다.]

묻는다

번뇌와 보리가 일체라면 임의에 따라서 번뇌를 일으켜도 되는가?

답한다

이렇게 해석하는 것을 악취공(惡取空)이라 한다. (이렇게 말하는 이들은) 온전한 불제자가 아니다. 이제 반대로 질문해 보겠다.

그대가 만약 번뇌가 곧 보리이기 때문에 기꺼이 번뇌·악업을 일으킨다면, 또한 생사가 곧 열반이기 때문에 기꺼이 생사의 사나운 고뇌도 받아야 한다. 무슨 까닭에 찰나의 고통은 감내하기 싫어하면서

....

15　개(蓋)는 번뇌를 말한다. 오개는 탐욕[貪欲蓋], 분노[瞋恚蓋], 심신의 게으름과 수면[睡眠蓋], 마음의 동요와 후회[掉悔蓋], 의심[疑蓋]이다.

영겁의 고통의 원인인 악업은 즐거워하면서 마음대로 짓는 것인가. 그러므로 번뇌와 보리의 본체가 비록 같기는 하지만 때[時]와 용(用)이 다르기 때문에 염(染)·정(淨)이 다르다는 것을 알아야 한다. 마치 물과 얼음처럼, 또한 씨앗과 과일처럼 그 본체는 같지만 때에 따라 용이 다른 것이다. 이로 말미암아 수행자는 본래 지니고 있는 불성을 드러내지만, 수행하지 않는 자는 끝내 이를 드러내지 않는 것이다.

『대반열반경(大般涅槃經)』 제32권에서 다음과 같이 설하였다.

　　"선남자여, 만약 어떤 사람이 이 씨앗 속에 과일이 있습니까, 없습니까 하고 묻는다면, 있기도 하고 없기도 하다고 확실히 답해야 한다. 무슨 까닭인가. 씨앗을 떠나서는 과일을 만들어낼 수 없기 때문이다. 그래서 있다고 한 것이다. 씨앗에서 아직 싹이 나오지 않았기 때문에 없다고 한 것이다. 이러한 의미에서 있기도 하고, 없기도 한 것이다. 그 까닭이 무엇인가. 시절에 차이가 있는 것이지, 그 본체는 동일하다. 중생의 불성 또한 이와 같다. 만약 중생과는 별개로 불성이 있다고 한다면, 이는 바르지 않다. 무슨 까닭인가. 중생은 그 자체로 불성이고, 불성은 곧 그대로 중생이기 때문이다. 때[時]가 다르기 때문에 청정함과 부정함의 차이가 있는 것이다.

　　선남자여, 만약 어떤 이가 이 씨앗이 과실을 만들어낼 수 있는지, 만들어낼 수 없는지를 묻는다면, 마땅히 만들어낼 수 있기도 하고, 없기도 하다고 확실하게 답해야 한다."

묻는다

범부는 정근 수행을 감당하지 못하는데 왜 홍원(弘願)을 발해야 하는가?

답한다

설령 정근 수행을 감당하지 못해도 자비의 서원[悲願]을 발해야 한다. 그로 인한 이익이 무량한 것은 전후에 설명한 것과 같다. 조달(調達)¹⁶이 6만 장경(藏經)을 외우고도 지옥에 떨어지는 것을 면치 못했는데, 자동(慈童)¹⁷은 일념의 비원을 발하여 홀연히 도솔천에 태어났다. 하늘에 오르거나, 악도에 떨어지거나 하는 차별도 마음에 있는 것이지, 행(行)에 의한 것이 아님을 알 수 있다. 하물며 누군들 일생 중에 나무불 한 번 칭하지 않고, 중생에게 시식(施食) 한 번 하지 않겠는가? 이러한 작은 선근이라도 모두 사홍서원(四弘誓願)의 행원(行願)의 실천에 포함될 수 있다. 이렇게 하면 행과 원이 겸비되어 허망한 원이 되지 않는다.

『우바새계경(優婆塞戒經)』제1권에서 다음과 같이 설하였다.

"만약 어떤 사람이 일심으로 생사의 고통, 열반의 안락을 관찰할 수 없다면, 비록 많은 보시를 베풀고, 계율을 잘 지키고, 열심히 법문을 배웠다 하더라도 끝내 깨달음으로 인도하는 범부의 선근을 얻지 못한다. 만약 생사의 고통을 싫어하고, 열반의 고통과 안락을 깊게 관찰할 수 있다면, 이러한 사람은 적은 보시를 베풀고, 계율을 철저히 지키지 않고, 법문을 열심히 배우지 않아도 바로 해탈의 선근을 얻을 수 있을 것이다."[무량한 시간 동안 무량한 재물을 무량한 사람들에게 보시하고, 무량한 부처님들

---

16 제바달다(提婆達多: Devadatta)를 말한다. 석존의 제자이자, 종형제이다. 석존에 대한 질투 때문에 부처님의 몸에서 피를 내고, 아라한을 죽이고, 승가의 화합을 깨는 세 가지 역죄를 범하여 아비지옥에 떨어졌다고 한다.

17 바라나국 장자의 아들. 『잡보장경(雜寶藏經)』 권1에서 석존의 본생으로 등장한다.

의 처소에서 계율을 수지하고, 무량한 세계에 있는 무량 부처님들의 처소에서 십이부 경전들을 수지 독송하는 것을 다시계문(多施戒聞)이라 한다. 한 줌의 보릿가루를 한 걸인에게 보시하고, 하루 밤낮 동안 팔계[18]를 수지하고, 사구게(四句偈)를 한번 독송하는 것을 소시계문(小施戒聞)이라 한다. 경전에서 자세하게 설하는 바와 같다.]

그러므로 수행자는 일에 따라 용심(用心)에서 하나의 선에 이르기까지 헛되이 지나치는 것이 없다.

『대반야경』에서 이르기를, "제 보살이 깊은 반야바라밀다를 위해 여러 방편으로 중생제도를 실천하는 것은 한마음, 한 행동이라도 깨달음에 회향하지 않는 것이 없다."고 하였다.

묻는다

무엇을 용심이라 하는가?

답한다

『대보적경(大寶積經)』 제93권에서 다음과 같이 설하였다.

"음식을 필요로 하는 이들에게 시식하는 것은 일체지의 힘을 구족하기 위해서이다. 목마른 이에게 마실 것을 베푸는 것은 갈애를 단절하기 위한 것이다. 옷이 필요한 이에게 옷을 보시하는 것은 무상(無上)의 참괴(慚愧)[19]의 옷을 얻기 위한 것이다. 좌구를 보시하는 것은 보리수

---

18 팔계재(八戒齋)를 말한다. 재가 신자가 한 달에 6일간[六齋日: 8, 14, 15, 23, 29, 30] 출가자와 마찬가지로 수행 규범을 지키는 것을 말한다.

19 죄를 짓는 것을 제어할 수 있는 부끄러움을 아는 마음을 말한다. 참(慚)은 스스로 마음속에서 죄를 부끄러워하는 것이고, 괴(愧)는 타인에게 죄를 고백하여 용서를 청하는 것을 말한다.

아래에 앉아 깨달음을 얻기 위한 것이며, 등명을 보시하는 것은 불안(佛眼)의 밝음을 얻기 위한 것이다. 지묵(紙墨)을 보시하는 것은 대지혜를 얻기 위한 것이며, 약을 보시하는 것은 중생의 번뇌의 병을 제거하기 위한 것이다. 이와 같이 보시하라. 혹시 자신에게 재물이 없으면 마음으로 보시하는 심시(心施)를 해야 한다. 무량무변한 일체중생이 힘이 있거나 없거나 불도를 열어 보여 주기 위해서는 이렇게 보시하라. 이것이 내가 말하는 선행이다."[이상. 경문은 매우 자세하지만 여기서는 간단하게 인용했다. 자세한 것은 경문을 보라.]

이와 같이 일에 응하여 항상 마음으로 원을 발하라. 이 중생들로 하여금 속히 무상도를 이루게 하고, 나도 이처럼 점점 제1원[20]을 성취하고, 보시행을 원만하게 행하여 속히 보리를 증득하고, 널리 중생을 제도하기를 발원하라. 한마디의 애어(愛語)를 발하고, 이익을 주는 행동을 베풀며, 선한 일에 함께하는 경우에도 여기에 준해서 발원하는 것을 알아야 한다.

만약 잠시라도 마음속의 악을 제복시킬 수 있을 때에는 마땅히 이렇게 염해야 한다.

"원컨대 저도 이렇게 점차 제2원[21]을 성취하여 여러 악업을 끊고 속히 보리를 증득하여 널리 중생을 제도하기를 바라옵니다."

만약 한 문장, 한 가지 뜻이라도 독송하고 배울 때에는 마땅히 이렇게 염해야 한다.

....
20   중생무변서원도(衆生無邊誓願度)의 서원.
21   번뇌무변서원단(煩惱無邊誓願斷).

"원컨대 저도 이처럼 점차 제3원²²을 성취하여 여러 불법을 배우고, 속히 보리를 증득하여 널리 중생을 제도하겠습니다."

모든 일에 접하여서 항상 용심하라.

"저는 지금 이 몸에서부터 점차 수학하며, 극락에 왕생하게 되면 자재로이 불도를 배워서 속히 보리를 증득하고 마침내는 중생들을 이롭게 하겠습니다."

만약 항상 이 마음을 품고, 힘에 맞게 수행하면 마치 물 한 방울이 비록 미세하나 점차 큰 그릇을 채우게 되는 것처럼 이 마음도 크고 작은 만선(萬善)을 잘 지녀서 누락됨이 없게 하면 반드시 보리에 이르게 된다.

『화엄경』「입법계품」에서 다음과 같이 이르고 있다.

"금강(金剛)이 대지가 떨어지지 않게 버틸 수 있는 것처럼 보리심도 또한 이와 같다. 보살의 일체 행원을 수지하여 삼계에 떨어지지 않게 한다. 운운."

묻는다

범부는 항상 용심을 지속하는 것을 감당하지 못하니 이때까지의 선근은 헛된 것인가?

답한다

만약 지성심을 가지고 마음으로 염하고, 입으로도 말하며, "나는 오늘부터 하나의 선에 이르기까지 나 자신의 유루(有漏)의 과보를 위해 행하

---

22   법문무진서원지(法門無盡誓願知).

지 않고, 모두 극락을 위해서, 보리를 위해서 하겠습니다."라고 이 마음을 발한 후에, 가지고 있는 여러 가지 선근을 자각하거나, 못 하거나 간에 자연히 무상보리(無上菩提)를 향해 가는 것이다. 마치 한 수로를 뚫으면 모든 물이 자연히 흘러 들어와서 강으로 이르고, 마침내 대해에서 모이듯이 수행자 역시 이와 같다. 한 번 발심한 후에는 모든 선근이 자연히 사홍원의 수로로 흘러 들어와서 머지않아 극락에 태어나고 마침내 일체지의 바다에서 모이는 것이다. 하물며 시시때때로 이전의 원을 기억함이랴. 상세한 것은 아래의 회향문(回向門)에서 설하는 바와 같다.

묻는다

범부는 힘이 없어서 희사할 수 있어도 희사하기 어려워하거나, 혹은 가난해서 희사할 수 없기도 하다. 무슨 방편으로 마음을 바른 방향에 맞게 할 수 있을 것인가?

답한다

『대보적경(大寶積經)』에서 다음과 같이 설하였다.

"이러한 보시를 행하는 것도 만약 힘이 없으면 배우지 못한다. 재물을 희사하는 것이 힘들다면, 이 보살은 생각하기를, '나는 지금 더욱 성실하게 정진하여 시시때때로 점차 인색함을 없애서 재물을 보시하는 것을 배워야 한다. 항상 나의 보시심이 더욱 크게 자라날 수 있도록 해야 한다.'고 해야 한다." [이상]

또한 『과거현재인과경(過去現在因果經)』 제4권에서는 다음과 같이 게송을 설하였다.

만약 어떤 사람이 빈궁하여

보시할 만한 재물이 없다면

다른 이가 보시하는 것을 보면서

기뻐하는 마음을 내면 된다.

함께 기뻐하는 복덕은

보시하는 것과 다름이 없다.

『십주비바사론(十住毘婆娑論)』제8권에서는 다음과 같이 게송을 설하였다.

나는 지금 이렇게 초심자이니,

선근이 성취되지 않았으며,

마음이 자재함을 얻지도 못했다.

원컨대 나중에는 서로 보시할 수 있기를.

수행자는 마땅히 이렇게 용심해야 한다.

묻는다

이 중 연리(緣理), 즉 보편의 진리에 입각하여 보리심을 발하는 경우에
도 또한 인과를 믿고 불도를 정근 수행하는가?

답한다

이치로는 반드시 그렇게 하지 않으면 안 된다.

『정명경(淨名經)』[23]에서 다음과 같이 설하였다.

> 비록 여러 불국토와 중생이
> 공함을 관(觀)한다 하여도
> 항상 정토 수행을 하고
> 모든 중생을 교화한다.

『중론(中論)』[24]에서는 다음과 같이 게송을 설하였다.

> 비록 공하나, 또한 끊임이 없다.
> 비록 있기는 하나, 또한 항상 있지는 않다.
> 업의 과보는 없어지지 않는다.
> 이것이 부처님의 가르침이다.

또한 『대지도론』에서 다음과 같이 설하였다.

"만약 제법이 모두 공하다면 중생도 실체가 없는데, 구해야 할 자가 누가 있겠는가. 이렇게 생각하는 때에는 자비심이 약해진다. 혹은 중생을 가련하게 여겨야 하는 존재로 생각하는 때에는 제법을 공한 것으로 관하는 힘이 약해진다. 만약 방편력을 얻는다면 이 두 가지 법이 평등하여 한편으로 기울어지지 않게 된다. 대비심은 제법실상을 관하는 지

---

23 『유마경』을 가리킨다. 정명(淨名)은 유마(維摩: Vimalakīrti)의 의역(意譯)이다. '물듦을 여읜 명예로운 자'라는 의미에서 '무구칭(無垢稱)'이라고도 한다.

24 『중론』 권3 「관업품(觀業品)」.

혜를 방해하지 않고, 제법실상을 아는 지혜를 얻게 되면 대비심을 방해하지 않는다. 이러한 방편을 생하면 이때에 보살의 법위에 들어가 불퇴전의 경지에 머무르게 된다."[이상 간략하게 인용]

묻는다
만약 치우쳐서 이해를 한다면 그 과오는 어떠한가?

답한다
『무상의경(無上依經)』 상권에서 공견(空見)²⁵에 대한 생각을 밝히고 있다.

"만약 어떤 사람이 아견(我見)²⁶을 수미산(須彌山)처럼 집착한다 해도 나는 놀라거나 두려워하지도 않고, 또한 꾸짖지도 않을 것이다. 증상만(增上慢)²⁷의 무리가 공견에 집착하는 것은 모발 하나를 열여섯 개로 나눈 것만큼도 나는 용인할 수 없다."

또한 『중론』 제2권에서 다음과 같이 게송을 설하였다.

대성(大聖)께서 설하신 공(空)의 법문은
여러 견해를 벗어나기 위한 것이다.
만약 다시 공에 집착한다면
부처님께 교화되지 않은 것이다.

....

25 공(空)에 사로잡힌 잘못된 견해. =악취공(惡取空).

26 자아가 실재한다는 견해에 사로잡힌 것.

27 깨달음을 얻지 못한 이들이 깨달았다고 자처하는 것.

『불장경(佛藏經)』「염승품(念僧品)」에서는 '유소득(有所得)'[28]에 대한 집착을 논파하면서 다음과 같이 설하였다.

"유소득을 주장하는 자는, 가령 자신[我]·타인[人]·수명[壽者]·생명력[命者]이 있다고 말하면서, 무소유법[空觀]과 분별하여 해석한다. 단멸또는 상주(常住)를 말하거나, 혹은 인위적으로 만든 것이라고 하거나, 자연적으로 존재하는 것이라고 말하기도 한다. 우리 청정법은 이 (유소득법의) 인연으로 점점 멸진될 것이다. 내가 오랫동안 생사의 세계에 있으면서 모든 고뇌를 받으면서 성취한 보리도 그때 이 악인들이 파괴해 버릴 것이다."[간략하게 인용]

또한 『불장경』「정계품(淨戒品)」에서 다음과 같이 설하였다.

"아견(我見)·인견(人見)·중생견(衆生見)을 가진 자[29]는 대부분 사견에 떨어지고, 모든 것은 사라지게 된다는 단멸견(斷滅見)을 가진 자는 대부분 빠르게 불도를 얻는다. 무슨 까닭인가? 이는 단멸견 쪽이 집착을 버리기 쉽기 때문이다. 그러므로 이러한 사람은 차라리 스스로 날카로운 칼로 혀를 베어야지 중생들에게 부정(不淨)한 설법을 해서는 안 된다는 것을 알아야 한다."[유소득에 집착하는 것을 부정이라고 한 것이다.]

『대지도론』에서는 공·유를 각각 취하고 있는 이집(二執)의 과오를 설명하고 있다. 비유하자면 사람이 좁은 길을 가는 것과 같다. 한쪽은 깊은 물이고, 한쪽은 큰 불이어서 양쪽 모두 죽게 된다. 유에 집착해도, 무에

---

28 분별에 의해 공(空)·유(有) 어느 한쪽에 집착하는 것.

29 자신·타인·모든 사람들이 실재한다는 견해에 집착하는 자.

집착해도 양쪽 모두 진리로부터 멀어지게 된다.[이상]

그러므로 수행자는 항상 제법이 본래 공적(空寂)함을 관하고, 또한 항상 사홍(四弘)의 행·원을 닦아야 한다. 이 두 가지는 비유하자면, 공간과 지면에 의지해서 왕궁을 세우는 것과 같으니, 오직 공간만 있거나, 땅만 있으면 결코 왕성을 지을 수 없다. 이는 제법의 삼제(三諦) 상즉(相卽)[30]으로 말미암은 것이다.

그러므로 『중론』에서도 다음과 같이 게송을 설하였다.

인연으로 생겨난 것은
모두 공하다고 말한다.
이름을 붙인다 해도 가명이니
또한 이것이 중도(中道)의 뜻이다. 운운.

더 상세한 것은 『마하지관』을 살펴보라.

묻는다
유에 집착하는 견해의 죄과가 중하다고 한다면, 사(事)를 연으로 하는 보리심에는 어찌 뛰어난 이익이 있는가?

답한다
유에 강하게 집착할 때 과오가 이내 생겨난다. 사를 연으로 한다고 해

---

30   삼제(三諦)는 공(空)·가(假)·중(中)을 말한다. 공(空)은 고정적인 실체가 없는 것, 가(假)는 연(緣)에 의해 임시로 존재하는 것, 중(中)은 공·가의 양자 어느 쪽에도 머물지 않는 것을 말한다. 상즉(相卽)은 공·가·중 삼제가 동시에 성립하는 것을 말한다.

도 결코 단단하게 집착해서는 안 된다. 만약 그렇게 하지 않으면 유를 보고[見有] 깨달음을 얻는 것이 있을 수가 없다. 공을 보는 것[見空] 역시 그러하다. 비유하자면 불을 이용하는데 손을 불에 접촉하면 해가 되지만, 접촉하지 않으면 이익이 있는 것처럼 공·유도 또한 이러하다.

2. 이익(利益)

두 번째로, 이익(보리심에 의해 얻을 수 있는 복덕)을 밝힌다. 만약 어떤 이가 교설에 따라 보리심을 발하면, 설령 다른 수행을 적게 하더라도 원하는 대로 왕생극락이 결정된다. 상품하생(上品下生)의 유가 이러하다. 이처럼 이익이 무량한데, 지금은 그 일단을 간략하게 보여 주겠다.

『마하지관』에서는 이렇게 설명하고 있다.
　"『보량경(寶梁經)』에서 설하였다.
　'비구이면서 비구법을 지키지 않으면 대천세계에 침 뱉을 곳도 없는데, 하물며 사람들의 공양을 받을 수 있겠느냐?'
　60인의 비구가 부처님께 슬피 울면서 아뢰었다.
　'우리들은 돌연 죽는다 해도 사람들의 공양은 받을 수가 없습니다.'
　부처님께서 말씀하셨다.
　'너희는 부끄러운[慚愧] 마음을 일으켰구나. 좋구나, 좋구나!'
　한 비구가 부처님께 아뢰었다.
　'어떤 비구들이 공양을 받을 수 있는 것입니까?'
　부처님께서 대답하셨다.

'만약 비구 승단[數]에 들어가서 승려 수업을 닦고, 승려의 이(利)를 얻은 자라면 공양을 받을 수 있다. 사과(四果)[31]를 지향하는 것이 비구의 수(數)이다. 승려의 업(業)은 삼십칠품[32]의 수행 방법을 말하며, 승려의 이(利)는 소승에서 성자의 위계인 사과를 얻는 것을 말한다.'

비구가 거듭 부처님께 아뢰었다.

'만약 대승심을 발한다면 어떻습니까?'

부처님께서 답하셨다.

'만약 대승심을 발하여 일체지(一切智)를 구한다면 비구 승단에 들어가지 않고, 업을 닦지 않으며, 이(利)를 얻지 않아도 공양을 받을 수 있다.'

비구가 놀라서 물었다.

'어찌하여 그러한 사람이 공양을 받을 수 있다는 것입니까?'

부처님께서 말씀하셨다.

'대승심을 발한 사람은 대지를 덮을 만큼 많은 옷을 받고, 수미산처럼 막대한 음식을 받아도 결국에는 시주의 은혜를 갚을 수 있을 것이다. 소승의 궁극적인 과(果)가 대승의 초발심(初發心)에 미치지 못함을 알아야 한다.'"[이상 신자의 보시를 사용하는 것에 대해 얘기한 것이다.]

『여래밀장경(如來密藏經)』에서 설하는 것처럼, 만약 어떤 이가 연각(緣

---

31   부파불교의 성자의 계위로서, 예류과(預流果)·일래과(一來果)·불환과(不還果)·아라한과(阿羅漢果)를 말한다.

32   사념처(四念處)·사정근(四正勤)·사신족(四神足)·오근(五根)·오력(五力)·칠보리분(七菩提分)·팔성도분(八聖道分)을 모두 합쳐 비구가 실천해야 할 서른일곱 종류의 수행이라는 의미로 삼십칠품이라고 한다.

覺)이 된 아버지를 살해하고, 삼보에 공양한 물건을 훔치고, 아라한이 된 어머니를 능욕하고, 진실이 아닌 일로 부처님을 비방하고, 양설(兩舌)로 성인들을 이간질 시키고, 악구(惡口)로 성인을 욕하고, 정법을 구하는 수행자를 어지럽게 무너뜨리고, 오역죄의 첫걸음인 성냄[瞋], 지계하는 사람의 물건을 빼앗는 탐(貪), 치우친 견해[邊見]를 갖는 치(癡)(를 행한다면), 이러한 것들을 십악(十惡)이라고 한다. 만약 여래께서 설하신 인연법에서 나도, 남도, 중생도, 수명도 없고, 생도, 멸도, 물듦도, 집착도 없이 본성이 청정한 것임을 안다면, 또한 일체법의 본성이 청정함을 알고, 이해하고 깊이 믿는다면, 나는 이 사람이 지옥과 여러 악도를 향해 간다고는 말하지 않겠다. 무슨 까닭인가? 법에는 쌓임도, 집착도, 고뇌도 없으며, 일체의 법은 생함도, 그침도 없다. 인연 화합으로 생하여 일어나도, 생하면 다시 사라져 간다. 마음이 생했다가도 사라지는 것처럼, 일체의 번뇌도 생했다가 사라진다. 이와 같이 이해하면 '범한다'는 행위가 일어나는 장소도 없으며, 범했다고 해도 그것이 머무르는 곳이 없다는 것을 알 수 있다. 예를 들면 백 년 동안 암실이었던 곳도 등을 밝히면, 어둠은 "내가 방의 주인이 되어 여기에 오랫동안 머물렀으니 나갈 수가 없다."고 말할 수는 없다. 등이 밝혀지면 어둠이 바로 소멸된다. 그 뜻이 또한 이와 같다.

이 『여래밀장경』에서는 자세하게 전의 사보리심(四菩提心)³³을 보여 주고 있다.[이상은 저 경전의 하권에 있는 문장이다. 전의 사보리심은 사교(四敎)의 보리심을 가리키는 것이다.]

....

33 사교의 보리심을 가리킨다. ① 소승 삼장교(三藏敎)의 보리심: 여래께서 설하신 인연법을 아는 것, ② 통교(通敎)의 보리심: 생멸이 없음을 아는 것, ③ 별교(別敎)의 보리심: 본성이 청정함을 아는 것, ④ 원교(圓敎)의 보리심: 일체법의 본성이 청정함을 아는 것.

『화엄경』「입법계품」[34]에서는 다음과 같이 설하였다.

"이를테면 선견(善見) 약왕[35]이 모든 병을 없애는 것처럼, 보리심으로 일체중생의 모든 번뇌의 병을 없애는 것이다. 예를 들면 소, 말, 양의 젖을 한 그릇에 합쳐 놓고, 사자의 젖을 그 그릇 안에 넣으면 다른 젖의 맛이 사라져 버리고, 곧바로 넘겨도 걸림이 없는 것과 같다. 여래라고 하는 사자의 보리심의 젖을 무량겁 동안 축적된 모든 업과 번뇌의 젖 속에 넣으면 번뇌가 모두 소진되어 성문·연각의 법에 머무르지 않게 되는 것이다."

『대반야경(大般若經)』에서 다음과 같이 설하였다.

"만약 모든 보살이 비록 오욕에 의하여 도리에 맞지 않는 마음을 일으키더라도, 단지 일념만이라도 무상보리에 상응하는 마음을 내기만 하면 바로 죄를 절멸할 수 있다.'[이상 세 문장은 보리심의 멸죄의 이익을 서술한 것이다.]

「입법계품」에서는 다음과 같이 설하였다.

"예를 들면 어떤 사람이 어떤 것에도 무너지지 않는 약을 얻는다면 그의 어떤 원적들도 그 편을 얻지 못하는 것처럼, 보살마하살(菩薩摩訶薩)[36] 역시 또한 이러하다. 보리심이라는 불괴의 법약(法藥)을 얻으면

---

34   60권본 『화엄경』 권59.

35   히말라야에서 나는 만병통치약.

36   마하살(摩訶薩)은 마하살타(摩訶薩埵)의 줄임말이다. 마하는 크다[大]는 의미이고, 살타는 유정 중생이라는 의미로서, 부처님의 깨달음을 구하는 대승인을 말한다. 특히 이승과 구별하여 보살마하살이라 부른다.

일체의 번뇌와 모든 마(魔), 원적에 의해 무너지지 않게 된다. 마치 어떤 이가 수중의 영락과 보주를 얻어서 그 몸에 장식하면 깊은 물에 들어가도 빠져 죽지 않는 것과 같다. 보리심이라는 수중의 보주를 얻으면 생사해에 들어가도 가라앉지 않는다. 예를 들면 금강석이 백천겁 동안 수중에 있어도 파괴되거나 변하지 않는 것과 같이, 보리심 또한 이와 같다. 무량겁 동안 생사에 처해도 모든 번뇌의 업이 보리심을 단멸할 수 없고, 파손되지도 않는다."

또한 『화엄경』 법당(法幢)보살의 게송에서는 다음과 같이 설하였다.

> 만약 지혜 있는 사람이
> 일념이라도 도심을 발하면
> 반드시 무상존이 되리니
> 삼가 의혹을 내지 말라.[이상 끝내 무너지지 않고 반드시 보리에 이르게 된다는 이익을 설하였다.]

또한 「입법계품」에서 다음과 같이 설하였다.

"예를 들면 염부단금(閻浮檀金)[37]이 여의보주를 제하고는 모든 보물보다 뛰어난 것과 같다. 보리심이라는 염부단금도 마찬가지로 일체지를 제외하고는 모든 공덕보다 뛰어난 보물이다. 예를 들면 가릉빈가 새가 알 속에 있을 때에도 큰 힘이 있어서 다른 새가 접근하지 못하는 것처럼, 보살마하살(菩薩摩訶薩)도 또한 이와 같다. 생사 중에도 보리심을

----

37   최고급의 황금.

발하면 그 공덕의 힘은 성문·연각이 미치지 못한다. 예를 들면 파리질다(波利質多)³⁸나무의 꽃향기가 하루만 옷에 배면 첨복(瞻蔔)꽃, 파사(婆師)꽃의 향이 비록 수천 년 동안 스며들어도 그에 미치지 못하듯이, 보리심의 꽃도 또한 이와 같다. 단지 하루만 공덕의 향이 배면 시방의 부처님의 처소까지 통하여 성문·연각의 무루지(無漏智) 공덕의 향이 백천 겁 동안 스며들어도 그에 미치지 못한다.

비유하자면 금강이 비록 깨져서 온전치 못하더라도 일체 보물이 이에 미치지 못하는 것처럼, 보리심도 또한 이와 같다. 비록 조금 게으르긴 하더라도 성문·연각의 제 공덕의 보물이 미치지 못하는 것이다."[이상 경 안에 2백여 개의 비유가 있어서 참고할 수 있다.]

『화엄경』「현수품(賢首品)」에서는 다음과 같이 게송을 설하였다.

보살이 생사 미혹의 세계에서
맨 처음 발심할 때
오로지 보리를 구하여
견고하게 흔들림이 없다.
그 일념의 공덕은
깊고 넓으며 끝이 없다.
여래께서 분별하여 설하시면
겁이 다하도록 끝나지 못한다.[여기서 발하는 발심은 범부와 성자에 모두 통하는

38　파리질다(波利質多: palijāta)는 도리천의 선견성에 있다고 하는 전설의 향목이다.

것이다. 상세한 것은 『홍결(弘訣)』[39]을 보라.]

또한 같은 『화엄경』에서 다음과 같이 게송을 설하였다.

일체 중생심은
이처럼 분별하여 알 수 있다.
일체 세계의 미진(微塵)도
외려 그 수를 셀 수 있고
시방 허공계도
터럭 하나까지 헤아릴 수 있지만
보살의 초발심은
궁극에 이르러서도 헤아릴 수 없다.

또한 『출생보리심경(出生菩提心經)』에는 다음과 같은 게송이 있다.

이 불찰세계의 모든 중생을
신심(信心)과 지계(持戒)에 머무르게 하는
저 최상의 대복취(大福聚)와 같은 것도
보리심의 16분의 1에도 미치지 못한다.

이 불찰세계의 모든 중생을
신심과 법행(法行)에 머무르게 하는

39　담연(湛然), 『지관보행전홍결(止觀輔行傳弘決)』권1의 2.

저 최상의 대법취와 같은 것도
발심공덕의 16분의 1에도 미치지 못한다.

모든 불찰세계 항하의 모래같이 많은 중생들이
모두 절을 지어서 복을 구하고
또다시 수미산 같은 여러 탑을 세운다 해도
발심공덕의 16분의 1에도 미치지 못한다.

…(중략)…

이러한 사람들이 뛰어난 법을 얻어서
보리를 구하여 중생을 이롭게 한다면
그들은 중생 중에 가장 뛰어난 자이다.
이들과 견줄 무리가 없는데, 하물며 그 위에랴.

그러므로 이 제법을 듣게 되면
지혜로운 자는 항상 법을 원하는 마음을 내며
무변의 대복취를 얻게 되고
속히 무상도를 증득하게 된다.

『대보적경』에서는 다음과 같이 게송을 설하였다.

보리심의 공덕에
만약 색과 방향의 척도가 있다면

허공계에 두루 편만하여

다다를 수 있는 자가 없다. 운운.

보리심에는 이러한 뛰어난 공덕의 이익이 있다. 그러므로 『대반열반경』 중의 가섭보살의 〈예불게〉에서는 다음의 게송을 설하였다.

발심과 깨달음[40]의 둘은 차별이 없다.

이러한 이심(二心) 중에 발심이 어렵다.

자신도 아직 깨닫지 못했는데 타인을 제도한다.

이 때문에 나는 초발심에 예배한다.

또한 미가(彌伽) 대사[41]는 선재동자가 발보리심을 했다는 것을 듣고서 바로 사자좌에서 내려와서 대광명을 발하여 삼천세계를 비추고 오체투지하며 선재동자를 예찬했다.[이상은 보리심의 뛰어난 이익을 총괄하여 드러낸 것이다.]

묻는다

사를 연으로 하는[緣事] 서원에도 또한 뛰어난 이익이 있습니까?

답한다

비록 이(理)에 연한 것보다는 못하지만 또한 뛰어난 이익이 있다. 왜냐

....

40   원문에는 '畢竟'으로 되어 있다. 궁극적인 불과(佛果)라는 의미이다.

41   선재동자가 법을 구하기 위해 편력할 때 다섯 번째로 만난 명의.

왕생요집

하면 상품하생(上品下生)의 업[42]은 단지 무상도심을 발하는 것이지, 제일의(第一義)를 이해하는 것이 아니다. 그러므로 이는 사를 연으로 하는 보리심이라는 것을 알 수 있다. 만약 그렇지 않다면 저 상품중생(上品中生)의 업과 구별되지 않는다.[그 첫 번째 이유]

『왕생론』에서는 보리심에 대한 설명을 이렇게 제시하였다.

"일체중생의 고통을 없애 주기 때문이다. 일체중생으로 하여금 대보리를 얻게 하기 때문이다. 중생들을 받아들여 불국토에 나게 하기 때문이다. 운운."

만약 연사(緣事)의 보리심에 이러한 왕생의 힘이 없다면, 『왕생론』의 논자인 세친(世親)이 어찌 연리(緣理)의 보리심을 제시하지 않았겠는가?[그 두 번째 이유]

『대지도론』 제5게에서 다음과 같이 설하였다.

만약 처음으로 발심할 때
부처가 되기를 서원한다면
이미 세간에서 뛰어나게 되어
세상의 공양을 받을 것이다.

이 『대지도론』 또한 부처가 되는 것을 발원하는 구체적인 연사의 보리심만을 말하고 있다. 즉 연사의 보리심을 발한 자는 결국 신자의 보시

....

42　『관무량수경』 참조.

를 받을 공덕을 가지고 있는 것이 명확하다.[그 세 번째 이유]

『마하지관』에서는 『비밀장경(秘密藏經)』을 인용하여 다음과 같이 설명하였다.

"최초의 보리심이라도 이미 십악의 중죄를 제거할 수 있는데, 하물며 제2, 제3, 제4의 보리심에랴. 운운."

처음이라고 일컬어지는 것은 삼장교(三藏敎), 즉 소승에서 삼계(三界) 내의 사를 연으로 하는 연사의 보리심이다. 하물며 일체중생에게 모두 불성이 있다고 깊게 믿음에랴. 자타가 함께 불도를 이루기를 두루 발원하니, 어찌 멸죄됨이 없겠는가?[그 네 번째 이유]

『성유식론(成唯識論)』에서 다음과 같이 설하였다.

"보리와 유정 중생의 실유(實有)에 집착하지 않으면 이익을 베푸는 자비의 서원을 일으킬 수단이 없다."

이처럼 보살의 비원(悲願)조차도 구체적인 대상을 상정하여 일으키는 것인즉, 연사의 발심에도 뛰어난 이익이 있음을 알 수 있다."[그 다섯 번째 이유]

나머지는 아래 회향문(回向門)의 내용과 같다.

묻는다
중생이 본래 불성을 가지고 있음을 믿고 이해하는 것은 어찌 이(理)에 연(緣)한 것이 아닌가?
답한다

이는 대승의 궁극적인 진리를 믿고 이해하는 것이지, 반드시 제일의공(第一義空)에 상응하는 지혜[43]는 아니다.

묻는다

『십의론(十疑論)』에서『잡집론(雜集論)』을 인용하여 다음과 같이 설하였다.

"안락정토에 왕생하기를 원하면 바로 왕생할 수 있는 자가 있다. 또한 무구불(無垢佛)의 명호를 들으면 바로 아뇩다라삼먁삼보리를 얻는 자도 있다. 이는 곧 별시(別時), 즉 먼 미래에 실현되는 인(因)을 가리키는 것일 뿐이다. 거기에는 수행이 수반되어 있지 않기 때문이다."[이상]

자은(慈恩) 대사도 같은 얘기를 했다.[44]

"서원과 수행에 전후가 있으므로 별시라고 하는 것이지, 염불한다고 해도 바로 왕생하지는 못한다고 말한 것은 아니다."[이상]

원(願)만 있고 행(行)이 없는 것이 별시(別時)의 의미이다. 어찌하여 상품하생의 사람은 단지 보리의 원으로 말미암아 즉시 왕생을 얻는 것인가?

답한다

대보리심의 공능이 무척 깊고 커서 무량한 죄를 멸하고, 무량한 복을 생하기 때문에 정토왕생을 원하면 바로 얻게 되는 것이다. 별시의 의미로 말해지는 보리심은 자신을 위하여 극락을 구하는 것이며, 사홍서원의 넓고 큰 보리심이 아니다.

....

43　관상으로 얻어지는 지혜.

44　『서방요결(西方要決)』.

묻는다

대보리심에 이러한 힘이 있다면 일체 보살이 초발심 때부터 절대로 악취에 떨어지지 않는 것이 결정되는가?

답한다

보살이 아직 불퇴위에 이르기 전에는 염(染)·정(淨)의 두 마음 간에 섞이어 일어난다. 청정 일념이 여러 죄를 멸해도, 물든 일념이 다시 여러 죄를 짓게 된다. 또한 보리심에도 심천과 강약이 있으며, 악업에도 멀고 가까운 것, 확정적인 것, 불확정적인 것이 있다. 그러므로 퇴위(退位) 여부와, 극락에 오르고 지옥에 떨어지는 것이 확정적이지 않은 것이지, 보리심에 멸죄의 힘이 없는 것은 아니다. 어리석은 자의 소견을 적었으니, 읽는 자가 취사선택하라.

3. 총괄[料簡]

묻는다

「입법계품」에서 설하였다.

"금강석은 금의 성(性)에서 나온 것이지, 다른 보물에서 나온 것이 아닌 것처럼, 보리심이라고 하는 보물도 대자비로 중생을 구제하려는 본성에서 나온 것이지, 다른 선(善)에서 나온 것이 아니다."

『대승장엄론(大乘莊嚴經論)』에서는 다음과 같이 게송을 설하였다.

항상 지옥에 있다고 해도

대보리에 장애가 되지는 않는다.
만약 자리심(自利心)을 일으킨다면
이것이 대보리의 장애가 될 것이다.

또한 『대장부론(大丈夫論)』에서는 다음과 같이 게송을 설하였다.

자비심을 한 사람에게 베푸는 것은
공덕이 대지처럼 크다.
자신을 위하여 일체를 베푸는 것은
겨자씨만 한 보(報)를 얻게 된다.

고난에 처한 이를 한 명 구하는 것은
다른 일체를 보시하는 것보다 낫다.
뭇별이 비록 빛나기는 하지만
밝은 달 하나만 못한 법이다.

자리(自利)의 수행은 보리심의 근거가 아니며, 보를 얻는 것도 적다는 것을 밝히고 있다. 그런데도 어찌하여 홀로 속히 극락에 왕생하기를 원하는가?

답한다

그러나 전에는 극락에 왕생하기를 원하는 자는 사홍서원을 발하고, 원하는 바에 따라서 정근하면 된다고 하지 않았는가? 이것은 어찌 대비심행이 아니겠는가? 또한 극락에 왕생하기를 구하는 것은 자리심이 아니다. 왜냐하면 이 사바세계에는 어려움이 많기 때문이다. 감로, 즉 부처님의 가르침에 아직 잠기지 않고, 고통의 바다로 흘러 모여든다. 초심행자가 어찌 수행할 여유가 있겠는가? 그러므로 지금 보살의 행원을 완성하여, 바라는 대로 일체중생에게 이익을 주고자 하여 먼저 극락을 구하는 것이지, 자리를 위한 것이 아니다.

『십주비바사론(十住毘婆娑論)』에서는 다음과 같이 설하였다.

"자신이 아직 제도되지 못했기 때문에 저들을 제도하지 못한다. 마치 사람이 스스로 진흙탕에 빠졌는데, 어찌 다른 사람을 건질 수 있느냐는 것과 같다. 또한 물에 표류하는 이가 물에 빠진 이를 건질 수 없다고 하는 것과 같다. 그러므로 내가 제도가 끝나야 남을 제도하는 것이 당연하다고 말하는 것이다."

『법구경(法句經)』에서는 다음과 같이 게송을 설하였다.

만약 스스로 몸을 편안하게 하고
선처에 거할 수 있다면
그 연후에야 남을 편안하게 하고
이익이 있는 곳에 함께할지라.[이상]

그러므로 『십의론(十疑論)』에서도 다음과 같이 설하였다.

"정토에 왕생하고자 하는 이유는 일체중생의 고통을 없애고 구하고자 하는 것이다. 그러므로 나는 스스로 이리저리 돌아보면서 '나는 지금 무력하다. 만약 악세의 번뇌 중에 있으면 경계의 힘이 강하기 때문에 자연히 속박되어 삼악도에 빠지게 된다. 수겁을 지나서 이렇게 윤회하기를 무시이래로 멈춰 본 적이 없는데, 어느 때 중생의 고통을 구제할 수 있겠는가?' 하고 생각한다. 그러므로 정토에 왕생하여 제불을 가까이 모시며, 무생인(無生忍)을 깨달은 후에야 바야흐로 악세 중에 중생을 고통으로부터 구할 수 있게 되기를 발원하는 것이다."[이상]

다른 경론의 문장에도 모두 『십의론』과 같은 것을 서술하고 있다. 염불과 선 수행이 정토왕생을 위한 실천덕목[業因]이 되고, 왕생극락은 그 결과[華報]가 되며, 대보리를 증득하는 것이 과보이며, 중생을 이익되게 하는 것이 그 근본 의지[本懷]임을 알아야 한다. 예를 들면 세간에서 나무를 심어 꽃이 피면, 꽃이 인이 되어 열매를 맺고, 그 열매를 따서 먹는 것과 같은 것이다.

묻는다

염불의 수행은 사홍서원 중에서 어떤 행에 근거한 것인가?

답한다

염불삼매를 수행하는 것은 제3 원행[法門無盡誓願知]이다. 번뇌를 제복시키고 멸한 바가 있으면 제2 원행[煩惱無邊誓願斷]에 의거한 것이다. 멀고 가까운 이들 간에 좋은 불연을 맺었으면 이것이 제1 원행[衆生無邊誓願度]이다. 그 공덕이 쌓인 것은 제4 원행[無上菩提誓願證]에 의한 것이다. 그 밖의 모든 선행도 이 예에 준하여 알 수 있으며, 일일이 설명할 필요가 없다.

묻는다

일심으로 염불해도 이치로는 왕생할 수 있는데, 어찌하여 경론에서는 반드시 보리를 구하는 원을 권하는 것인가?

답한다

『대장엄론(大莊嚴論)』[45]에서는 다음과 같이 설하였다.

　"불국토를 건립하는 것은 큰일이라, 혼자서 공덕을 행하는 것으로는 성취할 수 없고, 원력을 필요로 한다. 이를테면 소가 비록 힘으로 수레를 끌지만, 모는 이가 있어야 가야 할 곳에 가는 것과 같다. 불국토를 청정하게 하는 것도 원력으로 말미암아 이끌어 성취하는 것이다. 원력에 의해서 복덕과 지혜가 크게 자라나는 것이다."

『십주비바사론(十住毘婆娑論)』에서는 다음과 같이 설하였다.

　"일체 제법은 원(願)을 근본으로 하여 이루어진다. 원에서 멀어지면 성취되지 않는다. 이 때문에 원을 발하는 것이다."

또 다음과 같이 게송을 설한다.

　만약 사람이 부처가 되고자 하여
　마음으로 아미타불을 염하면
　때에 맞추어 나타나신다.
　그러므로 나는 귀명한다.[이상]

대보리심도 이러한 힘을 갖추고 있다. 그러므로 수행자는 이 원을 발해야 한다.

45　실제로는 『대지도론』이다.

물는다

만약 발원하지 않는 자라면 끝내 왕생하지 못하는가?

답한다

여러 스승의 생각이 다르다. 일설에는, "구품 왕생의 사람은 모두 발보리심을 하지만, 그중 중품의 사람은 본디 소승이기는 하지만 나중에 대승심을 발하여 저 불국토에 왕생했다. 그 사람이 본디 가지고 있는 습으로 말미암아 잠시 소승의 과를 얻은 것이다. 그중 하품의 사람은 비록 대승심에서 물러나도 그 힘은 여전히 남아 왕생을 얻는다."고 한다.[자은 대사의 설도 이와 같다.]

일설에는 다음과 같은 교의도 존재한다.

"중하품의 사람은 그가 행한 선행[福分]으로 말미암아 왕생한다. 상품의 사람은 복분(福分)과 도분(道分)을 갖추어야 왕생을 얻는다. 도분이라는 것은 보리심을 실천하는 것이다."

물는다

보리심에 대해 여러 해석이 있는 것처럼 정토를 흔구[欣]하는 마음에 대한 해석 또한 다른가?

답한다

대보리심에 대해서는 비록 이설이 있지만, 정토를 흔구하는 원은 구품 왕생자 모두 갖추어야 한다.

물는다

만약 정토 수행이 원에 의지하여 과보를 얻는다고 하면, 사람이 악한 일을 저지르고 지옥을 원하지 않으면, 그는 지옥의 과보를 얻지 않게 되는 것인가?

답한다

죄에 대한 보는 양이 정해져 있지만, 정토의 보는 무량하다. 죄와 정토의 과보는 이미 다르다. 두 가지 인(因)을 어찌 동일하게 논하는가?

『대지도론』 제8권에서는 다음과 같이 설하였다.

"죄와 복에는 정해진 보가 있지만, 원을 세우는 자는 적은 복을 닦더라도 원력이 있기 때문에 큰 과보를 얻을 수 있다. 일체중생은 모두 즐거움을 얻기 원하지 고통을 원하는 자는 없다. 그러므로 지옥을 원하지는 않는다. 이 때문에 복에는 무량한 보가 있지만, 죄는 원하는 이가 없기 때문에 그 보가 유량하다."[이상 간략하게 인용]

묻는다

어떠한 법으로써 세세생생 대보리의 원을 키워서 없어지지 않게 할 수 있는가?

답한다

『십주비바사론』 제3권[46] 게송에서 다음과 같이 설하였다.

목숨을 잃더라도,

전륜성왕(轉輪聖王)의 지위를 잃더라도

----

46 실제로는 신수대장경 제4권에 수록되어 있다. 이 부분을 제3권에 포함시킨 이본들도 다수 존재한다.

여기에 이르러서는

거짓말로 아첨을 해서는 안 된다.

세간의 일체중생들로 하여금

보살들에게 공경심을 생하게 할 수 있다면

어떤 이가 이러한 선법을 행할 수 있다면

세세생생 무상보리의 원이 자라나리니.[문장 안에 또한 보리심법을 잃은 스물

두 종류의 사례가 있으니 살펴보라.]

제4. 관찰문(觀察門)

관상 수행 초심자가 곧바로 심오하게 실천하는 것은 무리이다. 『십주비
바사론』에서는 새로 발심한 보살[新發意菩薩]은 먼저 부처님의 색신[色]
과 상(相)⁴⁷을 염하라고 설하였다. 또한 여러 경문에서 초심인들을 위하
여 상호(相好)의 공덕에 대해 많이 설하였다. 그러므로 지금은 색상관
(色相觀)을 닦는 것에 대해 얘기해야 한다.

이는 세 가지로 나뉜다. 첫째, 별상관(別相觀)⁴⁸, 둘째, 총상관(總想
觀), 셋째, 잡략관(雜略觀)이다. 원하는 대로 맞추어 쓰면 된다.

----

47   원문에는 '色相'으로 되어 있는데, 이는 유형의 물질로서, 감각될 수 있는 부처님의 모습
           을 말한다.

48   부처님의 상호 하나하나를 염하는 관법.

1. 별상관(別相觀)

첫째, 별상관에는 두 가지가 있다. 먼저 연화좌[華座]를 관하는 것이다.

『관경(觀經)』에서 다음과 같이 설하였다.

"저 아미타불을 관하고자 하는 자는 칠보 연못[七寶池] 위에 연꽃이 피어 있는 상상을 해야 한다. 그 연꽃 하나하나의 잎이 백 가지 보배의 색깔을 하고 있으며, 8만 4천의 맥(脈)이 있어서 마치 천상의 그림과 같다. 그 맥에는 8만 4천의 빛이 있어서 모두 다 확실하게 볼 수 있다. 꽃잎은 작은 것이 가로세로 250유순인데, 이 꽃에 8만 4천 개의 꽃잎이 있다. 하나하나의 꽃잎 사이에는 백억 마니보주(摩尼寶珠)[49]가 장식으로 빛나고 있다. 이 하나하나의 마니보주에서는 천 개의 광명이 나오고, 그 빛이 마치 천개(天蓋)처럼 칠보의 빛과 합쳐져 지상을 두루 휘덮는다. 석가비릉가보(釋迦毘楞伽寶)[50]로 그 연꽃의 대(臺)를 만들었는데, 이 연화대는 8만의 금강석과 견숙가보(甄叔迦寶)[51], 범마니보(梵摩尼寶)[52], 진주 등의 망(網)이 섞여서 장식되어 있다.

그 연화대 위에 자연스럽게 네 개의 보당(寶幢)이 서 있다. 하나하나의 보당은 마치 백천만억의 수미산과 같다. 보당 위의 보만(寶幔)은 마치 야마천궁처럼 5백억의 미묘한 보주가 장식되어 있다. 하나하나의 보주에는 8만 4천의 빛이 있으며, 하나하나의 빛은 8만 4천 가지 다른

....

49　여의보주(如意寶珠)를 말한다.

50　제석천이 지니는 순금 보물 장식.

51　적색을 띤 유리와 유사한 보물. 견숙가나무의 꽃 색깔이 붉은 것에서 따온 이름이다.

52　맑은 구슬.

금색을 만든다. 하나하나의 금빛은 그 보토(寶土)에 가득 차 있으며, 곳곳에서 변화를 일으켜 이러저러한 모습을 만든다. 혹은 금강대(金剛臺)를 만들기도 하고, 혹은 진주 그물을 만들기도 하며, 혹은 잡화운(雜華雲)을 만들기도 하면서 시방의 공간에 마음먹은 대로 변화를 나타내어 불사를 일으킨다. 이것이 연화좌상(蓮華坐想)이다.

이러한 묘련화는 본디 법장(法藏) 비구의 원력이 성취된 것이다. 저 아미타불을 염하고자 하는 자는 먼저 이 연화좌상을 해야 한다. 이 연화좌상을 할 때 다른 관상이 섞이게 해서는 안 되며, 하나하나 관해야 한다. 하나하나의 잎, 하나하나의 구슬, 하나하나의 빛, 하나하나의 대(臺), 하나하나의 깃발[幢]이 모두 분명해야 하며, 거울 속의 자기 얼굴을 보듯 해야 한다. 이처럼 관상을 하는 것을 정관(正觀)이라 하며, 만약 다른 관상을 하면 사관(邪觀)이라 한다."[이상. 이 연화좌상을 관하는 자는 5만 겁 생사의 죄를 멸하게 되고, 반드시 극락세계에 태어나는 것이 결정된다.]

다음은 상호(相好)를 바르게 관하는 것이다. 아미타불이 연화대에 앉아 있으며, 상호가 빛나고, 그 몸을 장엄하고 있다. 첫째, 정수리의 육계(肉髻)이다. 이것을 볼 수 있는 자는 없다. 높이 솟은 둥그런 모습이 마치 천개(天蓋)와 같은 것을 관하라. 혹은 더욱 상세하게 관상수행을 하려는 자는 다음과 같이 관해야 한다. 그 정수리 위에는 대광명이 천 가지 색을 구족하고 있으며, 하나하나의 색이 8만 4천 갈래로 나뉘어 있고, 그 갈래 하나하나 안에 8만 4천의 화불(化佛)[53]이 있다. 화불의 정수리 위에서 또 이러한 빛이 나오는데, 이 빛이 차례로 상방 무량세계에 이르

53　중생을 인도하기 위하여 임시로 출현하신 부처님.

면, 그 상방계에는 화보살(化菩薩)이 있어서 구름처럼 내려와 제불을 둘러싼다.[『대집경(大集經)』에서 이르기를, "부모와 사승(師僧), 화상(和尚)을 공경하면 육계상(肉髻相)을 얻게 된다고 한다. 이 상을 보고 환희심을 내는 자는 천억겁 무거운 악업을 소멸하고, 삼악도에 떨어지지 않는다."고 하였다.]

둘째, 정수리 위에 8만 4천의 터럭이 있다. 모두 위로 향해 누워서 오른쪽 방향으로 돌아서 나 있으며, 영구히 빠지지 않고 흐트러지지도 않는다. 감청색으로 조밀하게 나고, 향기롭고 깨끗하며, 가늘고 부드럽다. 더욱 상세하게 관하고 싶다면 다음과 같이 관해야 한다. 하나하나의 모공에서 오광(五光)이 휘돌아 나오고, 그 머리털을 펴면 길이를 헤아리기 힘들 정도이며, 석가모니불의 머리털 길이와 같다.[니루타(尼樓陀) 정사에서 부왕의 궁전까지 이르러 성을 일곱 번 둘러쌀 길이이다.] 무량광이 두루 비추고, 감청색 유리 빛깔이며, 그 안에 있는 화불의 수를 다 헤아릴 수가 없다. 이러한 상이 다 드러나면 다시 머리털이 부처님의 정수리에 이르러 오른쪽으로 돌아서 나선형 무늬를 이룬다.[『대집경』에서 이르기를, "중생에게 나쁜 일이 일어나지 않게 하기 때문에 모발이 금정상(金精相)을 얻었다."고 하였다.]

셋째, 발제(髮際)[54]에서 5천의 빛이 나오고 있다. 서로 광선이 교착되어 있으나, 각각 분명하다. 모두 상향하여 한 방향으로 휘어져 있으며, 머리털을 감싸고, 부처님의 정수리를 다섯 바퀴 에워싼다. 천상의 화가가 그린 작품인 듯하다. 그 빛은 반듯하고 둥글며, 가늘기가 마치 실과 같다. 그 실 사이에서 여러 화불이 생겨나며, 또한 화보살을 권속으로 삼

....

54　이마와 머리의 경계선.

고 있다. 일체의 색상(色像) 또한 그 안에 나타난다. 더 자세히 관하고 싶은 자는 이러한 관법을 사용하면 된다.

넷째, 귀가 두텁고, 넓고, 길며, 귓불이 이루어져 있다. 더욱 자세히 관하려면 이렇게 관하라. 귀에서 나선형으로 난 일곱 가닥의 털에서 오광이 나오고, 그 빛이 천 가지 색이며, 그 색에 화불이 있다. 그 부처님께서 천 가지 빛을 발하여 시방 무량세계를 두루 비추는 것을 관상해야 한다.[이 수호(隨好)를 얻는 업인에 대해 생각해 보아야 한다. 『관불삼매해경(觀佛三昧海經)』에서는 이 상호를 관하는 자는 80억 겁 생사의 죄를 멸하고, 후세에 항상 불법을 마음속에 지니는 사람[55]과 함께 부처님의 권속이 되리라고 하였다. 이하 여러 이익에 대해서는 『관불삼매해경』에 의거하여 주(註)한 것이다.]

다섯째, 이마가 넓고 평탄하며, 그 형태가 무척 뛰어나다.[이 상호를 얻게 되는 업인과 이익에 대해서 살펴보아야 한다.]

여섯째, 얼굴의 윤곽이 원만하고 환하게 빛이 나며, 단정하고 깨끗하기가 마치 가을 달과 같다. 두 눈썹은 밝고 깨끗하기가 마치 제석천의 활과 같다. 그 색은 비할 데 없이 아름다운 감유리(紺琉璃)의 빛을 지니고 있다.[부처님을 뵙고 법을 구하는 자가 환희심을 생하기 때문에 얼굴 윤곽이 원만한 것이다. 이 상을 관하는 자는 억겁 생사의 죄를 멸하고 후생에 태어나서는 목전에서 제불을 만나게 된다.]

---

55   원문에는 '陀羅尼人'으로 되어 있는데, 다라니[總持]라는 것이 불법을 잘 섭지하기 위해 마음을 집중하는 수단으로 이용되는 주문이기 때문에 이런 표현을 사용한 것 같다.

일곱째, 미간의 백호는 오른쪽으로 돌아서 나선형으로 되어 있다. 부드럽기가 마치 도라면(觀羅綿)과 같고, 흰 눈보다 더 순백의 색이다. 혹은 다음과 같이 자세하게 관하여야 한다. 백호를 늘여서 펴면 곧고 장대한 백색 유리 대롱과 같고, 놓아 버리면 오른쪽으로 돌돌 말리면서 마치 수정처럼 된다.[장륙불상의 백호는 길이가 5장(丈)이고, 오른쪽으로 말리면 지름이 1촌(寸), 둘레가 3촌이다.] 시방에 무량의 빛을 발하는 것이 수만억의 태양과 같아서 바라볼 수가 없다. 다만 그 빛 속에 연꽃이 나타나는데, 무량 미진수 세계보다 더 높은 곳에 꽃들이 서로 둥글게 모여서 질서 바르게 한 무리를 이루고 있다.

하나하나의 꽃에 화불이 하나씩 앉아 있다. 화불들은 상호가 장엄하고 권속들에 둘러싸여 있다. 하나하나의 화불이 다시 무량광을 발하고 있으며, 하나하나의 빛 속에 또다시 무량 화불이 존재한다. 이 수많은 화불들은 수행하고, 멈춰 있고, 앉아 있고, 누워 있으며, 혹은 대자대비를 설하고, 혹은 삼십칠품을 설하고, 혹은 육바라밀(六波羅蜜)을 설하고, 혹은 불공법(不共法)을 설하였다. 상세하게 그것을 설명한다면 모든 범부 중생에서부터 십지 보살에 이르기까지 누구라도 그것을 다 알지는 못할 것이다.[『대집경』에서 이르기를, "다른 사람의 덕을 숨기지 않고, 그 덕을 칭찬하고 드러내어서 이 백호의 상을 얻었다."고 하였다. 『관불삼매해경』에서 이르기를, "무량겁 이전부터 주야로 정진하여 심신을 게을리 하지 않았으며, 머리에 붙은 불을 끄듯이 육바라밀·삼십칠품·십력(十力)·사무외(四無畏)·대자대비 등의 여러 공덕을 근수(勤修)하여 이 백호의 상을 얻었다."고 하였다. 이 상을 관하는 자는 96억 나유타 항하사 미진수겁 생사의 죄를 멸한다고 한다.]

여덟째, 여래의 속눈썹은 소 왕[牛王]과 같다. 감청색 털이 엉키지 않고 가지런하다. 또한 다음과 같이 자세히 관상해야 한다. 상하 속눈썹 털이 각자 5백 개가 났는데, 마치 우담바라 수염처럼 부드럽고 경쾌하다. 하나하나의 털끝에서 빛이 나오는데, 그 색이 수정 같다. 머리를 한 바퀴 돌아서 미묘한 여러 청련화를 차례차례 지어낸다. 그 하나하나의 연화대에는 범천왕(梵天王)[56]이 있어서 손에 청색 화개[蓋]를 잡고 있다.[『대집경』에서 이르기를, "지극한 마음으로 무상보리를 구했기 때문에 소 왕의 속눈썹 상을 얻었다."고 하였다. 『대반열반경』에서 이르기를, "원망하고 증오하는 이를 보아도 선한 마음을 내기 때문이다."라고 하였다.]

아홉째, 부처님의 눈은 푸른색과 흰색인데, 상하 눈꺼풀이 함께 깜박인다. 흰자위는 백옥보다 희고, 푸른 자위는 청련화보다 푸르다. 또한 다음과 같이 더욱 자세하게 관해야 한다. 눈에서 광명이 나와 네 갈래로 나뉘어서 시방 무량세계를 두루 비춘다. 푸른빛 속에는 청색 화불이 있고, 흰빛 안에는 백색 화불이 있다. 이 청·백 화불은 또한 각종 신통을 드러낸다.[『대집경』에서 이르기를, "자비심을 닦아서 모은 공덕으로 중생을 자애의 눈으로 바라보기 때문에 감청색 눈의 상을 얻었다고 한다. 짧은 시간에 이 상을 관하는 자는 미래세에 눈이 항상 밝고 깨끗하며, 안근에 병이 없고, 7겁 생사의 죄를 멸하게 된다."고 한다.]

열째, 코가 길고, 높고 곧으며, 콧구멍이 드러나지 않는다. 마치 주물로 제작한 듯, 앵무의 부리인 듯, 겉과 속이 청정하고, 어떤 티끌도 없다. 두 광명이 나와서 시방을 두루 비추며, 변화하여 여러 가지 무량한 불사를

---

56 색계에서 네 단계의 선(초선, 제2선, 제3선, 제4선)을 닦은 천신을 사선천(四禪天)이라 하는데, 그중 초선천에는 범중천(梵衆天)·범보천(梵輔天)·대범천(大梵天)의 삼천이 있다. 이들을 총칭하여 범천이라고 하며, 대범천이라고도 부른다.

지어낸다.[이 수호(隨好)를 관하는 자는 천겁의 죄를 멸하고, 미래생에 뛰어난 향기를 맡으며, 항상 계(戒)의 향으로 영락을 삼아 자신을 장엄하게 된다.]

열한째, 입술색이 붉어서 마치 빈바(頻婆) 열매와 같고, 상하가 서로 균형이 맞으며, 단엄하고 아름답다. 또는 다음과 같이 더 자세하게 관해야 한다. 부처님의 입에서 둥근 빛이 나오는데, 마치 백천의 붉은 진주를 꿰어 놓은 듯 코와 백호, 머리털 사이에서 들어갔다 나오기를 전전하다가 원광 안으로 들어간다.[이 입술의 수호가 어떠한 업인에 의해 얻어졌는지 등은 각자 살펴보라.]

열두째, 40개의 치아가 고르고, 깨끗하며, 조밀하며, 뿌리가 깊고, 백설보다 희다. 항상 빛을 발하고, 그 빛이 홍백으로 사람의 눈에 비치어 빛난다.[『대집경』에서 이르기를, "양설·악구·분노심 등을 멀리 여의었기 때문에 40개의 치아가 희고, 고르며, 조밀한 상을 얻었다."고 하였다.]

열셋째, 네 치아가 희고, 빛나며, 깨끗하고, 예리하기가 마치 초승달과 같다.[『대집경』에서 이르기를, "신·구·의 삼업이 청정하기 때문에 네 치아가 하얀 상을 얻었다."고 하였다. 이 입술, 입, 치아의 상을 관하는 자는 2천 겁의 죄를 멸하게 된다고 한다.]

열넷째, 세존의 혀의 상은 얇고 깨끗하며, 넓고 길어서 안면을 덮을 수 있으며, 귀의 발제(髮際)에서 범천까지 이른다. 그 색은 적동(赤銅)색과 같다. 또한 더 자세하게 다음과 같이 관해야 한다. 혀 위에는 마치 도장 무늬와 같은 다섯 가지 문양이 있다. 웃을 때 혀를 움직이면 오색 빛이 나와서 부처님을 일곱 바퀴 돌아서 정수리로 들어간다. 혀가 가지고 있는 신변(神變)이 무량무변하다.[『대집경』에서 이르기를, "입으로 짓는 네 가지 허물을 짓지 않았기 때문에 넓고 긴 혀의 상을 얻었다."고 하였다. 이 상을 관하는 자는 1백억 8만 4천 겁의 죄를 멸하고, 다른 세상에서 80억의 부처님을 만나게 된다.]

열다섯째, 혀 아래 양쪽에 두 보주(寶珠)가 있으며, 감로가 흘러나와 설근(舌根)을 적시고 있다. 제천, 세상 사람들, 십지 보살은 이러한 설근이 없으며, 또한 이러한 감로의 맛도 없다.[『대반야경』에는 이설이 있는데, 각자 살펴보라. 『대집경』에서 이르기를, 음식을 남에게 보시했기 때문에 뛰어난 미각의 상을 얻었다."고 하였다.]

열여섯째, 여래의 인후(咽喉)는 마치 유리 대롱과 같으며, 연꽃이 겹친 형태와 같다. 나오는 음성은 소리가 온화하고 고상하여 모두가 똑같이 들을 수가 있다. 그 목소리는 크게 울리면 천상의 북과 같고, 내뱉는 말은 부드럽고 고르며, 가릉빈가의 소리처럼 자연스럽게 두루 대천세계를 오갈 수 있다. 만약 마음먹는다면 무량무변하게 소리를 울릴 수 있다. 그러나 중생을 이롭게 하기 위해 무리에 따라 증감하는 것은 아니다.[『대반열반경』에서 이르기를, "저들의 단점을 꾸짖지 않고, 정법을 비방하지 않아서 범음의 상을 얻었다."고 하였으며, 『대집경』에서 이르기를, "여러 중생에 대해 항상 부드러운 말을 하기 때문이다."라고 하였다.]

열일곱째, 목에서 원광을 발한다. 인후에는 분명하게 점의 상(∵)[57]이

....

57　'이자삼점(伊字三點)'이라고도 하며, '불일불이(不一不二)'를 나타낸다고 한다. 밀교에서는 일체법의 근원을 나타내는 문자이다. 『대반열반경』에 의하면, '법신·반야·해탈'의 삼덕에 비유된다고 하였다.

나타난다. 하나하나의 점 안에서 하나하나의 빛이 나오고 있다. 그 하나하나의 빛이 앞의 원광을 감싸면서 일곱 번 주위를 돈다. 여러 가지 모습이 그림처럼 분명하다. 하나하나의 그림 사이에 묘련화가 피어 있다. 묘련화 위에는 칠불이 있는데, 하나하나의 화불은 각자 칠 보살을 시자로 데리고 있다. 하나하나의 보살은 여의주를 가지고 있는데, 그 구슬은 금색으로 빛나고 있으며, 청·황·적·백 및 마니색을 다 갖추고 있다. 둥글게 에워싼 여러 색깔의 빛이 상하 좌우에서 각각 1심(尋) 정도로 부처님의 목을 둘러싸고 있는 모습이 마치 그림처럼 선명하다.[『무상의경(無上依經)』에서 이르기를, "의복, 음식, 탈것, 침구 등의 여러 장엄물을 기쁜 마음으로 보시하여 몸이 금색이고, 1장(丈)의 원광을 지니는 상을 얻었다."고 하였다.]

열여덟째, 목에서 두 가닥의 빛이 나오는데, 그 빛이 만 가지 색깔로 두루 시방 일체 세계를 비춘다. 이 빛을 만나는 자는 벽지불(辟支佛)이 되며, 이 빛이 모든 벽지불의 목을 비춘다. 이 빛이 나타나는 때에 수행자는 시방 일체 모든 벽지불이 허공에 발우[鉢]를 던져 열여덟 가지 변화를 일으키는 것과, 하나하나의 발아래 문자가 있으며, 그 문자가 십이인연을 설하고 있는 것을 볼 수 있다.

열아홉째, 쇄골의 움푹 패인 부분이 없어서 골상이 원만하며 호박색의 빛이 시방을 비춘다. 또한 이 빛을 만나는 자는 성문(聲聞)의 뜻을 일으킨다. 모든 성문들이 이 광명을 보게 되면 빛이 열 갈래로 나뉘게 되며, 한 가닥은 천 가지 색깔이라, 모두 해서 1만 광명이 된다. 광명에는 화불이 있는데, 하나하나의 화불은 네 명의 비구를 시자로 데리고 있으며, 하나하나의 비구는 고·공·무상·무아를 설하였다.[자세히 관하고 싶은

자는 이상 세 종류의 관상을 응용하라.]

스무째, 세존의 어깨와 목덜미는 원만하고 뛰어나다. 『법화문구(法華文 句)』에서 이르기를, "항상 보시의 덕행을 기르기 때문에 이 상을 얻었 다."고 한다.

스물한째, 여래의 겨드랑이 밑은 모두 충실하고, 거기에서 홍자색의 빛 이 나와 중생을 이익 되게 하는 모든 불사를 이뤄낸다.[『무상의경(無上依 經)』에서 이르기를, "중생에게 이익 되는 일을 하며, 사정근(四正勤)·심무소외(心無所 畏)를 닦았기 때문에 양쪽 어깨가 평평하고 가지런하며, 옆구리 밑이 원만한 상을 얻었 다."고 하였다.]

스물두째, 부처님의 팔과 팔꿈치는 뚜렷하고 곧바르게 뻗어 있고 원만 하며, 마치 코끼리 왕의 코처럼 서 있으면 무릎에 닿는다. 혹은 다음과 같이 자세히 관해야 한다. 손바닥에는 천폭륜(千輻輪)이 있어서 각기 10 만의 광명을 발하여 시방을 두루 비추며, 변화를 일으켜 금수(金水)를 만든다. 금수 안에는 또한 뛰어난 묘수(妙水)가 있는데, 마치 수정처럼 투명하다. 아귀가 이 물을 보면 열이 사라지고, 축생은 숙업(宿業)을 알 게 된다. 미친 코끼리는 (전생이) 금시조였던 것을 보게 되고, 사자와 용들도 (전생에) 금시조였다는 것을 알게 된다. 이 모든 축생들은 (전 생에) 각자 존중하는 존재들이었다는 것을 알게 되어 마음속으로 두려 워하며 합장 공경한다. 공경함으로써 목숨이 끝날 때에 천상에 나게 되 는 것이다.[『대집경』에서 이르기를, "두려움으로부터 구제해 주고 보호했기 때문에 팔 이 원만한 상을 얻었고, 다른 사람의 일에 도움을 주었기 때문에 손이 무릎에 닿는 상을

얻게 되었다."고 하였다.]

스물셋째, 모든 손가락이 원만하고, 충실하며, 가늘고, 길어서 무척 보기 좋다. 하나하나의 손가락 끝에는 만(卍) 자가 있으며, 손톱은 빛나고 깨끗하며, 마치 적동색의 꽃잎과 같다.[『유가사지론(瑜伽師地論)』에서 이르기를, "모든 스승들에게 공경, 예배, 합장, 기립하였기 때문에 가늘고 긴 손가락의 상을 얻었다."고 하였다.]

스물넷째, 하나하나의 손가락 사이가 모두 기러기 왕처럼 금색 줄로 서로 엮여 있다. 그 무늬는 비단 그림과 같고, 염부단금보다 백천만억 배 뛰어나다. 그 금색 줄의 밝기는 눈으로 볼 수 있는 한계를 초월하며, 손가락을 펴면 보이고, 손가락을 오므리면 보이지 않는다.[『대반열반경』에서 이르기를, "사섭법(四攝法)을 닦아서 중생을 잘 이끌었기 때문에 이 상을 얻었다."고 하였다.]

스물다섯째, 그 손은 부드럽기가 마치 도라면과 같고, 일체의 것보다 뛰어나며, 안팎으로 모두 물건을 쥘 수 있다.[『대집경』에서 이르기를, "부모, 스승, 장자(長者)가 병으로 고통 받을 때, 자신의 손으로 씻기고 닦아 드리며, 부축하고, 안마해 드렸기 때문에 손이 유연한 상을 얻었다."고 하였다.]

스물여섯째, 세존의 턱, 가슴과 상반신의 위용이 마치 사자 왕처럼 장대하다.[『유가사지론』에서 이르기를, "모든 유정 중생이 여법하게 행동할 경우, 지도자가 되어 사람들을 도우며, 아만심을 멀리 여의고, 거칠고 사나운 마음이 없기 때문에 이 상을 얻었다."고 하였다.]

스물일곱째, 가슴에 만(卍) 자가 실상인(實相印)[58]으로 새겨져 있으며, 대광명을 발하고 있다. 혹은 더 자세하게 관해야 한다. 광명 안에는 무량 백천의 여러 꽃이 있으며, 하나하나의 꽃 위에는 무량 화불(化佛)이 있다. 이 모든 화불들은 각기 천 가지 광명이 있어서 중생을 이익 되게 하며, 마침내 시방 부처님의 정수리로 들어간다. 이때 제불의 가슴에서 백천의 광명이 나와서 하나하나의 광명이 육바라밀을 설한다. 하나하나의 화불은, 각각 한 사람씩 단정하고 미묘한 모습을 지닌, 마치 미륵 같은 화인(化人)을 보내어 수행자를 위로한다.[이러한 상의 빛을 보는 자는 12 겁 생사의 죄를 멸하게 된다.]

스물여덟째, 여래의 심장의 상은 마치 홍련화와 같다. 영묘한 자금(紫金)의 빛이 섞여서 마치 유리통과 같이 부처님의 가슴에 매달려 있다. 그 홍련화는 피지도, 닫히지도 않고 심장처럼 둥글며, 1만의 화불이 부처님의 심장 사이에서 노닌다. 또한 무량진수의 화불이 부처님의 심장 안에서 금강대에 앉아 무량광을 발한다. 그 하나하나의 빛 속에는 또한 무량진수의 화불이 있으며, 자세하고 긴 법문을 하면서 만억의 광명을 발하며 여러 불사를 행하고 있다.[부처님의 심장을 염하는 자는 12겁 생사의 죄를 멸하고, 태어나는 생마다 무량한 보살을 만나게 된다. 상세하게 관하려 하는 자는 이 관상을 닦아야 한다.]

스물아홉째, 세존의 피부는 모두 순금색이며, 깨끗하고 빛나는 것이 마

---

58 실상(實相)이란 일체 만물의 진실 그대로의 모습을 말한다. 열반, 진여 혹은 법성이라고도 한다. 대승불교에서는 이 실상을 대승의 인(印)으로 한다.

치 뛰어난 황금의 대(臺)와 같다. 갖가지 보물로 장엄되어 있어서 중생들이 보면 즐거워한다.[『대반열반경』에서 이르기를, "의복, 와구를 보시했기 때문에 이 상을 얻었다."고 하였다.]

서른째, 신광(身光)이 자연스럽게 삼천계를 비춘다. 만약 마음을 먹는다면 뜻대로 무량무변하게 비출 수가 있다. 모든 유정 중생을 가련히 여기기 때문에 빛을 갈무리하여 항상 사람마다 1심(尋) 정도를 비추는 것이다.[『대반열반경』에서 이르기를, "향화, 등명 등을 남에게 보시했기 때문에 이 상을 얻었다."고 하였다. 대광명을 관하는 자는 단지 발심만 해도 여러 죄를 없애게 된다.]

서른한째, 세존의 체구의 상은 길고, 넓고, 단엄하다.[『대지도론』에서 이르기를, "존장을 공경하고, 맞이하고, 환송하며, 잘 모셨기 때문에 몸이 길고 반듯하며 넓은 상을 얻었다."고 하였다.]

서른두째, 세존의 체상은 종횡으로 부피가 같고, 몸통 둘레가 원만하여 마치 니타수(尼陀樹)와 같다.[『대집경』에서 이르기를, "항상 중생들에게 삼매를 닦을 것을 권하였기 때문에 이 상을 얻었다."고 하였다. 『보은경(報恩經)』에서는 "만약 어떤 중생의 사대(四大)가 조화를 잃어 병든 것을 치유될 수 있게 하면 신체가 원만한 상을 얻는다."고 하였다. 『법화문구』에서 이르기를, "자비심이 자타 간에 평등하면 이 상을 얻는다."고 하였다.]

서른셋째, 세존의 자태가 크고, 단정하다.[『유가사지론』에서 이르기를, "질병에 걸린 자에게 몸을 낮추고 잘 시중들며, 좋은 약을 보시했기 때문에 몸이 굽지 않은 상을 얻었다."고 하였다.]

서른넷째, 여래의 성기(性器: 陰藏)는 평평하기가 보름달과 같고, 금색으로 빛나서 마치 태양과 같으며, 금강으로 만든 그릇처럼 안과 밖이 모두 청정하다.[『대반열반경』에서 이르기를, "벗고 있는 자를 보면 의복을 보시했기 때문에 성기가 평평하게 숨어 있는 음장상(陰藏相)을 얻었다."고 하였다. 『대집경』에서는 "타인의 과오를 덮어 주고 숨겨 주기 때문이다."라고 하였다. 『대지도론』에서 이르기를, "많은 참회 수행을 하고, 사음(邪淫)을 끊었기 때문이다."라고 하였다. 선도(善導) 선사[59]는 부처님의 말씀을 인용하여, "만약 색욕이 많은 자가 여래의 음장상을 생각하면 바로 욕망이 그치고, 죄업의 장애를 단멸하여 무량한 공덕을 얻게 된다."고 설하였다.]

서른다섯째, 세존의 두 발과 양 손바닥, 목덜미와 두 어깨의 일곱 곳이 충만하다.[『대경』에서는 "보시를 행할 때에 보배로운 물건도 희사하며 인색하지 않고, 자신의 복전(福田)이 되는지 아닌지도 따지지 않았기 때문에 칠처가 충만한 상을 얻었다."고 하였다.]

서른여섯째, 세존의 두 장딴지는 점차 가늘고 둥글어져서 마치 예니야(翳泥耶) 선록왕(仙鹿王)의 장딴지와 같고, 무릎의 관절 사이에서 여러 금빛이 나온다.[『유가사지론』에서 이르기를, "스스로 정법을 여실하게 받아들여서 널리 다른 이들을 위하여 설하고, 다른 이들의 선을 위해 잘 도왔기 때문에 예니야 장딴지상을 얻었다."고 하였다.]

서른일곱째, 세존의 발꿈치는 넓고, 길며, 원만하여 발등의 상과 서로 균형을 유지하며, 모든 유정 중생보다 뛰어나다.[『대경』에서 이르기를, "살생

59　선도(善導), 『관념법문(觀念法門)』.

하지 않고, 도둑질하지 않으며, 부모, 스승, 존장에 대해 항상 기쁜 마음으로 대하기 때문에 발꿈치가 긴 상을 얻었다."고 하였다.]

서른여덟째, 발등이 길고, 높아서 마치 거북의 등과 같이 유연하고 형태가 뛰어나며, 발뒤꿈치와 서로 균형을 유지하고 있다.[『유가사지론』에서 이르기를, "발바닥이 평평하고, 천폭륜이 있으며, 발가락이 섬세하고 긴 세 가지 상(三相)을 감득하게 되면, 꿈치와 발등의 두 가지 상도 감득할 수 있다. 후자의 두 가지 상은 앞의 세 가지 상이 의지하는 바이기 때문이다."라고 설하였다.]

서른아홉째, 여래의 몸은 전후좌우 및 정수리 위에 각기 8만 4천의 터럭이 나 있다. 그 털들은 부드럽고 윤택하며, 감청색을 띠고, 오른쪽으로 돌아서 말려 있다. 혹은 다음과 같이 더 자세히 관해야 한다. 하나하나의 털끝에는 백천만 미진수의 연꽃이 있고, 하나하나의 연꽃에는 무량한 화불이 있다. 하나하나의 화불은 여러 게송을 외고 있으며, 소리소리마다 연이어져서 마치 비가 내리는 듯하다.[『무상의경』에서 이르기를, "여러 뛰어난 선법을 닦는데, 중품·하품에 그치지 않고, 항상 향상시키기 때문에 몸의 털이 오른쪽으로 쏠려서 휘어져 돌아가는 상을 얻었다."고 하였다. 『우바새계경(優婆塞戒經)』에서 이르기를, "지혜로운 자를 가까이하고, 그 가르침을 잘 듣고, 논하는 것을 좋아하며, 다 듣고 나서는 수행하기를 좋아하고, 즐거이 도로를 정비하며, (통행에 방해가 되는) 가시 등을 제거했기 때문이다."라고 하였다.]

마흔째, 세존의 발바닥에는 천폭륜(千輻輪) 문양이 있다. 수레바퀴의 여러 상이 원만하지 않은 것이 없다.[『유가사지론』에서 이르기를, "그 부모에게 여러 가지 공양을 하고, 모든 유정 중생을 고뇌로부터 여러 가지로 보호하며, 오고 가며 활동한 행위로 인해서 이 상을 얻었다고 한다. …(중략)… 천폭륜상을 보면 천겁의 극히 중한 악업이 사라지게 된다."고 설하였다.]

마흔한째, 세존의 발바닥은 평평하고 충만한 상[平滿相]이다. 마치 상자 바닥처럼 극히 안정되어 있다. 비록 높낮이가 있는 땅이라도 발이 밟는 곳을 따라 모두 평평해져서 빠짐없이 발바닥에 접촉된다.[『대반열반경』에서 이르기를, "지계(持戒)에 흔들림이 없고, 보시하는 마음이 변하지 않으며, 진실한 말씀에 안주하기 때문에 이 상을 얻었다고 한다. …(중략)… 그 발은 부드럽고, 발가락들은 가늘고 길며, 발가락 사이에 얇은 막이 있다. 안으로도, 밖으로도 똑같이 쥘 수 있으며, 업인은 앞에 나온 손의 상과 동일하다."고 하였다.]

마흔두째, 더 자세히 관하고자 하는 이는 다음과 같이 관해야 한다. 발바닥과 발꿈치에서 각기 연꽃 하나가 피어나서 여러 빛을 둘러싸고 그 주위를 열 번 돌고 있다. 연꽃들이 잇따라서 오는데, 하나하나의 꽃 위에는 다섯 화불이 있고, 하나하나의 화불은 55보살을 시자로 삼고 있다. 하나하나의 보살의 정수리에는 마니보주의 빛이 생겨난다. 이러한 상이 나타날 때에 부처님의 모공에서는 8만 4천의 미세한 소광명이 생겨나서 신광(身光)을 장엄하여 보는 이를 감동시킨다. 이 광명은 1심(尋) 정도이며, 여러 가지 상을 하고 있다. 타방 세계의 보살들이 이 상을 관할 때는 이 광명도 따라서 커진다.[이상]

이 모든 상호는 관상 수행법, 이익, 버리거나 취하는 등의 점에서 여러 경문이 다 다르다. 그러나 지금의 삼십이상의 간단한 설명은 대부분 『대반야경』에 의거한 것이며, 자세한 상의 수호(隨好) 및 여러 이익에 대해서는『관불삼매해경』에 의거하였다.

또한 상호의 업인에는 총인(總因)과 별인(別因)이 있다. 총인이라는 것은,『유가사지론』제49권에서 이르기를, "청정승의락지(淸淨勝意樂地)[60]에서 시작하여 일체 보살이 보리를 감득할 수 있는 자질에 차별이 없어서 일체의 상 및 수호를 감득할 수 있다."고 하였다.

별인에 대해서『유가사지론』에서는 세 종류가 있다고 하였다. 첫째는 육십이인(六十二因)으로,『유가사지론』에서 상세하게 설명하고 있다. 둘째는 정계(淨戒)이다. 만약 여러 보살이 정계를 범하면 하천한 사람의 몸도 얻을 수 없는데, 하물며 부처님의 상을 감득할 수 있겠는가. 셋째는 사종선수(四種善修)이다. 첫 번째, 불사를 잘 닦는 것이고, 두 번째, 방편을 잘 사용하는 것이며, 세 번째, 유정 중생에게 이익을 주는 것이고, 네 번째, 회향(回向)을 제대로 하는 것이다.[이상]

별인 중에도 또한 많은 차이가 있는데, 지금은 인과에 맞추어 대응하는 것을 취한 것이다. 전후 순서는 여러 경문과 같지 않으며, 지금은 임의로 순서를 취했다. 상과 호를 섞어서 관상법으로 삼고 있는 것은, 또한『관불삼매해경』에 의한 것이다. 순관(順觀)하는 법의 순서는 대체로 이와 같다. 역관(逆觀)의 법은 그에 반해 발에서부터 정수리에 이르는 것이다.

『관불삼매해경』에서 설하였다.

"눈을 감고서 볼 수 있는 것은 심상력(心想力)에 의한 것으로서, 분명하게 부처님께서 세상에 계신 것처럼 명료하게 인식한다. 관을 하더

---

60 보살의 수행 계위를 나타내는 칠지(七地) 중에서 세 번째인 정심지(淨心地)를 말한다.

라도 많은 상호를 관하면 안 된다. 한 가지 관에서 시작하여 다시 한 가지를 관상한다. 한 가지 관을 마치면 다음의 한 가지를 관상한다. 역과 순을 반복하여 열여섯 번을 거친다. 이와 같이 심상(心想)을 극히 명료하게 한 연후에 마음을 한 곳에 집중한다. 이렇게 혀를 점점 올려서 턱을 향하고, 혀를 바르게 위치시키고서 이칠일(14일)이 지난 연후에 심신이 편안함을 얻을 수 있다.”

선도 화상이 이르기를, “관상을 열여섯 번을 한 후에 마음을 집중하여 백호상을 관하면 섞이어 어지럽혀지지 않는다.”고 하였다.

2. 총상관(總想觀)

둘째, 총상관(總想觀)이라는 것은, 전술한 것처럼 많은 보물로 장엄된 광대한 연꽃을 관하고, 다음으로 아미타불이 연화대 위에 앉아 있는 것을 관하는 것이다. 몸의 색은 백천만억 염부단금과 같고, 키는 60만억 나유타 항하사 유순이며, 미간의 백호는 오른쪽으로 휘어져 돌고 있는 것이 마치 다섯 수미산과 같다. 눈은 마치 대해의 물처럼 청백이 분명하다. 몸의 모든 모공에서 나오는 광명이 마치 수미산 같다. 원광(圓光)은 백억 대천계와 같은데 빛 속에는 무량 항하사 화불이 있으며, 하나하나의 화불은 무수한 보살을 시자로 삼고 있다.

이처럼 8만 4천의 상이 있으며, 하나하나의 상은 각기 8만 4천의 수호(隨好)를 가지고 있다. 하나하나의 수호는 또한 8만 4천의 광명을 가지고 있으며, 하나하나의 광명은 시방세계를 두루 비추어 염불 중생을 버려두지 않고 잘 섭수한다. 마땅히 알아야 할지니, 하나하나의 상 안에 각기 무수한 광명을 갖추고 있으며, 찬란하게 빛나는 신령하고 드높은 모습이 마치 대해 속에 금산왕(金山王)[61]이 있는 것 같다.

무량한 화불 보살은 빛 속에 가득 차 있고, 각기 신통을 드러내면서 아미타불을 둘러싸고 있다. 아미타불은 이처럼 무량 공덕의 상호를 갖추고 보살의 집회에서 정법을 설하였다. 이때 수행자에게는 다른 모든 색상(色相)이 사라지고, 수미산·철위산 이하의 대소의 여러 산도 다 드러나지 않고, 대해·강·토지·수림도 모두 드러나지 않으며, 눈에 가득한 것은 단지 아미타불의 상호일 뿐이다. 세계에 두루 편만한 것 또한 염부단금의 광명이니, 마치 겁수(劫水)[62]가 세계에 가득 차면 그 안에 만물이 잠겨서 드러나지 않는 것과 같이 물이 깊고 넓으면 오직 대수만 보인다. 아미타불의 광명 또한 이러하다. 일체 세계 위에 높이 솟아서 상호의 광명이 비치지 않는 곳이 없다. 수행자가 심안으로 자신을 보면 자신도 또한 저 광명이 비치는 곳에 있음을 인식하게 된다.[이상 『관무량수경』·『무량수경』·『반주삼매경』·『대지도론』 등의 교의에 의한 것이다. 이 관상이 이루어진 후에는 원하는 대로 다음 차례의 관상을 한다.]

혹은 다음과 같이 관해야 한다. 저 아미타불은 응신·보신·법신의 삼신 일체의 몸이며, 저 한 몸에 나타나는 바가 같지 않다. 혹은 장륙(丈六)이

....

61 수미산을 포함한 일곱 겹의 산을 말하며, 황금으로 이루어져 있다. 여기서는 부처님의 위용을 비유하는 표현이다.

62 겁이 무너지는 괴겁(壞劫)의 말에 세 가지 대재앙(화재·수재·풍재)이 일어나게 되는데, 그중 수재로 인한 대홍수를 말한다. 지하에서 물이 솟구쳐 올라 제2 선천(禪天)까지 수몰된다고 한다.

고, 혹은 8척(尺)이며, 혹은 크기가 광대하다. 나타나는 몸은 모두 금색이고, 그 이익 됨이 무량하며, 일체 제불과 그 하는 일이 동일하다.[이상 응화신 부처님의 공덕]

또한 아미타불의 하나하나의 상호는 범부와 성인[63]이 그 끝을 다 보지 못하며, 범천도 그 정상을 보지 못하고, 목련 존자도 부처님의 목소리가 이르는 끝을 알지 못한다. 형태가 없지만 제일의 체(體)이며, 장엄하지 않으면서도 장엄되어 있다. 십력(十力)·사무외(四無畏)·삼념주(三念住)[64]·대자비·8만 4천 삼매·8만 4천 바라밀·항사진수 법문 등의 모든 것이 궁극적으로 원만하다. 일체 제불과 그 뜻이 동일하다.[보신]

뛰어난 청정법신은 모든 상호를 구족하고 있으며, 하나하나의 상호가 바로 곧 실상이다. 실상법계는 구족되어 있어서 줄어듦이 없고, 불생불멸하며, 오고 감이 없고, 같지도 다르지도 않으며, 단절도 상주(常住)도 없다. 유위법과 무위법의 공덕도 이 법신에 의해서 항상 청정하다. 일체 부처님과 함께 그 체가 동일하다.[법신]

그러므로 삼세 시방제불의 삼신(법·보·불)도, 무수 무량하게 설해진 법문도, 모든 공덕이 완전 무량하게 융합된 불세계도 아미타불 일신에 다 갖추어져 있다. 종도 아니고, 횡도 아니며, 또한 같지도 다르지도 아니

---

63 범부 중생과 성인. 아비달마에서는 견도(見道) 이상, 대승불교에서는 초지 이상의 보살을 성인이라고 한다.

64 삼념처(三念處)라고도 하며, 부처님의 제자들이 가르침을 따라서 잘 수행해도, 역으로 게을리 하더라도, 그 두 부류의 제자가 있더라도 마음의 평정을 잃지 않는 것을 말한다.

하고, 실제도 아니고, 환상도 아니며, 또한 유(有)도 아니고, 무도 아니다. 본성이 청정이라 마음으로도 언어로도 드러낼 방도가 없다. 예를 들면 여의주 안에 보물이 있는 것도 아니고, 없는 것도 아닌 것처럼 불신(佛身)의 모든 덕도 또한 그러하다. 또한 음(陰)·입(入)·계(界)[65]라고 하는 것을 여래라고 이름 할 수 있는 것도 아니다. 저 모든 중생들도 다 가지고 있기 때문이다. 음·입·계를 여읜 것을 여래라 하지도 않는다. 그것을 여읜즉 인연법도 없어지기 때문이다. 부처님은 음·입·계도 아니고, 또한 그것을 떠난 것도 아니며, 다만 적정(寂靜)한 것을 이름 붙인 것일 뿐이다.

그러므로 마땅히 알아야 할지니, 관상하는 모든 상은 곧 삼신과 하나인 상호와 광명이다. 제불과 동체인 상호와 광명이며, 만덕 원융의 상호와 광명이다. 색즉시공(色卽是空)이기 때문에 이를 진여실상이라고 한다. 공즉시색(空卽是色)이기 때문에 이를 상호와 광명이라 한다. 색 한 가지, 향 하나가 중도(中道)가 아닌 것이 없다. 수(受)·상(想)·행(行)·식(識) 또한 이와 같다. 내가 지닌 삼악도(三惡道)의 죄와 아미타불의 만덕도 본래 공적(空寂)이며, 일체 무애이다. 바라건대 내가 부처인 것을 깨달아서 성법왕(聖法王)이 되고저.[이상 『관무량수경』·『심지관경』·『금광명경』· 『염불삼매경』·『대반야경』·『마하지관』 등의 교의에 근거한 것이다.]

---

65 오음(五陰)·십이입(十二入: 십이처)·십팔계(十八界)를 말한다. 인간을 구성하는 오음, 인간이 감각기관을 통해 대상을 접촉하는 육근(六根: 안·이·비·설·신·의)과 그 대상이 되는 육경(六境)으로 이루어진 것이 십이입, 그것을 통해 만들어지는 육식(六識)을 합쳐서 십팔계라 한다.

3. 잡략관(雜略觀)

셋째, 부처님을 간략하게 염하는 잡략관(雜略觀)이다. 아미타불의 미간에는 백호가 있는데, 오른쪽으로 돌아 감겨서 마치 다섯 수미산과 같다. 백호 안에는 또한 8만 4천 호(好)가 있는데, 하나하나의 호에 8만 4천 광명이 있으며, 그 광명은 아름다운 여러 보물의 색을 띠고 있다. 종합적으로 말하자면, 무량 무수한 광명이 시방에서 빛을 비추는 것이 마치 억천의 일월과 같다. 그 빛 속에서 일체의 부처님께서 나타나시고, 무수한 보살이 모여서 둘러싸고 있으며, 뛰어난 음성으로 여러 법문의 바다를 펼치고 있다. 저 하나하나의 광명은 두루 시방세계를 비추고, 염불 중생을 섭수하여 버리지 않는다. 나 또한 저 섭수되는 중생 안에 들어 있다. 번뇌의 장애로 인해 비록 보지는 못하지만 대자비가 쉼 없이 나를 비추고 있다.

혹은 자신이 극락국에 태어나는 마음을 일으켜 연꽃 안에서 결가부좌하고, 연꽃이 닫히고 있다는 관상법인 연화합상(蓮華合想)을 하라. 이어서 연꽃이 필 때는 존안을 우러르며 백호상을 관한다. 그때 5백 색깔의 광명이 내 몸을 비추면 바로 무량 화불과 보살이 허공중에 가득 찬 것을 보게 된다. 수조(水鳥), 수림 및 제 불보살이 음성을 내어 묘법을 설하였다. 이러한 관상으로 마음을 환희케 하노니, 원하건대 모든 중생과 함께 안락국에 왕생하고저.[이상은 『관무량수경』·『화엄경』의 교의에 근거하였다. 상세한 것은 별권에 기록되어 있다.]

만약 극히 간략하게 관상하고자 한다면 마땅히 이렇게 염해야 한다. 아미타불의 미간 백호상이 휘감아 도는 것이 마치 수정구슬 같다. 백호

광명이 두루 비추어 우리를 섭수한다. 원컨대 중생과 함께 불국토에 왕생하고저.

상호를 관상하는 수행법을 감당하지 못하는 이가 있다면, 아미타불에 귀의하여 예경하는 귀명상(歸命想)에 의지하거나, 아미타불이 내영하는 인섭상(引攝想)에 의지하거나, 자신이 극락에 왕생하는 것을 염하는 왕생상(往生想)에 의지하거나, 일심으로 아미타불을 칭명염불해야 한다.[이상 각자 바라는 것이 다 다르기 때문에 여러 가지 관법을 설명한 것이다.]

행(行)·주(住)·좌(坐)·와(臥), 말하고, 침묵하는 사이에도 항상 이러한 염을 가슴속에 품어야 한다. 굶을 때 먹는 것을 생각하고, 목마를 때 물을 찾는 것처럼 하라. 머리를 숙이거나, 손을 들거나, 혹은 소리를 내어 칭명을 하거나, 밖으로 나타나는 자세는 비록 달라도 항상 마음속에 염을 붙들고, 마음마음이 서로 이어져서 자나 깨나 잊지 말아야 한다.

묻는다

아미타불의 진신(眞身)을 관하는 것은 범부의 심력으로는 미칠 수 있는 바가 아니다. 단지 아미타불의 상(像)을 관해야 한다. 어떻게 대신(大身)을 관하겠는가?

답한다

『관무량수경』에서는 다음과 같이 설하였다.

"무량수불의 몸은 끝이 없기 때문에 범부의 심력으로는 미치지 못한다. 그러나 무량수불의 원력으로 인해 기억하고 관상하는 자는 반드시 성취할 수 있다. 단지 불상을 관상하는 것으로도 무량한 복을 얻는 것이다. 하물며 부처님의 구족한 신상(身相)을 관함에랴."[이상]

초발심자도 또한 원한다면 진신을 관할 수 있다는 것을 분명히 알아야 한다.

<u>묻는다</u>
아미타불의 일신(一身)은 곧 일체 제불의 불신(佛身)이라고 말씀하신 것은 어떤 증거가 있습니까?

<u>답한다</u>
천태 대사가 이르기를, "아미타불을 염하는 것은 곧 일체 제불을 염하는 것과 같다."[66]고 하였다.

그러므로 『화엄경』에서도 다음과 같이 게송을 설하였다.

일체 제불의 몸은
곧 한 부처님의 몸이며,
한마음, 한 지혜이다.
힘, 무외도 또한 그러하다.[이상]

또한 『관불삼매해경』에서 이르기를, "만약 한 부처님을 사념한다면 일체불을 보게 된다."고 하였다.

<u>묻는다</u>
제불의 체성이 다르지 않은 것과 같이 염불하는 자의 공덕도 또한 차별

----

66   천태 지의, 『정토십의론』.

이 없는 것인가?

답한다

동등하여 차별이 없다. 그러므로 『문수반야경(文殊般若經)』[67] 하권에서 다음과 같이 설하였다.

"한 부처님을 염하는 공덕은 무량무변하여 무량 제불을 염하는 공덕과 다르지 않다. 불가사의한 불법과도 평등하여 차별이 없으니, 모두 진여의 진리에 의거하여 최상의 정각을 이루고, 무량 공덕과 변재(辯才)를 갖추고 있다. 이렇게 일행삼매에 든 자는 항하의 모래같이 많은 제불의 상(相)이 법계에서 차별이 없다는 것을 안다."[이상]

묻는다

부처님의 모든 상의 공덕 중에서 육계(肉髻)와 범음이 가장 뛰어난데, 지금 백호의 관상을 많이 권하는 것은 무슨 근거가 있는 것인가?

답한다

그 근거는 매우 많으나, 대략 한두 가지만 제시하겠다. 『관무량수경』에서 이르기를, "무량수불을 관하는 자는 한 상호에서부터 시작하라. 다만 미간 백호만 관해도 극히 명료해진다. 미간의 백호를 보는 자는 8만 4천 상호를 자연히 보게 된다."고 하였다.

또한 『관불삼매해경』에서도 다음과 같이 설하였다.

"여래는 무량한 상호가 있다. 하나하나의 상 안에 또 8만 4천의 모든 소상호가 있다. 이러한 상호는 백호상이 가진 공덕의 일부에도 미치

67　『문수사리소설반야바라밀경(文殊師利所說般若波羅蜜經)』.

지 못한다. 그러므로 오늘 미래세의 많은 악중생들을 위해서 백호상에서 나온 대자비의 광명이 악을 제거한다고 하는 관법을 설하는 것이다. 만약 사견(邪見)을 가진 극중한 악인이라도 이 관법의 구족한 상호에 대한 설명을 듣고 분노하는 마음을 내는 그러한 일은 없을 것이다. 설령 분노하는 마음을 낸 자가 있더라도 백호상의 광명이 또한 도리어 덮고 보호해 준다. 잠시라도 이 백호상에 관한 설명을 들으면 3겁의 죄가 없어지고, 후생에 부처님 앞에 태어날 수 있다. 이러한 여러 가지 백천억 종의 광명을 관상하는 미묘한 경계는 말로 다할 수가 없다. 백호를 염할 때에 자연히 생겨나게 되는 것이다."

또 다음과 같이 설하였다.

"거친 마음으로 상(像)을 관해도 이러한 무량 공덕을 얻게 되는데, 하물며 마음을 집중하여 부처님의 미간 백호상의 광명을 관함에랴."

또 다음과 같이 설하였다.

"석가모니불께서 수행자 앞에 나타나서 말씀하셨다.

'너희가 관불삼매력을 닦았기 때문에 내가 열반상(涅槃相)의 힘으로 너에게 색신(色身)을 보여서 너로 하여금 명확하게 관하게 하는 것이다. 너는 지금 좌선을 하고 있지만 많은 관상을 하고 있지는 못하다. 너희 후세인들은 많은 악을 저지를 것이다. 그때는 다만 미간 백호상의 광명을 관하라. 이 관을 할 때 보이는 경계는 앞에서 말한 바와 같다.'"[이상은 생략하여 인용한 것이다.]

'앞에서 말한 바'라고 한 부분은 견불(見佛)의 여러 가지 경계이다. 모든 다른 이익은 아래의 제6 「별시염불(別時念佛)」, 제7 「염불이익(念佛

利益)」을 읽으면 알 수 있을 것이다.

묻는다

백호상을 관하는 것도 삼매야(三昧耶)라고 하는가?

답한다

그렇다. 그러므로 『관불삼매해경』 제9권에서 이르기를, "만약 마음을 집중하여 하나의 모공을 관할 수 있다면, 이 사람이 염불삼매[念佛定]를 수행한다."고 하였다. 부처님을 관념하고 있기 때문에 시방세계의 제불이 항상 그 앞에 서서 수행자를 위하여 정법을 설해 주는 것이다. 이 사람은 곧 삼세 동안 여래의 종자로 태어날 수 있을 것이다. 하물며 여래의 색신에 대한 관념을 구족함에랴.

묻는다

무슨 까닭에 정토의 장엄을 관하지 않는가?

답한다

지금 자세한 수행을 감당하지 못하는 수행자에게는 오직 간략한 관법을 권할 뿐이다. 만약 관상을 하고 싶어 하면 마땅히 『관무량수경』을 읽어야 한다. 하물며 전에 열 종류의 정토의 낙을 밝혔으니, 이것이 곧 정토장엄이다.

묻는다

무슨 이유로 관음·세지 보살은 관하지 않는 것인가?

답한다

생략했기 때문에 서술하지 않은 것이다. 부처님을 염한 이후에는 마땅히 두 보살을 관하거나, 명호를 부르는 것이 좋다. 횟수의 다소는 각자 임의대로 한다.

제5. 회향문(回向門)

다섯 가지 의미를 다 갖추어야 진실한 회향이라고 할 수 있다. 첫째, 과거·현재·미래 삼세 일체의 선근을 모두 모으는 것이다.[이는 『화엄경』의 교의에 의한 것이다.]**68** 둘째, 일체지[薩婆若]를 구하는 마음에 상응한다. 셋째, 이 선근을 일체중생과 함께하는 것이다. 넷째, 무상보리에 회향한다. 다섯째, 시주를 하는 능시(能施), 시주를 받는 소시(所施), 시주하는 물건 등이 모두 본성이 없는 불가득의 것임을 관하여 제법실상과 화합시킨다.[이는 『대지도론』의 교의에 근거한 것이다.]

　이러한 교의에 의하여 마음으로 염하고, 입으로 소리를 내서 닦은 바의 공덕 및 삼제 일체 선근(첫째)을 자타 법계의 일체중생에 회향하여 평등하게 이익 되게 하며(둘째), 죄를 멸하고, 선을 생하여 함께 극락에 태어나서 보현행원을 빠르게 성취하고, 자타가 함께 무상보리를 증득하여 미래세의 중생을 이익 되게 한다.(셋째) 그 공덕을 두루 법계에 베풀고(넷째), 대보리에 회향한다.(다섯째)

묻는다

미래의 선근이 (현재는) 없는데 어떻게 회향하겠는가?

68　60권본 『화엄경』 권15.

답한다

『화엄경』제3 회향보살행상(回向菩薩行相)에서 설명하기를, "삼세 선근에 대해 집착하지 않고, 상이 없이, 상을 떠나서 모두 회향한다."고 하였다.

『간정기(刊定記)』[69]에는 두 가지 해석이 있는데, 첫째는 미래의 선근이 현재에는 아직 없지만 지금 발원한다면, 그 원의 훈향(薰香)이 공덕의 종자가 되어서 지킬 힘을 가지게 되기 때문에 미래에 닦는 공덕이 자연히 중생의 보리를 향하게 되어 다시 회향할 필요가 없다고 한다. 둘째는 이 교의에 근거하면, 보살은 단지 한순간 선을 닦아도 그 안에 법성을 섭지(攝持)하고 있기 때문에 구세(九世)[70]에 두루 그 선근을 회향하게 되는 것이다.

묻는다

둘째의 "일체지에 상응하는 마음"이라는 것은 어떤 것을 말하는가?

답한다

『대지도론』에서 이르기를, "아뇩보리라는 뜻은 살바야심(薩婆若心: 일체지심)이다. 응한다는 것은 마음을 집중하여 내가 부처가 되기를 발원하는 것이다."라고 하였다.

묻는다

셋째, 넷째는 무슨 까닭에 중생과 함께하고, 무상보리에 회향해야 한다

---

69   혜원(慧苑), 『속화엄략소간정기(續華嚴略疏刊定記)』. 80권본 『화엄경』의 주석서로서, 법장(法藏, 643~712)이 집필을 시작했으며, 그가 사망한 후에 정영사 혜원이 완성했다.

70   무한한 시간을 의미. 과거·현재·미래 각각에 다시 과거·현재·미래를 배속시킨 시간 개념.

고 하는가?

답한다

『육바라밀경』에서 이르기를, "어찌하여 적게 보시해도 그 공덕이 크다고 하는가? 방편력으로써 적은 보시라도 회향 발원하여 일체중생과 함께 무상정등보리를 깨달으면, 이 공덕이 무한히 커지는 것이니, 마치 적은 구름이 점점 법계에 두루 퍼져 가는 것과 같다."고 하였다.[꽃 한 송이, 과일 하나 보시하는 것도 또한 이러하다. 『대지도론』에도 같은 교설이 있다.]

『대보적경』 제46권에서 이르기를, "보살마하살이 가진 이제까지 행한 선근 일체를 무상보리에 회향하면, 이 선근은 언제까지나 다함이 없을 것이다. 예를 들면 적은 물이라도 대해에 부어서 섞이면 겁화(劫火)⁷¹ 중에도 없어지지 않는 것과 같다."고 하였다.

또한 『대장엄론(大莊嚴論)』에서는 다음과 같이 게송을 설하였다.

> 보시를 행하는데 진귀한 재물을 구하지 말라.
> 또한 천인에 나는 과보도 바라지 말라.
> 오로지 무상보리를 구한다면
> 적은 보시로도 곧 무량의 복을 감득할 것이다.

그러므로 모든 선근을 다 무상보리에 회향하는 것이다.

----

71 성(成)·주(住)·괴(壞)·공(空)의 4겁 중에 괴겁(壞劫)의 종말에 일어나는 대화재. 이 겁화에 의해서 모든 것이 다 타버리고, 세계는 공겁(空劫)으로 이행하게 된다.

또한 『대지도론』에서 이르기를, "인색하고 탐욕스러운 사람은 인연이 없으면 단 1전도 보시하지 않고, 열심히 모아서 재물이 불어나기만을 바란다. 보살 역시 그러하다. 복덕이 적거나, 많거나, 다른 일을 돌아보지 않고, 다만 오로지 소중하게 모아서 일체지를 지향하는 것이다."라고 하였다.[이상]

묻는다

만약 그렇다면, 단지 선근을 보리에 회향하면 되는데, 무슨 까닭에 다시 왕생극락을 지향하는가?

답한다

보리는 과실[果報]이고, 극락은 꽃[華報]이다. 과실을 구하는 이가 어찌 그 꽃을 기대하지 않겠는가? 그러므로 구품(九品)의 정토 수행에서 모두 이르기를, "회향 발원하여 극락국에 태어나기를 구한다."고 하는 것이다.

묻는다

발원과 회향에 어떠한 차이가 있는가?

답한다

구하는 것을 맹세하고 약속하는 것을 원(願)이라 한다. 행위의 공덕을 다른 이에게 돌리는 것을 회향이라 한다.

묻는다

일체지[薩婆若]와 무상보리는 차이가 없는데, 어찌하여 둘로 나누었는가?

답한다

이는 『대지도론』에서 회향을 설명하는 데 두 가지(지혜와 깨달음)로 나누었기 때문에 지금도 이를 따르고 있는 것이다. 다시 『대지도론』의 문장을 조사해 보라.

묻는다

다음으로 다섯째에서 무슨 이유로 시주하는 행위 등이 모두 공이라고 관하는 것인가?

답한다

『대지도론』에서 다음과 같이 설하였다.

"마음에 집착함이 있어서 물질의 상을 취하는 보살이 닦는 복덕은, 마치 풀에 불이 난 것처럼 소멸되기 쉽다. 만약 실상을 체득한 보살이라면 대자비심으로 모든 행위를 하기 때문에 마치 수중에서 타는 불처럼 끄기 어렵다."

묻는다

만약 그렇게 공하기 때문에 얻어질 것이 없다고 해야 한다면, 무슨 까닭으로 지금 법계에의 회시(回施)를 말하는가?

답한다

도리(道理)로는 그러할 수 있다. 지금은 국토의 풍속에 따라야 하기 때문에 법계를 말한 것이다. 이는 이치에도 어긋남이 없을 것이다. 그 까닭은 법계는 원융하며 일체의 작위를 초월한 궁극의 진리이기 때문이다. 닦은 선을 회향하여 그 궁극의 진리에 합치되게 하는 것을 법계에의 회시라 한 것이다.

묻는다

마지막으로 대보리에 회향한다고 하는 것은 무슨 의미인가?

답한다

이는 일체지(불타의 지혜)와 상응하게 하는 것이다. 이 역시 일상적인 풍토에 따라서 (회향문의) 마지막에 배치한 것이다. 일체지라고 하는 것은 곧 보리이다. 전에 『대지도론』에서 말한 것과 같다.

묻는다

집착[相]을 가지고 회향하는 것은 이익이 없는가?

답한다

위에서 여러 차례 말한 것처럼 비록 우열은 있지만 오히려 큰 이익이 있다.

『대지도론』 제7권에서 다음과 같이 설하였다.

"적은 인(因)으로도 큰 과(果)를 얻을 수 있고, 적은 연(緣)에도 큰 보(報)가 올 수 있다. 불도를 구하는 게송 한 구절, 아미타불을 칭하는 염불 한 번, 향 한 자루 태우는 것으로도 반드시 부처가 될 수 있는 것과 같다. 하물며 제법의 실상은 불생불멸이며, 불생도 아니고, 불멸도 아닌 것을 들어서 알고, 행·인연·업 역시 잃지 않음에랴."[이상]

이 『대지도론』의 경문은 깊고 오묘하여 상투 속의 밝은 구슬이니, 우리들이 성불할 것임에 의심이 없음을 안다.

용수존께 귀명하오니, 우리의 마음속 원을 증명해 주소서.

제
5
●

조념방법
助念方法: 염불을 돕는 방법

그물눈이 하나인 그물로는 새를 잡을 수 없다.[1] 다양한 방법으로 관상염불을 돕는 것에 의해서 왕생의 대사를 성취하는 것이다.

지금 일곱 가지를 들어 간략하게 방법을 보여 주겠다. 첫째는 염불의 장소와 공양구[方處供具]이다. 둘째는 수행의 모습[修行相貌]이다. 셋째는 나태를 제어하는 것[對治懈怠]이다. 넷째는 악을 멈추고 선(善)을 닦는 것[止惡修善]이다. 다섯째는 모든 죄를 참회하는 것[懺悔衆罪]이다. 여섯째는 마(魔)의 업을 제어하는 것[懺悔衆罪]이다. 일곱째는 총결행[總結行要]이다.

---

1   『마하지관』 권5 상에서 인용.

제1. 방처공구(方處供具)

도량의 내외를 모두 청정히 하고, 조용한 한 곳을 정하여 힘 닿는 대로 꽃과 향, 공양물을 준비하는 것이다. 만약 꽃과 향이 부족하면 오로지 부처님의 공덕과 위신력을 염하면 된다. 만약 불상을 직접 대하고 염불한다면 등불을 밝혀야 한다. 만약 서방(西方)을 관하며 염불한다면 어두운 방에서 해도 된다.[회감(懷感) 선사는 암실의 사용을 허가했다.]**2**

　　꽃과 향을 공양할 때는 반드시 『관불삼매해경(觀佛三昧海經)』의 공양문(供養文)에 의거해야 한다. 그 공양에 의해 얻은 복이 끝이 없으니, 번뇌가 저절로 줄어들고, 육바라밀 수행도 자연히 성취된다.[『관불삼매해경』의 그 경문은 보통 일반적으로 쓰이는 것과 다르지 않아서 다시 인용하지 않는다.]

　　염주를 사용할 경우, 정토왕생을 원한다면 목환자(木槵子)를 사용하고, 많은 공덕을 얻고 싶다면 보리수 열매 내지 수정, 연실(蓮實) 등을 사용한다.[『염주공덕경(念珠功德經)』을 보라.]

제2. 수행상모(修行相貌)

『섭대승론(攝大乘論)』 등에 의거하여 네 가지 수행의 자세를 취한다. 첫 번째, 장시수(長時修)이다. 『서방요결(西方要決)』에서 이르기를, "초발심에서 보리에 이르기까지 항상 정토왕생의 인(因)을 수행하며 끝까지 퇴전하지 않는다."고 하였으며, 선도(善導) 선사는 "목숨이 다할 때까지 멈

2　　회감(懷感), 『군의론』 권7. 회감은 수행자가 어두운 곳에서 보고 듣는 모든 감각을 단절하고, 마음속에서 모든 연을 버림으로써 염불에 집중할 수 있게 되면 삼매를 얻기 쉽다고 주장했다.

추지 않을 것을 서원한다."고 하였다.

두 번째, 은중수(慇重修)이다. 극락의 불·법·승 삼보를 마음속에 항상 품고 존중하는 마음을 내는 것이다. 『서방요결』에서는 다음과 같이 설하였다.

"행·주·좌·와 시에는 서방을 등지지 않고, 울고, 침 뱉고, 대소변을 볼 때는 서방을 향하지 않는다. 얼굴을 서방으로 향하는 것이 가장 좋다. 이는 마치 나무의 끝이 먼저 기울어 넘어지면 반드시 굽어 있는 방향을 따르는 것과 같기 때문이다. 어떻게 해도 뭔가 장애가 있어서 서방으로 향할 수 없는 자는 단지 서쪽을 향한다는 생각만 해도 된다."

세 번째, 무간수(無間修)이다. 『서방요결』에서 다음과 같이 설하였다.

"항상 염불하며, 왕생하려는 마음을 일으키고, 모든 시간마다 마음에 항상 왕생의 수단을 생각하라. 예를 들면 어떤 이가 타인에게 노략질을 당해 타향으로 끌려가서 신분이 하천하게 되어 두루 고생을 겪게 되었다. 문득 부모를 생각하니 귀국하고 싶어졌으나, 행장을 갖출 수 없었다. 타향에서 밤낮으로 생각하면서 고생을 견디기 힘들었지만 잠시도 부모에 대한 생각을 버리지 않았다. 계획대로 일이 이루어져 귀향하게 되니, 부모에게로 가서 마음껏 즐겁게 놀 수 있었다. 염불 수행자 역시 이러하다. 예전부터 번뇌로 인하여 선한 마음이 무너지고, 복과 지혜의 진귀한 재물이 모두 흩어지게 되었다. 오랫동안 생사의 고통에 잠겨 있어 몸을 자유롭게 움직일 수가 없다. 항상 마왕의 수하가 되어서 육도의 고통으로 심신을 상한다. 지금 선연(善緣)을 만나서 문득 자비로운 아미타불이 서원을 어기지 않고 중생을 구제한다는 것을 듣고 밤낮으로 분발하고, 발심하여 왕생하기를 원하게 되었다. 그러므로 열심히 수행하고 게으름을 피우지 않으며, 부처님의 은혜에 감사하고, 죄보가 다하기를 기약하며 마음속에 항상 왕생을 위한 방법을 생각하지 않으면 안 된다."

선도(善導) 스님은 다음과 같이 설하였다.[3]
  "마음마음이 서로 이어지도록 염불을 쉬지 말고 다른 일을 그 사이에 하지 말라. 또한 탐욕과 성냄 등도 그 사이에 하지 말라. 죄를 범하면 참회를 하고, 그 사이에 한 마음, 한 시간, 하루도 틈을 두지 말고, 항상 심신을 청정하게 해야 한다.
  사견을 얘기하자면, 주야로 여섯 번, 혹은 세 번(아침·낮·저녁), 혹은 두 번(아침·저녁) 정해진 수행법을 갖추고 정근 수련해야 한다. 그 밖의 시간과 장소에서는 형식과 방법을 따지지 않고, 마음과 입을 멈추지 않으면서 항상 염불하여야 한다."

네 번째, 무여수(無餘修)이다. 『서방요결』에서 다음과 같이 설하였다.
  "오로지 극락왕생을 위하여 아미타불을 예배하고 염한다. 다만 모든 다른 일들이 섞여서는 안 된다. 수행으로서 매일 염불, 독경을 해야 하며, 다른 수행을 할 여지를 남겨서는 안 된다."

선도 스님이 설하였다.
  "아미타불의 명호만을 불러야 한다. 오로지 아미타불과 일체 성중

....
3　　선도, 『왕생예찬』.

212

만을 염하고, 생각[想]하며, 예배하고, 찬탄해야 하며, 다른 수행이 섞여서는 안 된다."

묻는다

그 다른 수행법에 무슨 과실이 있습니까?

답한다

『대보적경』 제92권에서 다음과 같이 설하였다.

"만약 어떤 보살이 세속의 업을 좋아하여 갖가지 일을 한다면, 감응하지 못하게 된다. 내 생각에 이 사람은 생사에 머무르는 자이다."

또한 같은 경의 게송⁴에서 다음과 같이 설하였다.

희론, 쟁론하는 곳에는
여러 번뇌가 많이 일어나니
지혜로운 자는 마땅히 멀리하여
백 유순 떨어져 있으라.

다른 수행법에 대해서는 『마하지관』에 상세히 설명되어 있다.

묻는다

만약 그렇다면 재가 수행자가 염불 수행을 감당하기 힘들지 않겠는가?

답한다

4　　『대보적경』 권92.

세속인이 세간 일의 부담을 버리기는 힘들 것이나, 항상 마음을 서방정토에 매어두고, 마치『목환자경(木槵子經)』[5]에서 유리왕(瑠璃王)이 행했던 것처럼 진실한 마음으로 아미타불을 염해야 한다.

가재(迦才)가『정토론』에서 설하기를, "용이 가면 구름이 따라가듯 마음이 서방정토에 가면 수행 역시 그렇게 따르게 된다."고 하였다.

묻는다

이미 알고 있듯이 수행에는 총 네 가지의 상이 있다. 수행할 때에 용심(用心)을 어떻게 하는가?

답한다

『관무량수경』에서 이르기를, "만약 어떤 중생이 정토에 왕생하기를 원한다면, 삼종심(三種心)을 내어야 왕생하게 된다. 첫째, 지성심(至誠心), 둘째, 심심(深心), 셋째, 회향발원심이다."라고 하였다.

선도 스님이 설하기를, "첫째, 지성심은 예배, 찬탄, 관상(觀想)염불을 말한다. 삼업이 반드시 진실해야 하기 때문에 지성심이라 한 것이다. 둘째, 심심은 자신이 번뇌를 구족한 범부이며, 선근이 박약하여 삼계를 유전하고 화택(火宅)에서 나오지 못한 존재임을 잘 알아서 이제는 아미타불의 본원과 명호를 열 번 혹은 단지 한 번만 불러도 왕생이 결정될 수 있음을 믿으며, 내지는 한 순간도 의심이 없는 것이다. 셋째, 회향발원심은 선근을 지은 것을 모두 회향하여 왕생을 발원하는 것을 말한다.

....

5   정무에 쫓겨 수행에 매진하지 못하는 유리왕에 대해 석존께서 설해 주신 수행법. 백팔 개의 목환자를 실에 꿰어서 그 알을 굴리면서 삼보의 이름을 칭하도록 했다.

이 삼심을 갖추면 반드시 왕생할 수 있을 것이다. 만약 하나의 심(心)이라도 부족하면 왕생할 수 없다."고 하였다.[이상 간략하게 인용한 것이다. 경문에서는 비록 상품상생(上品上生)에 있기는 하지만, 선도 화상의 주석에서는 이 삼심이 구품으로 통하는 이치이다. 다른 스님의 해석은 여기에서 다 제시할 수 없다.]

『고음성왕경(鼓音聲王經)』에서 이르기를, "만약 깊이 믿어서 의심이 없다면, 반드시 아미타 불국토에 왕생할 수 있을 것이다."라고 하였다.

『대반열반경』에서 이르기를, "아뇩다라삼먁삼보리는 신심을 인(因)으로 삼는다. 이 보리를 얻는 인은 무수하지만, 신심에 대해 말하자면 이미 모든 것을 다 포함하고 있다."고 하였다.[이상]

수행자는 믿음이 첫째라는 것을 분명히 알아야 한다. 또한 선도 화상은 다음과 같이 설하였다.

"만약 관법 수행에 들어가거나, 잘 때에는 이러한 발원을 해야 한다. 서거나, 앉을 때에 마음을 집중하여 합장하고, 똑바로 서쪽을 향하여 아미타불, 관음, 세지보살, 청정대해중(淸淨大海衆)의 이름을 열 번 부르는 것을 마치고, 불보살과 극락의 상(相)을 보려는 발원을 해야 한다. 그리하면 즉시 뜻대로 관상염불 중이나, 꿈속에서 불보살을 볼 수 있다. 다만 지심이 아니면 안 된다."

묻는다
수행자가 항상 어떻게 왕생을 할 수 있을지 마음속으로 방법을 생각하는 것은 무엇과 유사한가?

답한다

전에 『서방요결』에서 인용한 본국으로 돌아가고 싶어 하는 자의 비유가 그것이다.

또한 『안락집(安樂集)』에서 다음과 같이 설하였다.

"이를테면 어떤 사람이 광야에서 원수를 만나게 되었는데, 원수가 칼을 뽑고 분기탱천하여 곧바로 와서 그 사람을 죽이려고 했다. 그가 도망가다가 건너야 할 강이 보였다. 아직 강에 이르지 않았는데, 그 사람은 생각하기를, '내가 강에 이르면 옷을 벗고 물에 잠겨 건널까, 옷을 입고 물에 떠서 건널까. 만약 옷을 벗고 건넌다면 틈이 없을까 봐 두렵고, 옷을 입고 물에 떠서 가자니 목숨이 위험할지도 모른다.'고 했다.

이때 단지 강을 건널 방편만 마음에 둘 뿐, 다른 생각이 끼어들어서 섞이게 하지 말아야 한다. 수행자 역시 이러하다. 아미타불을 염할 때에 마치 그 사람이 강을 건너려고 마음먹은 것과 같이, 부처님을 염하는 것이 서로 이어져서 다른 생각이 섞이지 않도록 해야 한다. 불법신을 염하거나, 부처님의 위신력을 염하거나, 부처님의 지혜를 염하거나, 부처님의 백호상을 염하거나, 부처님의 상호를 염하거나, 부처님의 본원을 염한다. 칭명을 할 때도 또한 이러하다. 오로지 염불이 서로 이어져 끊임이 없게 할 수 있어야 부처님 앞에 왕생할 수 있다."[이상 원효 스님이 설한 것도 이것과 같다.]**6**

---

6   원효(元曉), 『양권무량수경종요(兩卷無量壽經宗要)』.

묻는다

염불삼매[7]는 단지 마음으로 불타를 염하는 관상염불이어야만 하는가, 구칭염불[口唱念]이기도 한가?

답한다

『마하지관』제2권에서 말한 것과 같다. 혹은 구칭염불과 관상염불을 동시에 행하거나, 혹은 먼저 관상염불을 하고 나중에 구칭염불을 하거나, 혹은 먼저 구칭염불을 하고, 나중에 관상염불을 한다. 구칭염불과 관상염불이 서로 이어져서 끊임이 없을 때, 소리와 마음이 오직 아미타불에 있게 된다.

또한 회감 선사가 다음과 같이 설하였다.

"『관무량수경』에서 '이 사람이 고통에 몰려서 염불을 할 여유가 없으나, 선지식[8]이 칭명염불을 가르쳐 주어 하게 하라.'고 하고 있다. 이와 같이 지심(至心)으로 소리가 끊이지 않게 염불하라. 고뇌에 몰려서 부처님을 관상하는 것은 이루어지기 어려워도 소리가 끊이지 않게 하면 지심이 될 수 있지 않겠는가. 이렇게 소리를 내서 염불을 배우는 것도 또한 이와 같다. 소리가 끊이지 않으면 마침내 삼매를 얻어서 눈앞에서 부처님과 성중을 선명하게 볼 수 있다."

그러므로 『대방등대집경(大方等大集經)』「일장분(日藏分)」에서 설하기를, "대념(大念)을 하면 대불을 보고, 소념(小念)을 하면 소불을 본다."고 하였

---

7   부처님을 염하는 것에 의해 삼매를 얻는 것을 지향하는 수행.

8   원문에는 '善友'로 되어 있다. 수행자를 깨달음으로 인도하는 선한 스승을 말한다.

다. 대념이라는 것은 큰 소리로 칭불하는 것이며, 소념은 작은 소리로 칭불하는 것이다. 이는 곧 경전의 가르침이니, 어떤 의혹이 있으리오?

현재의 모든 수행자들은 오직 소리에 힘을 내서 염불해야 삼매가 쉽게 이루어진다. 작은 소리로 칭명염불하면 많이 흩어지게 되니, 이는 수행자들은 알고 있지만 다른 사람들은 이해하지 못한다.[이상. 저『대방등대집경』에서는 "단지 많은 것을 관하고자 하면 보는 것이 많고, 적게 관하고자 하면 보는 것이 적다."고만 설하였다. 그러나 회감 선사는 이미 삼매를 얻었으니, 그 주석을 믿을 수 있을 것이다. 다시 모든 경본을 교감하라.]

제3. 대치해태(對治懈怠)

셋째는 나태를 제어하는 것이다. 수행자가 항상 용맹정진하기는 힘들다. 마음에 몽매함이 있거나, 마음을 굽혀 물러서거나 할 때에 여러 좋은 방법에 의지하여 자신의 힘을 북돋아 주거나, 삼도(三途)의 고통스러운 과보를 정토의 공덕에 비교하여 이렇게 염해야 한다.

"저는 이미 여러 겁에 걸쳐 악도를 지나왔습니다. 이익 됨이 없이 힘들게 수행하는 것을 뛰어넘을 수 있습니다. 적은 수행으로도 보리의 큰 이익을 얻을 수 있도록 퇴굴하지 않겠습니다."[악취의 고통과 정토의 하나하나의 모습은 앞에서 말한 것과 같다.]

혹 정토에 왕생하는 중생을 연(緣)하여[9] 마땅히 이렇게 염해야 한다.

....
9   마음을 집중하여 정토 왕생자의 모습을 사념하는 것.

왕생요집

"시방세계의 모든 유정 중생이 순간순간에 안락국에 왕생합니다. 저들이 이미 장부(丈夫)가 되었으니, 저도 또한 그러할 것입니다. 스스로 자신을 비하하여 퇴굴하려는 마음을 내지 않겠습니다."[왕생인(往生人)에 대해서는 아래 「염불이익」장과 「문답요간」장에서 설하는 바와 같다.]

혹은 부처님의 오묘한 공덕에 의지해야 한다. 그 요체를 간략하게 제시한다. 첫째, 아미타불의 사십팔본원을 사념한다. 『무량청정평등각경(無量淸淨平等覺經)』[10]에서는 "아미타불과 관세음·대세지 보살은 대원(大願)의 배를 타고 생사해를 건너 이 사바세계로 와서 중생들을 불러 대원의 배에 태워 서방정토로 보내 준다. 만약 중생이 대원의 배에 탈 수 있다면 누구라도 서방정토로 갈 수 있다."고 설한다. 이는 쉽게 가는 방법인 것이다. 이 경문은 3권 『정토론』에서 나온 것이다.

『심지관경(心地觀經)』의 게송에서 다음과 같이 설하였다.

중생은 생사해에 빠져서
윤회 오도에서 나올 기약이 없네.
여래께서는 항상 묘법의 배를 만드시어
애류(愛流)[11]를 끊고 피안으로 건네주시네.

언제라도 비원(悲願)의 배에 타서 갈 수 있도록 염해야 한다.

---

10   『무량청정평등각경』 권2. 이는 가재의 『정토론』 권하의 문장을 인용한 것이다.

11   탐욕에 집착하는 것을 애(愛)라 하며, 여기에 인간의 마음이 빠져들기 때문에 애류(愛流)로 비유한 것이다.

둘째, 명호(名號)의 공덕이다. 『유마경』에서 설하는 것처럼 제불 색신의 뛰어난 상과 본성, 계(戒)·정(定)·혜(慧)·해탈·지견(知見)의 다섯 가지 공덕[12], 십력(十力)·사무소외(四無所畏) 등의 십팔불공법(十八不共法), 대자대비, 위의(威儀) 있는 행동, 수명, 설법교화, 중생제도, 불국토를 청정하게 하고, 모든 불법을 갖추는 데 있어서 모두가 동등하다. 그러므로 무상정등각이라 하고, 여래라고 하며, 부처라고 하는 것이다. 아난아, 만약 내가 이 세 구(句: 무상정등각·여래·부처님)의 뜻을 널리 설한다면, 너는 겁의 수명으로도 다 수용하지 못할 것이다. 삼천대천세계를 가득 채운 중생들로 하여금 아난 다문제일(多聞第一)의 기억을 갖게 하고, 이 모든 사람들이 겁의 수명을 갖춘다 해도 다 수용하지 못할 것이다.

『서방요결』에서 이르기를, "『유마경』에서 부처님의 초기 삼호(三號)에 대해 얘기하기를 부처님께서 널리 설하신 것을 아난이 겁을 지나도 다 이해하지 못한다."고 하였다. 『성실론(成實論)』에서는 부처님의 명호를 해석하기를, "이전의 구호(九號)는 모두 다른 의미에서 나온 것이다." 하였다. 이전 구호의 이름과 공덕을 총괄하여 제십호인 불세존이라고 이름한 것이다. 처음의 삼호는 겁의 시간을 지나도 두루 미치지 못하여 아난도 온전히 다 이해하지 못하였다. 다시 육호를 추가하여 부처님의 명호를 지음으로써 뛰어난 덕이 완전해졌기 때문에 그 이름을 염하는 것이 큰 선행이 될 것이다."라고 하였다.[이상 『요결』의 경문이다.]

『화엄경』에서는 다음과 같이 게송을 설하였다.

---

12 이를 오분법신(五分法身)이라 하며, 계는 계율을 지키는 것, 정은 선정에 드는 것, 혜는 지혜를 완성하는 것, 해탈은 모든 번뇌에서 해방되는 것, 지견은 자신이 깨달은 것을 자각하는 것을 말한다.

만약 모든 중생이

보리심을 내지 않더라도

한 번 부처님의 이름을 듣기만 하면

보리를 이룰 것이 결정된다.[『수릉엄경(首楞嚴經)』의 경문을 아래와 같이 요간

하였다.]

마땅히 이렇게 염하여야 한다.

"나는 지금 부처님의 존호를 들었으니, 내가 시방의 제불과 같은 부처가 될 수 있기를 원합니다."

셋째, 부처님의 상호와 공덕이다. 『육바라밀경(六波羅密經)』에서는 다음과 같이 설하였다.

"모든 세간의 과거·현재·미래의 일체중생, 학인(學人)·무학인[13] 및 벽지불(辟支佛) 등, 이러한 유정 중생이 가진 무량무변한 공덕도 여래의 털 한 오라기의 공덕에 비하면 몇 억분의 일에도 미치지 못한다. 이러한 하나하나의 털끝도 모두 여래의 무량 공덕에서 나온 것이다. 모든 털끝이 가진 공덕이 함께 모여 머리카락 한 줄기의 공덕을 이룬다. 이러한 부처님의 머리털이 8만 4천이다. 하나하나의 머리털마다 위와 같은 공덕을 가지고 있으며, 이렇게 함께 모여서 하나의 잘생긴 상호[隨好]의 공덕을 이룬다. 모든 상호 공덕이 함께 하나의 상의 공덕을 이루고, 모든 상의 공덕이 함께 모여서 백천 배에 이르면 미간 백호상의 공

---

13   깨달음을 지향하는 모든 수행자들을 의미한다. 예류(預流)·일래(一來)·불환(不還)의 세
단계에 있는 수행자를 유학(有學), 마지막 아라한(阿羅漢)의 계위를 무학(無學)이라고
한다. 유학은 배울 것이 남아 있는 단계이며, 무학은 더 배울 것이 없는 단계라는 의미이다.

덕이 된다. 그 상은 원만하게 오른쪽으로 둥글게 감아 돌아간다. 마치 수정처럼 밝고 청정하며 선명한 흰색이며, 어두운 곳에서는 밝은 별처럼 빛난다. 백호상을 펴면 위로는 색계의 아가니타천(阿迦膩吒天)[14]까지 펼쳐지며, 그것을 말아 구부리면 다시 백호상이 되어 미간에 들어서게 된다. 백호상 공덕이 백천 배에 이르면 육계상(肉髻相)이 된다. 이러한 육계상의 천 배의 공덕도 범음성상(梵音聲相) 공덕에는 미치지 못한다."

또한 『대보적경』에는 이러한 비교가 무수히 보이는데 공부하는 자들이 조사해 보면 좋을 것이다.

또한 『대집염불삼매경(大集念佛三昧經)』 제5권에서 다음과 같이 이르고 있다.

"이 세계 및 시방의 무량무변한 모든 세계 안에 있는 중생들이 한 꺼번에 성불하여 그 모든 세존들께서 무량겁에 걸쳐서 부처님의 터럭 한 오라기의 공덕을 찬탄한다 해도 끝내 다하지 못한다."

『화엄경』 게송에서는 다음과 같이 설하였다.

청정한 자문(慈門)의 찰진수(刹塵數)
함께 여래의 한 묘상을 만든다.
하나하나의 모든 상이 그러하지 않음이 없으니
이 때문에 보는 이가 싫어하지 않는다.

---

14 색계의 제4 선천의 정상이며, 색구경천(色究竟天), 혹은 유정천(有頂天)이라고도 한다.

마땅히 이렇게 염해야 한다.

"제가 부처님의 무변한 공덕상을 보기를 원합니다."

넷째, 광명위신(光明威神)의 공덕이다. 『평등각경(平等覺經)』에서 다음과 같이 설하였다.

"무량청정불[이는 아미타불이다.]의 광명이 가장 존귀하여 견줄 데가 없으며, 모든 부처님의 광명이 미치지 못한다. 어떤 부처님은 정수리의 광명이 7척이며, 어떤 부처님은 1리를 비춘다. 어떤 부처님은 5리, 어떤 부처님은 20리, 40리, 80리 내지 백만 불국토, 2백만 불국토, 팔방과 상하를 비추는데, 무수한 제불의 정수리에서 나오는 빛이 비추는 것이 모두 이와 같다. 무량청정불의 정수리에서 나오는 빛은 천만 불국토를 비춘다."[이상은 경전에서 가져온 얘기이다. 나의 견해로는 『관무량수경』에서 "아미타불의 둥근 빛(圓光)은 백억 대천세계와 같다."고 하였으며, 이 『평등각경』에서는 "정수리의 빛이 천만 불국토를 비춘다."고 하였으니, 두 경전의 교의가 같다.]

『무량수경』에서는 무량수불의 위신광명이 가장 뛰어나며, 제불의 광명이 미치지 못한다. 혹 어떤 부처님의 광명은 1백 불국토, 혹은 1천 불국토를 비춘다. 그것을 요약하자면, 동방의 항하의 모래같이 많은 불국토 세계를 비추고, 남서북방·사유(四維)·상하 역시 이렇게 비춘다는 것이다. 그러므로 무량수불의 불호를 무량광불·무변광불·무애광불·무대광불(無對光佛)[현일(玄一) 화상[15]이 대등한 것이 없기 때문에 이렇게 부른다고 하였다.]·염왕광불(炎王光佛)[현일 화상은 자재함이 가장 뛰어나기 때문에 이렇게 부른

---

15   신라 승려. 『무량수경기(無量壽經記)』 권상.

다고 하였다.]·청정광불(淸淨光佛)[현일 화상은 삼구(三垢)를 멸하기 때문이라고 하였으며, 경흥(憬興) 화상[16]은 무탐선근으로 인해 이렇게 부른다고 하였다.]·환희광불[현일 화상은 만나는 자를 기쁘게 하기 때문이라고 하였으며, 경흥 화상은 성냄이 없기 때문이라고 하였다.]·지혜광불[현일 화상은 지혜를 발하기 때문에, 경흥 화상은 어리석음이 생겨나지 않기 때문이라고 하였다.]·부단광불(不斷光佛)[현일 화상은 항상 이어지기 때문이라고 하였다.]·난사광불(難思光佛)·무칭광불(無稱光佛)[현일 화상은 부처님께서 가진 것을 다 칭찬할 수 없기 때문이라고 하였다.]·초일월광불(超日月光佛) 등으로 부른다. 나머지도 이름에서 다 알 수 있으며, 번거로워서 다 적지 않는다.

만약 삼도의 고통을 겪고 있는 곳에서 이 광명을 보게 되면 다시 고뇌가 되풀이되지 않으며, 목숨이 다한 후에 모두 해탈하게 된다. 나는 지금 그 광명만을 칭찬하는 것이 아니니, 모든 부처님께서 또한 이러하시다.

만약 어떤 중생이 그 광명의 위신력과 공덕에 대해 듣고, 밤낮으로 지극한 마음으로 칭찬하기를 그치지 않는다면 원하는 불국토에 태어날 수 있을 것이다.

무량수불 광명의 위신력은 높고 뛰어나서 주야로 1겁 동안 내가 설해도 다할 수가 없다.[이상 『평등각경』에서는 불정(佛頂)의 광명에 대해 별도로 설했으며, 『관무량수경』에서는 부처님의 광명에 대해 총괄적으로 설한 대의를 인용한 것이다.]

『비유경(譬喩經)』 제3권에서는 석가모니불의 광명의 상에 대해 다음과 같이 설하였다.

"불멸 후 백 년에 아육왕이 있었다. 그 왕국 내의 국민들이 부처님

16　신라 승려. 『무량수경연의술문찬(無量壽經連義述文贊)』 권중.

께서 남기신 경전을 읊었지만, 왕은 마음속으로 그 가르침을 믿지 않았다. 부처님의 어떠한 덕이 남보다 뛰어난 것인지, 모두들 함께 믿음을 전하고 그 경문을 외우고 익히는 것인가?

왕이 곧 대신에게 물었다.

'나라 안에 부처님을 본 자가 있는가?'

대신이 대답했다.

'듣자 하니, 바사닉왕(波斯匿王)[17]의 누이가 출가하여 비구니가 되었는데, 서쪽 변경에 있을 때 부처님을 보았다고 했습니다.'

왕이 바로 나가서 비구니에게로 왕림하여 물었다.

'도인께서 부처님을 보셨습니까?'

비구니는 그렇다고 대답했다.

왕이 무슨 특별한 점이 있더냐고 묻자, 비구니가 대답했다.

'부처님의 공덕이 높고 높아서 헤아리기 어렵습니다. 저처럼 어리석고 천한 이가 말할 수 있는 것이 아닙니다. 얼추 한 가지만 얘기해도 특별함을 알 수 있을 것입니다. 제 나이 8세에 세존께서 왕궁에 들어오셔서 두면족례를 드리다가 머리에 꽂은 금비녀가 땅으로 떨어졌는데, 그것을 찾지 못했습니다. 이유를 몰라 괴이하게 생각했는데, 여래께서 지나가시니, 발자국의 천폭륜(千輻輪)에 광명이 찬란하게 빛나다가 7일이 지나자 사라졌습니다. 바로 (빛 때문에) 금비녀가 땅과 같은 색이 되어 보지 못한 것이었습니다. 광명이 사라지자 금비녀를 찾았으니, 이에 그 특별함을 알겠습니다.'

왕이 듣고 기뻐서 마음이 환하게 열리며 깨달음을 얻었다."[간략히 인용]

17　부처님과 동시대 코살라국의 왕.

『화엄경』에서도 다음과 같이 게송을 설하였다.

> 하나하나의 털구멍에서 빛 구름이 나타나
> 허공에 두루 대음(大音)을 발한다.
> 모든 명계[幽冥]까지 비추지 않는 곳이 없으니
> 지옥의 모든 고통이 모두 사라진다.

마땅히 이렇게 염해야 한다.

"바라옵나니, 부처님께서는 제게 빛을 비추시어 생사업의 고통을 멸해 주십시오."

다섯째, 무능해(無能害)이다. 『대보적경』 제37권에서 다음과 같이 설하였다.

"풍겁(風劫)이 일어날 때, 세상에 대풍(大風)이 있었는데, 이름이 승가다(僧伽多)였다. 그 바람은 이 삼천세계의 수미산·철위산 및 사대주와 8만 소주(小州)의 대산대해를 백 유순에서 무량 백천 유순까지 불어 날려서 다 티끌로 부숴 버린다. 또한 염마천궁(焰摩天宮)[18]이나 변정천(遍淨天)[19]에 있는 궁전까지 모두 부숴 버린다. 그러나 이 바람이 여래의 옷에 불면 터럭 하나도 움직이게 할 수 없다. 하물며 옷자락과 옷 전체를 움직일 수 있겠는가?"[이상]

---

18 욕천의 아래에서 세 번째 야마천을 말한다.

19 색계의 십칠천 중에서 제3 선천에 속하는 삼천(三天) 중에서 가장 높은 천을 말한다.

『십주비바사론(十住毘婆沙論)』에서는 다음과 같이 설하였다.

　　"제불의 불가사의한 힘은 비유로도 알 수 있다. 가령 일체 시방세계 중생이 모두 힘을 가지고 있는데, 한 마(魔)가 힘을 가지고 있어서 또한 시방의 하나하나의 중생의 힘을 악마와 같이 만들어 함께 부처님을 해하려 하였으나, 오히려 부처님의 털끝 하나도 건드리지 못했는데, 하물며 해칠 수 있겠는가?"

『십주비바사론』의 게송에서 다음과 같이 설하였다.

　　만약 모든 세간 중에
　　부처님을 해치려는 자가 있다면
　　그 일을 이루지 못할 것이며
　　불살생의 법을 이루게 될 것이다.

마땅히 이렇게 염해야 한다.

　　"제가 깨달음을 얻어 금강불괴신(金剛不壞身)이 되기를 원합니다."

여섯째, 비행자재(飛行自在)이다. 『십주비바사론』에서는 다음과 같이 설하였다.

　　"부처님께서는 허공에서 다리를 들어 올리시거나, 내리시거나, 행·주·좌·와가 모두 자재로우시다. 만약 대성문(大聲門)이 신통자재하여 하루에 53억 296만 6천의 삼천대천세계를 지난다면, 부처님께서는 그가 이렇게 백 년 동안 지나온 곳을 한순간에 지나 버린다. 게다가 항하의 모래 한 알이 하나의 강이 되고, 이것이 항하의 모래알 수만큼이나 많은 대겁(大劫)[20]을 지나온 국토를 부처님께서는 한순간에 지나 버린다. 만약 연꽃을 밟고 가려 하면 바로 그렇게 할 수 있다."

이렇게 자재로이 비행하듯 일체의 장애가 없다.

『관불삼매해경』에서는 다음과 같이 설하였다.

"허공에서 다리를 들고 가실 때에 천폭륜상이 모두 8만 4천 연꽃에 비를 적신다. 이 많은 연꽃에도 무수한 부처님께서 계셔서 마찬가지로 허공을 걷고 있다."[이상 간략하게 인용]

또한 『대보적경』에서 다음과 같이 설하였다.

"허공을 밟고 가면서 천폭륜의 상이 땅에 나타나면 기분 좋은 묘향을 발하는 발특마화(鉢特摩花)[21]가 저절로 용출하여 여래의 발을 받아들인다. 만약 축생도의 일체 유정 중생이 여래의 발에 접촉하게 되면 7일 밤을 가득 채우는 여러 가지 즐거움을 누리게 되고, 목숨이 다한 후에는 좋은 곳에 왕생하게 된다. 만약 40리의 반석을 색구경천에서 떨어뜨리면 1만 8천383년이 지나 지상에 이르게 된다. 직하해도 이러하다. 그것으로 미루어 성문의 비행이나, 여래의 비행은 상상할 수 없을 만큼 불가사의하다."

『화엄경』 혜림(慧林)보살 〈찬불게〉에서는 다음과 같이 설하였다.

---

20 성(成)·주(住)·괴(壞)·공(空)의 4겁을 1대겁이라 한다.

21 홍련화(padma).

왕생요집

자재한 신통력이여,

무량하여 헤아릴 수가 없구나.

온 적도 없고, 간 적도 없이

설법으로 중생을 제도하시네.

마땅히 이렇게 염해야 한다.

"제가 신통력을 얻어서 모든 불국토에서 노닐기를 원합니다."

일곱째, 신통무애(神通無礙)이다. 『십주비바사론』에서는 다음과 같이 설하였다.

"부처님께서는 항하의 모래 수만큼이나 많은 세계를 부수어서 먼지로 만들 수도 있고, 다시 합칠 수도 있다. 혹은 무량무변 아승기의 세계를 모두 변화시켜 금·은 등으로 만들 수도 있다. 또한 항하의 모래 수와 같이 많은 세계를 대해수로 변화시킬 수도 있으며, 모두 우유·연유[乳蘇] 등으로 만들 수도 있다."[이상]

『정명경(淨名經)』[22]에서는 보살의 부사의한 해탈에 대해 다음과 같이 설하였다.

"도공(陶工)의 이론에 빗대자면, 삼천대천세계를 끊고 취하는 것이 오른손 안에 그것을 쥐고 항하의 모래 수와 같이 많은 세계의 밖으로 던져도 그 안의 중생들은 자신이 머무르고 있는 곳을 알지 못한다. 또한 다시 원래대로 갖다 놔도 모두 사람들이 갔다 왔다는 생각을 하지

----

22   『유마경』권중.

못하고, 이 세계의 본래의 모습이 옛날과 같다고 느낀다.

　또한 하방에서도 항하의 모래 수와 같이 많은 여러 불세계를 지나면서 한 불토를 들어서 상방으로 가는 것을 마치 바늘로 대추나무 이파리 하나를 들어 올리듯 한다. 그렇지만 세계를 요란하게 하지 않는다. 수미산을 겨자씨 안에 들여놓는 것, 사대해를 터럭 하나에 넣는 것도 또한 이와 같아서 그 안의 중생들은 느끼지도, 알지도 못한다. 오직 깨달음을 얻을 이들만이 그것을 보고 알 뿐이다."[이상]

보살도 이러한데, 하물며 부처님의 힘은 어떠하겠는가. 그러므로 『도제불경계지광엄경(度諸佛境界智光嚴經)』에서는 다음과 같이 설하였다.

　"시방세계를 털구멍 하나에 집어넣을 수 있다거나 …(중략)… 먼지 한 톨에 무량무수 불가설한 세계를 올려 세워도 그 안의 일체중생이 비좁게 몰리지 않는다. 무량무수 불가설수(不可說數)의 겁의 시간의 위의와 과보를 한순간에 나타낼 수 있으며, 한순간의 위의와 과보를 무량무수 불가설수의 겁 동안 나타낼 수도 있다. 이러한 행위는 마음을 쓰거나, 사유를 요하는 것이 아니다. 운운."

『화엄경』 진실당보살(眞實幢菩薩)의 게송에서는 다음과 같이 설하였다.

　　일체 모든 여래께서는
　　신통력이 자재하시다.
　　나는 삼세에 걸쳐
　　얻으려 해도 안 되는구나.

마땅히 이렇게 염해야 한다.

"저는 지금도 부처님께서 신력에 의해 전전하시는 까닭에 어느 불토에 계신지, 누구의 털구멍에 계신지를 알지 못합니다. 제가 언젠가는 깨달음을 얻어 알 수 있기를 원합니다."

여덟째, 수류화현(隨類化現)이다. 『십주비바사론』에서는 다음과 같이 설하였다.

"부처님께서는 한순간에 시방 무량무변 항하의 모래 수와 같이 많은 세계에서 무량한 불신으로 변화하신다. 하나하나의 화불 역시 부처님으로서의 갖가지 일을 행할 수 있다."[이상 네 가지는 신경통(神境通)[23]을 말하는 것이다.]

『도제불경계지광엄경』에서는 다음과 같이 설하였다.

"여래께서 나타내신 상은 특별하게 공력을 사용하거나, 사유를 한 것이 아니다. 중생의 각각의 성질에 따라 자연히 보이는 것도 다르다. 예를 들면, 15일 밤에 염부제 사람들이 각자 달을 보면 그들의 위에 떠 있지만, 달이 일부러 자신을 그들의 위로 드러내는 것이 아닌 것과 같다."

『화엄경』 게송에서는 다음과 같이 설하였다.

여래의 넓고 큰 몸은
법계를 다 채운다.

....

23 신족통(神足通)과 같은 의미이다.

이 연화좌를 떠나지 않고서도
모든 곳에 다 계신다.

또 다음과 같이 설하였다.

지혜가 깊고 깊은 공덕의 바다
두루 시방 무량국에 나타나네.
모든 중생이 보는 것에 따라서
광명을 두루 비추어 법륜을 굴린다.

마땅히 이렇게 염해야 한다.
"제가 법계에 편만한 불신을 보기를 원합니다."

아홉째, 천안명철(天眼明徹)이다. 『십주비바사론』에서는 다음과 같이 설하였다.

"대력(大力)의 성문은 천안으로 소천(小千) 국토를 바라보면서 그 중생들의 나고 죽는 때를 안다. 소력(小力)의 벽지불은 10소천 국토를 보면서 그 중생들의 나고 죽는 때를 본다. 중력(中力)의 벽지불은 백 소천 국토를 보면서 그 중생들의 나고 죽는 때를 본다. 대력(大力)의 벽지불은 삼천대천(三千大千) 국토를 보면서 중생들의 나고 죽는 곳을 본다. 제불 세존께서는 무량무변 불가사의한 세간을 보시면서, 또한 이 중생들의 나고 죽는 때를 보신다."

『화엄경』 게송에서는 다음과 같이 설하였다.

부처님의 눈은 광대하여 끝이 없다.
시방 모든 국토를 두루 보시네.
그 중생들은 수없이 많은데
대신통을 드러내어 다 구제하신다.

마땅히 이렇게 염해야 한다.
　"지금 아미타여래께서 멀리서 나의 신업(身業)을 보고 계신다."

열째, 성문자재(聲門自在)이다. 『십주비바사론』에서 다음과 같이 설하였다.
　"가령 항하의 모래 수와 같이 많은 삼천대천세계 중생이 한꺼번에 말을 하거나, 한꺼번에 천 가지의 기악을 연주하면 멀거나 가깝거나 마음먹은 대로 들을 수 있을 것이다. 만약 그 안에서 한 소리를 듣고자 한다면 마음먹은 대로 들을 수 있으며, 나머지 소리는 들리지 않는다. 또한 끝이 없는 세계를 지나면서 가장 작은 목소리라도 역시 들을 수 있다. 만약 중생들에게 들려주고 싶으면 듣게 할 수 있다."[간략하게 인용]

『화엄경』〈문수게〉에서 다음과 같이 설하였다.

　일체 세간 안의
　모든 소리들을
　부처님의 지혜로 다 알고
　또한 차별 없이 듣는다.

이렇게 염하라.

"지금 아미타여래께서 정확히 나의 어업(語業)을 듣고 계신다."

열한째, 지타심지(知他心智)이다. 『십주비바사론』에서는 다음과 같이 얘기하고 있다.

"부처님께서는 무량무변한 세계에 존재하는 중생의 마음과 그 마음의 선악의 원인 등을 알며, 무색계 중생의 마음도 모두 알 수 있다."[간략하게 인용]

『화엄경』〈문수게〉에서는 다음과 같이 설하였다.

　일체중생의 마음이

　삼세에 두루 있어도

　여래는 한순간에

　모두 다 아신다네.

이렇게 염하라.

"지금 아미타여래께서는 반드시 나의 의업(意業)을 알고 계신다."

열두째, 숙주수념지(宿住隨念智)이다. 『십주비바사론』에서 다음과 같이 설하였다.

"부처님께서 자신과 일체중생의 무량무변한 전생의 일에 대해 생각하고자 하신다면, 모든 일을 다 알게 되시고, 모르는 것이 없으시다. 항하의 모래 수같이 많은 겁이 지난 일에 대해서, 이 사람이 어디에서 태어났는지, 성명, 귀천, 음식, 자산, 생활의 고락, 그가 지은 일, 받은 과보, 마음이 어떤 것에 의해 움직이는지, 본디 어디에서 왔는지, 이러한 일들에 대해 알 수 있다."

『십주비바사론』의 게송에서는 다음과 같이 설하였다.

숙명지는 무량하여
천안으로 모든 것을 본다.
모든 사람과 천신들도
그 한계를 알지 못한다.

이렇게 염해야 한다.
"부처님께서 나의 숙업을 청정케 하신다."

열셋째, 지혜무애(智慧無礙)이다. 『대보적경』 제37권에서 다음과 같이 설하였다.

"가령 어떤 사람이 항하의 모래같이 많은 세계의 모든 초목을 다 태워서 먹[墨]으로 만들어 타방 항하의 모래같이 많은 세계의 대해에 던져서 백천 년 동안 그것을 갈아 먹물을 만들더라도, 부처님께서는 대해 안에서 한 방울씩 먹물을 가려내서 이것이 어느 세계의 이러한 초목의 어느 뿌리, 줄기, 가지, 작은 가지, 꽃, 과일, 이파리인지 등을 다 아실 수 있다. 또한 어떤 이가 터럭 한 오라기에 물 한 방울을 적셔서 부처님께 가져와서 말하기를, '한 방울의 물을 가지고 찾아뵈러 왔으니, 이것을 바칩니다. 만약 나중에 제가 이 물을 필요로 하게 된다면 저에게 돌려주십시오.'라고 하였다. 이때 여래께서 그 한 방울의 물을 취하여 항하 안에 넣고, 그리하여 그 흐르는 물결에 뒤섞여 물 소용돌이가 되어 다른 강물과 합쳐 흘러서 대해로 들어갔다. 이 사람이 백 년 후에 부처님께 아뢰기를, '지난번에 드린 물방울을 지금 다시 돌려주시길 청합니다.'라고 하자, 이때 부처님께서는 한 오라기의 털을 대해 안에 집어넣어 본래의 물방울을 적셔서 이 사람에게 돌려주셨다."[간략하게 인용]

또한 『육바라밀경』에서는 다음과 같이 설하였다.

"이와 같이 사주(四州) 및 모든 큰 산을 백지로 만들어 팔대해의 물을 먹으로 삼고, 일체 초목을 붓으로 삼아서 모든 인천(人天)이 1겁에 걸쳐 서사(書寫)를 해도, 사리불이 얻은 지혜에 비하면 16분의 1에도 미치지 못한다. 또한 삼천대천세계 안에 있는 중생이 가진 지혜가 사리불 등과 다르지 않다 해도, 보살이 보시바라밀다를 통달하여 얻게 된 지혜는 그 백 배를 넘는다. 또한 이 삼천대천세계의 중생이 모두 보시바라밀다 지혜를 갖추어도 보살의 정계(淨戒)바라밀다 지혜에 미치지 못한다. 아울러 반야바라밀의 지혜를 갖추어도 또한 이러하다. 또한 삼천대천세계의 중생이 모두 육바라밀 지혜를 갖추어도 초지(初地)[24] 보살 한 명의 지혜에 미치지 못하며, 십지(十地)에 이르기까지 이와 같다.

또한 이 십지 보살 지혜는 미륵 일생보처보살(미륵보살)의 지혜에 비하면 10만분의 1에도 미치지 못한다. 이 삼천대천세계의 일체중생이 가진 지혜가 모두 미륵보살과 차이가 없는데, 이러한 보살이 도량에 앉

----

24 보살이 깨달음을 구하는 마음을 일으킨 후 성불하게 되기까지의 수행 단계를 십신(十信)·십주(十住)·십행(十行)·십회향(十廻向)·십지(十地)·등각(等覺)·묘각(妙覺)으로 구분한다. 이 중에서 십지 이상을 성인이라 하며, 그 전의 40단계와 구별한다. 초지는 십지의 첫 단계이며, 환희지(歡喜地)라고도 한다.

아 마귀와 원수를 항복시키고 정각을 이루어 얻은 지혜도 부처님의 지혜에 비하면 10억분의 1에도 미치지 못한다."

『대보적경』에서는 다음과 같이 설하였다.

　"가령 시방 무량무변한 일체 세계의 중생들이 모두 일생보처 보살(미륵보살)의 지혜를 얻는다 해도 여래 십력(十力)의 첫 번째인 처지(處智)·비처지(非處智)[25]에 비하면 백천만분의 하나에도 미치지 못한다. 게다가 우파니샤드[26]분의 하나에도 미치지 못한다. 내지는 수를 셈하는 것에도, 비유도 미치지 못한다."

『화엄경』 게송에서 다음과 같이 설하였다.

　　여래의 심오한 지혜여,
　　법계에 두루 들어 있어서
　　삼세를 따라 전전하며
　　세상을 위한 진리가 되네.

『화엄경』 〈보명지보살찬불게(普明智菩薩讚佛偈)〉에서 다음과 같이 설하였다.

　　일체 제법 안에서

25　도리에 맞는지, 맞지 않는지 여부를 아는 지혜. 여래가 가진 열 종류의 지력(智力) 중 첫 번째이다.

26　오파니사타(烏波尼沙陀: upaniṣad). 소(小)의 극한, 극소의 수를 말한다.

법문은 끝이 없어

일체지를 성취하여

깊은 법해(法海)로 들어간다.

이렇게 염해야 한다.

"지금 아미타불께서는 우리의 삼업(三業)을 명철하게 보고 계신다. 세존과 같은 혜안의 제일정(第一淨)을 얻을 수 있기를 바라나이다."

열넷째, 능조복심(能調伏心)이다. 『십주비바사론』에서 다음과 같이 설하였다.

"제불이 입정(入定)하거나, 하지 않거나, 하나의 대상을 향해 집중하면 뜻하는 대로 시간의 장단에 상관없이 마음을 머무르게 할 수 있다. 이 대상에서 다시 다른 대상에 머무르는 것도 마음먹은 대로 할 수 있다. 만약 부처님께서 항상 마음에 머무를 때도 다른 사람으로 하여금 모르게 하고 싶으면 알 수가 없다. 가령 일체중생이 대범왕이나 대성문, 벽지불처럼 타인의 마음을 아는 지혜를 성취하여 부처님의 평상시의 마음을 알려고 하더라도 만약 부처님께서 허락하지 않으신다면 알 수가 없다."

이렇게 염하라.

"제가 부처님과 같은 삼매를 얻기를 원합니다."

열다섯째, 상재안혜(常在安慧)이다. 『십주비바사론』에서 다음과 같이 설하였다.

"제불은 안정되어 있어서 늘 부동의 마음을 지니고 있다. 무슨 까닭인가? 먼저 알고 나서 후에 실천하기 때문에 마음 가는 대로 행동해도 걸림 없는 상태에 머무르는 것이다. 일체의 번뇌를 끊기 때문이며, 동요함을 넘어섰기 때문이다. 그러므로 부처님께서 아난에게 다음과 같이 말씀하셨다.

'나는 오늘 밤에 아뇩보리를 얻어서 일체 세간의 천(天)·마(魔)·범(梵)·사문·바라문에게 모든 고통을 없애는 진리로 다 교화하고 나면 무여열반에 들게 된다. 그 사이에 나는 모든 감각의 일어나는 것과 멈추는 것, 생멸하는 것을 안다. 모든 모습, 촉각, 지각, 사념에서도 일어나는 것과 멈추는 것, 생멸하는 것을 안다. 악마는 7년 동안 주야로 쉬지 않고 항상 나를 따라다녔으나 나의 단점을 찾지 못했고, 불안하거나 지혜롭지 못한 것을 보지 못했다.'"

게송에서는 다음과 같이 설하였다.

그 마음은 대해와 같으니
맑고도 편안하다.
세간의 법으로는
어지럽힐 자가 없다.

이렇게 염하라.

"부처님께서 저의 어지럽게 움직이는 각관(覺觀)[27]의 마음을 없애

---

27   심사(尋伺)라고도 한다. 각(覺, 혹은 尋)은 개괄적으로 사유하는 마음 작용, 관(觀, 혹은 伺)은 세밀하게 사유하는 마음 작용을 말한다.

주시기를 원합니다."

열여섯째, 비념중생(悲念衆生)이다. 『대반야경(大般若經)』에서는 다음과
같이 설하였다.
　"시방세계에는 여래의 대자비 광명을 입지 못할 유정 중생이 하나
도 없다."

『대보적경』에서는 다음과 같이 설하였다.
　"가령 항하의 모래와 같이 많은 제불의 세계를 지나면서 오직 한
중생이 부처님의 교화를 입는 데 제한이 있다 해도, 이때에 여래께서
몸소 그가 있는 곳에 오셔서 중생을 위하여 법의 요체를 설하면서 그로
하여금 깨달음에 들게 하신다."

『대보적경』의 게송에서는 다음과 같이 설하였다.

　　한 중생의 이익 됨을 위하여
　　무변겁의 바다에 머물러
　　그의 번뇌를 조복케 하시니
　　이것이 여래의 대비심이다.

『화엄경』〈문수찬불게〉에서는 다음과 같이 설하였다.

　　하나하나의 지옥에서
　　무량겁을 지내는 것은

중생을 제도하기 위하여
고통을 견디기 때문이다.

『대반열반경』 게송에서는 다음과 같이 설하였다.

일체중생이 다른 고통을 받는 것을
모두 여래 한 사람의 고통으로 삼는다.
중생은 부처님께서 구제할 수 있다는 것을 모르기 때문에
여래와 불법, 승려를 비방하는 것이다.

『대지도론』에서는 다음과 같이 설하였다.
"부처님께서는 불안(佛眼)으로 하루 밤낮으로 세 번씩 일체중생 중에 누가 제도될 수 있는지 관하여 때를 잃지 않게 하신다."

어느 논서에서도 다음과 같이 설하였다.
"예를 들면 새끼 물고기 같은 경우에도 그 어미가 마음에 두고 살피지 않으면, 새끼는 바로 썩어 버린다. 중생도 또한 그러하다. 부처님께서 마음에 품고 살피지 않으시면 선근이 무너지게 된다."

『대승장엄경론(大乘莊嚴經論)』의 게송에서 다음과 같이 설하였다.

보살은 중생을 마음에 두고
아끼는 마음이 골수에 사무친다.
항상 이롭게 하고자 하여

마치 자식처럼 돌보는구나.

이러한 뜻에 근거하여 어느 참회게에서도 다음과 같이 설하였다.

> 부모에게 자식이 있는데,
> 태어날 때부터 봉사에 귀머거리라도
> 자비심이 깊어서
> 버리지 않고 길러서 살린다.
> 자식은 부모를 보지 못해도
> 부모는 항상 자식을 본다.
> 제불이 중생을 보는 것이
> 마치 라홀라를 보듯 한다.
> 중생은 비록 보지 못해도
> 실제로 제불의 앞에 있다.

이렇게 염하라.

"아미타여래의 광명이 항상 저의 몸을 비추어 저의 선근을 지켜 주고, 저의 기연을 관찰하여 기연이 무르익는다면 때를 놓치지 않고 정토에 인도되게 하소서."

열일곱째, 무애변설(無礙辨說)이다. 『십주비바사론』에서 다음과 같이 설하였다.

"만약 삼천세계 사대주에 가득한 미진수 삼천대천세계 중생들이 모두 사리불·벽지불처럼 지혜와 변재(辯才)를 성취하고, 수명도 위와 같은 미진수 대겁처럼 길어서 이 모든 사람들이 수명이 다할 때까지 사념처[身·受·心·法]²⁸ 교설에 대해 여래께 계속 질문한다면, 여래께서는 다시 사념처관의 교설로써 그 묻는 바에 답을 하실 것이다. 말씀하시더라도, 같은 언어 표현이 중복되지 않으며, 설법이 끝이 없을 것이다."

또 『십주비바사론』에서 다음과 같이 설하였다.

"부처님께서 말씀하신 것은 모두 이익이 있는 것이며, 절대 공허한 말이 아니고, 희유한 것이기도 하다. 만약 일체중생의 지혜의 힘이 벽지불과 같더라도, 이 모든 중생이 부처님의 뜻을 받아들이지 않고 한 사람이라도 제도하려 한다면 이는 가능하지 않을 것이다. 만약 이 모든 사람이 설법하더라도 무색계의 극히 적은 번뇌²⁹마저도 끊을 수가 없다.

부처님께서 중생을 제도하고자 하여 설법하시면, 외도, 사견, 용, 야차 등과 그 밖의 부처님의 언어를 알아듣지 못하는 자에 이르기까지 모두 다 이해시킬 수 있다. 또한 이들이 무량 중생을 교화할 수가 있다. 이 때문에 부처님을 최고의 스승이라 부르는 것이다."

『십주비바사론』에서 다음과 같이 게송을 설하였다.

사기(四記)문답³⁰ 하는 중에

28 상(常)·낙(樂)·아(我)·정(淨)의 사전도(四顚倒)를 타파하기 위한 수행법. 신체는 부정한 것이다[身念處], 감각은 고통이다[受念處], 마음은 무상하다[心念處], 법은 무아이다[法念處]라고 관찰한다.

29 원문에는 '結使'로 되어 있다.

30 '사기답(四記答)' 혹은 '사기문(四記問)'을 가리킨다. 질문에 답하는 네 가지의 형식을 말한다. ① 물음에 그대로 답하는 일향기(一向記), ② 질문을 분석하여 가부를 답하는 분별

그 뛰어남이 비할 바가 없으니
중생이 여러 어려운 질문을 해도
모두 쉽게 이해시켜 주시네.

아침부터 저녁 사이에도
여러 가지 하시는 말씀이
헛되지 않으니
항상 대과보가 있다.

『화엄경』에서는 다음과 같이 게송을 설하였다.

제불의 광대한 음성은
법계에 들리지 않는 곳이 없다.
보살은 모두 이해하고서
불음(佛音)의 바다로 잘 들어간다.

『유마경』에서는 다음과 같이 게송을 설하였다.

부처님께서는 한 음성으로 설법을 하시는데
중생은 각자 무리에 따라 알아듣는다.
모두 세존과 같은 언어를 사용한다고 믿는 것
이것이 곧 신력 불공(不共)의 법이다.

....

기(分別記), ③ 거꾸로 반문하여 질문의 의도를 명확히 하는 반힐기(反詰記), ④ 답할 필
요가 없다고 판단하여 답하지 않는 사치기(捨置記)이다.

또한『비유경(譬喩經)』제3권에서는 다음과 같이 설하였다.

"아육왕은 부처님을 믿지 않았다. 그때 바닷가에 이름이 양수(鴍隨: 가룽빈가)라는 새가 살고 있었는데, 그 소리가 매우 온화하고 애조를 띠고 있었다. 자못 부처님 음성의 만분의 일 정도로 유사했는데, 왕이 그 소리를 듣고 기뻐하며 무상의 도를 얻겠다는 발심을 하게 되었다. 궁중의 채녀(綵女)들이 모두 7천 명이었는데, 이들도 무상의 도를 위한 발심을 했다. 왕이 이때부터 마침내 삼보를 믿게 되었다. 새의 소리로 제도됨이 이와 같은데 하물며 최상의 진리를 들려주는 청정한 묘음임에랴."[대의를 취하여 간략하게 인용하였다.]

이렇게 염하라.

"저도 언젠가 부처님의 변설을 듣게 하소서."

열여덟째, 관불법신(觀佛法身)이다.『대반야경』에서 문수사리보살이 다음과 같이 설하였다.

"내가 여래를 관하는 것은 곧 진여상이다. 움직임이 없으니, 일하는 것도 없다. 분별하는 대상이 없으니, 분별과 다른 것도 없다. 일정한 방향이나 처소가 없으니, 방향과 처소를 벗어나는 것도 없다.

유도 아니고 무도 아니며, 항상 있는 것도 아니고, 단절되는 것도 아니다. 삼세에 걸쳐 존재하는 것도 아니고, 삼세를 여읜 것도 아니다. 생도 아니고, 멸도 아니며, 가지도 않고, 오지도 않는다. 청정하지도, 부정하지도 않으며, 둘도 아니고, 둘이 아닌 것도 아니다. 마음에도 언어에도 길이 끊겨 있다. 이러한 진여의 상으로 여래를 관하는 것을 참된 견불(見佛)이라 하며, 여래에 예경하고 가까이하는 것이라 한다. 이는 실로 유정 중생에게 이롭고 즐거움이 될 수 있는 것이다."[『대반야경』]

『점찰경(占察經)』하권에서 지장보살이 다음과 같이 설하였다.

"일실경계(一實境界)[31]라는 것은 중생심의 본체를 말한다. 본래 불생불멸이며, 자성청정하여 장애가 없어서 마치 허공과 같다. 분별을 떠나 있기 때문에 평등 보편하여 이르지 않는 곳이 없어서 시방에 원만하다. 궁극적인 하나의 상으로서 나뉨이 없이 하나이며, 변함이 없고, 증감도 없다. 모든 중생의 마음, 모든 성문·벽지불의 마음, 모든 보살의 마음, 모든 부처님의 마음이 모두 똑같이 생멸이 없고, 물듦이 없이 고요하고 청정한 진여상이기 때문이다.

이유가 무엇인가. 마음에 일으킨 모든 분별은 마치 환술과 같아서 확실한 실체가 없는 것과 같다. …(중략)… 아래의 세계에서 마음의 형상을 고찰하는 것은 하나의 부분으로서 구할 수 있는 것이 아니다. 단지 중생이 무명, 어리석음, 훈습의 인연에 얽매여 멋대로 미혹의 경계를 표현한 것이며, 거기에 집착하는 마음을 일으킨 것이다. 그 마음은 본래 없다고 하는 것을 스스로 알지 못하기 때문에 착각하여 자신에게 그 마음이 있다고 하는 것이다. 망령되이 스스로 깨달았다고 하는 상(想)을 일으켜 아(我)와 아소(我所)를 계탁하지만 실제로는 깨달아 알았다고 하는 상(想)은 없다. 이 망심(妄心)은 궁극적으로는 본체가 없는 것이라서 볼 수 없는 것이기 때문이다."[이하 상세하게 설명하고 있다. 이 이치를 믿고 이해하는 것이 보살의 최초의 근본적인 수행이다.]

이 일실경계(진여평등의 깨달음의 경지)가 곧 여래법신이다.

『화엄경』〈일체혜보살게(一切慧菩薩偈)〉에서 다음과 같이 설하였다.

....
31   평등하여 진실한 깨달음의 경계.

법성은 본디 공적한 것이니
취할 것도 볼 것도 없다.
성(性)이 공(空)하면 곧 부처이니
사량(思量)으로 얻을 수 있는 것이 아니다.[이상]

이렇게 염하라.
　"제가 언제 본래의 성(진여의 본질)을 발현할 수 있겠습니까."

열아홉째, 총관불덕(總觀佛德)이다. 보현보살이 말한 것처럼 여래의 공
덕은 가령 시방의 일체 제불이 이루 말로 다할 수 없을 만큼 많은 불국
토에서 극미진수겁의 기나긴 시간을 지나도록 서로 이어서 말을 해도
다할 수 없다.[이상]

또한 아미타불의 위신력은 끝이 없으니『무량수경』에서는 다음과 같이
설하였다.
　"무량수불의 위신력은 끝이 없어서 시방세계의 무량무변 불가사
의 한 제불 여래께서 찬탄하지 않으심이 없다."

용수는『십주비바사론』에서 다음과 같이 게송을 설하였다.

세존의 모든 공덕은
헤아릴 수가 없구나.
사람이 자로 허공을 재려 해도
끝이 없는 것과 같다.

마찬가지로 용수는 아미타불을 찬탄하는 게송을 다음과 같이 읊는다.

　제불은 무량겁에 걸쳐
　그 공덕을 찬양했으나
　여전히 다 마치지 못하였다.
　청정한 이에게 귀명할지니.

이렇게 염하라.
　"제가 성불하여 정법왕(아미타불)과 동등하게 되기를 원합니다."

스무째, 흔구교문(欣求教文)이다. 『반주삼매경(般舟三昧經)』에서는 다음
과 같이 설하였다.
　"이 삼매는 만나기 어려운 것이다. 이 삼매를 구하기 위해 백억겁에
이르도록 다만 반주삼매라고 하는 그 이름이라도 들으려 했으나, 듣지
를 못했다. 하물며 가르침을 배우는 것, 이 반주삼매를 실천하며, 다른
이를 가르치는 것임에랴."

『반주삼매경』에서 다음과 같이 게송을 설하였다.

　내 스스로 전생의 일을 생각하니
　그 시간이 6만 년을 채울 때까지
　항상 스승을 따르며 멀어지지 않았는데
　처음엔 이 삼매에 대해 듣지 못했다.
　이름이 구지성(具至誠)이라 하는 부처님께서 계시는데

248

이때는 화린(和隣)이라는 이름의 비구였다.

저 부처님께서는 세존 열반 후에

비구로서 항상 이 삼매를 수지하셨다.

그때 나는 왕이었던 자로서

꿈속에서 이 삼매에 대해 물었다.

화린 비구는 이 경을 가지고

왕은 이 교의를 따라야 한다고 했다.

꿈에서 깨자 바로 가서 구하고자 하니

비구가 삼매를 수지하는 것을 보고서

바로 머리털을 밀고 사문이 되었다.

8천 년 만에 한 번 듣는 배움이었다.

그 시간의 수가 8만 년을 채우는 동안

이 비구를 공양하고 받들었다.

그때는 마장(魔障)의 인연이 곧잘 일어나서

이 삼매를 처음에는 이해하지 못했다.

이 때문에 비구·비구니·우바새·우바이들에게

이 경전을 수지하는 것을 부촉하는 것이다.

이 삼매를 들으면 빨리 받아들여서 행하라.

항상 이 법을 익히고 수행하는 스승을 존경하고

1겁을 다 채우도록 게을리 하지 말라.

…(중략)…

가령 억천 나술(那術)³²겁 동안

이 삼매를 구해도 듣기가 어렵나니,

항하의 모래와 같이 많은 세계에

가득 차는 진귀한 보배를 보시하더라도

이 게송 한 구절을 받아서

받들어 외는 공덕에 미치지 못한다.

『무량수경』에서는 다음과 같이 설하였다.

"가령 큰불이 삼천대천세계에 가득 타도 반드시 이 경의 가르침을 듣고, 환희하며, 믿고, 수지하고, 독송하여 교설대로 수행해야 한다. 무슨 까닭인가? 많은 보살들이 이 경을 듣고자 하지만 듣지 못하기 때문이다. 만약 어떤 중생이 이 경을 듣고자 하면 무상도에서 종내 불퇴전해야 한다. 그러므로 마땅히 일심으로 믿고, 수지하고, 독송하며, 교설에 따라 수행해야 한다."[이상]

이렇게 염하라.

"혹시 수천의 사나운 불길을 지나거나, 혹은 억겁의 세월을 지나더라도 법을 구해야 한다. 내가 이미 심오한 삼매를 만났으니, 성실하게 수행하지 않고 퇴굴하겠는가?"

수행자들이여, 이 모든 일에 대하여 많든 적든 좋아하는 바에 따라 마음에 새겨야 한다. 만약 마음에 새길 수 없으면 모름지기 경을 펴서 경문을 마주해야 한다. 도리의 옳고 그름을 판단하거나, 경문을 외거나,

....

32 나유타(那由陀)와 같은 말이다.

혹은 숭모하는 마음을 일으키거나, 예경하는 것 등이 모두 가깝게는 마음을 닦는 방편이며, 멀리는 견불의 인연을 맺는 것이다. 모름지기 신·구·의 삼업이나, 행·주·좌·와 사의(四儀)의 모든 행위에 있어서 부처님의 경계를 잊어서는 안 된다.

묻는다

여래의 이와 같은 여러 공덕을 믿고 사념하는 것은 어떤 뛰어난 이익이 있는가?

답한다

『도제불경계경(度諸佛境界經)』에서 다음과 같이 설하였다.

"시방세계 무수한 제불과 성문 대중들에게 온갖 맛난 음식과 좋은 천의(天衣)를 매일 쉼 없이 항하의 모래같이 많은 겁 동안 보시하고, 저 아미타불이 멸한 후에 하나하나의 부처님을 위하여 시방 하나하나의 세계에 미진수 탑을 세우고, 온갖 보물로 장엄하고 갖가지 공양을 하루 세 차례, 날마다 거르지 않고 항하의 모래같이 많은 겁 동안 행하고, 또 다시 무량 중생에게 가르쳐서 온갖 공양을 하게 해도, 만약 어떤 사람이 이 여래의 지혜와 공덕, 불가사의한 경계를 믿는다면, 그가 얻게 되는 공덕이 저 무량한 공양보다 뛰어나다."[간략하게 인용하였다.]

『화엄경』 게송에서도 다음과 같이 설하였다.

여래의 자재한 힘은
무량겁에도 만나기 어렵다.
일념으로 믿는다면

빠르게 무상도를 증득하리라.

나머지는 아래 「염불이익」장과 같다.

묻는다

범부인 수행자는 대상 사물에 따라서 의지가 변하게 된다. 어찌하면 항상 염불지심을 일으킬 수 있을까?

답한다

그가 만약 한결같이 염불할 수 없다면 마땅히 일상사와 엮어서 염불심을 발하도록 해야 한다. 놀거나 담소를 할 때는 극락세계, 보배 연못, 보배 숲에서 천인 성중과 함께 즐거움을 얻기를 발원해야 한다. 쓸쓸할 때나, 괴로울 때는 모든 중생과 함께 고통을 여의고 극락에 왕생하기를 발원해야 한다. 존귀하고 덕이 있는 이를 대할 때는 극락에 왕생해서 이처럼 세존을 받들 수 있기를 발원해야 한다. 비천한 이를 볼 때는 극락에 왕생하여 고독한 무리에게 이롭고 즐겁게 할 수 있도록 발원해야 한다. 무릇 인간과 가축을 볼 때마다 이 중생들과 함께 안락국에 왕생하기를 원하는 염을 해야 한다. 음식을 먹을 때에는 극락 자연의 뛰어난 음식을 얻고 싶다고 발원해야 한다. 의복이나 침구를 거둘 때나, 행·주·좌·와의 동작을 할 때, 행복할 때나, 불행할 때에도 모든 것을 가르침대로 잘 대조하여 그에 맞게 발원해야 한다.[일에 관련지어서 원을 일으키는 것은 『화엄경』 등에 보이는 사례이다.]

왕생요집

제4. 지악수선(止惡修善)

『관불삼매해경』에서는 다음과 같이 설하였다.

"마땅히 이렇게 염해야 한다.

'이 염불삼매를 성취하려면 다섯 가지 조건이 갖추어져야 한다. 첫째, 계(戒)를 범하지 않는 것이다. 둘째, 사견(邪見)[33]을 일으키지 않는 것이다. 셋째, 교만심을 내지 않는 것이다. 넷째, 성내고 질투하지 않는 것이다. 다섯째, 머리에 붙은 불을 끄듯이 용맹정진하는 것이다.'

이 다섯 가지를 행하고, 제불의 뛰어난 신상(身相)을 바르게 염하며, 마음이 퇴굴하지 않게 해야 한다. 또한 대승경전을 독송해야 한다. 이 공덕으로 불력(佛力)을 염해야만 빠르게 무량한 제불을 볼 수 있게 된다."[이상]

묻는다

이 여섯 종류의 법[34]에는 무슨 뜻이 있는가?

답한다

『관불삼매해경』에서 다음과 같이 설하였다.

"청정한 계율행에 의해 마치 순금 거울처럼 선명하게 불상의 얼굴을 볼 수 있다."

33　특히 인과의 도리를 부정하는 견해를 말한다.

34　지계불범(持戒不犯)·불기사견(不起邪見)·불생교만(不生憍慢)·불에부질(不恚不嫉)·용맹정진(勇猛精進)·독송대승경전(讀誦大乘經典).

또한 『대지도론』에서 다음과 같이 설하였다.

"부처님은 뛰어난 의사와 같고, 불법은 양약과 같으며, 승려는 간병인과 같고, 계는 복약을 하는 데 있어서 주의사항과도 같다."[이상]

그러므로 만약 법의 약을 복용하더라도 금계를 지키지 않으면 번뇌의 병을 고치고 없앨 길이 없다는 것을 알아야 한다.

그러므로 『반주삼매경』에서는 다음과 같이 설하였다.

"계율을 어기는 것은 머리털만 한 것이라도 해서는 안 된다."[이상 계품]

『관불삼매해경』에서는 다음과 같이 설하였다.

"만약 삿된 마음과 교만한 마음을 일으키는 사람이 있다면 이 사람은 증상만(增上慢)[35]으로서 불법을 파멸시키고, 많은 중생들로 하여금 불선한 마음을 일으키게 하고, 승단의 화합을 어지럽히고, 이적을 드러내어 중생을 현혹시키니, 이는 악마의 동류임을 알아야 한다. 이러한 악인은 비록 다시 염불을 하더라도 감로의 맛을 잃게 된다. 이 사람이 태어나는 곳도 교만심 때문에 몸이 항상 왜소하며, 하천한 집안에 태어나서 빈궁하고 곤핍하며, 무수한 악업이 몸에 들러붙어 있다. 이러한 갖가지 악한 일은 스스로 지켜서 영원히 생기지 않도록 해야 한다."[이상 사견·교만]

『육바라밀경』에서는 다음과 같이 설하였다.

---

35 아직 깨닫지 못한 상태이지만, 본인 스스로 깨달음을 얻었다고 생각하여 교만함이 넘치는 것.

"무량겁 동안 여러 가지 선을 행해도, 인내하는 힘과 지혜의 눈이 없으면 한 번의 분노의 불길로 태우고 멸하여 남아 있는 것이 없게 된다."

또한 『유교경(遺敎經)』에서는 다음과 같이 설하였다.
"공덕을 겁탈하는 도적으로는 분노만 한 것이 없다."

또한 어느 곳에서는 다음과 같이 설하였다.
"큰 이익을 손상케 할 수 있는 것으로는 분노만 한 것이 없다고 하였다. 한순간 인연으로 수억 겁 동안 닦은 선을 다 태워 버리기 때문에 삼가 항상 분노를 버리고 멀리 여의어야 한다."

『대집경』「월장분(月藏分)」에서 성내지 않는 공덕에 대해 다음과 같이 설하였다.
"항상 성자, 현인들과 만나면 삼매에 안착할 수 있다."[이상 진에(瞋恚)]

『무량수경』에서는 다음과 같이 설하였다.
"현생에서는 미워하는 마음이 서로 시기하는 정도일지라도 후생에서는 극히 크나큰 원수로 바뀌기도 한다. …(중략)… 또한 타인을 질투하고 폄훼하는 것은 그 죄가 심히 무겁다."

『대보적경』 제91권에서는 다음과 같이 설하였다.
"부처님께서 시록원(施鹿園)[36]에 계실 때, 60명의 보살이 있었는데,

....

36   녹야원(鹿野園). 부처님께서 깨달음을 얻으시고 나서 처음으로 다섯 수행자에게 설법

업장이 매우 무거워서 모든 근기가 우둔하였다. 그들은 부처님의 발에 정례하면서 슬퍼하며 눈물을 흘리면서 스스로 일어나지 못했다.

그때 부처님께서 다음과 같이 말씀하셨다.

　'너희들은 일어나야 한다. 또다시 슬퍼하고 통곡하면서 번뇌하지 말라. 너희는 옛날에 구류손불(俱留孫佛)[37]의 가르침을 받고 출가하여 수행하다가, 스스로 다문(多聞)·지계·두타(頭陀)·소욕(少欲)에 대해서 집착을 가지고 있었다. 그때 두 설법 비구가 있었는데, 많은 친우들을 가지고 있었고, 명성도 있었으며, 생활도 풍족했다. 하지만 너희들이 질투심을 일으켜 악담과 비방을 하여 그 친우들과 모든 중생들로 하여금 신뢰하는 마음을 없애게 하고, 여러 선근을 단절시켜 버렸다. 이러한 악업으로 인해 6백만 년 사이에 아비지옥에 떨어지고도 남은 업이 다하지 못했다. 다시 4백만 년 사이에 등활지옥에, 다시 2백만 년 사이에 흑승지옥에 떨어졌으며, 다시 6백만 년 사이에 소열(燒熱: 焦熱)지옥에 떨어졌다.

　저들이 지옥 수명이 끝난 후에 다시 인간으로 태어났는데, 5백 생 동안 눈이 멀었고, 태어나는 곳마다 마음이 어지러워서 선근에 장애가 있었다. 생김새가 추해서 사람들이 좋아하지 않았으며, 평생 변두리에서 빈궁하고 하천하게 지냈다. 여기에서 죽은 후에 말법 시대 5백 생 동안 법이 멸하려 할 때 다시 변두리의 하열한 집안에 태어나 버려지고, 궁핍하고, 굶주리고, 추위 떨며 마음이 어지럽게 되니, 설령 선행을 닦고자 해도 대부분 미루고 실천하기 어려웠다. 5백 생 후에는 악업이 이

....

　하신 장소.

37　석존 이전의 과거 칠불 중 네 번째 부처님.

내 소멸하고 나중에 아미타불 극락세계에 왕생하니, 이때 저 아미타불께서 너희들에게 아뇩보리 수기를 주신 것이다.'

이때 모든 보살들이 아미타불께서 하시는 말씀을 듣고 온몸의 털이 쭈뼛 서며 근심과 후회가 깊이 생겨났다. 보살들은 스스로 눈물을 거두며 부처님께 다음과 같이 아뢰었다.

'저는 지금부터 미래에 이르기까지 보살의 수행을 하고 있는 사람이 불법을 위반하는 행동을 하여 과오가 드러나면 즉시 그것이 여래를 속이는 것이라고 생각하겠습니다. 저는 지금부터 미래에 이르기까지 재가·출가 보살승 사람이 유희와 환락을 즐기고자 하는 것을 보면, 결코 그리하게 두지 않고, 그 과오로부터 구하며, 항상 믿음과 존경의 마음을 내서 가르침의 스승이라 생각하겠습니다. 저는 지금부터 미래에 이르기까지 제 몸을 잘 제복시킬 수 없어서 하열한 생각을 일으키는 것이 전타라(旃陀羅)나 개[38]와 같다면, 이는 여래를 속이는 것으로 생각하겠습니다.

만약 지계·다문·두타·소욕(小欲)·지족(知足)의 일체의 공덕에 있어서 자신을 과시한다면, 곧 여래를 속이는 것으로 생각하겠습니다. 닦은 선근에 대해서는 스스로 자랑하지 않고, 행한 죄업에 대해서는 부끄러움을 드러내겠습니다. 만약 이렇게 하지 않는 자는 여래를 속이는 것이라고 생각하겠습니다.'

그때 여래께서 찬탄하며 말씀하셨다.

'좋구나, 좋구나. 이와 같은 확고한 마음이라면 일체의 업장을 모두 소멸하고, 선근 역시 무량하게 커 나갈 것이다.'"[간략하게 인용]

38　자신을 비하하는 표현으로서, 피차별민인 전타라(旃陀羅)와 개를 사용한 것이다.

그러므로『대지도론』에서는 다음과 같이 게송을 설하였다.

> 자신의 법을 아끼고 집착하여
> 타인의 법을 헐뜯는다면
> 비록 지계 수행을 하는 사람이라도
> 지옥의 고통을 면치 못하리라.[이상 질투]

『대지도론』에서 또 다음과 같이 게송을 설하였다.

> 마사(馬師)·정숙(井宿) 두 비구는
> 게을러 악도에 빠졌다네.
> 비록 부처님을 보고 법을 들었으나
> 외려 스스로 부지런하지 못했네.

또한 정진이 없으면 수행해도 성취하기 어렵다. 그러므로『화엄경』에서는 다음과 같이 게송을 설하였다.

> 나무에 구멍을 뚫어 불을 피우는데
> 아직 불이 나오지 않았는데도 자주 쉬면
> 불기운이 그치고 꺼져 버리듯
> 게으른 자 역시 그러하다.[이상 정진]

대승경전을 독송하는 것은 공덕이 무량하다.『금강반야경론(金剛般若經論)』에서는 다음과 같이 게송을 설하였다.

보시의 복은 보리에 미치지 못해도

경전의 수지·연설은 보리에 이를 수 있다.

실질에서는 요인(了因)이라 하고

나머지에서는 생인(生因)이라 한다.[39][이상 『관불삼매해경』의 여섯 종류의 수행법에 대한 설명을 마친다. 『관불삼매해경』은 질투·성냄·정진에 대해서 자세하게 설하지 않았기 때문에 다른 경문에 의해 『관불삼매해경』의 뜻을 해석했다.]

『반주삼매경』에도 역시 십사(十事)가 있는데 다음과 같이 설하였다.

"만약 보살로서 이 삼매를 공부하는 자가 있으면 십사를 익혀야 한다. 첫째, 타인의 넉넉한 살림살이를 질투하지 않는다. 둘째, 마땅히 다른 이를 존중하고 어른에게 순종해야 한다. 셋째, 보은의 마음을 품고 있어야 한다. 넷째, 거짓말[妄語]을 하지 않고, 법이 아닌 것을 멀리해야 한다. 다섯째, 항상 걸식하며, 특별한 초대를 받아들이지 않는다. 여섯째, 정진하고, 경행(經行)해야 한다. 일곱째, 밤이든 낮이든 드러눕거나, 외출하지 않는다. 여덟째, 항상 보시하고자 하며, 절대 아까워하거나 후회하지 않는다. 아홉째, 깊은 지혜 안에 들어 있지만 거기에 집착하지 않는다. 열째, 좋은 스승을 부처님처럼 받들고 존경한다."[간략하게 인용]

묻는다

『반주삼매경』에도 또한 사사(四四) 십육 종류의 법[40]이 있다. 『십주비바

---

39 원문에서 '二'라고 한 것은 경전을 수지하고, 그것을 다른 사람들에게 설명해 주는 것을 가리킨다. 이 두 가지는 법신에 대해서는 두 가지를 명확히 깨닫게 하는 지혜[了因]이고, 보신·응신에 대해서는 그것을 생하는 근본[生因]이 된다.

40 『반주삼매경』 권상에서 제시되는 네 종류의 사사법(四事法).

사론』제9권에도 140여 종의 법이 있다. 『염불삼매경』에는 여러 종류의 법이 있다.

『화엄경』「입법계품」의 게송에서 설하였다.

　　만약 믿고 이해하며, 교만을 여읠 수 있다면
　　발심하는 즉시 여래를 보게 될 것이다.
　　만약 아첨하고 속이며, 부정한 마음을 가지고 있다면
　　억겁 동안 수행해도 만나지 못할 것이다.

『관불삼매해경』에서는 다음과 같이 설하였다.

　"주야로 여섯 차례[六時]에 육법을 근행하라. 단정하게 앉아서 바른 가르침을 받아들이며, 말을 적게 해야 한다. 경을 독송하고, 널리 법문을 강연하는 외에는 절대로 무의미한 말을 하지 말라. 항상 제불을 끊임없이 염한다면 한순간도 부처님을 보지 않는 때가 없을 것이다. 일심으로 수행하기 때문에 부처님을 여의지 않게 되는 것이다."

또한 『유일마니보경(遺日摩尼寶經)』에서는 다음과 같이 설하였다.

　"수행자가 뇌옥(牢獄)[41]에 떨어지는 행위에는 많은 것들이 있다. 혹은 사람에게 공양을 받고자 하거나, 의발을 많이 쌓아 두고자 하거나, 재가자와 두터운 친교를 맺거나, 항상 애욕을 품거나, 벗과 사귀는 것을 좋아하는 것 등이다."[본문에는 많은 예들이 있지만, 여기에서는 간단히 인용한다.]

....

41　삼악도 등의 생사를 윤회하는 미혹된 세계.

지금 왜 저 법들을 설하지 않는 것인가?

답한다

만약 상세하게 그 법들을 열거하면 도리어 수행자들로 하여금 퇴전심이 생기게 하기 때문에 간략하게 제시한 것이다. 만약 십중(十重) 사십팔경계(四十八輕戒)[42]를 굳게 지킨다면 반드시 염불삼매를 도와 이룰 수 있으며, 또한 자연스럽게 다른 수행도 진전할 수 있게 된다. 하물며 육법[43]이나, 십법[44]을 갖춘다면 어떤 수행인들 여기에 포섭되지 않겠는가? 그러므로 다른 법은 생략하고 서술하지 않은 것이다. 그러나 거칠고 강한 번뇌의 업은 사람으로 하여금 각성하게 만들지만, 무의미한 말은 그 과오가 드러나지 않더라도 항상 정도(正道)에 장애가 된다. 그러므로 거기에 잘 주의하여 대응해야 한다.

혹은 『대지도론』의 다음 문장에 의거하여 대응해야 한다.

"만약 어떤 사람이 실화하여 사방에서 함께 불길이 일어나는데, 어찌하여 편안하게 그 안에 있으면서 다른 것에 대해 얘기하겠는가? 그 안에서 부처님께서 만약 성문이나 벽지불에 대해 설하시더라도 오히려 무익한 말씀이 될 것이니, 하물며 다른 것에 대해서랴."[이상]

수행자들은 항상 사바세계에서 이곳이 불에 둘러싸인 화택(火宅)이

---

42 『범망경(梵網經)』 권하에 나온다. 십중계는 다음과 같다. ① 살아 있는 것을 죽이지 않는다. ② 도둑질하지 않는다. ③ 간음하지 않는다. ④ 거짓말하지 않는다. ⑤ 술을 팔지 않는다. ⑥ 보살·승려의 과오를 듣지 않는다. ⑦ 자신을 칭찬하며, 남을 비방하면 안 된다. ⑧ 보시를 아까워하면 안 된다. ⑨ 분노로 인해 관용을 잃어서는 안 된다. ⑩ 불·법·승 삼보를 비방해서는 안 된다.

43 『관불삼매해경』에서 제시한 여섯 종류의 수행법.

44 『반주삼매경』에서 제시한 열 종류의 수행법.

라고 생각하고, 무익한 말을 그치고 끊임없이 염불해야 한다.

묻는다

『왕생론』에서 염불 수행법을 말하기를, "세 종류의 보리문과 어긋나는 법을 멀리 여읜다."고 하였는데, 세 종류가 무엇인가? 첫째, 지혜문에 의거하여 스스로의 즐거움을 구하지 않는다. 나의 마음이 자신에 탐착하는 것을 멀리 여의었기 때문이다. 둘째, 자비문에 의거하여 일체중생의 고통을 없앤다. 중생의 마음을 편안하게 하지 않는 경지를 멀리 여의었기 때문이다. 셋째, 방편문에 의거하여 일체중생을 가련하게 여긴다. 자신의 몸과 마음을 공양하고 공경하는 것을 멀리 여의었기 때문이다. 이를 보리에 이르는 도에 어긋나는 세 종류의 법을 멀리 여의는 것[遠離三種菩提門相違法]이라 한다. 그러므로 보살이 이러한 세 종류의 보리문상위법을 멀리 여읜다면, 역으로 보리에 이르는 세 종류의 법을 충족시킬 수 있는 것이다.

　무엇이 세 종류인가? 첫째, 물듦이 없는 청정심이다. 몸을 위하여 모든 즐거움을 구하지 않기 때문이다. 둘째, 편안한 청정심이다. 일체중생의 고통을 없애기 때문이다. 셋째, 즐거운 청정심이다. 일체중생으로 하여금 대보리를 얻게 하고, 중생들을 다 포용하여 불국토에 왕생하게 하기 때문이다. 이를 보리에 이르는 도에 맞는 세 종류의 법을 만족시키는 것[三種隨順菩提門法滿足]이라고 한다.[이상]

　여기에서는 무슨 이유로 저 『왕생론』에 의거하여 설하지 않는 것인가?

답한다

전에 제시한 사홍서원(제4 「정수염불」 중 제3 〈작원문〉)에는 이 육법이 포함되어 있기 때문이다. 용어는 비록 다르지만, 그 의미는 빠져 있는 것이 없다.

묻는다

염불을 하면 저절로 멸죄가 되는데, 왜 반드시 계를 지켜야 하는가?

답한다

일심으로 염한다면 (질문하는 바와 같이) 죄는 자연히 소멸될 것이다. 하지만 하루 종일 염불한다고 해도 그 실제를 점검해 보면 청정심으로 수행한 것은 한두 번이니, 그 밖의 수행은 모두 탁하고 어지러운 마음으로 한 것이다. 야생 사슴이 매여 있기는 어려우나, 집에서 키우는 개는 자연히 길들여지는 것이다. 하물며 제멋대로인 마음임에랴. 그 악행을 범하는 것을 어찌 허락하겠는가. 그러므로 마땅히 정진하여 청정 지계 수행을 해야 하는 것이니, 마치 밝은 구슬을 지키듯 하면 어찌 후회하겠는가. 잘 생각하여 마음에 새기라.

묻는다

진실로 말하는 바와 같다. 선업은 금생에 배운 것이라, 비록 좋아하더라도 자칫하면 퇴보하게 된다. 망심(妄心)은 영겁 동안 훈습된 것이라 비록 피하려 하더라도 도리어 일어나게 된다. 이미 이러할진대, 무슨 방편으로 이것을 치유할 것인가?

답한다

그 치유책은 한 가지가 아니다. 예를 들면 『차제선문(次第禪門)』에서는 다음과 같이 설하였다.

　"첫째, 답답하여 어둡고 막힌 장애가 있는 것을 치유하는 법은 응신불(應身佛)을 관상(觀想)하는 것이다. 삼십이상 중에서 어느 상이든지 하나를 취하거나, 혹은 먼저 미간의 백호상을 취하여 눈을 감고 관상한다. 만약 마음이 어둡고 둔하여 부처님의 모습이 잘 드러나지 않으면,

단엄한 하나의 불상을 향하여 일심으로 상을 취하여 그것에 기연으로 삼아 입정해야 한다. 만약 명료하지 않으면 눈을 뜨고 다시 관하고 나서 다시 눈을 감는다. 이처럼 하나의 상을 명료하게 취하고, 차례로 두루 여러 상을 관상함으로써 심안이 밝게 열리면, 곧 혼침하고 어두운 마음을 부술 수 있다. 염불의 공덕은 죄장을 없앨 수 있는 것이다.

둘째, 악한 마음이 일으키는 장애를 치유하는 방법으로 보신불(報身佛)의 공덕을 염해야 한다. 정념(正念) 중에 부처님의 십력(十力)·사무소외(四無所畏)·십팔불공(十八不共)·일체종지(一切種智)[45]에 기연하여 법계를 원만하게 비추고, 항상 고요하여 동요함이 없으며, 두루 부처님의 색신을 드러내서 일체를 이롭게 하는 공덕이 무량 불가사의한데, 그 까닭이 무엇인가. 이 염불공덕은 선법에 연하여 생기는 마음의 움직임이고, 악념을 사유하는 것은 악법에 연하여 생기는 마음의 움직임이기 때문이다. 선은 악을 부술 수 있기 때문에 보신불을 염해야 한다. 이를테면 추하고 신분이 낮으며 지혜가 적은 자는, 단정하고 지혜가 큰 사람들 사이에서 스스로 비하하고 수치스러워하는 것처럼 악도 또한 그러하다. 선심 안에 있으면 부끄러워하며 자연히 멈춘다. 부처님의 공덕에 기연하면 일념 가운데 일체의 죄장을 멸하게 된다.

셋째, 경계(境界)에 의해 마음이 고통을 겪는 장애를 치유하는 방법으로 법신불을 염해야 한다. 법신불이라는 것은 곧 차별이 없는 법성평등이며, 불생불멸·무형무색·공적무위(空寂無爲)이다. 무위 안에서는 이미 경계가 없으니, 핍박하는 상이 어찌 있겠는가. 경계가 공한 것을 알기에 이를 대치(對治)할 수 있는 것이다. (이러한 경우에) 만약 삼십이

45　부처님께서 갖추고 계신 모든 이타(利他)의 공덕.

상을 염한다면 대치하는 것이 되지 않으니 무슨 까닭인가. 이는 사람이 부처님의 상에 아직 기연하지 않을 때에는 이미 경계에 어지럽혀져 있는데, 여기에 다시 상을 취하게 되면 이 때문에 마장(魔障)에 집착하게 되어 그 마음이 미치광이처럼 날뛴다. 지금 공을 관하여 상을 파기한다면 여러 경계가 없어지게 되고, 마음으로 염불하면 공덕이 무량하여 바로 중죄를 멸한다.”[간략하게 인용]

개개의 상을 치유하는 것이 이와 같다. 여기에 덧붙여 세 가지 방법을 행한다. 첫 번째, 의혹이 일어남을 다 이해하여 그 마음에 경각심을 일으키게 되면, 번뇌를 꾸짖고 악한 도적을 몰아내어 마치 기름종지 지키듯 신·구·의 삼업을 방호하게 된다.

『육바라밀경』에서는 다음과 같이 설하였다.

“결가부좌하고 마음을 바르게 하여 관하라. 대자비심을 집으로 삼고, 지혜를 북으로 삼으며, 깨달음의 북채로 두드려 모든 번뇌에 경고하라.

‘너희는 잘 들어라. 모든 번뇌의 도적은 망상으로부터 생겨난 것이다. 우리 부처님의 집에서 선한 것이 생겨나는 것은 너희가 지은 일이 아니다. 너희는 의당 빨리 나가야 한다. 만약 때맞춰 나가지 않으면 너희의 목숨을 끊을 것이다.’

이와 같이 경고하고 나면 모든 번뇌 도적들이 연이어서 자연히 흩어지게 된다. 그 다음 자신에게 선이 생겨나게 되면 잘 지켜서 마음이 방일하지 않게 하라.”

또한 『보살처태경(菩薩處胎經)』에서는 다음과 같이 설하였다.

만약 저 범죄인이

종지에 가득 기름을 지니고 있는데,

한 방울이라도 기름을 흘리면

사형[大辟]의 죄가 된다고 한다면

좌우에서 기악을 연주해도

죽음을 두려워하여 돌아보지 않을 것이다.

보살이 정관(淨觀)을 수행하는 것은

뜻을 지키기를 금강처럼 해야 한다.

명예가 훼손되거나 번뇌가 어지러워도

마음이 기울어 동요하지 않으며

공은 본래 청정하여

피차(彼此)도, 중간도 없음[46]을 이해한다.

두 번째는 사구(四句)를 적용하여 일체 번뇌의 근원을 찾는 것이다. 이 번뇌는 마음에서 생겨난 것인가, 연(緣: 대상=경계)에서 생겨난 것인가, 마음과 연이 함께 작용하여 생겨난 것인가, 혹은 그 둘과 상관없이 생겨나는 것인가 하는 네 가지 갈래의 사유를 말한다.

만약 마음으로부터 생겨난 것이라면 다시 연을 필요로 하지는 않을 것이다. 거북의 털이나, 토끼의 뿔 같은 존재하지 않는 것들을 대상으로 하여 탐욕과 분노를 일으키게 되어 버린다. 만약 인식의 대상물

---

46 저것도 아니고, 이것도 아니며, 그 중간도 아닌, 어느 것이라고 취할 만한 것이 없음을 가리킨다.

[緣]로 말미암아 일어나는 것이라면 마음을 쓸 필요가 없는 것이니, 수면 상태의 의식인 사람에게도 번뇌가 일어나게 되어 버린다.

만약 대상물과 마음이 함께 작용하여 번뇌가 생하는 것이라면, 이전에 함께할 때가 아닌 각자일 때는 없었다가 함께했을 때는 어찌하여 생기게 되는 것인가. 예를 들면 두 모래알을 합쳐도 기름이 만들어지지 않는 것과 같다. 마음과 경계가 같이 합쳐지면 반드시 번뇌가 생긴다고 한다면, 번뇌가 일어나지 않는 때가 있을 수 없는 게 아닌가.

만약 마음과 대상물에 관계없이 번뇌가 일어나는 것이라고 한다면, 이미 마음과 대상물로부터 떠났는데, 어디에서 홀연히 번뇌가 생기는 것인가. 허공은 대상물과 마음 양자와 관계가 없는데, 그 허공이 항상 번뇌를 일으키는 것인가. 여러 면으로 관찰해도 실제로 번뇌를 생하지는 않으니, 오는 곳도, 가는 곳도 없다. 안도 아니고, 바깥도 아니며, 또한 중간도 아니다. 어디에도 존재하는 곳이 없으니 모두 환상과 같은 것이다. 단지 미혹된 마음뿐만이 아니고 관상(觀想)의 마음도 마찬가지이다. 이렇게 살펴 생각하면 미혹된 마음도 스스로 없어지게 된다.

그러므로 『심지관경(心地觀經)』에서는 다음과 같이 게송을 설하였다.

이처럼 심(心)은 본디 유(有)가 아닌데,
범부는 미혹을 붙들고 무(無)가 아니라고 말한다.
만약 심의 체성이 공하다는 것을 관할 수 있다면
의혹의 장애가 생기지 않아 이내 해탈할 것이다.

『중론(中論)』 제1권에서는 다음과 같이 게송을 설하였다.

모든 것은 스스로 생겨나지 않는다.
또한 다른 것으로부터 생겨나지도 않는다.
공(共)도 아니고, 무인(無因)도 아니다.
그러므로 생겨남이 없음을 안다.

이 게송에 의거하여 여러 가지 것에 대해 사구를 적용해야 한다.

세 번째로 다음과 같이 염하라.

"지금 나의 미혹된 마음을 채우고 있는 8만 4천의 번뇌와 저 아미타
불이 구족하고 있는 8만 4천의 바라밀은 공히 본래 고정적인 실체가 없고
[空寂], 일체 서로 간에 걸림이 없는 것이다. 탐욕이 곧 깨달음이며, 분노
와 어리석음도 또한 그러하다. 마치 물과 얼음의 본성처럼 다르지 않다."

그러므로 경에서는 다음과 같이 설하였다.

"번뇌와 보리의 체(體)는 둘이 아니다.
생사와 열반의 세계도 다른 곳이 아니다.

나는 지금 지혜의 불이 없기 때문에 번뇌의 얼음을 녹여 공덕수(功德水)
를 만들 수가 없다. 원컨대 부처님께서는 저를 가련하게 여기시어 그 가
르침대로 정혜의 힘을 주시고, 그것으로 해탈할 수 있게 해주십시오."
이렇게 염한 후에 목소리를 높여 염불하고 구제를 청한다.

『마하지관』에서는 다음과 같이 설하였다.

"마치 사람이 무거운 것을 끌 때 자신의 힘으로는 나아가지 못할 때, 옆에 있는 이에게 도움을 빌리면 가볍게 들 수 있게 되는 것과 같다. 수행자도 또한 마찬가지이다. 심약하여 번뇌의 장애를 제거할 수 없을 때는 부처님의 명호를 불러 가호를 청하면 악연(惡緣)[47]이 무너뜨리지 못한다."[이상]

만약 미혹이 마음을 덮고 있으면 앞에서 얘기한 개별적[別], 총체적[通] 치유법을 실천하려 하지 말고, 반드시 그 미혹의 의미를 알아야 한다. 항상 마음의 스승이 되어야 하며, 마음에 이끌려 다녀서는 안 된다.

묻는다

만약 파계하여 삼매를 이루지 못하게 된다면, 왜 『관불삼매해경』에서 "이 관불삼매(觀佛三昧)[48]는 일체중생으로서 죄를 범한 자의 약이니, 파계자를 가호한다."라고 설하고 있는 것인가?

답한다

이미 파계한 후에 지난 죄를 멸하기 위해 일심으로 염불하면 이것이 명약이 되는 것이다. 만약 항상 죄를 범하고 파계하면 삼매를 이루기 어렵다.

---

47 악한 길로 유인하는 외적인 요인.

48 부처님의 상호를 관상하는 수행에 전념하는 상태를 말한다. 일반적으로 염불삼매와 동의어로 쓰인다. 선도는 관불삼매와 염불삼매를 구별했는데, 관불은 부처님을 관상하는 것이고, 염불은 부처님의 명호를 칭하는 칭명염불로 해석했다.

제5. 참회중죄(懺悔衆罪)

만약 번뇌와 미혹으로 그 마음이 어지러운 자가 금계를 범한다면 하루가 지나기 전에 참회를 해야 한다.

『대반열반경』 제19권에서는 "만약 죄를 숨긴다면 죄가 곧 늘어나게 된다. 고백하고 참회하면 죄가 소멸된다."고 하였고, 또한 『대지도론』에서는 "신·구·의 삼업이 지은 악을 참회하지 않고 견불하려 해도 될 리가 없다."고 하였다.[이상]

참회법은 한 가지가 아니니, 자신에게 맞는 것으로 수행하면 된다. 오체투지하여 온몸에 땀을 흘리며 아미타불에 귀명하거나, 그 미간의 백호상을 관상하며, 죄를 고백하고 통곡하면서 다음과 같이 염하라.

"과거에 공왕불(空王佛)⁴⁹의 미간 백호상을 아미타불이 받들어 예경하고서 죄를 멸하여 지금은 부처가 된 것이다. 내가 지금 아미타불에 예경하면 또한 이처럼 성불하게 될 것이다."

모름지기 죄의 종류에 따라서 부처님의 자비의 광명을 간청하라.
보시[檀]의 빛을 발하시어 인색함의 죄를 멸하소서.
지계의 빛을 발하시어 파계의 죄를 멸하소서.
인욕의 빛을 발하시어 성냄의 죄를 멸하소서.
정진의 빛을 발하시어 게으름의 죄를 멸하소서.

---

49 『관불삼매해경』 권9에 공왕불 아래에서 수행하던 네 사람의 비구가 나중에 동방 아촉불(阿閦佛), 남방 보상불(寶相佛), 서방 무량수불(無量壽佛), 북방 미묘성불(微妙聲佛)이 되어 깨달음을 열게 되며, 또한 공중의 목소리가 가르치는 대로 참회 예배하여 부처님의 백호를 관상하고서 18억 겁의 죄를 소멸했다는 내용이 등장한다.

선정의 빛을 발하시어 산란함의 죄를 멸하소서.

지혜의 빛을 발하시어 어리석음과 미혹의 죄를 멸하소서.

이렇게 1일 혹은 7일간 하면 수십만 겁의 번뇌와 무거운 장애가 제거된다. 혹은 아주 짧은 시간 동안 좌선 입정하고, 부처님의 백호를 염하며, 마음을 명료하게 해서 잘못되고 어지러운 생각이 없이 분명하고 바르게 계속 집중하면 96억 나유타겁의 생사의 죄를 제거하게 된다. 혹은 일심으로 아미타불 신주를 염하면 사중(四重), 오역죄(五逆罪)를 멸할 수 있는데, 일곱 번째에는 근본의 죄를 멸할 수 있다.[『의궤(儀軌)』[50]에서 인용한 것이다.]

혹은 또 『심지관경(心地觀經)』에서 이(理)의 참회[51]에 대해 다음과 같이 밝혔다.

일체의 죄성은 모두 같다.

전도(顛倒)된 인연 망심(妄心)에서 일어난 것이다.

이처럼 죄상(罪相)은 본래 공한 것이니

삼세 중에 얻어지는 것이 없다.

안에도, 밖에도 없고, 중간에도 없다.

---

50 『무량수여래관행공양의궤(無量壽如來觀行供養儀軌)』에 "이 무량수여래의 다라니는 한 번 독송하면 곧 자신의 십악·사중(四重)·오무간죄를 멸하며, 일체의 업장을 소멸한다. 만약 비구·비구니가 근본죄를 범해도 일곱 번 독송하면 즉시 계품이 청정해진다."는 내용이 있다.

51 이참(理懺)은, 죄업 장애의 상은 본래 공하여 얻어질 것이 없음을 관하는 참회이고, 이에 비해 사참(事懺)은 구체적인 죄를 들어 참회하는 것을 말한다.

성(性)·상(相)이 여여하여 함께 움직이지 않는다.

진여의 묘리는 언어로 나타낼 수 없는 것이니

오직 성자만이 통달할 수 있다.

유(有)도 아니고, 무(無)도 아니며, 유무(有無)도 아니다.

유무가 아닌 것도 아니어서 명상(名相)을 떠나 있는 것이다.

법계에 두루 있으며, 생멸이 없다.

제불은 본래 동일체이다.

바라옵건대 오직 제불께서 가호를 내려 주시고,

일체의 전도된 마음을 멸해 주시기를.

내가 일찍 참된 성품의 근원을 깨달아

속히 여래의 무상도를 증득하고저.

묻는다

관상염불만으로도 멸죄할 수 있다면 무엇 때문에 또 이참(理懺)을 수행하는가?

답한다

누가 하나하나 그것을 수행한다고 말하는가. 다만 마음에 맞는 것에 따라서 하면 된다. 하물며 모든 '죄성(罪性)이 공하여 실체가 없다.'는 것을 관하면[理懺] 이것이 곧 진실한 염불삼매이다.

『화엄경』에서 다음과 같이 게송을 설하였다.

현재는 (인연) 화합(和合)이 아니고

미래도 또한 그러하다.

일체법은 상(相)이 없으니

이것이 곧 부처님의 진실한 체성이다.

『불장경(佛藏經)』「염불품(念佛品)」에서는 다음과 같이 설하였다.

"유(有)라고 할 만한 것이 없다는 것을 보는 것을 염불이라고 한다. 또한 제법의 실상을 보는 것을 염불이라고 한다. 분별도 없고, 집착할 것도, 버릴 것도 없는 것이 진실한 염불이다."[이상]

그 밖의 공(空)이나, 무상(無相) 등에 대한 관상[52]도 여기에 준하여 염불삼매에 들어야 한다.

묻는다

이러한 참회에 어떤 뛰어난 공덕이 있는가?

답한다

『심지관경』의 게송에서 다음과 같이 설하였다.

재가자는 곧잘 번뇌의 인(因)을 불러들이고

출가자 역시 청정 계율을 깨뜨릴 수 있다.

만약 여법하게 참회할 수 있다면

가진 번뇌를 다 없앨 수 있을 것이다.

----

52 공(空)·무상(無相)·무작(無作)을 관하는 것을 삼삼매(三三昧)라고 한다. 공을 관하는 공삼매, 차별의 상을 여의는 무상삼매, 뭔가를 바라는 생각을 버리는 무작[無願]삼매의 세 가지 삼매이다.

…(중략)…

참회는 삼계의 지옥을 벗어날 수 있게 하고
참회는 보리의 꽃을 피우게 할 수 있다.
참회는 부처님의 대원경(大圓鏡)을 볼 수 있게 하고
참회는 보소(寶所: 극락)에 이르게 할 수 있다.

묻는다

이 중 무엇이 가장 뛰어난 참회법인가?

답한다

만약 한 사람에 제한해서 본다면 그 근기에 맞는 것이 가장 뛰어난 것이다. 만약 전체적으로 판단한다면 이참(理懺)이 가장 뛰어난 것이다. 그러므로『여래비밀장경(如來秘密藏經)』하권에서는 다음과 같이 설하였다.

"부처님께서 가섭에게 설하셨다.

'만약 약간의 불선(不善)이라도 그것을 단단하게 움켜쥐고 집착하게 되면, 나는 그것을 죄라고 말한다. 가섭아, 무간지옥에 떨어지는 오역죄라 하더라도, 굳게 머무르지 않고, 집착하여 사견을 일으키지 않으면, 나는 그것을 죄라고 말하지 않는다. 하물며 다른 작은 불선으로 업을 저지르는 것임에랴. 가섭아, 나는 불선법(不善法)으로 보리를 얻지는 않으며, 또한 선법으로도 보리를 얻지 않는다. …(중략)… 번뇌는 인연으로부터 생겨난다는 것을 이해하는 것을 보리를 증득했다고 한다. 가섭아, 인연으로부터 생겨난 것이 번뇌라는 것에서 무엇을 이해한 것인가. 자성에서 일어나는 법이 없다는 것을 이해하여 아는 것, 이것이 무생법(無生法)이다. 이처럼 이해하여 아는 것을 보리를 증득했다고 말한다.'"

또한 『결정비니경(決定毘尼經)』에서 다음과 같이 설하였다.

"대승의 가르침 안에서 발심 수행하는 이가 아침에 계를 범하는 일이 있어도 낮 동안에 일체지(一切智)를 구하는 마음[53]을 떠나지 않으면, 이러한 보살은 계신(戒身)[54]을 무너뜨리지 않는다. 낮에 부분적으로 계를 범하는 것이 있어도 해가 진 후에 일체지를 구하는 마음을 떠나지 않는다면, 그 보살은 계신을 무너뜨리지 않는다. …(중략)… 만약 늦은 밤에 부분적으로 계를 범한다고 해도 아침에 일체지를 구하는 마음이 있으면, 그 보살은 계신을 무너뜨리지 않는다. 이러한 까닭으로 인해 보살승의 인간은 허용되는 것과 금지되어 있는 것을 정하는 계율을 잘 지키기 때문에 설혹 범하는 바가 있어도 도를 넘어서 망령되이 걱정하고 후회하면서 스스로 그 마음을 괴롭히지 않아야 한다.

성문승에서는 계를 범하는 것이 있으면 성문의 청정계를 파괴하게 되는 것이라고 한다. 일체지를 구하는 마음이라는 것은 다른 교설에 준하면, 제일의공(第一義空)에 상응하는 마음이다. 혹은 불종지(佛種智)를 구하는 마음일 수도 있다."

묻는다

만약 참회 수행을 한다면 갖가지 죄를 소멸하는 것이 가능하다면 어째서 『대지도론』 제46권에서는 계율 중의 계가 비록 세밀하다고 해도 참

---

[53] 일반적으로 "일체지(一切智)·도종지(道種智)·일체종지(一切種智)"를 삼지(三智)라고 한다. 일체지는 성문·연각의 지혜, 도종지는 보살의 지혜, 일체종지는 부처님의 지혜를 가리킨다. 본문에서는 겐신[源信]이 '일체지심(一切智心)'이라는 용어로 쓰고 있는데, 이는 부처님의 진실한 지혜를 구하는 마음으로 해석할 수 있다.

[54] 계체(戒體)라고도 한다. 수계에 의해서 생기는 지계의 원동력.

회하면 곧 청정해진다고 했지만, 십선계(十善戒)를 범하면 참회해도 삼악도에 떨어지는 죄는 없어지지 않는다고 하였는가? 또 『십륜경(十輪經)』에서는 십악륜죄(十惡輪罪)를 범하면 일체 제불이 구해 주지 않는다고 하였다.

답한다

『관무량수경』에서는 십념(十念)은 오역죄를 멸할 수 있다고 설하였다. 『관불삼매해경』에서는 부처님의 하나의 상호를 염하면 십악·오역의 죄를 멸할 수 있으며,『대반열반경』에서는 아사세왕이 참회하여 부친을 죽인 죄를 제거했다고 설하였다.『대반야경』에서는 경을 독송하고 해설하면 삼계의 중생을 살해한 죄를 소멸하고 악도에 떨어지지 않는다고 하였으며,『화엄경』에서는 보현보살의 서원을 한 번이라도 독송한다면, 십악·오역의 죄를 제거할 수 있다고 설하였다. 이로써 대승의 진실한 말씀으로 제거되지 않는 죄는 없다고 설하고 있음을 명확히 알아야 한다.

그러나 이『대지도론』의 문장은, 혹은 중한 죄를 전환하여 가벼운 죄를 받을 수 있다고 하는 것이지, 전적으로 받지 않는 것이 아니기 때문에 제거되지 않는 것이라고 표현한 것이다. 혹은 듣는 자의 수준에 응하여 설명한 방편의 설이기도 하다.

또한 회감 선사는『십륜경』을 해석하여 여래의 숨은 뜻[密意]은 죄를 두려워하게 하는 것이라고 말하였다.

그 밖의 것은 아래 「문답요간(問答料簡)」장의 〈염불상문(念佛相門)〉에서 말하는 것과 같다.[55] 이러한 것들은 모두 별시참회(別時懺悔)이다.

---

55 실제 멸죄의 문제는 「문답요간(問答料簡)」장의 〈임종념상(臨終念相)〉 항목에서 다루고 있다.

그러나 수행자는 항상 삼사(三事)를 수행해야 한다.

　『대지도론』에서 보살은 반드시 주야 여섯 차례 참회·수희·권청의 삼사를 수행해야 한다고 설하였다.[간략하게 요약]

　오념문(五念門) 중 첫 번째 예배에 뒤이어 이 삼사를 수행해야 한다.

『십주비바사론』〈참회게〉에서 다음과 같이 설하였다.

　　시방의 무량불은
　　모두 다 알지 못함이 없다.
　　나는 지금 모두 앞에서
　　모든 악함을 다 고백한다.

　　셋을 세 번 합한 아홉 종(種)은
　　세 가지 번뇌에서 일어난다.
　　지금의 생 혹은 전생에
　　지은 죄를 모두 참회한다.

　　삼악도 안에서
　　만약 받아야 할 업보가 있다면
　　금생에 갚기를 발원하여
　　악도에 떨어지지 않기를.[셋을 세 번 합하여 아홉 종이 된다는 것은 신·구·의 삼업의 과보를 각각 현생, 다음 생, 그 다음 생에 받게 될 것을 말한다. 세 가지 번뇌가 일어난다는 것은 탐·진·치의 번뇌이다.]

〈권청게〉에서는 다음과 같이 설하였다.

시방세계 일체불 중에
현재불에게 청하노니
법문을 설해 주셔서
모든 중생을 안락케 하소서.

시방의 일체불이
만약 수명을 버리고자 한다면
나는 지금 두면례를 하며
오래 머무르시길 권청합니다.[이상]

〈수희게〉에서는 다음과 같이 설하였다.

가지고 있는 보시의 복도
지계와 수선(修禪)의 행도
신·구·의에서 나오는 것이다.
과거와 미래와 현재의
대승과 소승의 수행자와
삼승을 모두 익힌 자와
일체 범부의 복을
모두 따라서 기뻐한다.[이상]

또한 상행삼매, 법화삼매, 진언교 등에도 모두 각자 참회의 경문이 있어서 원하는 대로 사용한다. 만약 간략한 것을 원한다면 『미륵보살본원경(彌勒菩薩本願經)』의 한 게송에 의거해도 된다. 그 경전에서는 다음과 같이 설하였다.

"부처님께서 아난에게 말씀하셨다.

'미륵보살이 본디 구도할 때 귀, 코, 머리, 눈, 손, 발, 몸, 생명과 보물, 성읍, 처자 및 국토를 다른 이에게 보시한 것에 의해서 불도를 이룬 것이 아니다. 다만 선근과 편안한 수행으로 무상정진(無上正眞)의 도에 이르게 된 것이다.'

아난이 부처님께 물었다.

'미륵보살은 어떠한 선근으로 불도에 이른 것입니까?'

부처님께서 아난에게 말씀하셨다.

'미륵보살은 주야로 각각 세 번 의복과 몸을 바르게 하고, 손을 깍지 끼고, 오른 무릎을 땅에 대고 시방을 향하여 다음과 같이 게송을 읊었다.

나는 모든 잘못을 참회합니다.
여러 도덕을 권하고 밝히겠습니다.
제불에 귀명례를 하겠습니다.
무상의 지혜를 얻게 해주소서.'

부처님께서 아난에게 말씀하셨다.

'미륵보살은 이러한 선근으로 무상정진의 도를 얻은 것이다.' "[이상]

물는다

이러한 참회 권청 등의 수행을 닦으면 어느 정도의 복을 얻을 수 있을

까요?

답한다

『십주비바사론』에는 다음과 같은 게송이 있다.

> 만약 한순간에
> 복덕의 형체가 드러난다면
> 항하의 모래와 같이 많은 세계도
> 다 수용하지 못할 것이다.

제6. 대치마사(對治魔事)

묻는다

갖가지 마사(魔事)가 정도(正道)를 방해할 수 있다. 병을 일으키기도 하고, 관상염불의 바른 수행법을 잃게 하고, 혹은 삿된 견해에 빠지게 한다. 이른바 유견(有見)[56]이거나, 무견(無見)[57]이거나, 명료하거나, 어둡거나, 사정(邪定)[58] 혹은 반연(攀緣), 슬픔 혹은 기쁨, 괴로움 혹은 즐거움, 재앙 혹은 복, 악 혹은 선, 미움 혹은 애착, 마음이 강하거나 혹은 약한 것 등의 이러한 일들이다. 지나치거나, 미치지 못하거나 모두 마사로서 정도를 방해하게 된다. 어떻게 그에 대해 대치할 것인가?

---

56 모든 사물이 불변의 실체라고 보는 인식.

57 모든 것을 허무한 것으로 보는 인식.

58 삿된 관상에 빠지는 것.

답한다

대치하는 방법이 비록 많지만 지금은 다만 염불이라는 한 가지 방법에만 의거한다. 이 염불에도 또한 사(事)와 이(理)가 있다. 첫 번째로 사의 염불은 언행이 상응한 상태에서 일심으로 염불할 때는 모든 악마가 무너뜨리지 못한다.

묻는다

어찌하여 무너지지 않는 것인가?

답한다

부처님께서 호념하시기 때문이고, 법의 위신력 때문에 방해하고 무너뜨리지 못하는 것이다. 『대반야경』에서는 마사에 대치하는 데 있어서 사와 이 각각의 두 가지 법을 들고 있다. 그중에서, 첫 번째는 가르침대로 모두 다 잘 행하는 것이며, 두 번째는 제불이 항상 호념해 주는 것이라고 하였다.

또한 『반주삼매경』에서는 야차나 귀신이 사람의 선(禪)을 무너뜨리고, 사람의 마음[心]을 침탈할 수 있지만, 이 보살에게 타격을 주려 한다면, 이는 끝내 불가능할 것이라고 하였다.

나머지는 아래의 제7 「염불이익(念佛利益)」장과 같다.

두 번째, 이(里)의 염불은, 『마하지관』 제8에서 다음과 같이 설하였다.

"마계(魔界)의 진여와 불계(佛界)의 진여는 같은 것이지 다른 것은 아니다. 평등하여 그 상이 하나임을 알아야 한다. 마를 근심하지도, 부처님을 좋아하지도 말고 그들을 실제로서 놔두어라. …(중략)… 마계가 곧 불계이나, 중생이 알지 못하여 불계에서 헤매다 제멋대로 마계를 일으키고, 보리 안에 있으면서 번뇌를 생한다. 부처님께서는 이 때문에 자비심을 일으켜 마계가 곧 불계이며, 번뇌가 곧 보리라는 것을 중생에게 깨닫게 하려 하신다. 이 때문에 부처님께서 자비심을 일으키시는 것이다."[이상]

이렇게 염하라.

"마계와 불계 및 자계나 타계도 모두 같이 공이며, 상(相)이 없는 것이다. 이 제법이 상이 없는 것이 곧 부처님의 진체(眞體)이다. 마계가 곧 불신(佛身)이며, 또한 아신(我身)임을 알아야 한다. 이(理)는 둘이 아니기 때문이다. 그러나 여러 중생이 망상을 생하여 꿈에서 깨어나지 못하고, 한 실상[59]을 이해하지 못하여 시비의 생각을 일으켜 오도를 윤회한다. 원컨대 중생들로 하여금 평등한 지혜에 들어가게 하소서."

이러한 무연대비(無緣大悲)[60]를 깊이 일으키며, 내지는 비록 부처님의 뛰어난 색신을 관하더라도 삼공문(三空門)[61]에 들어가 여기에 집착하지 않아야 한다. 마치 뜨거운 황금의 공은 그 아름다운 색을 보기는 해도 손을 댈 수는 없는 것과 같다. 하물며 다른 일에 집착하고 교만심을 내겠는가. 이렇게 관할 때에 마가 방해하고 무너뜨리지 못할 것이다.

그 때문에 『대반야경』에서도 마사를 대치하는 방법에 대해 이렇게 설하였다.

"첫 번째, 제법이 모두 궁극적으로 공하다는 것을 관하는 것이다. 두 번째, 일체 유정 중생을 버리지 않는 것이다."

....

59 모든 것이 평등한 진여의 모습이라는 것.

60 특정한 대상을 두지 않는 부처님의 자비. 평등하고 치우침이 없는 대자비.

61 삼해탈문(三解脫門).

또한『대지도론』에서도 다음과 같이 설하였다.

"안·이·비·설·신·의 육근(六根)과 색·성·향·미·촉·법의 육경(六境)을 합친 십이입(十二入)은 모두 마의 그물이니, 헛되고 실체가 아닌 것이다. 이 중에서 여섯 종류의 식(識)을 생한 것도, 또한 마의 그물이라 헛된 것이다. 무엇이 진실인가? 오직 불이법(不二法)뿐이다. 눈도 없고 색도 없으며, 뜻도 없고, 법도 없는 세계, 이를 진실이라고 한다. 부처님 께서는 중생으로 하여금 십이입을 여의도록 하기 위해서 항상 여러 인연에 의해 이 불이법을 설하신다."[이상]

묻는다

어찌하여 공을 관하면 악마가 무리의 힘을 얻을 수가 없는가?

답한다

『대지도론』에서는 다음과 같이 설하였다.

"일체법에 모두 집착하지 않는다. 집착하지 않기 때문에 착오를 범하지 않는다. 착오를 범하지 않기 때문에 악마가 그 무리의 세력을 얻을 수 없다. 예를 들면 사람의 몸에 상처가 없을 때는 비록 독에 오염된 가루 속에 누워 있어도 독이 체내에 들어오지 않지만, 조그만 상처라도 있으면 죽게 되는 것과 같다."

『대집경』「월장분」에서 다음과 같이 설하였다.

"타화천마왕(他化天魔王)이 보리심을 발하여 수기를 받고 서원을 세우기를, '우리들은 현재부터 미래의 제불의 제자와 제일의(第一義)에 상응하여 머무르는 자들을 호념하고, 공양하며, 공경하겠습니다. 우리의 가르침에 따르지 않고 수행자를 괴롭힌다면 곧 그 무리들을 여러 병에 걸리게 하여 신통력을 잃게 하겠습니다.'라고 하였다.[뜻을 취함] 실제로 악마들이 그 힘을 얻지 못하고, 마의 모습을 하고 있는 권마(權魔)는 수행자를 보호한다는 것을 명확히 알아야 한다."

앞의 『대반야경』의 두 가지 대치법은 모두 증거가 있다. 이 때문에 다시 여러 스승의 해석을 인용하지 않는다.

제7. 총결행요(總結行要)

묻는다

위의 여러 문장에서 진술한 것이 이미 많지만 어떤 수행이 왕생의 요체 인지 알지 못하겠다.

답한다

대보리심과 삼업[62]을 바르게 지키는 것과, 깊은 믿음과, 지성심을 가지고 항상 염불하면 발원에 따라 결정되어 극락왕생하게 된다. 하물며 또 다른 뛰어난 수행들을 함께 행함에랴.

묻는다

무슨 까닭에 이러한 수행들이 왕생의 요체가 되는가?

답한다

보리심의 뜻은 전에 상세하게 설명하였다. 삼업의 무거운 악은 정도를 방해할 수 있으므로 모름지기 그것을 지켜야 한다. 왕생의 수행은 염불을

----

62   신·구·의 삼업.

근본으로 한다. 그 염불심은 반드시 이(理)에 맞지 않으면 안 된다. 그러므로 깊은 믿음[深信]·지성(至誠)·상념(常念)[63]의 세 가지를 함께 구비한다. 그중 상념에는 세 가지 이익이 있는데, 가재(迦才)가 말한 것과 같다.

첫 번째는 모든 악이 끝내 생겨나지 않으며, 또한 업장을 소멸할 수 있다. 두 번째는 선근이 증장되고, 또한 견불의 인연을 심을 수 있다. 세 번째는 훈습하여 잘 익히면 임종 시에 정념(正念)이 나타난다.[이상]

모든 행위는 원(願)에 의해서 전개된다. 그러므로 발원에 따라 왕생하는 것이다. 총괄해서 말하자면, 삼업을 지키는 것은 악을 제어하는 지선(止善)이며, 칭명염불하는 것은 선을 행하는 행선(行善)이다. 보리심과 발원은 이 두 가지 선을 돕는 것이다. 그러므로 이 수행법들이 왕생의 요체가 되는 것이다. 그 취지는 경론에서 나온 것이지만 여기서는 상세하게 설명하지 않는다.

63　항상 염불하는 것.

제
6
●

별시염불
別時念佛

별시[1]염불(別時念佛)은 두 가지로 나뉜다. 첫 번째로 심상별행(尋常別行)을 밝히고, 두 번째로 임종행의(臨終行儀)를 밝힌다.

제1. 심상별행(尋常別行)

매일의 수행법에서 항상 용맹정진할 수 없기 때문에 어떤 때에는 별시행(別時行)을 해야 한다. 1일, 2일, 3일 내지 7일, 혹은 10일 내지 90일까

---

[1]   특별한 시간이라는 의미이다. 별시염불은 매일의 근행하는 상시(常時)염불과는 달리 따로 염불을 행하는 것을 말한다.

지 수행자가 원하는 대로 수행하라. 이른바 1일 내지 7일이라는 것에 대해서 선도 화상의 관념문(觀念門)에서 다음과 같이 설하였다.

"『반주삼매경』에서 부처님께서 발타화(跋陀和)에게 이렇게 설하셨다.

'이 수행법을 지키면 곧 삼매를 얻고, 현재의 제불이 모두 앞에 나타날 것이다. 비구·비구니·우바새·우바이들이 여법하게 계율을 다 지키고, 홀로 한 곳에 머무르며, 서방 아미타불이 지금 저곳에 계신다고 염하라.

들은 대로 염해야 한다. 여기에서 10만억 불찰 떨어진 곳에 이름이 수마제(須摩提)인 불국토가 있다. 일심으로 그 불국토를 염하기를 1일 1야, 혹은 7일 7야 동안 하면, 7일이 지난 이후 마치 꿈속에서 보는 것처럼 극락을 볼 수 있다. 주야를 알지 못하고, 안과 밖 역시 알지 못하나, 어둠 속에서 닫히고 막혔기 때문에 보지 못하는 것은 아니다.

발타화야, 사부대중[四衆]이 항상 이렇게 염할 때, 제불의 경계 안에서 모든 대산(大山), 수미산의 여러 어두운 곳이 모두 열리어 닫히고, 막힘이 없다. 이는 사부대중이 천안이 없어도 볼 수 있고, 천이 없이도 듣고, 신족이 없이도 그 불찰에 닿을 수 있는 것이다. 이 세간에서 생을 마쳐야 저곳 불찰에서 태어나는 것도 아니다. 여기에 앉아 불찰을 보게 된다.'

부처님께서 말씀하셨다.

'사부대중이 이 세간 국토에서 아미타불을 전념으로 염불하기 때문에 그를 볼 수 있는 것이다.'

어떤 수행법을 지켜야 저 불국토에 태어날 수 있는지 여쭈었더니, 아미타불께서 답하시기를, '왕생하고 싶은 자는 항상 나의 이름을 염하기를 쉬지 말라. 그리하면 바로 왕생할 수 있다.'고 하셨다.

부처님께서는 다음과 같이 말씀하셨다.

'온 마음을 다하여 집중하기 때문에 왕생한 것이다. 불신에는 삼십이상, 팔십종호가 있어서 무수한 광명을 비추고, 단정함이 비할 바 없으며, 보살과 승려들 가운데서 설법하고 있다고 염하라. 그 색신을 마음에 새겨서 무너지지 않게 해야 한다. 무슨 까닭에 색신에 무너짐이 없는 것인가? 부처의 색신을 염하기 때문에 이 삼매를 얻은 것이다.'

이상 염불삼매법을 밝힌 것이다.[이 경문은 「행품(行品)」 안에 있다. 만약 깨어 있을 때 부처님을 보지 못하더라도 꿈속에서 보게 된다.]

삼매도량에 들어가고자 할 때는, 첫째, 부처님의 가르침대로 행하라. 먼저 도량을 정돈하고, 존상을 안치하고, 향기로운 물로 씻는다. 불당이 없을 때는 정결한 방이 있으면 또한 깨끗이 청소하고, 여법하게 불상 한 구를 서쪽 벽에 안치하라. 수행자들은 달의 1일에서 8일까지, 혹은 8일에서 15일까지, 혹은 15일에서 23일까지, 혹은 23일에서 30일까지, 1개월을 네 기간으로 나누어 하면 좋다. 수행자들은 스스로 가업의 경중을 헤아려 이 네 기간 중에 정행(淨行)의 도에 들어간다. 1일 내지 7일 동안 깨끗한 옷을 입고, 신발과 버선도 깨끗하고 새로운 것을 신는다. 7일 동안에는 모두 하루 한 끼를 먹고, 정오 이후에는 식사를 하지 않는 장재(長齋)를 하며, 말랑한 떡이나 거친 밥을 때에 따라 먹고, 음료와 채소는 검박하게 양을 절제하며 먹는다.

도량 안에서는 주야로 마음을 집중하여 계속 아미타불을 염하라. 마음과 소리가 서로 이어져야 하며, 오직 앉거나, 서 있을 뿐 7일 동안에는 잠을 자지 않는다. 또한 예불·송경하는 것도 하지 말고, 염주도 손에 쥐지 않는다. 단지 합장하여 염불하는 것만 생각하고, 마음마음마다 견불의 상(想)을 한다.

부처님께서 이렇게 말씀하셨다.

'아미타불의 황금색신은 광명이 환하게 빛나며 단정하여 비길 데가 없다. 그것이 바로 심안(心眼)의 앞에 있다고 상념(想念)하라.

바르게 염불할 때는 만약 서서 할 때는 서서 1만념, 2만념을 한다. 만약 앉아서 할 때는 앉아서 1만념, 2만념을 한다. 도량 내에서는 머리를 맞대고 사담을 하지 말라. 하루 세 번 혹은 여섯 번 제불, 일체 성현, 천지의 제신에게 아뢰어 모든 업을 다 고백하고 참회하라. 태어난 이래로 신·구·의 삼업으로 지은 모든 죄를 일일이 진실하게 다 참회하고 나면, 다시 의법하게 염불하라.

눈앞에 보이는 경계를 경솔하게 말해서는 안 된다. 선한 모습이 나타나면 스스로 납득하고, 악한 모습이 나타나면 참회하라. 술, 고기, 오신채[2]는 특별히 서원을 발하여 손으로 잡지 않고, 입에 대지 말라. 만약 이 말을 어기면 바로 몸과 입에 악창이 생기기를 발원하라. 『아미타경』을 10만 번 독송하기를 발원하라.

매일 염불 1만 번, 송경을 15번, 혹은 20번, 30번, 역량의 다소에 맞게 하라. 정토에 왕생하고 부처님께서 자신을 거두어 주시길 서원하라.'

또 말씀하셨다.

'모든 수행자들은 현생에서 밤낮으로 끊임없이 아미타불만을 염하고, 오로지 『아미타경』을 독송하며, 정토와 불보살 성중의 장엄함을 예찬하라. 정토에 왕생하기를 원하는 원생자들은 삼매도량에 들어가(서

---

2   『범망경』권하에서는 오신채에 대해 마늘[大蒜]·달래[革葱]·파[慈葱]·산마늘[蘭葱]·홍거(興蕖: hiṅgu, asafoetida)로 규정하고 있다. 이들 오신채는 음욕과 분노를 절제하지 못하게 하기 때문에 술·고기와 더불어 사십팔경계에서 금지 음식물에 포함된다. 이 중 홍거의 경우는 동북 아시아에서 나지 않는 식물이기 때문에 이에 대한 표기나 해석이 각기 다양하게 나타나기도 한다.

수행하)는 것 외에도, 매일 아미타불을 1만 번 염하라. 목숨을 마칠 때까지 계속하는 자는 곧 아미타불의 가피를 입어 수명이 더해지고 죄업의 장애가 없어진다. 또한 부처님과 성중이 항상 와서 호념(護念)하는 가피를 입게 된다. 호념을 입게 되면 수명이 늘어나 장수하며, 안락하게 살게 된다.'"

그 인연 하나하나에 대해서는 『비유경(譬喩經)』·『유무삼매경(惟無三昧經)』·『정도삼매경(淨度三昧經)』에서 설명하고 있다.

또한 『관불삼매해경』에서 설하였다.

"만약 비구·비구니·남녀들이 사바라이죄·십악죄·오역죄를 범하고, 대승을 비방하는 경우, 이러한 사람들은 밤낮으로 여섯 번 심신을 쉬지 않고 참회하며, 마치 큰 산이 무너지듯 오체투지하고, 눈물을 비 오듯 흘리며 울면서 부처님을 향해 합장하고, 부처님의 미간 백호가 빛나는 것을 염하기를 1일에서 7일까지 한다면, 전술한 네 종류의 죄가 경미해질 수 있을 것이다. 백호를 관해도 어두워 보이지 않는 자는 탑에 들어가 아미타상 미간의 백호를 관하며, 1일에서 3일까지 합장하며 울어야 한다."[이상 『관념법문』[3]에서 간략하게 인용한 것이다.]

『대반야경(大般若經)』 제568권에서는 7일간의 행법에 대해 밝히고 있다.

"만약 선남자·선여인이 마음에 의혹이 없이 7일간 청정하게 목욕하고, 깨끗한 새 옷을 입고, 꽃과 향을 공양하며, 전에 말한 바와 같이 일심으로 여래의 공덕과 대위신력을 바르게 염한다면, 이때 여래께서

3　선도(善導), 『관념아미타불상해삼매공덕법문(觀念阿彌陀佛相海三昧功德法門)』.

자비로 호념하고 현신하여 볼 수 있게 해주시고, 원을 충족시켜 주실 것이다. 만약 향과 꽃 공양에 부족함이 있어도 일심으로 공덕과 위신력을 염하면 목숨이 다할 때에 견불하게 된다."[이상]

'전에 말한 바와 같은 공덕'이라고 한 것은, 여래의 대자대비한 설법, 장애가 없는 삼매, 일념으로 끝없이 많은 몸을 나투는 것, 천안(天眼)·천이(天耳)·타심지(他心智)·무실념(無失念)·무루이구(無漏離垢) 등 일체법을 얻어 자재평등한 공덕과 위신력을 가리킨다.

『대집현호경(大集賢護經)』[4]에도 7일행이 있는데, 이것은 다음의 「염불이익」장에서 말할 것이다.

또한 가재(迦才)의 『정토론』에서는 도작 선사가 경문을 검토하여 일심으로 흐트러짐 없이 백만 번 넘게 염불하는 자만 왕생이 결정된다고 하였다.

또한 도작 선사는 『소아미타경』의 7일 염불 항목에 의거해서 백만 번 염불을 교의적으로 확증했다. 그러므로 『대집경(大集經)』·『약사경(藥師經)』·『소아미타경』에서 모두 7일 염불을 권하는 것이 맞다고 해석했다.[이상 가재(迦才)의 설]

10일간의 행은 『고음성왕경(鼓音聲王經)』·『평등각경(平等覺經)』에서 나온 것이다. 다음 장 「이익(利益)」에서 알게 될 것이다.

이른바 90일 행(行)이라는 것은 『마하지관』 제2권에서 이렇게 설하였다.

---

4   『대방등대집경현호분(大方等大集經賢護分)』권1.

"상행삼매(常行三昧)에 대해 먼저 수행 방법을 밝히고, 그 다음으로 실천을 권한다. 방법이라는 것은, 몸의 열고 닫는 것[開遮]과, 입으로 말하고 침묵하는 것[說默], 의식[意]의 멈춤과 관하는 것[止觀]이다. 이 법은 『반주삼매경』에서 나온 것이다. 번역하여 불립(佛立)이 된 것이다. 불립에는 삼의(三義)가 있는데, 첫째, 부처님의 위력(威力), 둘째, 삼매력(三昧力), 셋째, 행자의 근본 공덕력(功德力)으로, 그것에 의해 삼매 중에 시방 현재불이 그 앞에 서 계신 것을 볼 수 있다. 마치 눈 밝은 사람이 맑은 밤에 별을 보는 것과 같다. 시방불을 보는 것도 이처럼 많기 때문에 불립삼매라 한 것이다."

『십주비바사론』 게송에서 다음과 같이 설하였다.

> 이 삼매의 주처에
> 소(少)·중(中)·다(多)의 차별이 있다.
> 이러한 갖가지 상을
> 또한 마땅히 논해야 하리니.

주처(住處)라는 것은, 초선에서 제2, 제3, 제4 등의 선정의 사이에 이 각각의 역량에 응하여 삼매가 성취되기 때문에 주처라 하는 것이다. 초선은 소(少), 이선은 중, 삼선과 사선은 다(多)이다. 혹은 짧은 시간 머무르기 때문에 소라고 하며, 혹은 세계를 보는 것이 적기 때문에 소라고 하거나, 견불하는 것이 적기 때문에 소라고 하기도 한다. 중(中)과 다(多)도 또한 이와 같다.

신업은 상행(常行)5으로 시작해야 하는 것이니, 즉 계속 보행을 하는 것이다. 이 행법을 할 때는 악한 선지식과 어리석은 사람, 친척, 동네 사람들을 피하라. 항상 홀로 머무르며, 타인에게 뭔가를 구해서는 안 된다. 항상 홀로 걸식하고, 특별한 공양을 받아서는 안 된다. 도량을 장엄하고, 모든 법구와 좋은 음식, 과일 등의 공양물을 준비한다. 목욕을 하고, 용변을 보기 위해 출입하면 옷을 갈아입는다. 단지 (도량을) 걸어서 도는 것으로, 90일이 1기(期)가 된다.

대소승의 율을 잘 알고, 수행에 방해되고 장애가 되는 것들을 제거할 수 있는 명사(明師)를 초청하여 삼매의 법을 들을 때는 마치 세존을 뵙는 것처럼 하라. 싫어하거나, 성내거나, 장단점을 보지 말라. 마땅히 살을 베어 스승을 공양해야 하는데, 하물며 다른 일에 대해서는 말할 것도 없다. 스승을 받들기를 마치 노복이 대가(大家)를 모시듯 해야 한다. 만약 스승에 대해 나쁜 마음이 생기면 여기에서 삼매를 구하기는 끝내 어렵다. 외호(外護)는 어머니가 자식을 기르듯이 하고, 동행은 함께 험지를 건너듯 해야 한다.

우리의 근골이 마르고 썩더라도 삼매를 다 배우려면 쉬지 않으리라고 서원해야 한다. 큰 믿음을 일으킨다면 무너뜨릴 자가 없고, 대정진을 일으키면 따라잡을 자가 없으며, 들어 있는 지혜에 미칠 수 있는 자가 없다. 항상 좋은 스승을 따라 수행하면서 석 달이 끝나도록 세간의 욕망을 순간이라도 마음에 두지 말라. 석 달간 아주 잠깐이라도 드러눕거나, 나가지 말라. 석 달간 절대로 수행을 쉬지 말라. 앉아 있을 때

5   상행삼매는 도량에 안치한 아미타불상의 주위를 오른쪽으로 도는 것을 90일간 자지 않고, 쉬지 않으면서 계속하는 것을 말한다.

(용변 볼 때)와 먹을 때는 제외한다. 다른 이를 위해 경전을 설할 때도 옷과 음식을 바라지 말라.

『십주비바사론』 게송에서 다음과 같이 설하였다.

> 선지식을 가까이하고,
> 정진함에 게으르지 말라.
> 지혜가 극히 견고하면
> 믿음의 힘이 망동하지 않는다.

구업에 대해서는 90일간 항상 몸으로 행하여 쉼이 없고, 90일간 입으로 항상 아미타불의 이름을 창하는 것을 쉬지 않고, 90일간 항상 마음으로 아미타불을 염하기를 쉬지 않는다. 혹은 창하고 염하는 것을 함께하거나, 혹은 먼저 염하고 뒤에 창하거나, 혹은 먼저 창하고 뒤에 염한다.

창과 염이 서로 이어져서 쉴 때가 없으면 아미타불을 부르는 것이 곧 시방 부처님을 부르는 공덕과 같다. 그저 오로지 아미타불을 법문의 주인으로 삼는다. 요약하여 말하면, 걸음걸음, 소리소리, 염과 염에 오로지 아미타불이 존재할 뿐이다.

의업인 지관에 대해 논하자면 서방 아미타불을 염해야 한다. 이곳을 떠난 10만억 불찰에서 보지(寶地)·보지(寶池)·보수(寶樹)·보당(寶堂)에서 보살 대중 가운데 앉아 경전을 설하고 계신다. 3개월간 항상 부처님을 염하라. 무엇을 염하는가? 삼십이상을 염하는 것이다. 발바닥의 천폭륜상으로부터 하나하나 거슬러 올라가서 모든 상 내지는 무견정

(無見頂)의 상[6]을 염한다.

또한 정수리의 상으로부터 차례로 천폭륜까지 이른다. 나에게도 또한 이 상이 있다고 염한다. 또한 나도 마음에 의해서 부처가 될 수 있고, 몸에 의해서 부처가 될 수 있다고 염하라. 부처님은 마음으로 되는 것이 아니고, 몸을 사용하여 되는 것도 아니다. 마음을 써도 부처의 색신을 얻을 수 없고, 색으로도 부처의 마음을 얻을 수 없다. 무슨 까닭인가. 마음이라고 해도 부처에게는 마음이 없고, 색이라고 한다 해도 부처에게는 색이 없기 때문이다. 색에 의해서도, 마음에 의해서도 깨달음을 얻지는 못한다. 부처님은 이미 색이 다하고[滅盡] 내지는 식(識)도 이미 다했다. 부처님께서 말씀하시는 '다했다'는 것을 어리석은 이는 알지 못하나, 지혜로운 자는 깨달을 것이다.

몸과 입에 의해서도 깨달음을 얻을 수 없고, 지혜에 의해서도 깨닫지 못한다. 무슨 까닭인가. 지혜는 찾아도 얻을 수 없는 것이니, 스스로 나를 찾아도 끝내 얻을 수 없고, 또한 볼 수도 없기 때문이다. 일체법은 본디 존재하지 않는 것이며, 근본을 무너뜨리고, 근본을 끊는 것이다.[이상 관념(觀念) 중 첫 번째]

꿈에 칠보를 보고 친속들이 좋아해도 깨고 나서 생각해 보려고 해도 어디에 있는지 알지 못한다. 이러한 때처럼 염불하라.

또한 사위국에 수문(須門)이라고 하는 여인(창부)이 있었다. 그 소문을 듣고 마음으로 좋아하며 밤에 꿈속에서 교접을 하였다. 깨어나서 그

---

6 여래의 정수리는 누구도 볼 수 없는 특징을 지니고 있기 때문에 붙은 명칭. 팔십수형호(八十隨形好)의 하나이다.

것을 생각해 보니, 그가 오지도 않았고, 내가 가지도 않았는데, 즐거운 일을 벌인 것이다. 마땅히 이와 같이 염불하여야 한다.

마치 사람이 큰 습지를 지나가다가 주리고 목이 말라 꿈속에서 진수성찬을 먹었는데도 깨어 보니 뱃속이 비어 있었다. 이에 일체법이 꿈과 같다고 스스로 생각한다. 마땅히 이와 같이 부처님을 염하라. 여러 번 염하되 쉬지 말고 하라. 이렇게 염한 것에 의해 아미타 불국토에 왕생할 것이니, 이를 여상념(如想念)[7]이라 한다.

마치 사람이 보물을 유리 위에 두면 그 모습이 유리에 나타나는 것과 같다. 또한 비구가 뼈를 관하면 뼈에서 갖가지 빛이 생기는 것과 같다. 이는 가지고 오는 자도 없고, 있는 것도 아니며, 마음이 만들어내는 것일 뿐이다.

거울 속의 상이 밖에서 오는 것도 아니고, 안에서 생기는 것도 아니며, 거울이 깨끗하기 때문에 스스로 그 형태가 보이는 것이다.

수행자의 색이 청정하면 가지고 있는 것도 청정하다. 부처님을 보려 하면 보게 될 것이다. 보게 되면 곧 질문하고, 질문하면 답을 얻게 될 것이며, 가르침을 듣고 크게 기뻐하게 된다.[이상 관념 중 두 번째]

스스로 염하라. 부처님은 어디에서 온 것이 아니다. 나 역시 이른 곳이 없다. 나의 마음을 염하여 부처님을 보고 있는 것이다. 나의 마음이 부처님인 것이다. 스스로가 스스로의 마음을 보는 것이 부처님의 마음을 보는 것이다. 이 부처님의 마음은 결국 우리의 마음이 부처님을 보는 것이다. 마음은 스스로의 마음을 알지 못하고, 마음은 스스로의 마음을

----

7   마음의 정경 그대로를 관하는 염을 말한다.

보지 못한다. 마음에 상(想)이 있으면 어리석어지고, 마음에 상이 없으면 열반이다. 이 법은 보여 줄 수가 없는 것이다. 모두 마음이 하는 것이다. 설령 염이 있어도 실체가 없으니, 염은 공할 따름이다.[이상 관념 중 세 번째]

게송에서 다음과 같이 설하였다.

> 마음은 마음을 알지 못한다.
> 마음은 마음을 보지 못한다.
> 마음에 상(想)을 일으키면 어리석어지고
> 마음에 상이 없으면 열반이다.
> 제불은 마음에서 해탈을 얻는다.
> 마음이 무구하면 청정이라 한다.
> 오도(五道)는 깨끗한 것이라, 색을 받아들이지 않는다.
> 이를 이해하는 자는 대도를 이룬다.

이를 불인(佛印)[8]이라 한다. 탐착이 없고, 구하는 것도 없고, 상(想)도 없고, 소유(所有)도 없고, 욕망도 없다. 다른 것에 의해 생겨난 것이 없고, 멸할 것도 없어서 파괴될 것도 없다. 도의 요체이자, 근본이니, 이 인(印)은 이승(二乘)이 무너뜨릴 수 없는 것이다. 하물며 마(魔)임에랴.

『십주비바사론』에서 다음과 같이 설하였다.

----

8   인(印)은 불변의 것이라는 의미이다. 불인(佛印)은 불교의 가르침의 진수를 말한다.

"신발의(新發意) 보살은 먼저 부처님의 색상(色相), 상의 체(體), 상의 업(業), 상의 과(果)를 염하여 하(下)의 세력을 얻는다.[9] 다음으로 부처님의 사십불공법(四十不共法)[10]을 염하여 마음에 중(中)의 세력을 얻는다. 그 다음 실상(實相)염불을 하여 상(上)의 세력을 얻으면, 색신과 법신에 얽매이지 않게 된다."

게송에서는 다음과 같이 설하였다.

색신에 탐착하지 말라.
법신에도 집착하지 말라.
잘 알아야 할지니
일체법은 허공처럼 영적(永寂)한 것이다.

권수(勸修)라는 것은, 만약 어떤 사람이 대해와 같은 지혜를 얻어서 스승 될 만한 이가 누구도 없어서 여기에 그대로 앉아 신통을 부리지 않고 제불을 다 보고, 법문을 다 들어서 잘 수지하고자 한다면, 항상 삼매를 행하라고 하는 것이다. 모든 공덕 중에 제일이 상행삼매이다. 이 삼매는 제불의 어머니, 부처님의 눈, 부처님의 아버지, 무생대비(無生大悲)의 어머니이다. 일체의 여래는 모두 이 지혜와 자비의 두 법에서 생겨

---

9 부처님의 신체가 갖추고 있는 상에 대해서 그 상의 본체인 진여, 그 상을 만들어낸 인(因)으로서의 부처님의 행위, 그 과(果)로서 만들어진 여러 가지 상, 그 상의 이타적인 행위 등을 염하는 것이다.

10 불공법(不共法)이란, 이승이나 보살과는 달리 부처님만이 갖추고 있는 뛰어난 특질을 가리킨다. 통상은 열여덟 가지 항목을 내세워서 십팔불공법이라고 한다.

왕생요집

난다. 대천(大千)의 땅과 초목을 부수어서 먼지로 만들어 그 먼지 한 톨을 하나의 불찰토로 만들고, 그 세계 안에 가득 채울 만큼의 보물로 보시를 한다면, 그 복이 극히 많을 것이나, 이 상행삼매의 가르침을 듣고 놀라지 않고, 두려워하지 않는 것에는 미치지 못한다. 하물며 (이 삼매를) 믿고, 지키며, 독송하고, 남을 위해 설해 주는 것임에랴. 하물며 마치 소의 젖을 짤 때처럼 마음을 고요하게 함에랴. 하물며 이 삼매를 이룰 수 있음에랴. 그 때문에 (그 복이) 무량무변한 것이다.

『십주비바사론』에서 설하였다.

"겁화(劫火)·관적(官賊)·원독(怨毒)·용수(龍獸)·중병(衆病)이 이 사람을 침입하려 해도 할 곳이 없다. 이 사람은 항상 천룡팔부[11]와 제불이 함께 호념하고 칭찬하며, 모두 보고 싶어 하고, 함께 그가 있는 곳에 오기 때문이다."

만약 이 삼매를 위에 말한 바와 같이 네 번의 공덕을 듣고 모두 기뻐한다면, 삼세의 제불·보살도 모두 기뻐하며, 또한 위의 네 번의 공덕보다 뛰어나게 된다.

만약 이러한 법을 수행하지 않는다면 무량한 보물을 잃는 것이니, 인(人)·천(天)이 그 때문에 근심하고 슬퍼할 것이다. 그것은 마치 코가 막히면 전단향을 쥐고도 냄새 맡지 못하고, 농부의 자식이 마니보주를 소 한 마리랑 바꾸는 것과 같다.[네 번의 공덕이라는 것은 『홍결(弘決)』[12]에서

---

11 불법을 수호하는 여덟 종류의 신들로서, '천(天)·용(龍)·야차(夜叉)·건달바(乾闥婆)·아수라(阿修羅)·가루라(迦樓羅)·긴나라(緊那羅)·마후라가(摩睺羅迦)' 등이다.

12 담연(湛然), 『지관보행전홍결(止觀輔行傳弘決)』.

"또한 네 번의 과보가 있으니, 첫째, 놀라지 않는 것, 둘째, 믿고 받아들이는 것, 셋째, 고요한 마음으로 수행하는 것, 넷째, 성취하게 되는 것"이라고 말한 것이다.]

제2. 임종행의(臨終行儀)

먼저 행사(行事)에 대해 밝히고, 다음으로 권념(勸念)에 대해 설명한다.

1. 행사(行事)

첫째, 행사(行事)라는 것은, 『사분율초(四分律鈔)』 「첨병송종(瞻病送終)」편에서 「중국본전(中國本傳)」[13]을 인용하여 이르기를, "기원정사(祇洹精舍) 서북쪽 모퉁이 햇빛이 들지 않는 곳을 무상원(無常院)으로 삼아서 병자가 있으면 그 안에 안치하였다."고 한다.

무릇 탐욕을 생하여 물든 자가 본방 내에서는 의발과 여러 도구들을 보고 많이들 좋아하고 집착하여 마음에 꺼리고 싫어함[14]이 없기 때문에 별처에 오도록 제정하고, 당호를 무상이라 한 것이다.

오는 이는 무척 많았지만 다시 돌아가는 이는 한둘이었다. 일(임종)

....

13 원조(元照, 1048~1116)가 저술한 주석서 『사분율행사초자지기(四分律行事草資持記)』 권하 4 「중국본전(中國本傳)」은 『단경(壇經)』에서 인용된 「별전(別傳)」을 가리킨다. 여기서 말하는 『단경』은 도선(道宣)의 『관중창립계단도경(關中創立戒壇圖經)』을 말한다.

14 사바세계를 여의고 떠나고자 하는 마음.

이 닥치면 전심으로 염법(念法)을 했다. 그 당의 가운데에 입상이 하나 있는데, 금박을 입히고 서쪽을 향하고 있다. 그 상의 오른손은 위로 올리고, 왼손에는 오색 깃발을 들어서 지면에 늘어뜨리고 있다. 병자는 상의 뒤쪽에 누워서 왼손으로는 깃발을 잡고 부처님을 따라 정토에 왕생하게 될 것을 염하게 해야 한다. 병자를 간호하는 자는 향을 피우고 꽃을 뿌려 병자를 장엄하며, 만약 오줌, 똥, 토사, 가래가 있으면, 때마다 그것을 치운다.

혹자는 불상이 동쪽을 향하고, 병자가 전면에 있어야 한다고 말한다.[내 견해로는 만약 별처가 없다면, 단지 병자들을 서방으로 향하게 해서 향을 피우고, 꽃을 뿌리며, 여러 가지로 권진하거나, 장엄한 불상을 보게 해야 한다.]

선도 화상은 다음과 같이 설하였다.

"수행자들이 병이 들었거나, 혹은 병이 안 들었어도 목숨이 다하려 할 때에는 곧 전에 말한 염불삼매법에 따라서 심신을 똑바로 하고, 얼굴을 돌려 서쪽을 향하며, 마음은 오로지 아미타불을 관상하는 것에 집중해야 한다. 마음과 입이 상응하여 소리에 끊임이 없어야 하고, 왕생이 결정되는 상념과 연화대와 성중이 영접하러 오는 상념을 해야 한다.

병자가 이러한 모습을 보게 되면 바로 간병인에게 말해야 한다. 보고 들은 것을 다 얘기하면 (간병인은) 그것을 기록해야 한다. 또한 병자가 말을 하지 못하면 간병인은 반드시 여러 차례 병자에게 물어야 한다. 어떤 모습을 보았는가? 만약 죄의 상을 보았다고 하면, 옆 사람들은 바로 염불을 하여 함께 참회하고, 반드시 멸죄하도록 도와야 한다. 만약 죄를 멸하게 되어 연화대와 성중이 감응하여 눈앞에 나타나면 앞에서 말한 것에 준하여 기록해야 한다.

또한 수행자 등의 권속과 육친이 와서 간병하게 되면, 술, 고기, 오신채를 먹지 못하게 하라. 만약 먹은 이가 있다면 절대로 병자의 주변에 오지 못하게 하라. 그렇지 않으면 정념(正念)[15]을 잃고, 귀신이 교란하고, 병자가 미쳐서 죽으며, 삼악도에 떨어지게 된다. 원컨대 수행자들은 스스로 근신하여 부처님의 가르침을 받들고 함께 견불하는 인연을 만들지니라."[이상]

왕생하는 상과 내영하는 상을 실천하는 것은 그 이치가 개연성이 있다. 『대지도론』에서 설한 신변작의(神變作意)에서는 다음과 같이 설하였다.

"땅의 상을 많이 관하면 물을 땅처럼 밟게 된다. 물의 상을 많이 관하면 마치 물처럼 땅으로 들어가게 된다. 불의 상을 많이 관하면 몸에서 불이 나오게 된다. 구하는 것 대로 마음속에서 그 상을 관하면 그 일을 도와 성취될 수 있게 할 것이다. 단지 임종뿐만이 아니고, 평상시에도 마찬가지이다."

도작 화상은 다음과 같이 설하였다.[16]

"십념상속(十念相續)이 어렵지 않은 듯하나, 모든 범부들의 마음이 마치 야생마와 같아서 식(識)이 사나운 원숭이처럼 육진을 치달리니, 언제 쉬고 멈춘 적이 있었던가. 각자 모름지기 신심을 일으켜서 스스로

----

15   임종할 때 심신에 하나의 흐트러짐도 없이 자신의 왕생하는 모습을 바르게 상념(想念)하는 상태를 말한다.

16   도작, 『안락집(安樂集)』 권상.

의 마음을 잘 다스리고, 수행을 쌓아 불성(佛性)을 이루고, 선근을 견고하게 할지니라.

부처님께서 대왕에게 이른 말씀처럼[17], 사람이 적선을 행하면 죽어서 악한 마음이 없으니, 마치 나무가 넘어지게 되면 반드시 굽은 방향으로 넘어가게 되는 것과 같다. (죽기 직전의) 칼바람이 한 번 이르게 되면 온갖 고통이 몸에 몰린다.

만약 이전에 평생토록 축적된 수행 습관이 없다면 마음에 품고 있어도 어찌 염불할 수 있겠는가. 각자 뜻에 맞는 동지 3~5인과 미리 약속을 맺고 임종의 때에 서로 번갈아 가며 무명을 밝혀 주고, 아미타불의 명호를 불러 극락에 왕생하기를 발원하라. 소리와 소리가 서로 이어져서 십념이 이루어지게 하라."[이상]

십념이라 하는 것은, 비록 많은 해석이 있지만, 일심으로 열 번 아미타불을 칭명염불 하는 것을 말한다. 이는 경문에 따른 것이다. 나머지는 아래의 「문답요간(問答料簡)」과 같다.

2. 권념(勸念)

다음 임종권념(臨終勸念)이라는 것은, 선우(善友), 동행, 뜻을 가진 자들이 불교의 가르침을 따라 중생을 위하여 선근을 기르고 결연을 하는 것

---

17 아들인 아사세왕에게 살해당한 빈비사라왕을 가리킨다. 『약론안락정토의(略論安樂淨土義)』에 나온다.

이다. 처음에 물들고 병든 상태에서 병상에 방문 와서 권진(勸進)하는 것을 만나게 된다. 다만 권진의 취지는 사람의 의지에 달린 것이기는 하지만, 지금은 내 자신을 위해서 개념을 결론지어 볼까 한다.

불자는 수년 전부터 이 세상에서의 욕망을 끊고, 오직 서방의 업을 닦았다. 그중에서도 약속한 바는 임종십념이다. 지금은 이미 병상에 누웠으니, 어찌할 수 없이 두려워한다. 모름지기 눈을 감고 손바닥을 합장하여 일심으로 정토왕생을 서원한다.

부처님의 상호가 아닌 다른 것은 보지 말고, 부처님의 법음이 아닌 다른 소리는 듣지 말아야 한다. 부처님의 바른 가르침이 아닌 다른 것은 말하지 말고, 왕생에 관한 것이 아닌 다른 일은 생각하지 말라. 임종한 후에 연화대에 앉아 아미타불의 뒤를 따라 성중들에 둘러싸여서 10만억 국토 사이를 지나가는 순간에는 또한 이와 같이 하라.

다른 경계에 반연(攀緣)하지 말라. 오로지 극락세계 칠보 연못 안에 이르러 비로소 눈을 들어 합장하고 아미타불의 존용을 바라보고, 심오한 법음을 듣고, 제불의 공덕의 향을 맡고, 법과 선(禪)의 희열을 맛보고, 법회의 성중들에게 정례하고, 보현행원을 깨달으라. 이제 십사(十事)가 있으니, 마땅히 일심으로 듣고 일심으로 염해야 한다. 매번 하나하나의 염마다 의심을 내지 말라.

첫 번째, 먼저 대승의 지혜[宙智]를 발하여 생사의 유래를 알아야 한다. 『대원각경(大圓覺經)』 게송에서는 다음과 같이 설하였다.

일체중생의 무시(無始)의 환과 같은 무명은
모두 여래의 원각심으로부터 건립된 것이다.

생사가 곧 열반이고, 번뇌가 곧 보리이며, 원융무애하여 둘이 아님과 분별이 없음을 알아야 한다. 그런데 일념의 망심에 의해 생사계로 들어온 이래, 무명의 병으로 눈이 멀어서 오래도록 본각의 도를 잊게 되었다. 제법은 본래 자체가 적멸의 상(열반)이지만, 마치 환과 같아서 구체적인 실체성[定性]이 없이 마음에 따라 전변하기 때문이다.

이 때문에 불자여, 삼보에 감응하여 삿된 길을 바꾸어 바른 길로 귀의하여야 한다. 그리하여 부처님은 의왕(醫王)이시고, 법은 양약이며, 승려는 간병인이 되는 것이다. 무명(無明)의 병을 없애고, 정견의 눈을 열어 본각의 도를 보여 주고, 정토에 인도하는 것은 불·법·승 삼보만한 것이 없다. 그러므로 불자는 먼저 대의왕(大醫王)을 생각하며 일심으로 염불해야 한다.

"나무삼세시방일체제불, 나무본사석가모니불, 나무약사유리광불.[삼념 이상]

나무아미타불.[십념 이상]"

다음으로 뛰어나고 좋은 약을 상념하면서 일심으로 염법(念法)해야 한다.

"나무삼세불모마하반야바라밀(南無三世佛母摩訶般若波羅蜜), 나무평등대혜묘법연화경(南無平等大慧妙法蓮華經), 나무팔만십이일체정법(南無八萬十二一切正法)."

다음으로 항상 따르고 호념을 받고 있는 상념을 하면서 일심으로 염승(念僧)해야 한다.

"나무관세음보살, 나무대세지보살, 나무보현보살, 나무문수사리보살, 나무미륵보살, 나무지장보살, 나무용수보살, 나무삼세시방일체성중, 나무극락계회일체삼보, 나무삼세시방일체삼보.[삼념 이상. 혹은 편의에 따라 소리를 함께하여 조념(助念)하거나, 혹은 종소리를 듣고 정념(正念)을 증장시키게 한다. 이하 여기에 준한다.]"

두 번째, 법성이 비록 평등하나, 또한 가유(假有)를 여의지 못한다. 아미타불은 다음과 같이 설하였다.[18]

"제법의 성은 일체가 공하여 무아임을 통달하고, 오로지 정토왕생을 구하면 반드시 이와 같은 찰세계를 실현할 수 있게 된다."

그러므로 정토에 왕생하기 위해서는 먼저 반드시 이 사바세계를 멀리하고 꺼려야 한다. 지금 이 사바세계는 악업의 과보이며, 모든 고통의 근원이다. 생로병사를 전전하여 끝이 없다. 삼계가 옥에 계박된 것이라 즐거움이 하나도 없다. 만약 이때 싫어하고 꺼리지 않으면 어느 생에 윤회를 벗어나겠는가. 그러나 아미타불은 불가사의한 위력이 있으니, 일심으로 칭명한다면 염불하는 중에 80억 겁 생사의 중죄를 멸한다. 이 때문에 지금 마땅히 일심으로 저 아미타불을 염하여 이 고통스러운 사바세계를 여의어야 한다. 이렇게 염불해야 한다.

"바라옵나니, 아미타불께서는 저를 구제할 것을 결정해 주시옵소서. 나무아미타불.[십념 이상을 할 신심의 힘이 다하면, 다음의 일을 권해야 한다. 이하 여기에 준하라.]"

세 번째, 마땅히 정토를 흔구(欣求)해야 한다. 서방 극락세계는 대승 선

---

18 『무량수경』 권하.

근계(善根界)[19]이며, 고뇌가 없는 곳이다. 한 번 연화대에 태어나면 영원히 생사를 여의게 된다. 눈으로는 아미타불의 성스러운 모습을 보고, 귀로는 심오한 가르침을 듣게 되며, 모든 즐거움을 갖추고 있다. 만약 임종할 때 아미타불 십념을 하게 되면, 저 안락국에 왕생하는 것이 결정된다.

불자는 마침 사람의 몸을 얻어서 또 부처님의 가르침까지 만났으니, 마치 애꾸눈 거북이 부목(浮木)의 구멍을 만난 것과 같다. 이때 왕생을 얻지 못한다면 다시 삼악도 팔난의 가운데로 떨어져서 법을 듣는 것조차 어려워지게 된다. 하물며 왕생하는 것임에랴. 그러므로 마땅히 일념으로 아미타불을 칭념해야 한다. 이렇게 염불하라.

"원컨대 아미타불께서는 오늘 저를 인접하시어 극락왕생을 결정해 주시옵소서.[나무아미타불]"

네 번째, 저 불국토에 왕생하고자 하는 자들은 모름지기 정토업을 구해야 한다. 아미타불의 본원에서도 다음과 같이 설하였다.

"만약 내가 성불할 수 있다 해도, 시방 중생들이 나의 명호를 듣고, 나의 불국토를 마음에 생각하면서 모든 덕의 근본을 기르고, 지극한 마음으로 회향하여 나의 불국토에 나고자 하는 것을 이루지 못한다면 성불하지 않겠다.

불자여, 그대는 일생 동안 서방정토 수행만 해왔다. 닦은 수행은 비록 많으나, 기약한 바는 오직 극락일 뿐이다. 지금 모름지기 거듭 과거·미래·현재 삼제(三際) 일체 선근을 모아 모두 극락에 회향하라."

마땅히 이렇게 염하라.

....

19   공덕의 뿌리를 심은 대승인의 세계.

"제가 가진 모든 선근의 힘으로 오늘 결정되어 극락왕생하게 하소서.[나무아미타불]"

다섯 번째, 본원에서 또 다음과 같이 설하였다.[20] 만약 내가 성불할 수 있다 해도, 시방 중생들이 보리심을 내고 모든 공덕을 닦아 지극한 마음으로 나의 불국토에 나기를 발원하였는데, 만약 임종 시에 대중들과 함께 둘러싸고 그 사람 앞에 나타나지 않는다면 정각을 이루지 않겠다.

불자여, 이미 보리심을 발하고, 모든 선근을 극락에 회향하였으니, 지금 다시 보리심을 발하여 아미타불을 염하라.

이렇게 염해야 한다.

"제가 일체중생의 이익 됨과 즐거움을 주기 위하여 금일 결정되어 왕생극락하게 하소서.[나무아미타불]"

여섯 번째, 이미 불자가 왕생수행을 갖추어 왔음을 안다. 지금은 모름지기 아미타여래에 전념하여 수행이 증장되도록 하라. 아미타불의 공덕은 무량무변하여 말로 다 설명하기 힘들다. 지금 현재 시방의 항하의 모래와 같이 많은 제불들이 항상 아미타불의 공덕을 칭찬한다. 이렇게 칭찬하며 항하의 모래와 같이 많은 겁을 지나왔지만 전부 다 끝내지 못하였다. 불자는 마땅히 일심으로 아미타불의 공덕에 귀명하여야 한다. 이렇게 염해야 한다.

"제가 지금 일념 중에 아미타여래의 일체의 공덕에 귀명하겠습니다.[나무아미타불]"

··

20   『무량수경』 권상 제19원.

일곱 번째, 불자는 마땅히 아미타불 상호의 하나를 염하여 마음을 그한 곳에 집중해야 한다. 아미타불의 색신은 마치 염부단금(閻浮檀金)과 같고, 높은 품위는 황금의 산과 같으며, 헤아릴 수 없는 상호로 그 몸을 장엄한다. 그중 미간의 백호는 오른쪽으로 휘어져서 돌고 있어서 마치 다섯 수미산과 같다. 무한한 광명이 이글이글 타오르듯 빛나는 것이 마치 무수한 일월과 같다. 이는 곧 완전무결한 공덕을 성취한 것이며, 대선정·대지혜·대자비가 흘러나오는 것이다. 아주 짧은 순간이라도 이 모습[相]을 염하는 자는 90억 겁 나유타 항하사 미진수겁 생사의 중죄를 멸할 수 있다. 이 때문에 지금 저 상을 염하여 죄업을 없애는 것을 결정해야 한다. 이렇게 염해야 한다.

"원컨대 백호상의 빛이 저의 모든 죄를 멸하게 하옵소서.[나무아미타불]"

여덟 번째, 저 백호상에서 발하는 약간의 광명은 항상 시방세계의 염불 중생을 비추며, 잘 거두어 버리지 않는다. 대자비의 광명이 반드시 와서 비추어 준다는 것을 알아야 한다. 『화엄경』의 게송에서도 이렇게 설하였다.

> 또한 광명을 발하는 것을 견불(見佛)이라 이름하니
> 저 빛은 임종인을 깨닫게 한다.
> 염불삼매에 들면 반드시 견불하리니
> 목숨이 다한 후에 부처님 앞에 태어나게 된다.

그러므로 지금 마땅히 이렇게 염해야 한다.
"아미타불이시여, 청정한 광명을 발하시어 멀리 저의 마음을 비추어 깨닫게 하소서. 경계(境界)·자체(自體)·당생(當生)의 세 종류의 애착[21]을 제압하여 염불삼매를 얻어 왕생극락을 성취하게 하옵소서.[나무아미타불]"

아홉 번째, 아미타여래께서는 단지 빛을 비춰 주시는 것만이 아니라, 스스로 관음·세지 보살과 함께 수행자가 있는 곳에 항상 오셔서 수호해 주신다. 하물며 부모가 병든 자식에 대한 마음이 자못 중한 것처럼, 법성의 산을 움직이고, 생사의 바다에 들어갈 수도 있다. 그때 부처님께서 모든 성중과 함께 대광명을 발하며 오셔서 인도하며 수호해 주신다는 것을 알아야 한다. 혹시 번뇌에 막히면 서로 볼 수는 없지만, 대자비의 원력을 의심하지 말라. 반드시 이 방으로 들어오실 것이다. 불자는 마땅히 이렇게 염해야 한다.

"부처님께서는 대광명을 발하며 반드시 내영하시어 극락왕생하게 해주시옵소서.[나무아미타불]"[이상 7조항, 8조항, 9조항의 일을 항상 권진해야 하며, 이 밖의 조항은 때때로 적용해야 한다.]

만약 병자의 기력이 점점 여위고 쇠해질 때는 마땅히 부처님과 관음·세지 보살과 무량한 성중들이 함께 오셔서 보배 연화대로 불자를 데리러 온다고 말해야 한다.

열 번째, 바로 임종할 때에는 이렇게 말해야 한다.
"불자여, 알겠는가? 지금이 바로 최후의 일념이다. 임종 시의 일념

---

21 임종할 때 반드시 일어나게 되는 세 종류의 애착심으로서 염불삼매에 장애가 되며, 임종 정념의 현전을 방해한다. 경계애(境界愛)는 처자·권속·가택 등에 대한 애착이며, 자체애(自體愛)는 자신의 운명을 안타까워하는 마음이고, 당생애(當生愛)는 중유의 생존에 대한 애착을 가리킨다. 천관(千觀), 『십원발심기(十願發心記)』에 나온다.

이 백 년의 수행보다 낫다. 만약 이 찰나를 지나면 태어날 곳이 정해져야 한다. 지금이 바로 그때이다. 오직 일심으로 염불하여 반드시 서방극락정토 팔공덕지(八功德池) 안의 칠보 연화대에 왕생하여야 한다."

다음과 같이 염하라.

"여래의 본원은 한 오라기의 과오도 없다. 원컨대 부처님께서는 반드시 저를 정토로 인도해 주시옵소서.[나무아미타불]"

혹은 점차 생략하여 염한다.

"원컨대 부처님께서는 반드시 인도해 주시옵소서.[나무아미타불.]"

이와 같이 병자의 기색을 보고 그 반응하는 바에 따르지만, 단지 하나의 정토왕생의 한 가지만 최후의 일념에 둘 뿐 잡다한 것에 마음을 쓰게 하지 않는다. 병자에게 말을 하거나 멈추는 것도 특별히 주의하여 병자로 하여금 반연케 하지 말라.

묻는다

『관불삼매해경』에서 다음과 같이 설하였다.

"부처님께서 아난에게 이르셨다.

'만약 어떤 중생이 아버지를 죽이고, 어머니를 해치며, 친지를 모욕하는 죄를 짓는다면 목숨이 다하는 때에, 구리로 된 개가 입을 벌리며 열여덟 개의 수레로 변하게 된다. 형체는 금수레와 같고, 보개(寶蓋)가 위에 덮여 있다. 모든 화염이 미녀로 변하게 되는데, 죄인은 이것을 멀리서 바라보고 마음속에 환희가 생겨나서 그 안에 들어가고자 한다. 바람의 칼이 가를 때, 추위가 급하게 스며들어 목소리를 잃게 되니, 차라리 화기가 낫다고 수레에 올라가 앉는다. 타는 불에 자신이 폭발하겠구나 생각하는 순간 목숨이 끝난다. 아주 짧은 순간에 이미 금수레에 앉았는데, 돌아보니 미녀들이 모두 쇠도끼를 쥐고서 죄인의 몸을 끊고 있다.'"

또 다음과 같이 설하였다.

"어떤 중생이 사중금죄(四重禁罪)를 범하고, 헛되이 신도들이 보시한 것을 먹고, 사견을 가지고 비방하고, 인과를 알지 못하며, 반야를 배우는 것을 중단하고, 시방제불을 폄훼하고, 사찰의 재산[僧祇物]을 훔치고, 방탕무도하고, 청정 계행을 하는 모든 비구니·자매·친척을 범하고서도 부끄러움을 모르고, 가까운 이들을 모욕하고 온갖 악행을 저지른다. 이 사람은 죄보를 받아서 임종할 때 바람의 칼이 몸을 가르면 쓰러져서 제대로 앉지도 못하고, 마치 몽둥이질을 당한 것 같다. 그 마음은 거칠어져서 어리석고 미치광이 같은 생각을 하게 된다. 자신의 집을 보면, 남녀 대소가 모두 부정한 존재들이며, 오줌똥의 냄새가 거처에 가득하고 밖으로 새어 나온다.

이때 죄인이 바로 이렇게 말을 한다.

'어찌하여 이곳에는 내가 놀 만한 좋은 성곽과 좋은 산림이 없고, 이렇게 부정한 것들 사이에 처해 있는 것인가?'

이 말을 다 마치면 옥졸과 나찰이 대철차(大鐵叉)로 아비지옥과 모든 칼산을 보배 나무[寶樹]와 청량지(淸凉池)로 만들고, 화염으로 금엽 연꽃을 만들고, 모든 쇠 부리를 가진 벌레를 오리와 기러기로 만들고, 지옥의 고통스러운 소리를 노랫소리로 바꾼다.

죄인이 듣고 나면, '이렇게 좋은 곳에 내가 응당 그 안에서 노닐어야지.' 하고 마음으로 생각할 때 이미 큰 연꽃에 앉아 있다."

어찌 오늘 내영한 연꽃이 화염의 꽃이 아니라는 것을 알 수 있는가?

답한다

회감(懷感) 화상이 다음과 같이 해석하였다. 첫째, 행(行), 둘째, 상(相), 셋째, 말[語], 넷째, 부처님의 네 가지 의미로 불 수레가 아니라는 것을 안다. 이 네 가지 의미가 화염의 꽃과 다르다.

첫째, (생전의) 행(行)이라는 것은, 『관불삼매해경』에서 이르기를, "죄인이 사중금죄를 범하거나 가까운 이를 욕보이고도" 과오를 뉘우치지 않고, 염불을 가르칠 좋은 벗을 만나지 못했기 때문에 그가 지옥의 연꽃을 보는 것이다. 지금 이 하품(下品) 등의 세 사람은 비록 다시 태어나서 죄를 지었으나, 마침내 선지식을 만나 지극한 마음으로 염불하였다. 염불 덕분에 다겁의 죄를 멸하고, 뛰어난 공덕을 이루었으며, 보배 연못 속의 연꽃이 내영하는 감응을 얻은 것이다. 어찌 앞의 (지옥의) 꽃과 같겠는가.

둘째, (임종의) 상(相)이라는 것은, 『관불삼매해경』에서 이르기를, "바람의 칼이 몸을 가를 때, 쓰러져 제대로 눕지도 못하고 마치 매질을 당한 것 같다. 그의 마음은 거칠어져서 미치광이 상상을 한다. 자신의 집을 보면 남녀 대소가 모두 부정한 것들이고, 오줌똥 냄새가 거처에 가득하여 밖으로 흘러나온다."고 하였는데, 지금 여기서 부처님을 염하여 심신을 안온하게 하면 나쁜 생각이 모두 사라진다. 다만 성중을 보고, 특이한 향을 맡게 되기 때문에 같은 종류가 아닌 것이다.

셋째, 말[語]이라는 것은, 『관불삼매해경』에서 이르기를, "지옥의 고통을 겪는 소리가 마치 노랫소리와 같아서 죄인이 듣고 나면, '이렇게 좋은 곳에서 내가 당연히 노닐어야지.'라고 한다."고 하였다.

『관무량수경』에서 칭찬하며 이르기를, "선남자여, 그대는 칭명염불을 했기 때문에 모든 죄가 소멸되어 내가 그대를 내영하는 것이다."라고 하였다. 저것은 노래 부르는 소리이지만, 이것은 멸죄를 이르는 말이다. 둘의 소리가 이미 다르기 때문에 같지 않은 것이다.

　넷째, (내영하는) 부처님이라는 것은, 『관불삼매해경』에서 이르기를, "일체의 화염이 옥녀로 변하니, 죄인이 멀리서 보고 마음속으로 좋아하며, '저 안으로 들어가야지.' 하면서 금수레 안에 앉았다. 옥녀를 돌아보니, 모두 쇠도끼를 쥐고서 죄인의 몸을 자른다."고 설하였다. 『관무량수경』에서 이르기를, "이때에 부처님께서 바로 화불(化佛)과 화관세음(化觀世音)보살, 화대세지(化大勢至)보살을 보내어 수행자 앞에 이르게 한다."고 하였다. 이 네 가지 의미에 준거하여 연꽃 내영은 『관불삼매해경』에서 설하는 것과 다르다는 것을 알 것이다.[이상]

간병인은 이 상(相)을 잘 이해하여 수차례 병자에게 나타나는 모든 일들을 물어서 전술한 행의(行儀)에 의거하여 여러 방식으로 교화해야 한다.

제
7
●

염불이익
念佛利益

크게 일곱 가지로 나뉜다. 첫째, 멸죄생선(滅罪生善), 둘째, 명득호지(冥得護持), 셋째, 현신견불(現身見佛), 넷째, 당래승리(當來勝利), 다섯째, 미타별익(彌陀別益), 여섯째, 인례권신(引例勸信), 일곱째, 악취이익(惡趣利益)이다. 그 경문의 내용이 각자 많지만, 지금은 요체만 간략하게 들어 소개하고자 한다.

제1. 멸죄생선(滅罪生善)

『관불삼매해경』제2권에서는 다음과 같이 설하였다.

　"한 시간을 나누어 소분(小分)으로 하고, 그 소분 중에 아주 짧은 순 ·

간이라도 부처님의 백호를 염하여 마음이 다 밝아지면, 미혹되고 어지러운 생각이 없다. 분명하고 안정되게 집중하여 쉼 없이 백호를 염하는 자는 상호가 보이거나, 보이지 않거나 상관없이, 이러한 사람들은 96억 나유타 항하사 미진수겁 생사의 죄를 제거하게 된다. 만약 또 어떤 사람이 단지 백호에 관한 것을 듣고서 마음에 놀라거나 의심하지 않고 기뻐하며 믿는다면, 이 사람도 또한 80억 겁 생사의 죄를 제거하게 된다."

또 다음과 같이 설하였다.

"부처님께서 입멸하신 후에 바르게 삼매에 들어 부처님의 걷는 모습을 상념하는 자도 또한 천겁의 극히 중한 악업을 제거하게 된다."[부처님의 행보의 상은 위의 제5 「조념방법」장에서 설한 바와 같다.]

또 다음과 같이 설하였다.

"부처님께서 아난에게 다음과 같이 말씀하셨다.

'너는 오늘부터 여래의 말을 지켜서 널리 제자들에게 이르라. 내가 멸도한 후에 형상을 잘 만들어 상호를 남김없이 갖추고, 또한 무량한 화불의 색신을 표현한 상과 통신(通身)의 색(광배)을 만들라. 나(부처님)의 모습을 그리고, 아름다운 실과 파리(頗梨) 구슬을 백호에 안치하여[1] 모든 중생으로 하여금 이 상을 볼 수 있게 해라. 단지 이 상을 보기만 해도 마음에 환희가 생기게 하면, 이 사람은 백억 나유타 항하사겁 생사의 죄를 제거하게 된다.'"

---

1   백호를 표현하기 위해서는 백옥이나 수정[頗梨]을 넣는 것이 통례이지만, 때로 실을 사용하기도 한 것은 백호가 본래 돌돌 말린 털이기 때문이다.

『우전왕작불형상경(優塡王作佛形像經)』에서 다음과 같이 설하였다.

　　"부처님의 형상을 만드는 것은, 공덕이 무량하여 세세에 태어날 때 악도에 떨어지지 않고, 나중에 모두 무량수불국에 왕생하게 된다. 크게 만들면 금생에 보리를 얻어 성불할 수 있다."[간략하게 인용]

또 다음과 같이 설하였다.

　　"늙은 여인이 부처님을 보고도 사견으로 인해 부처님이라는 것을 믿지 않았어도 80만억 겁 생사의 죄를 제거할 수 있는데, 하물며 또 선한 뜻으로 공경 예배함에랴."[수닷타 집안의 늙은 여인의 이야기가 저 경전에 상세하게 설해져 있다.]

또 다음과 같이 설하였다.

　　"모든 범부와 사부대중 제자들 중에서 방등경(方等經)²을 비방하는 오역죄를 짓고, 승기물³을 도둑질하는 사중금(四重禁)을 범하고, 비구니를 범하고, 팔계재(八戒齋)를 깨고, 여러 악한 일과 사견(邪見)을 행한 사람들이라 하더라도, 지극한 마음으로 하루 밤낮 부처님 앞에서 마음을 집중하여 부처님의 한 가지 상호를 관하면, 모든 악한 죄업 장애가 다 제거된다."

또 다음과 같이 설하였다.

　　"만약 불세존께 귀의한 자가 칭명염불을 한다면, 백천겁의 번뇌와

....

2　　대승경전을 말한다. 방등(方等)이란 광대하고, 견줄 데가 없다는 의미이다.

3　　교단 소속의 공유재산을 말하며, 승물(僧物)이라고도 한다.

중한 장애를 제거하게 된다. 하물며 마음을 바로 하여 염불삼매를 수행함에랴."

『대보적경』 제5권에서 다음과 같이 설하였다.

"갖가지 색으로 불리는 보주가 대해 안에 있다. 비록 무량한 물이 한꺼번에 대해 안으로 흘러들어오더라도 구슬의 화력으로 물을 증발시켜 넘치지 않게 한다. 이처럼 여래·응공·정등각[4]도 그 깨달음을 얻고 나면 지혜의 화력으로 중생의 번뇌를 소멸시킬 수 있는 것과 같다.

또한 어떤 사람이 매일 여래의 명호와 공덕을 칭찬한다면, 이 중생들은 어둠을 벗어나 점차 모든 번뇌를 제거할 수 있게 될 것이다. 이렇게 나무아미타불을 칭념하는 어업(語業)은 헛되지 않다. 이러한 어업을 '큰 횃불을 쥐고서 번뇌를 태워 버린다.'고 말한다."

『유일마니경(遺日摩尼經)』에서 다음과 같이 설하였다.

"보살이 비록 수억 겁 동안 애욕 속에서 죄를 되풀이했더라도 만약 불경을 듣고 한 번이라도 마음에 선을 품으면 죄가 바로 없어지게 된다."[이상 모든 경문은 멸죄에 대한 것이다.]

『대비경(大悲經)』 제2권에서 다음과 같이 설하였다.

"삼천대천세계에 가득 찬 수다원·사다함·아나함·아라한에 대해 선남자·선여인이 1겁 혹은 1겁에 못 미치는 동안 갖가지 마음에 맞는

---

4   응공(應供)은 공양을 받기에 적합한 존재라는 의미이고, 정등각(正等覺)은 바른 진리를 깨달은 존재라는 의미이다.

즐길 거리를 가지고 공경하고 존중하며 겸손하게 공양한다 해도, 단지 어떤 이가 여러 부처님께서 계신 곳에서 한 번 합장하고 한 번 칭명만 하는 것보다 복덕이 백분의 일, 백천억분의 일, 가라분(迦羅分)[5]의 일에도 미치지 못한다. 무슨 까닭인가? 부처님 여래는 여러 복전 중에 가장 뛰어난 것이기 때문이다. 그러므로 부처님께 보시하는 것은 대공덕을 이루는 것이다."[간략하게 인용하였다. 삼천세계를 채우고 있는 벽지불에 비교해도 또한 이러하다.]

『보요경(普曜經)』 게송에서는 다음과 같이 설하였다.

> 일체중생이 연각(緣覺)을 이루어
> 수억 겁 동안 음식, 의복, 침상, 와구, 도향(擣香),
> 온갖 향과 이름난 꽃을 공양해도
> 만약 일심으로 손을 합장하고
> 스스로 오직 한 여래께 귀의하여
> 입으로 저절로 나무불을 부르면
> 그 공덕의 복이 최상이 된다.

『반주삼매경』의 게송에서는 염불삼매의 공덕에 대해 다음과 같이 설하였다.

> 가령 모든 이가 부처가 되어서

---

5   가라(迦羅)는 인간의 체모의 백분의 일 또는 16분의 1에 해당한다.

지혜가 제일 청정하며

모두 억겁 동안 그 게송을 짓고

한 게송의 공덕을 설하며

열반에 이르기까지 복을 영송(詠誦)하고

무수 억겁 동안 탄송(嘆誦)해도

그 공덕을 다 읊지 못한다.

이에 삼매의 한 게송을 읊는다.

일체의 불국토가 있는 땅의

사방사우(四方四隅) 및 상하에

진귀한 보물을 보시로 가득 채워

불천(佛天)·중천(中天)에 공양해도,

만약 삼매에 대해 듣는다면

그 복이 저들보다 나을 것이다.

차분하고 상세하게 풍송·강설 하는 자가

비유를 해도 그 공덕을 비할 데가 없다.[하나의 불찰세계를 부수어 먼지로 만들고, 먼지 하나하나를 또 하나의 불찰 미진수처럼 쪼개어 이 먼지 하나를 하나의 불찰세계로 만들어서 약간의 불찰세계 안에 있는 진귀한 보물을 제불에게 공양하는 것에 비교하고 있는 것이다. 이상 생선(生善)]

『도제불경계경(度諸佛境界經)』에서 다음과 같이 설하였다.

"만약 모든 중생이 여래의 가르침에 의해 모든 행을 한다면 무수겁의 지옥·축생·아귀·염마왕이 생기는 것을 끊을 수 있을 것이다. 만약 어떤 중생이 일념으로 마음을 정하여 여래와 연을 맺는다면, 공덕을 얻게 되는 것이 끝도 없어서 헤아리기 힘들 것이다. 무수한 대보살이 모두 불가사의

해탈정을 얻으니, 그 수를 헤아려 봐도 그 끝을 알 수가 없을 것이다."

『관불삼매해경』에서는 다음과 같이 설하였다.

"부처님께서 아난에게 말씀하셨다.

'내가 열반한 후에 제천과 세인들이 나의 이름을 부르거나, 나무 제
불이라고 칭하면, 얻게 되는 공덕이 무량무변할 것이다. 하물며 마음으
로 끊임없이 제불을 염한다면 모든 장애를 멸하지 않겠는가.'"[이상 멸죄
생선(滅罪生善). 나머지는 위에서 설한「정수염불」장과 같다.]

제2. 명득호지(冥得護持)

『호신주경(護身呪經)』[6]에서는 다음과 같이 설하였다.

"36부의 신왕(神王)이 무수한 귀신들을 권속으로 삼고, 삼귀의 계를
받은 자[7]를 수호한다."

『반주삼매경』에서는 다음과 같이 설하였다.

"겁이 다하여(세계의 종말) 무너지고 불 탈 때에 이 염불삼매를 수지
한 보살은, 막 불 속에 떨어지더라도 불이 곧 꺼지게 된다. 마치 커다란
단지의 물로 작은 불을 끄는 것과 같다.

부처님께서 발타화보살에게 말씀하셨다.

6　　『관정삼귀오계대패호신주경(灌頂三歸五戒帶佩護身呪經)』(『灌頂經』 권3).

7　　불·법·승 삼보에 귀의하는 맹세를 하고 불교도가 되겠다고 표명하는 것을 삼귀의 계라 한다.

'내가 한 말에 다른 것이 없다. 보살이 이 염불삼매를 수지하면 제왕이거나, 도적이거나, 물이나, 불이나, 용이나, 뱀, 야차와 귀신, 맹수…(중략)… 등 사람의 선정을 무너뜨리고, 사람의 마음을 빼앗는 것들이 보살을 무너뜨리려 해도 결코 해하지 못할 것이다.'

부처님께서 말씀하셨다.

'내가 말한 것에 다른 것이 없다. 그 전생의 숙명은 어쩔 수 없고, 그밖의 보살의 수행을 방해할 것은 아무것도 없다.'"

『반주삼매경』의 게송에서는 다음과 같이 설하였다.

귀신과 건타(乾陀)[8]가 함께 수호하니

제천과 인민도 또한 이러하다.

아수륜(阿須倫)과 마후근(摩睺勤)[9]도

이 삼매를 행하면 이러할 것이다.

제천이 모두 함께 그 덕을 칭송하고

천·인·용·신·견타라(甄陀羅)도, 제불도

찬탄하여 원하는 대로 되게 하리라.

사람들을 위해 널리 경을 알리는 까닭에

나라들이 서로 공격하여 백성들의 삶이 황폐해지고

기근이 거듭 이르러 고통스럽고 곤궁해져도

끝내 요절하지는 않는다.

....

8   건달바(乾闥婆)와 동일한 의미이다.

9   아수라(阿修羅)와 같은 의미. 마후근(摩睺勤)은 마후라가(摩睺羅迦), 견타라(甄陀羅)는 긴나라(緊那羅)와 동일한 의미이다.

이 경을 독송하여 사람을 교화할 수 있는 자는

용맹하게 모든 마장(魔障)을 제복시켜서

마음에 두려움이 없어져서 터럭이 곤두서지 않는다.

그 공덕행은 불가사의하다.

이 삼매를 수행하여 얻는 것이 이러하다.[『십주비바사론』에서는 이 경문을 인
용한 후 업보를 반드시 받아들여야만 한다는 생각을 제거한다고 설한다.]

『십이불명경(十二佛名經)』에서는 다음과 같이 게송을 설하였다.

만약 수행자가 불명을 수지하면

마귀들과 마왕 파순이

수행자가 행·주·좌·와 하는 곳에

그 무리들을 들이지 못한다.

제3. 현신견불(現身見佛)

『문수반야경(文殊般若經)』 하권에서 다음과 같이 설하였다.

"부처님께서 말씀하셨다.

'선남자·선여인이 일행삼매(一行三昧)에 들고자 하면, 사람이 없는
조용한 곳에 가서 모든 어지러운 생각을 버리고, 특정한 상호를 취하지
않으며, 한 부처님께 마음을 집중하여 오로지 그 부처님의 이름을 불러
야 한다. 부처님께서 계신 곳을 따라 그 방향으로 몸을 바르게 향하고,
한 부처님께 계속 마음을 집중하면, 과거·미래·현재의 제불을 마음속

에서 볼 수 있다.'"

선도(善導) 선사는 이를 다음과 같이 해석하였다.[10]
　　"중생의 장애가 중하여 관(상) 수행을 성취하기가 어렵다. 그 때문에 부처님께서 가엽게 여기시어 바로 오로지 칭명하는 수행법을 권하신 것이다."

『반주삼매경』에서는 다음과 같이 설하였다.
　　"전에 들어 보지 못한 경문이니, 이는 보살이 수지하는 삼매의 위신력으로 꿈속에서 스스로 체득한 것이다. 그 경전을 각각 다 보고, 경전의 소리를 다 들었다. 만약 낮에 다 이해하지 못했으면, 꿈속에서 다 견불하게 된다.
　　부처님께서 발타화보살에게 말씀하셨다.
　　'1겁 혹은 1겁을 지난다 해도 이 보살이 수지한 이 삼매의 공덕을 내가 다 말할 수는 없다. 하물며 이 삼매를 얻을 수 있는 자임에랴.'"

또한 같은 경에서 다음과 같이 게송을 설하였다.

　　아미타 불국토의 보살이
　　무수한 부처님을 볼 수 있는 것처럼
　　염불삼매를 얻은 보살은
　　무수한 부처님을 보게 되리라.

....

10　　선도, 『왕생예찬(往生禮讚)』.

…(중략)…

이 삼매의 가르침을 배우고 수지하는 자는

이미 수많은 부처님을 보았으리라.

임종에 대한 큰 공포도

이 삼매를 수지하면 두려울 것이 없다.

『염불삼매경(念佛三昧經)』 제9권에서는 다음과 같이 게송을 설하였다.

현재·미래 및 시방에서

일체의 부처님을 다 보고자 한다면,

혹은 다시 법문을 듣고자 한다면

먼저 이 삼매를 익혀야 한다.

『십이불명경(十二佛名經)』에서는 다음과 같이 게송을 설하였다.

만약 사람이 지극한 마음으로

7일간 부처님의 명호를 왼다면

청정한 눈을 얻어서

무량불을 볼 수 있을 것이다.

제4. 당래승리(當來勝利)

『화엄경』게송에서 다음과 같이 설하였다.

> 만약 여래의 적은 공덕이라도 염하거나
> 단지 일념이라도 전심하여 우러른다면
> 악도에 대한 두려움이 모두 영원히 사라질 것이니
> 지혜의 눈은 이에 깊이 깨달을 수 있을 것이다.[지안천왕송(智眼天王頌)]

『반주삼매경』의 게송에서는 다음과 같이 설하였다.

> 죽을 때 지옥에 떨어지지 않고
> 아귀도나 축생도를 멀리 여의고
> 세세생생 태어난 숙명을 알려면
> 이 삼매를 배우면 된다.

『관불삼매해경(觀佛三昧海經)』에서는 다음과 같이 설하였다.
"만약 어떤 중생이 불신(佛身)이 갖춘 공덕, 상호, 광명에 대해 한 번이라도 듣는다면, 영원히 악도에 떨어지지 않으며, 사견으로 물든 곳에 태어나지 않으며, 항상 정견과 성실한 수행을 쉬지 않게 된다. 단지 부처님의 이름을 듣는 것만으로도 이러한 복을 얻는데, 하물며 항상 관불삼매[11]를 염하는 것임에랴."[이상]

11　염불삼매와 같은 의미이며, 부처님을 관상하는 삼매이다.

『안락집(安樂集)』에서는 다음과 같이 설하였다.

"『대집경(大集經)』[12]에서 다음과 같이 설하였다.

'제불이 세상에 나오면 네 종류의 법으로 중생을 제도한다. 네 종류의 법이란 무엇인가? 첫째, 입으로 십이부 경전을 설하는 것이니, 바로 법시(法施)[13]로 중생을 제도하는 것이다. 둘째, 제불 여래에게는 무량의 광명, 상호가 있으니, 일체중생들이 단지 마음을 집중하여 관찰하는 것만으로도 이익을 얻지 않는 이가 없다. 이는 곧 신업(身業)으로 중생을 제도하는 것이다. 셋째, 무량한 덕과 신통도력으로 갖가지 신변을 일으키는 것이니, 이는 곧 신통도력으로 중생을 제도하는 것이다. 넷째, 제불 여래는 무량한 명호를 가지고 있다. 전체로 부르거나, 개별로 부르거나, 중생들이 마음을 집중하여 칭명염불을 하면 장애를 없애고 이익을 얻어서 모두 부처님 앞에 태어나게 된다. 이는 명호로 중생을 제도하는 것이다. 『정법념처경』에 이 문장이 있다고 하는 이도 있다.'"

『십이불명경』에서는 다음과 같이 설하였다.

> 만약 어떤 이가 부처님의 명호를 수지하여
> 겁약한 마음을 내지 않고, 지혜로워서
> 아첨함이 없으면
> 항상 제불 앞에 있게 된다.
> 만약 어떤 이가 부처님의 명호를 수지하면

---

12 『대집경』「월장분」인용.

13 가르침을 설해 주는 것. 물품이나 재물을 보시하는 것은 재시(財施), 두려움을 없애 주어 안심을 주는 것은 무외시(無畏施)라 한다.

칠보화(七寶華) 안에 태어나게 된다.

그 꽃은 천억의 꽃잎에

광명의 위상을 다 갖추고 있다.[이상 모든 문장은 영원히 악취를 여의고 정토에
왕생하는 것을 설명하는 것이다.]

『관불삼매해경』에서는 다음과 같이 설하였다.

"만약 지극한 마음으로 집중하고, 단정히 앉아서 바르게 부처님의
색신을 관하는 자는 부처님의 마음과 같아서 부처님과 다름이 없다는
것을 알게 될 것이다. 비록 번뇌가 있어도 마음이 악으로 덮이지 않으
며, 미래세에 대법우(大法雨)를 맞게 될 것이다."

『대집경보살염불삼매분(大集經菩薩念佛三昧分)』 제7권에서는 다음과 같
이 설하였다.

"이러한 염불삼매는 곧 일체의 불법을 총괄한다는 것을 알아야 한
다. 이 때문에 저 성문·연각의 이승의 경계가 아닌 것이다. 만약 잠시라
도 이 삼매의 법을 설하는 것을 듣는 자는 내세에 반드시 성불하게 될
것을 의심하지 않는다."

같은 『대집경보살염불삼매분』 제9권에서는 다음과 같이 설하였다.

"단지 귀로 이 삼매의 이름을 들을 수만 있어도, 가령 읽거나, 외거
나, 수지하거나, 수행하거나, 타인을 위해 전하거나, 타인을 위해 설해
주지 않아도, 또한 자세히 분석하여 해석하지 못해도, 저 모든 선남자·
선여인이 모두 차례로 아뇩보리를 성취하게 될 것이다."

같은 경에서 다음과 같이 게송을 설하였다.

만약 여러 묘상(妙相)을 원만하게 하고
여러 뛰어난 장엄을 구족하며
다음 생에 정토에 태어나고자 한다면
반드시 먼저 이 삼매를 수지하라.

또 어느 경전[14]에서 다음과 같이 설하였다.

만약 부처님의 복전에
작은 선을 기른다면
처음에는 천계에 태어날 것이고
나중에는 반드시 열반을 얻게 될 것이다.

『대반야경』에서는 다음과 같이 설하였다.

"부처님을 존경하고 마음으로 의지하면 반드시 생사를 벗어나 열반에 이르게 되는데, 여기에서는 언급하지 않겠다. 부처님을 공양하기 위하여 꽃 한 송이를 허공에 뿌려도, 또한 생사를 벗어나 열반에 이르게 되는데, 마찬가지로 여기에서는 언급하지 않겠다.

만약 선남자·선여인부터 아래로는 '나무불타대자비자(南無佛陀大慈悲者)'를 외는 자에 이르기까지 이들은 생사를 다할 때까지 선근이 끝이 없으며, 천·인 중에서 복락을 항상 받게 될 것이며, 내지 최후에는 반열

....
14　『구사론』권27.

반을 얻게 될 것이다."[간략하게 인용하였다. 『대비경(大悲經)』 제2권도 이와 같다.]

『대보적경』에서는 다음과 같이 설하였다.

　"만약 어떤 중생이 여래께서 계신 곳에서 작은 선이라도 일으킨다면, 그 선은 생사의 고통을 받는 동안 끝끝내 무너지지 않는다."

또 다음과 같이 설하였다.

　"만약 어떤 보살이 뛰어난 의요(意樂)[15]로 나에게서 아버지를 대하는 것 같은 생각을 일으킨다면, 그 사람은 여래의 반열에 들게 되어 나와 다르지 않게 된다."

『십이불명경(十二佛名經)』에서 다음과 같이 게송을 설하였다.

　　만약 어떤 이가 부처님의 명호를 수지하면
　　세세생생 태어나는 곳에서
　　신통을 얻어서 허공에 노닐며
　　끝없는 불찰세계에 이르러
　　여러 부처님을 만나서
　　심오한 진리를 물을 수 있다.

　　…(중략)…

15　마음에 만족스러워서 기뻐하는 것.

(그를 위해) 뛰어난 법을 설하시고
그가 보리를 얻을 것을 수기하셨다.

『법화경』에서는 다음과 같이 게송을 설하였다.

만약 사람이 산란한 마음을 가지고
탑묘 안에 들어가도
한 번 나무불을 칭명염불하면
모두 이미 불도를 이루게 된다.

『대비경(大悲經)』 제3권에서는 다음과 같이 설하였다.
"부처님께서 아난에게 말씀하셨다.
'만약 어떤 중생이 부처님의 명호에 대해 묻는다면 나는 이 사람이
반드시 반열반에 들 수 있을 거라고 말하리라.'"

『화엄경』에서 법당보살(法幢菩薩)이 다음과 같이 게송을 설하였다.

만약 어떤 중생이
아직 보리심을 발하지 못하였어도
한 번 부처님의 명호를 들으면
반드시 보리를 얻게 된다.[이상 여러 문장은 보리를 얻는 것을 밝힌 것이다.]

단지 명호를 듣는 것만으로도 이렇게 뛰어난 이익이 있는데, 하물며 잠
깐 동안이라도 상호와 공덕을 관상(觀相)염불함에랴. 혹은 또 꽃 한 송

이, 향 한 자루를 공양함에랴. 하물며 일생 동안 성실하게 수행하는 것은 공덕이 결코 헛되지 않을 것이다. 곧 불법을 만나고, 부처님의 명호를 듣는 것은 작은 연이 아님을 알아야 한다.

그러므로 『화엄경』 〈진실혜(眞實慧)보살게〉에서는 다음과 같이 설하였다.

어찌 지옥의 고통을 받으려고
제불의 명호를 듣겠는가.
무량한 낙을 받지 않은 것은
부처님의 명호를 듣지 않은 것이다.[이상 사문(四門)은 제불을 염하는 이익을 총괄하여 밝힌 것이다. 그중 『관불삼매해경』에서는 석가모니불을 으뜸으로 삼았고, 『반주삼매경』에서는 아미타불을 대부분 으뜸으로 삼았는데, 이치와 실제는 모든 부처님에 다 통한다. 『대집경보살염불삼매분』에서는 삼세의 제불에 통하고 있다.]

묻는다

『관불삼매해경』에서 다음과 같이 설하였다.
"사람의 마음은 부처님의 마음과 같은 것이니, 부처님과 차이가 없다."
또한 『관무량수경』에서 다음과 같이 설하였다.
"부처님께서 아난에게 말씀하셨다.
'제불은 법계신(法界身)이니, 일체중생의 심상(心想) 안에 들어 있다. 너희들이 부처님을 심상(心想)할 때 그 마음이 곧 삼십이상·팔십수형호(八十隨形好)인 것이다. 이 마음이 부처를 짓는 것이니, 이 마음이 곧 부처이다. 모든 것을 통찰하는 제불의 지혜[正遍智海]는 수행자의 심상에서 생겨나는 것이다.'"

이 의미는 어떠한 것인가?

답한다

지광(智光)의 『왕생론』소(疏)[16]에서 다음과 같이 문장을 해석하였다.

"중생이 부처님을 심상할 때에 부처님의 신상(身相)이 모두 중생의 마음속에 현현하게 된다. 예를 들면 물이 맑으면 사물의 모습이 나타나는데, 물과 그 비친 모습[像]이 같은 것도, 다른 것도 아닌 것과 같다. 그러므로 부처님의 상호와 색신이 곧 중생의 심상이라고 말하는 것이다."

'이 마음이 부처'라고 하는 것은 중생들의 마음이 부처가 될 수 있다고 하는 것이다. '이 마음이 부처'라고 하는 것은 마음 밖에 부처가 존재하지 않는다는 것이다. 예를 들면 불은 나무에서 생겨나서 나무를 떠날 수는 없는 것이다. 나무를 떠나지 않기 때문에 탈 수 있는 것이다. 나무가 불을 위해 타는 것이니, 나무가 곧 불인 것이다.[이상]

다른 해석도 있으니, 학자들이 추가로 살펴보라. 나의 사견을 말하고자 한다.

『대집경』일장분에서 다음과 같이 설하였다.

"수행자는 이렇게 염하라.

'이들 제불은 온 곳이 없고, 가서 이르는 곳이 없다. 오직 내 마음이

16　나라[奈良] 시대 삼론종의 학장 지광(智光, 709~780?)이 세친의 『왕생론』(『정토론』)을 주석한 『무량수경론석』(智光疏라고도 함)이 있었는데, 지금은 전하지 않는다. 지광은 원흥사(元興寺)의 승려로서 『정명현론약술(淨名玄論略述)』 5권, 『반야심경술의(般若心經逃義)』 1권이 현존하고 있다. 그 밖의 『법화현론약술(法華玄論略述)』, 『중론소술의(中論疏逃義)』, 『대반야경소(大般若經疏)』, 『무량수경론석』등은 목록에만 남아 있다.

만드는 것이다. 삼계 안에서 나의 인연은 오직 이 마음이 만드는 것이다. 나의 각관(覺觀)에 따라서 많은 것을 하고자 하면 많은 것을 보고, 작은 것을 하고자 하면 작은 것을 보는 것이다. 제불 여래는 곧 나의 마음이다. 무슨 까닭인가? 마음에 의해서 보기 때문이다. 마음이 곧 나의 몸이니, 나의 몸은 곧 허공이다. 나는 각관에 의해 무량불을 본다. 나는 각심(覺心)을 가지고 부처님을 보고, 부처님을 안다. 마음은 마음을 보지 못하고, 마음은 마음을 알지 못한다. 나는 법계성(法界性)이 견고한 불변의 것이 아니며, 일체 제불이 모두 각관(覺觀)으로부터 인연하여 생겨나는 것을 관한다. 이 때문에 법성은 곧 허공이다. 허공의 체성 역시 또다시 공이다.'"

이 문장은 『관무량수경』과 같다. 지광 스님의 해석 또한 다르지 않다.

묻는다

마음이 부처를 짓는다는 것을 알면 어떠한 뛰어난 이익이 있습니까?

답한다

만약 이 이치를 관한다면, 과거·현재·미래 일체의 불법을 다 이해할 수 있다. 혹은 한 번이라도 들으면, 삼악도의 고난을 벗어날 수 있을 것이다.

『화엄경』여래림(如來林)보살의 게송에서는 다음과 같이 설하였다.

만약 과거·현재·미래의
일체불을 알고자 한다면
마땅히 이렇게 관해야 한다.
마음이 모든 여래를 짓는 것이다.

『화엄전(華嚴傳)』[17]에서 다음과 같이 설하였다.

"당 문명(文明) 원년(684), 도성에 성은 왕씨요, 이름은 전하지 않는 이가 있었다. 이미 계를 지키지 않았으며, 선업을 닦지도 않았는데 병으로 죽게 되었다. 두 사람에게 인도되어 지옥문 앞에 이르러서 한 승려를 만났는데, 이가 바로 지장보살이었다. 왕씨에게 이 게송 한 수를 가르쳐 외게 하면서 그에게 말하기를, '이 게송을 외면 지옥을 벗어날 수 있을 것이다.'라고 하였다. 왕씨가 드디어 염라대왕을 만났는데, 왕이 이 사람에게 지은 공덕이 있는지 물었다. 자기는 오직 사구게 하나를 받들어 지니고 있을 뿐이라고 왕씨가 답했다. 그가 게송을 다 외자, 왕이 그를 방면하였다.

이 게를 욀 때 소리가 미치는 곳에서 고통을 받고 있는 사람들도 모두 해탈할 수가 있었다. 왕씨는 3일 후에 소생했는데, 이 게를 기억하고는 모든 사문들에게 그것을 일러 주었다. 게문을 조사해 보니, 『화엄경』 제12권 「야마천궁무량제보살운집설법품(夜摩天宮無量諸菩薩雲集說法品)」이었다. 왕씨 자신이 공관사(空觀寺)의 승정(僧定) 법사에게 향하여 얘기한 것이다."[간략하게 인용]

제5. 미타별익(彌陀別益)

수행자로 하여금 그 마음을 동요함 없이 결정케 하기 때문에 따로 그것을 밝힌 것이다.[멸죄생선(滅罪生善), 명득호념(冥得護念), 현신견불(現身見佛),

---

17 법장(法藏), 『화엄경전기(華嚴經傳記)』 권4.

장래승리(將來勝利)의 순이다.]

『관무량수경』에서 상상관(像想觀)에 대해 다음과 같이 설하였다.

　"이 관을 수행하는 자는 무량억겁 생사의 죄를 없애고, 현신(現身) 중에 염불삼매를 얻을 수 있을 것이다."

또 다음과 같이 설하였다.

　"단지 부처님과 두 보살의 이름을 듣기만 해도 무량겁 생사의 죄를 없앨 수 있는데, 하물며 마음으로 사념함에랴."

또 다음과 같이 설하였다.

　"단지 불상을 사념하는 것만으로도 무량한 복을 얻을 수 있다. 하물며 부처님의 상호를 구족한 신상(身相)을 관하는 자임에랴."

『아미타사유경(阿彌陀思惟經)』[18]에서 다음과 같이 설하였다.

　"만약 전륜성왕이 천만년 동안 네 천하를 가득 채운 칠보를 시방제불에게 보시한다 해도, 비구·비구니·우바새·우바이 등이 손가락 한 번 튀기는 시간 동안 일체중생을 가련하게 여기는 평등한 마음으로 아미타불의 공덕을 염하는 것만 못하다."[이상 멸죄생선(滅罪生善)]

『칭찬정토경(稱讚淨土經)』에서 다음과 같이 설하였다.

　"혹 선남자·선여인이 무량수 극락세계 청정 불토 공덕장엄을 위해

....

18　　『다라니집 경(陀羅尼集經)』권2 「아미타불대사유경설서분(阿彌陀佛大思惟經說序分)」.

이미 발원을 했거나, 장차 발원을 하려 하거나, 지금 발원을 한다면, 반드시 이처럼 시방면(十方面)에 머무르는 무수한 제불 세존께서 섭수해 주실 것이다. 가르침대로 수행하는 자는 모두 반드시 아뇩보리를 얻어 불퇴전하고, 무량수불 극락세계에 왕생하게 된다."

『관무량수경』에서 다음과 같이 설하였다.

"광명이 두루 시방세계를 비추어 염불 중생을 버려둠이 없이 잘 섭수한다."

또 설하였다.

"무량수불의 무수한 화신이 관세음보살·대세지보살과 함께 항상 염불 수행을 하는 자의 처소로 오신다."

『시왕생경(十往生經)』[19]에서 다음과 같이 설하였다.

"석존께서 아미타불의 공덕과 국토장엄 등에 대해 설하신 후, 다음과 같이 말씀하셨다.

'청신사·청신녀들이 이 경을 독송하고 유포하며, 공경하고, 비방하지 않으며, 믿고 좋아하며, 공양한다면, 이러한 사람들이 믿고 존경하는 것에 의해서 나는 오늘부터 항상 앞의 25보살[20]로 하여금 이 사람을 가호하게 할 것이다. 항상 이 사람이 병이 없고 번뇌가 없도록 할 것이며,

---

19　『시왕생아미타불국경(十往生阿彌陀佛國經)』.

20　25보살에 대한 사상은 『시왕생아미타불국경』에서 시작되어 겐신[源信] 이후로 널리 유포되어 다수의 25보살내영도가 그려지게 되었다. 또한 겐신이 지은 것으로 전해지는 「이십오보살화찬(二十五菩薩和讚)」이 있어서 내영도와의 관련성을 보여 준다.

악귀와 악신 또한 이 사람을 해하지 못하고, 괴롭히지 못하며, 그 무리들도 편을 얻지 못하도록 할 것이다."[이상. 내지는 행·주·좌·와 하는 곳, 그가 이르는 곳마다 모두 편안하게 할 것이다.]

당(唐)의 모든 스님들은, 25보살이 아미타불을 염하고 왕생을 발원하는 수행자들을 지켜 준다고 하였다. 이 또한 저 경의 뜻과 다르지 않다. 25보살은, 관세음(觀世音)·대세지(大勢至)·약왕(藥王)·약상(藥上)·보현(普賢)·법자재(法自在)·사자후(獅子吼)·다라니(陀羅尼)·허공장(虛空藏)·덕장(德藏)·보장(寶藏)·금장(金藏)·금강장(金剛藏)·광명왕(光明王)·산해혜(山海慧)·화엄왕(華嚴王)·중보왕(衆寶王)·월광왕(月光王)·일조왕(日照王)·삼매왕(三昧王)·정자재왕(定自在王)·대자재왕(大自在王)·백상왕(白象王)·대위덕왕(大威德王)·무변신(無邊身) 보살이다.

『무량수경』의 아미타불의 본원에서 다음과 같이 설하였다.

  "제천과 인민이 나의 명호를 듣고, 오체투지하고 머리를 조아려 예를 하며, 기뻐하며 즐거이 보살행을 실천하면, 제천과 세상 사람들로부터 공경을 받게 될 것이다. 만약 그렇지 않다면 나는 성불하지 않을 것이다."[이상 명득호지(冥得護持)]

『대방등대집경』「현호분(賢護分)」에서 다음과 같이 설하였다.

  "선남자·선여인이 바르게 앉아서 마음을 집중하여 아미타여래·응공·등정각을 관상(觀想)하면서 그 상호와 위의(威儀), 대중, 설법을 듣는 것처럼 마음을 집중하면서 일심으로 계속하며, 산란함이 없이 하루 밤낮이 지나도 이와 같이 하여 7일 밤낮에 이르도록 전에 들은 그대로 구족하게 염한다면, 이 사람은 반드시 아미타여래·응공·등정각을 볼 수 있을 것이다. 만약 낮에 볼 수 없는 자라면, 밤이나 꿈속에서 아미타불께서 반드시 현현하시게 될 것이다."

『관무량수경』에서는 다음과 같이 설하였다.

"미간의 백호를 관하는 자는 8만 4천 상호를 자연히 보게 될 것이다. 무량수불을 보는 것은, 곧 시방의 무량 제불을 볼 수 있는 것이다. 무량 제불을 볼 수 있기 때문에 제불이 앞에 나타나서 수기하는 것이다. 이를 두루 일체의 색상(色相)을 관하게 되는 것이라 한다."[이상 견불]

『고음성왕경(鼓音聲王經)』에서는 다음과 같이 설하였다.

"10일간 매일 여섯 차례 전념으로 오체투지하고 부처님께 예경하며, 바른 마음을 견고하게 하며, 산란한 마음을 다 제거하고, 부처님을 염하는 마음이 끊이지 않는다면, 10일 이내에 반드시 저 아미타불과 시방세계의 여래와 그 주처를 보게 될 것이다. 단지 무거운 장애와 둔한 근기의 사람은 제외된다. 지금 짧은 시간에 볼 수는 없지만, 모든 선을 다 회향하고 안락세계로 왕생할 수 있기를 발원하면, 임종하는 날에 아미타불께서 모든 대중들과 함께 그 사람 앞에 나타나서 위로하시고 선함을 칭찬하신다. 이 사람은 즉시 커다란 기쁨이 솟아나게 되며, 이러한 인연으로 그가 발원한 대로 왕생하게 되는 것이다."

『평등각경(平等覺經)』에서는 다음과 같이 설하였다.

"부처님께서 말씀하셨다.

'재계하여 일심을 청정하게 하고, 주야로 항상 무량청정불국토에 나기를 염하라. 10일 밤낮을 끊임없이 하면 내가 모두 그들을 가련하게 여겨 모두 다 무량청정불국에 나게 할 것이다.' "[하루 밤낮도 또한 이와 같다. 혹은 이 문장을 아래의 「제행문(諸行門)」에도 적용해도 된다.]

『무량수경』에서는 다음과 같이 게송을 설하였다.

> 저 부처님의 본원력이여,
> 이름을 듣고 왕생하고자 하면
> 모두 피안에 도달하여
> 스스로 불퇴전에 이른다.

『관무량수경』에서는 다음과 같이 설하였다.

"하품상생의 사람이 임종할 때에 합장하고 나무아미타불을 칭하면, 부처님의 명호를 칭한 것 때문에 50억 겁 생사의 죄를 제거하고 화불의 뒤를 따라서 정토의 보배 연못 안에 태어나게 되는 것이다. 하품 중생의 사람은 임종할 때 지옥의 맹렬한 불길이 한꺼번에 몰려오지만, 아미타불 십력의 위덕, 광명의 신력, 계·정·혜·해탈·지견(知見)에 대해서 들으면, 80억 겁 생사의 죄가 제거되어 지옥의 사나운 불이 청량한 바람으로 바뀌고, 하늘의 꽃이 날린다. 꽃 위에는 모두 화불과 보살이 있어서 이 사람을 영접하면 즉시 왕생하게 되는 것이다.

하품하생의 사람은 임종할 때 고통에 몰려 염불할 수 없는데, 선우의 가르침에 따라 단지 지극한 마음으로 소리가 끊기지 않게 나무무량수불 십념을 구족한다면, 부처님의 명호를 칭한 것으로 인해 마음속 80억 겁의 생사의 죄를 제거하며, 마치 일념과 같은 짧은 순간에 바로 왕

생하게 된다."[이상 왕생정토]

『무량수경』에서 아미타불 본원에 대해 다음과 같이 설하였다.

"제불세계 중생의 무리들이 나의 이름을 듣고 보살의 무생법인(無生法忍), 여러 심오한 지혜를 얻지 못한다면 정각을 이루지 않겠습니다. 타방 국토의 모든 보살들이 나의 이름을 듣고 불퇴전에 이르지 못한다면 정각을 이루지 않겠습니다."

『관무량수경』에서는 다음과 같이 설하였다.

"염불하는 자는 이 사람들 중에서도 백련과 같은 존재임을 알아야 한다. 관세음보살·대세지보살이 그를 위하여 좋은 친구가 되고, 도량의 법회에 앉게 되며, 제불의 정토에 태어나게 될 것이다."[이상 장래승리(將來勝利)에 대해 설하였다. 나머지는 「별시염불」장과 같다.]

제6. 인례권신(引例勸信)

『관불삼매해경』 제3권에서 다음과 같이 설하였다.

"부처님께서 모든 제자들에게 말씀하셨다.

'비바시불(毘婆尸佛)[21]의 상법(像法) 시대에 월덕(月德)이라는 장자의 5백 아들이 한꺼번에 중병이 들었다. 아버지는 자식들 앞에서 눈물을

----

21   석가모니불께서 세상에 나오기 이전 과거 칠불 중 최초의 부처님이다. 순서대로 비바시불(毘婆尸佛)-시기불(尸棄佛)-비사부불(毘舍浮佛)-구류손불(拘留孫佛)-구나함불(拘那含佛)-가섭불(迦葉佛)에서 석가모니불로 이어지게 된다.

흘리며 합장하면서 모든 아들들에게 말했다.

〈너희들은 사견을 가지고 정법을 믿지 않아서 지금 무상(無常)의 칼이 너희의 몸을 베고 있는 것이다. 무엇을 위해 믿는 것이냐? 비바시불이라는 세존께서 계시는데, 너희는 이 부처님을 칭명염불할 수 있을 것이다.〉

아들들은 듣고 나서 아버지의 말씀을 받들어 나무불을 칭명했다.

아버지가 다시 이르기를, 〈너희는 법과 승려를 칭명염불해도 된다.〉고 하였다. 아직 세 가지를 다 칭명하지 못하고서 아들이 죽었지만, 부처님을 칭한 까닭으로 사천왕천에 태어났다. 천상의 수명을 다한 후에는 이전에 사견을 가졌던 업으로 인해 대지옥에 떨어지게 되었다. 옥졸과 나찰이 뜨거운 쇠 집게로 그의 눈을 찌르고 부수었다. 이 고통을 당하던 중에 아버지 장자가 가르침을 준 것을 기억해내고 염불을 한 까닭에 인간세계로 환생했다.

시기불(尸棄佛)께서 이 세상에 나오실 때도 단지 부처님의 이름만 들었을 뿐 모습을 보지는 못했다. 내지는 가섭불 때도 역시 그 이름만 들었지만 여섯 부처님의 이름을 들은 인연 때문에 나와 함께 태어나셨다. 이 모든 비구들은 전생에 악심으로 부처님의 정법을 비방했지만, 단지 아버지를 위하여 나무불을 칭명한 까닭에 세세생생 항상 부처님의 이름을 듣게 된 것이다. 내지는 금생에 나를 만나 모든 장애를 제거하게 되어서 아라한이 된 것이다.'

또 다음과 같이 말씀하셨다.

'연등불(燃燈佛)[22]의 말법 시대 중에 어느 아라한이 있었는데, 그의

....
22 정광불(錠光佛)을 번역한 것이며, 석가모니불께서 과거세에 보살의 수행을 하실 때, 이

1천 제자들이 아라한의 말을 듣고 마음속에 분노와 원한이 생겨났다. 목숨의 장단에 따라 각자 수명이 끝나려 할 때 아라한은 나무제불을 칭하게 했다. 칭불을 마친 제자들은 도리천에 태어났다. (내지는) 미래세에 부처님이 되어서 나무광조(南無光照)로 불리게 되었다.' "[이상 제3권에서 간략하게 인용하였다.]

제7권에서는 문수가 과거에 보위덕불(寶威德佛)을 만나 예배한 것을 다음과 같이 설하였다.

"그때 석존께서 찬탄하시며 다음과 같이 말씀하셨다.

'좋구나, 좋구나! 문수사리는 과거에 부처님께 한 번 예경한 까닭으로 이 무수한 부처님들을 만날 수 있었다. 하물며 미래세에 성실하게 관불 수행을 하는 나의 모든 제자들임에랴.'

부처님께서 아난에게 말씀하셨다.

'너는 문수사리의 말을 잘 지켜서 대중들과 미래세의 중생들에게 두루 고하라. 예배할 수 있는 자, 염불할 수 있는 자, 관불할 수 있는 자라면 문수사리와 동등하여 다를 것이 없다는 것을 잘 알아야 한다. 만약 다른 세상에서 출가한다면, 문수사리 등의 대보살들이 그를 위하여 화상(和上)[23]이 되어 줄 것이다.'

또 다음과 같이 말씀하셨다.

'그때 시방의 제불께서 결가부좌하고 계셨다. 동방의 선덕불(善德

....

연등불을 만나서 연꽃을 공양하며, 진흙탕에 머리카락을 펼쳐서 부처님의 발이 더럽혀지는 것을 막았기 때문에 미래에 부처가 되리라는 수기를 받게 되었다고 한다.

23   제자를 지도하며, 죄의 유무를 잘 아는 스승을 말한다. 친교사(親教師)로도 번역된다.

佛)께서 대중에게 고하셨다.

〈내가 과거 무량세의 시간을 상기해 보니, 보위덕상왕(寶威德上王)이라는 이름의 부처님께서 세상에 나타나셨다. 이때 한 비구가 아홉 제자와 함께 불탑에 참예하고 불상에 예배했는데, 한 보상(寶像)이 장엄하게 나투는 것을 보고, 예배를 마친 후 자세히 살펴보고서 게송을 지어 찬탄했다. 나중에 목숨이 다하고 나서 동방의 보위덕상왕불국(寶威德上王佛國)에 태어나 큰 연꽃 안에 결가부좌하고 홀연히 화생했다. 이러한 일이 있은 후에 항상 부처님을 만날 수 있게 되어서 제불께서 계신 곳에 가서 청정하게 범행(梵行)을 닦고, 염불삼매를 얻었다. 삼매를 얻을 때 부처님께서 나를 위해 수기를 해주시어 시방에서 각기 성불할 수 있었다. 동방 선덕불(善德佛)이 곧 나이고, 동남방 무우덕불(無憂德佛), 남방 전단덕불(栴檀德佛), 서남방 보시불(寶施佛), 서방 무량명불(無量明佛), 서북방 화덕불(華德佛), 북방 상덕불(相德佛), 동북방 삼승행불(三乘行佛), 상방 광중덕불(廣衆德佛), 하방 명덕불(明德佛), 이들 열 부처님은 과거에 예탑하고 관상(觀像)하며 게송으로 찬탄하여 지금 시방에서 각각 성불하게 된 것이다.〉

말씀을 다 마치고, 석가모니불의 안부를 여쭙고, 물음을 마치자, 대광명을 발하며 각자의 본국으로 돌아가셨다.

또 다음과 같이 말씀하셨다.

'네 불세존께서 하늘에서 아래로 내려와 석가불의 자리에 앉아서 찬탄하셨다.

〈좋구나, 좋구나. 석가불께서는 미래 오탁악세의 중생을 위해서 삼세제불의 백호광명의 상(相)을 설하시고, 중생들로 하여금 여러 죄를 멸할 수 있도록 하셨다. 그 까닭이 무엇인가? 내가 옛날을 기억해 보니,

공왕불(空王佛)께 출가해서 도를 배울 때에 네 비구가 함께 공부했다. 부처님의 정법을 익혀도 번뇌가 마음을 뒤집어서 불법의 보물을 잘 지키지 못하고, 불선업이 많아서 지옥에 떨어지게 되었다. 그때 공중에서 비구에게 말하는 소리가 있었다.〉

공왕여래께서는 다시 열반에 드셨다. 너희가 지은 죄를 구해 줄 자가 없더라도 지금 탑에 들어가 관상(觀像)염불을 한다면 불세존께서 살아 계실 때와 다를 것이 없을 것이다.

나는 공중에서 나는 소리를 따라 탑에 들어가서 불상의 미간 백호를 관하며, 〈여래 재세 시의 광명과 색신이 이것과 어떻게 다르겠습니까. 부처님의 대인상(삼십이상)은 원컨대 저의 죄를 없애 주소서.〉 하고 염했다. 이렇게 말하고 나서 마치 큰 산이 무너지듯 오체투지하고 모든 죄를 참회했다. 이후에는 80억 아승기겁 동안 악도에 떨어지지 않고, 태어나는 생마다 항상 시방제불을 보고, 제불께서 계신 곳에서 깊은 염불삼매를 수지할 수 있었다. 삼매를 얻은 이후에는 제불께서 앞에 나타나 나에게 수기(授記)[24]를 주셨다. 동방 묘희국 아촉불(阿閦佛)이 곧 제1 비구이고, 남방 환희국 보상불(寶相佛)이 곧 제2 비구이다. 서방 극락국 무량수불은 제3 비구이고, 북방 연화장엄국 묘성불(妙聲佛)이 제4 비구이다.'

이때 네 여래께서 각자 오른손을 뻗어서 아난의 정수리를 문지르며 말씀하셨다.

'너는 부처님의 말씀을 잘 지키고 널리 미래세의 모든 중생을 위해 설하라.'

....

24 부처님께서 제자에게 미래에 얻게 될 깨달음의 내용을 하나하나 구별하여 예언하는 것을 말한다. 줄여서 기(記)라고도 한다.

세 번 이렇게 말하고 각자 광명을 발하며 본국으로 돌아가셨다.[이
상 간략하게 인용]

또 다음과 같이 설하셨다.

재수(財首)보살이 부처님께 아뢰었다.

'세존이시여, 제가 기억하기에 그때 어떤 불세존의 이름도 석가모
니였습니다. 그 부처님께서 입멸하신 후에 이름이 금동(金憧)이라 하는
왕자가 있었는데, 교만하여 사견을 가지고 정법을 믿지 않았습니다. 이
름이 정자재(定自在)라는 비구 선지식이 왕자에게 말했습니다.

〈세간에 불상이 있는데 여러 보물로 장엄되어 있습니다. 잠시 탑에
들어가 부처님의 형상을 볼 수 있다 합니다.〉

왕자는 선지식의 가르침을 따라 탑에 들어가 관상(觀像)염불을 했
습니다. 불상의 상호를 보고 비구에게 이렇게 얘기했습니다.

〈불상의 단엄함이 이러하거늘 하물며 부처님의 진신임에랴.〉

비구가 말씀을 아뢰었습니다.

〈그대는 지금 불상을 보았을 뿐 예를 하지 않았으니, 나무불을 칭
명해야 합니다.〉

이때 왕자가 합장 공경하고 나무불을 칭명했습니다. 환궁해서도
마음속에 계속 탑 속의 불상을 염하니, 밤에 꿈속에서 불상을 보게 되
었습니다. 불상을 보니 마음에 큰 환희가 일어나 사견을 버리고 삼보
에 귀의했습니다. 목숨을 마치려 할 때, 전에 탑에 들어가 나무불을 칭
명한 인연 공덕으로 무수한 부처님을 만나서 깊은 염불삼매를 얻기에
이르렀습니다. 삼매력으로 인하여 제불께서 앞에 나타나시어 그를 위
하여 수기를 해주셨습니다. 이때부터 백만 아승기겁 동안 악도에 떨

어지지 않았습니다. 현재는 깊은 수릉엄(首楞嚴)삼매[25]를 얻게 되었습니다. 이때의 왕자가 지금의 저 재수보살입니다.'

또 다음과 같이 설하였다.
'부처님께서 말씀하셨다.
〈나와 현겁(現劫)[26]의 제 보살은 일찍이 과거 전단굴불(栴檀窟佛)께서 계신 곳에서 이 부처님의 색신·변화신을 관하는 관불삼매해(觀佛三昧海)에 대해 배웠다. 이 인연 공덕의 힘으로 인해 9백만억 아승기겁 생사의 죄를 초월하고 이 현겁에서 차례로 성불한 것이다. 내지 이러한 시방 무량제불은 모두 이 법으로 말미암아 삼보리(三菩提)[27]를 이룬 것이다.〉'"

『가섭경(迦葉經)』에서 다음과 같이 설하였다.
"과거 먼먼 아승기겁에 호를 광명(光明)이라 하는 어떤 부처님께서 세상에 나오셨다. 그 부처님께서 열반에 드신 후에 이름이 대정진(大精進)이라 하는 어떤 보살이 있었다. 바라문 집안이었으며, 단정하기 짝이 없었다. 열여섯 되던 해에 어떤 비구가 백지 위에 부처님의 형상을 그려서 정진에게 주었다. 정진은 상을 보고 마음속으로 크게 환희심을 느끼며 이렇게 말했다.

....

25　수릉엄(首楞嚴)은 건상(健相)·일체사경(一切事竟) 등으로 번역되며, 부처님께서 얻으신 덕이 견고하여 그 궁극에 이르는 것을 표현하는 개념이다. 이는 마왕도 방해할 수 없는 최고 경지의 삼매이며, 십지 보살이 이 삼매에 들 수 있다고 한다.

26　1대겁(大劫)을 과거·현재·미래의 삼겁으로 헤아리는데, 현재의 1대겁을 현겁(現劫)이라 한다. 이 현겁에는 천 명의 부처님께서 세상에 나타나시며, 석가불은 그 네 번째 부처님이라고 한다.

27　진성보리(眞性菩提)·실지보리(實智菩提)·방편보리(方便菩提).

'여래의 형상이 이렇게 뛰어난데, 하물며 실제 불신(佛身)임에랴! 바라건대 나도 미래에 이렇게 뛰어난 색신을 이루고저.'

말을 마치고 나서 자신이 집에 있으면 이러한 몸은 얻기 힘들다고 생각하고, 바로 부모에게 아뢰어 출가를 간청했다. 부모가 답하기를, '나는 나이 들고, 자식은 오직 너 하나뿐인데, 네가 출가해 버리면 우리는 죽어 버릴 것이다.'라고 하니, 아들이 부모에게 답하기를, '만약 저의 청을 들어주지 않으시면, 저는 오늘부터 먹지도 마시지도 않고, 침상에 오르지도 않으며, 또한 말도 하지 않겠습니다.'라고 하였다.

이렇게 서원을 마치고, 첫날부터 엿새까지 먹지 않았다. 부모, 친구, 수많은 시녀 등이 동시에 슬피 울면서 대정진에게 예를 하고 마침내 출가를 허락했다. 출가하게 되자, 상을 지니고 입산하여 풀로 자리를 만들고 화상 앞에서 결가부좌를 했다. 일심으로 이 화상을 관하니 여래와 다르지 않았으며, 상이라는 것을 느끼지도, 알지도 못했다. 일체 제법이 또한 이와 같다. 상(相)이 없고, 상을 여의었으며, 체성이 공적하다는 것을 관했다. 이렇게 관하면서 하루를 지내고 오신통을 성취하였고, 무량무애한 보광(普光)삼매를 얻었으며, 대광명을 갖추게 되었다. 청정한 천안(天眼)으로 동방 아승기 부처님들을 보고, 청정한 천이(天耳)로 부처님께서 설법하시는 것을 일곱 달을 꼬박 채워서 모두 들었으며, 지(智)로써 양식을 삼았으며, 모든 제천이 산화 공양을 하였다. 산에서 나와 촌락에 이르러 사람들을 위해 설법을 하니, 2만 중생이 보리심을 내었고, 무량 아승기 사람들이 성문·연각의 공덕에 머물렀으며, 부모, 친속도 모두 불퇴전의 무상보리에 머무르게 되었다.

부처님께서 가섭에게 말씀하셨다.

'옛날의 대정진보살이 지금의 나이다. 이 관상(觀像)수행에 의하여 지금 성불한 것이다. 만약 이 관법을 배울 수 있는 자라면 미래에 무상도를 이루게 될 것이다.'"

『비유경(譬喩經)』제2권에서 다음과 같이 설하였다.
　"옛날에 어떤 비구가 있었는데, 그의 어머니를 제도하고자 하였으나, 이미 목숨이 다하였다. 도안(道眼)으로 천상·인중(人中)·축생도[狩]·아귀도[薛荔]에서 찾았으나 끝내 보지 못했다. 지옥도를 관(觀)하여 모친이 그 안에 있는 것을 보게 되었다. 그 비구는 비통해하며 구할 방편을 널리 찾아서 그 고통으로부터 모친을 벗어나게 하고자 했다. 그때 변경에 어떤 왕이 있었는데 아비를 죽이고 그 나라를 빼앗았다. 비구는 그왕의 수명이 7일 남았으며, 죄를 받게 될 지옥이 비구의 모친과 동일한 곳임을 알고서 밤에 조용할 때 왕의 침소에 가서 벽을 뚫고 반신을 나타냈다. 왕이 놀라서 칼을 뽑아 머리를 치자, 머리가 땅에 떨어졌는데 이전처럼 다시 그곳에 붙어 있었다. 수없이 반복해서 머리를 치니, 가짜 머리[化頭]가 땅바닥에 가득했지만 비구는 꼼짝도 하지 않았다. 왕은 이내 그가 범상한 존재가 아님을 깨닫고 머리를 조아리며 잘못을 사죄했다.
　비구가 말하기를, '두려워 말라. 살펴보고자 했을 뿐이니라. 너는 아비를 죽이고 나라를 빼앗지 않았느냐?' 하니, 왕이 대답하기를, '사실입니다. 바라옵건대 자비를 베푸소서.'라고 했다.
　비구는 왕이 대공덕을 지어도 자비를 얻지는 못할 것이니, 7일 동안 끊임없이 나무불을 칭명해야 죄를 면할 수 있을 것이라고 말했다. 진실로 이 법을 잊지 말라고 다시 말하더니, 날아서 사라졌다.
　왕은 합장하고 일심으로 나무불을 칭명하기를 주야로 게을리 하지 않았다. 7일 후에 죽게 되자 혼신(魂神)이 지옥문 앞에 가서 나무불을 칭명했다. 지옥 속의 사람들이 칭명염불 하는 소리를 듣고 모두 한꺼번에 나무불을 외자, 일시에 지옥의 열기가 식어 서늘해졌다. 비구가 그들을 위해 설법을 해주니, 비구의 모친과 왕, 지옥 속의 사람들이 모두 구제되었으며, 후에 대정진을 하여 수다원도를 얻었다."[이상 제문 간략하게 인용]

『우바새계경(優婆塞戒經)』에서 다음과 같이 설하였다.

　　"나는 옛날에 사견에 빠져서 번뇌의 그물에 걸려 있었다. 그때의 내 이름은 광리(廣利)였다. 처는 훌륭한 여인이었으며, 용맹정진하여 무량한 이를 제도시키고, 십선(十善)으로 교화했다. 나는 이때 살생의 마음을 품고, 술과 육식을 좋아하며, 게으름에 빠져 있어서 정진할 수 없었다. 그때 처가 내게 말하기를, '수렵을 멈추고, 술과 육식을 끊으십시오. 더 부지런히 정진하여 지옥 고통의 근심에서 벗어나 천궁에 상생(上生)하여 함께 지내십시다.'라고 하였다. 나는 이때에도 살생을 좋아하는 마음을 멈추지 않았고, 술과 맛난 고기 맛을 버리지 못했으며, 정진하는 마음도 나태해서 전진하지 못했다. 천궁에 태어나는 것에 대한 의지가 없었고, 지옥의 업을 받았다. 이때 내가 살고 있던 취락 내 가까이의 가람에서 울리는 종소리를 수차례 듣게 되었다. 처가 내게 말하기를, '이러저러한 것을 할 수 없다면 종 울리는 소리를 들을 때 세 번 손가락을 튀기고 한 번 칭명염불 하십시오. 몸을 잘 거두고 스스로 공손해져서 교만을 내지 마십시오. 한밤중에도 그 수행법을 그만두지 마십시오.'라고 하였다.

　　나는 곧 이 수행법을 행하여 12년간 계속 실천했다. 아내는 죽은 후에 도리천에 태어났고, 그로부터 3년 후에 나 역시 목숨이 끝났다. 심판 받는 곳에 이르러서 나의 죄를 심판 받고 지옥문을 향했다. 문에 들어서려 할 때에 종소리가 세 번 들렸다. 나는 즉시 멈춰 섰으며, 마음속에서 환희심이 일어나면서 즐거워하며 꺼려 함이 없었다. 배운 대로 세 번 손가락을 튀기며 긴 소리로 부처님의 명호를 불렀다. 목소리에는 자비심이 넘치고, 음은 밝고 맑았다. 재판관이 다 듣고는 마음속으로 매우 부끄럽게 생각하며, '이 사람은 참다운 보살인데 어찌하여 잘못 심판한 것인가?'라고 하면서 바로 다시 천상으로 돌아가게 했다. 천상에 도착하자 나의 처에게 오체투지로 예경하면서 아뢰기를, '큰 스승님께 다행히 커다란 은혜를 입어서 보시는 바와 같이 구제를 받았습니다. 내지는 보리에 이르기까지 가르침에 어긋나는 것이 없었습니다.'라고 하였다."[이상]

진단국(震旦國) 동진(東晋) 이래로 당조에 이르기까지 아미타불을 염하여 정토에 왕생한 자가 도속(道俗) 남녀 합쳐서 50여 인이다. 『정토론(淨土論)』과 『서응전(瑞應傳)』[28]에 나오는 얘기이다. 우리 일본에서 왕생한 자는 도속 남녀에 또한 그 수가 알려져 있는데, 요시시게노 야스타네[慶滋保胤, 933?~1002] 씨의 『일본왕생기(日本往生記)』[29]에 실려 있다. 하물며 마을에서 덕을 숨기고, 산림에서 이름을 피해 숨은 자들에 이르러서는 홀로 수행하다 홀로 떠나는 것이니, 누가 알 수 있겠는가?

....

28   가재, 『왕생서방정토서응산전(往生西方淨土瑞應刪傳)』.

29   요시시게노 야스타네[慶滋保胤], 『일본왕생극락기(日本往生極樂記)』. 일본에서 저술된 최초의 왕생전. 가재의 『정토론』 등의 영향을 받아 일본의 왕생인 45명의 전기를 수록했다. 저자인 요시시게노 야스타네는 젊은 시절부터 불교에 심취하여 강보(康保) 원년(964)에는 승속을 모아 권학회(勸學會)를 열기도 했다. 권학회는 3월과 9월의 15일에 히에이잔의 서쪽 골짜기에 모여서 『법화경』 강경을 하고, 아미타염불을 실천했으며, 찬불의 시를 짓는 일종의 신앙결사라고 할 수 있다. 그는 또한 관화(寬和) 2년(986)에 천태종으로 출가하여 자쿠신[寂心]이라는 법명을 받기도 했다.

묻는다

하하품(下下品)의 사람과 5백 명의 석자(釋子)가 임종 시에 함께 염불하는데, 극락에 오르고 지옥으로 가라앉는 차이가 어디에 있는가?

답한다

『군의론(群疑論)』에서 다음과 같이 해석하였다.

"5백 석자는 단지 아버지의 가르침에 따라서 한 번 염불하였으니, 보리심을 발하여 정토에 나기를 구하지 않았으며, 은근히 부끄러움을 느끼지도 않았다. 또한 그들은 지극한 마음으로 하지 않고 단지 한 번 염하였을 뿐 십념을 구족하지 않은 까닭이다."[간략하게 인용]

제7. 악취이익(惡趣利益)

『대비경(大悲經)』 제2권에서 다음과 같이 설하였다.

"또 어떤 사람이 단지 마음으로 부처님을 염하고, 한 번이라도 부처님의 가르침을 믿고 존경한다면, 내가 말하노니, 이 사람은 마땅히 열반의 과보를 얻어 열반의 참다운 경지에 다다를 것이다.

아난아, 인간도(人間道)에서의 염불의 공덕에 대해서는 이만 놔두고라도, 만약 축생이 불세존에 대한 염을 일으킨다면 나는 또 이 선근의 복보(福報)로 마땅히 열반을 얻을 것이라고 말할 것이다."[이상]

묻는다

그것은 무엇인가?

답한다

『대비경(大悲經)』제3권에서 다음과 같이 설하였다.

"부처님께서 아난에게 말씀하셨다.

'과거에 대상인이 있었는데, 여러 상인들을 데리고 무역을 위해 대해로 나갔다. 그의 배가 갑자기 커다란 마갈(摩竭)[30] 대어에 의해 삼켜지게 되었다. 그때 상주(商主)와 상인들은 놀라고 두려워서 털이 곤두서서 울며,〈오호 기이하구나, 이 세계는 이처럼 즐겁고, 이처럼 희유하며, 인간 세상에 몸을 받는 것도 이렇게 어려운데, 나는 지금 부모, 자매, 처자식, 친척, 친구와 이별하여 볼 수가 없겠구나. 또 불법승 삼보도 만나지 못하겠구나.〉하면서 사무치게 슬피 울었다.

이때 상주가 옷의 오른쪽 어깨를 벗고, 오른쪽 무릎을 땅에 꿇고 배위에서 일심으로 염불했다. 합장배례하고 큰 소리로 나무제불득대무외자(南無諸佛得大無畏者)·대자비자·연민일체중생자를 세 번 칭명했다. 이때 다른 상인들도 함께 이렇게 세 번 칭명염불을 했는데, 마갈어가 부처님의 명호를 예배하는 소리를 듣자 존경심이 생겨나서 그 즉시 입을 닫았다. 이때 상주와 상인들은 모두 편안하고 안전하게 되어 물고기에 삼켜지는 어난(魚難)을 면하고, 마갈어도 그때 부처님을 부르는 소리를 듣고 환희심이 생겨나서 다시는 다른 중생을 잡아먹지 않게 되었다. 이 때문에 (마갈어는) 목숨이 끝난 후에 인간 세상에 태어나게 되었다. 그 부처님께서 계신 곳에서 법문을 듣고 출가하여 선지식을 가까이하고 아라한과를 얻었다.

아난아, 저 물고기를 관하여 보라. 축생도에 태어난 마갈어조차도 부처님의 명호를 듣고서 열반을 얻었는데, 하물며 사람이 부처님의 명

---

30   고래를 말한다.

호를 듣고 정법을 들음에랴.'"[간략하게 인용]

또 『보살처태경(菩薩處胎經)』 「팔재품(八齋品)」에서 다음과 같이 설하였다. 용자(龍子)가 금시조를 위해서 게를 설해 주었다.

> 살생은 불선한 행이다.
> 자신의 수명을 감하여 요절하게 된다.
> 몸은 아침이슬 속 벌레와 같아서
> 햇볕을 보면 목숨이 끝난다.
> 계율을 지키고 부처님의 말씀을 받들면
> 장수천(長壽天)에 태어나며
> 수겁 동안 복덕이 쌓여
> 축생도에 떨어지지 않게 된다.
> 지금은 용의 몸을 받아서
> 계율의 덕이 청정하니
> 비록 축생도에 떨어졌다 해도
> 반드시 스스로 제도하고저.

이때 용자가 이 게송을 설하자, 용자와 용녀가 마음속으로 깨달아서 목숨이 끝난 후에 모두 아미타 불국토에 왕생하게 되었다.[이상은 팔재계³¹

---

31 팔계재(八戒齋)라고도 한다. 재가 신자가 하루 동안 출가자와 동일한 수행생활을 하면서 지키는 규율이다. 팔재계를 지키는 동안에는 재가자의 오계(불살생·불음주·불투도·불사음·불망어)에 더하여 장신구를 하지 않고, 화장을 하지 않고, 가무음악을 보고 듣지 않으며, 높은 침상에 눕지 않고, 정오 이후에 식사를 하지 않는 금계를 더한다. 이 팔재계는 육재일(매월 8, 14, 15, 23, 29, 30일) 또는 삼장재월(정월, 5월, 9월의 전반 15일)에 지킨다.

를 수지하는 용자의 이야기이다.]

축생도 외의 악취에 떨어진 자도 부처님의 말씀을 믿으면 정토에 난다고 하였으니, 그에 준하여 생각하면 된다. 지옥에 떨어지는 자의 이익은 앞의 〈국왕인연담(國王因緣談)〉[32]과 아래의 〈추심묘과(麁心妙果)〉의 절에서 말하는 대로이다. 그 밖의 모든 이익도 아래의 염불 공덕의 장과 같다.

32　앞의 항목에서 인용한 「비유경」 제2권의 문장을 가리킨다.

제
8
●
염불증거
念佛證據

묻는다

모든 선업이 각자 왕생을 얻는 데 이익이 있는데, 무엇 때문에 오직 염불 일문을 권하는가?

답한다

지금 염불을 권하는 것은 다른 여러 뛰어난 수행을 막는 것이 아니다. 단지 남녀·귀천, 행·주·좌·와를 가리지 않고, 때와 장소, 모든 인연을 논하지 않으며, 수행하기 어렵지 않고, 임종 시에 왕생을 발원하기에는 염불만큼 편한 것이 없다. 그러므로 『목환경(木槵經)』에서 다음과 같이 설하였다.

"난타국 파유리왕(波瑠璃王)이 사신을 보내어 부처님께 아뢰었다.

'오직 바라옵건대, 세존이시여. 특별한 자비를 베푸시어 제게 법의 요체를 내려 주셔서 제가 주야로 쉽게 수행할 수 있고, 미래세에 온갖 고통을 멀리 여읠 수 있게 해주십시오.'

부처님께서 말씀하셨다.

'대왕이시여, 번뇌장(煩惱障)과 보장(報障)[1]을 없애려고 하신다면 목환자(염주알)를 108개를 꿰어서 항상 스스로 행·주·좌·와 할 때 지극한 마음으로 뜻을 흩뜨리지 말고 염주알 한 알을 셀 때마다 부처님·불법·불승의 이름을 외워야 합니다. 이와 같이 열 번, 스무 번, 백 번, 천 번 내지 백천만억 번 외우십시오. 만약 20만 번을 다 채우고 심신이 어지럽지 않고 거짓이 없으면, 임종할 때에 제3 야마천(閻魔天)에 태어나서 의식(衣食)이 자연히 항상 안락하게 됩니다. 만약 백만 번을 더할 수 있으면 백팔 가지 업을 다 없애게 되어 생사를 떠나 열반도에 들어서 무상의 깨달음을 얻게 됩니다.'"[간략하게 인용]

회감(懷感) 선사도 그와 같다. 하물며 모든 가르침 중에서 대부분이 염불을 왕생의 수행으로 삼고 있음에랴. 그의 글은 무척 많은데, 대략 그 중에서 열 가지를 추려 본다.

첫 번째, 『점찰경(占察經)』 하권에서 다음과 같이 설하였다.

"만약 어떤 사람이 타방 현재 불국토에 태어나고자 한다면, 저 불국토 세계 부처님의 이름을 따라서 집중하여 외워야 한다. 일심불란하게 앞의 가르침대로 관찰한 자는 저 불국정토에 왕생하는 것이 결정되고, 선행의 공덕이 증장되어 불퇴전이 속히 이루어진다."[가르침대로 관찰하였다는 것은 지장보살 법신과 제불 법신과 자신의 체성이 평등하여 다르지 않으며, 불생불

---

1 번뇌장은 번뇌에 의한 장애, 보장은 과거에 지은 죄의 과보에 의한 장애를 말한다.

멸·상락아정(常樂我淨)·공덕이 원만함을 관하는 것이다. 또한 자기의 몸이 무상하고, 환영과 같아서 꺼릴 만한 것임을 관하는 것이다.]

두 번째, 『무량수경』 하권에서 삼배(三輩)왕생인의 수행에 비록 심천(深淺)의 차이는 있으나, 모두 공통적으로 "오로지 무량수불에 전념하라."고 하는 것이다.

세 번째, 『무량수경』 상권 사십팔원 중에서 염불문에 있어서 특별히 하나의 원(願)을 발하여 이르기를, "십념을 하여 왕생하지 않는 자가 있다면 정각을 이루지 않겠다."고 한 것이다.

네 번째, 『관무량수경』에서 이르기를, "극히 중한 악인에게는 다른 구제의 방편이 없다. 단지 부처님을 칭명한다면 극락에 왕생할 수 있다."고 하였다.

다섯 번째, 『관무량수경』에서 이르기를, "만약 지극한 마음으로 서방정토에 나고자 한다면 먼저 장륙상이 연못 위에 있는 것을 관해야 한다."고 하였다.

여섯 번째, 『관무량수경』에서 이르기를, "광명이 시방세계의 염불중생을 두루 비추어 섭수하여 버리지 않을 것이다."라고 하였다.

일곱 번째, 『아미타경』에서 이르기를, "적은 선근 복덕의 인연으로 아미타 불국토에 왕생하기는 불가능하나, 만약 선남자·선여인이 아미타불에 대한 법문을 듣고 칭명을 잘 수지하여 하루 내지 7일간 일심불란하게 행한다면, 그 사람은 임종할 때, 마음이 전도되지 않고 바로 왕생하게 된다."고 하였다.

여덟 번째, 『반주삼매경』에서 다음과 같이 설하였다.

"아미타불께서 말씀하시기를, '만약 나의 불국토에 나기를 원하는 자는 항상 나를 자주 염하라. 마음을 집중하여 쉼이 없으면 나의 불국토에 왕생할 수 있을 것이다.'고 하였다."

아홉 번째, 『고음성왕경(鼓音聲王經)』에서 다음과 같이 설하기를,
"만약 사부대중이 아미타불의 명호를 바르게 수지할 수 있다면 이 공덕
으로 임종 시에 아미타불께서 바로 대중과 함께 이 사람이 있는 곳으로
오실 것이다."고 하였다.

열 번째, 『왕생론』에서는 "아미타불을 관상염불하는 바른 공덕에
의지하여 왕생의 업을 이룬다."고 하였다.

이 중 『관무량수경』「하하품(下下品)」·『아미타경』·『고음성왕경』에
서는 단지 명호를 염하는 것만으로도 왕생의 업을 이룬다고 하였는데,
하물며 상호의 공덕을 관상염불함에랴.

묻는다

다른 수행에 대해서는 어찌 권신(勸信)하는 문장이 없는 것인가?

답한다

그 나머지 수행법에 대해서는 그 법의 여러 가지 공능에 대해 논증했으
며, 그중 내가 왕생에 관한 것을 말한 것뿐이다. 왕생의 요체를 직접 설
명하여 대부분 염불을 하라고 말하는 것은 아니다. 하물며 부처님 자신
이 이미 자신을 염하라고 말씀하시지 않으셨는가? 또한 부처님의 광명
이 다른 수행을 하는 자들을 섭수한다고 하지 않았는가? 이렇게 글들
이 분명한데 어찌 거듭 의문을 내는가?

묻는다

여러 경전에서 사람들의 근기에 맞는 수많은 수행법을 하였다. 어찌하
여 좁은 견해로 염불을 설하는 문장만을 고집하는가?

답한다

마명(馬鳴)보살이 『대승기신론』에서 다음과 같이 말했다.

"또한 중생이 처음에 이 법을 배울 때, 그 마음이 겁약하여 신심을 이루기가 어려운 것을 두려워하며 의욕이 후퇴하는 자는 여래께서 뛰어난 방편으로 신심을 섭수하여 보호해 주심을 알아야 한다. 여래의 가르침에 따르면 전념하여 염불하는 인연으로 발원하는 바에 따라 타방 불토에 왕생할 수 있다는 것이다. 경전에서 말한 것처럼 어떤 사람이 오로지 서방 아미타불을 염하고, 지은 선업을 회향하여 저 불토에 나기를 발원하면 곧 왕생할 수 있다."[이상]

경전에서는 대부분 염불을 왕생의 요체로 삼고 있음을 분명히 알아야 한다. 만약 그렇지 않다면 사의(四依)의 보살[2]도 진리를 다 알지는 못할 것이다.

---

2   세상 사람들의 의지처가 되는 네 종류의 보살을 말한다. 첫째, 어리석지만 출가하여 깨달음을 구하는 사람, 둘째, 깨달음을 구하여 예류·일래의 두 과에 도달한 사람, 셋째, 불환과에 도달한 성자, 넷째, 아라한과에 도달한 사람을 말한다. 이들은 소승불교의 수행자이기 때문에 성자의 형태를 하고 있을 뿐 실제로는 대승불교의 보살 격에 해당한다. 이 때문에 이들을 사의 보살이라 한다.

제9

●

왕생제행
往生諸行

극락에 가기 위해 수행하는 자는 반드시 염불만을 해야 하는 것은 아니다. 다른 수행도 각기 자신에 맞게 선택하도록 해야 한다. 여기에도 두 가지가 있다. 처음에는 각각의 경문을 밝히는 별명제경문(別明諸經文), 다음에는 모든 수행을 총괄하는 총결제업(總結諸業)이다.

제1. 별명제경문(別明諸經文)

40권본 『화엄경』의 보현원(普賢願), 『삼천불명경(三千佛名經)』, 『무자보협경(無字寶篋經)』, 『법화경』 등 여러 대승경전과, 「수구존승(隨求尊勝)」, 「무구정광(無垢淨光)」, 「여의륜(如意輪)」, 「아로력가(阿嚕力迦)」, 「불공견

삭(佛空羂索)」, 「광명아미타(光明阿彌陀)」 및 용수가 감득한 왕생정토 등의 주문이다. 이들 현밀의 여러 대승경전들을 수지하고 독송하는 것을 극락왕생을 위한 수행으로 삼는다.

『대아미타경(大阿彌陀經)』에서는 다음과 같이 설하였다.

"마땅히 팔재계를 지키고, 일심으로 심신을 청정하게 하여 주야로 아미타 불국토에 왕생하려는 원을 염하라. 10일 동안 밤낮으로 끊임없이 하면 내가 모두 그들을 가엽게 여겨서 아미타 불국토에 나게 하겠다. 만약 그렇게 하지 못하더라도 잘 숙고해서 방법을 궁리하라. 자신을 제도하려고 하는 자는 그 해탈의 염이 끊이지 않게 하라. 가족에 대한 애착을 없애고 집안일에 마음을 두지 말며, 여인과 함께 자리에 눕지 말라. 스스로 몸과 마음을 단정하게 하고 애욕을 끊으라. 일심으로 재계하며 청정하게 하기를 오로지 지극히 하고서 아미타 불국토에 왕생하기를 염하라. 하루 밤낮을 끊임없이 하면 목숨이 끝난 후에 모두 아미타 불국토에 왕생하여 칠보 연못의 연꽃 속에 화생하게 된다."[이 경전은 지계(持戒)를 가장 으뜸으로 제시하고 있다.]

『시왕생아미타불국경(十往生阿彌陀佛國經)』에서는 다음과 같이 설하였다.

"내가 지금 너에게 이르노니, 시왕생(十往生)이라는 것이 있다. 무엇이 시왕생인가? 첫 번째, 부처님의 몸을 관하여 바르게 염하고, 항상 환희심을 품으며, 의복과 음식을 부처님과 승려에게 보시하면 아미타 불국토에 왕생한다. 두 번째, 바르게 염하여 세상의 좋은 약을 병든 비구 및 일체중생에게 보시하면 아미타 불국토에 왕생한다. 세 번째, 바르게 염하여 한 생명도 해치지 않으며, 일체중생에게 자비로우면 아미타 불국토에 왕생한다. 네 번째, 바르게 염하여 스승을 따라 계를 지키고, 청정한 지혜로 범행(梵行)을 닦고, 마음에 항상 환희심을 품으면 아미타 불국토에 왕생한다. 다섯 번째, 바르게 염하여 부모에게 효도하며, 스승을 공경하여 교만한 마음을 품지 않으면 아미타 불국토에 왕생한다. 여섯 번째, 바르게 염하여 승방에 참예하고, 탑사에 공경하며, 법문을 듣고서 한 뜻[一義]을 이해하면 아미타 불국토에 왕생한다. 일곱 번째, 바르게 염하여 하루 밤낮 팔계재를 수지하며, 하나도 어긋나지 않게 한다면, 아미타 불국토에 왕생한다. 여덟 번째, 바르게 염하여 삼장재월 재일 중에 집을 멀리 떠나서 항상 좋은 스승을 찾아뵙는다면 아미타 불국토에 왕생한다. 아홉 번째, 바르게 염하고 항상 청정 계율을 지키며 선정을 근수하고, 법을 지켜서 나쁜 말을 하지 않으며, 이렇게 수행할 수 있다면 아미타 불국토에 왕생한다. 열 번째, 바르게 염하여 무상도를 비방하는 마음을 일으키지 않으며, 정진하여 청정계를 수지하고, 또한 무지한 자를 가르쳐서 이 경전의 법을 유포하며 무량 중생을 교화시킨다면, 이러한 사람들은 모두 아미타 불국토에 왕생할 수 있을 것이다."

『미륵문경(彌勒問經)』[1]에서 다음과 같이 설하였다.

"부처님의 가르침을 따라서 아미타불의 공덕과 이익을 발원하고, 십념 상속하여 끊임없이 염불하는 자는 곧바로 왕생할 수 있다. 그렇다면 어떻게 염해야 하는 것인가? 부처님께서는 '무릇 십념이 있다.'고 말

---

1   『미륵소문경(彌勒所問經)』 혹은 『미륵발문경(彌勒發問經)』이라고도 한다. 이 경은 현존하지는 않지만 여러 대승경전에 인용되어 있다.

쏨하셨다. 무엇이 열 가지인가? 첫 번째, 모든 중생에 대해서 항상 자비심을 내어 그 언동을 훼손하지 않는 것이다. 만약 그 언동을 무너뜨린다면 결국 왕생하는 것은 불가능하다. 두 번째, 모든 중생에 대해서 자비심을 내어 잔인하게 해치는 마음을 없애는 것이다. 세 번째, 호법심을 발하여 목숨을 아끼지 않으며, 일체법에 대해 비방하지 않는 것이다. 네 번째, 인욕(忍辱)하는 가운데 견고한 믿음을 내는 것이다. 다섯 번째, 마음 깊이 청정하여 물욕에 물들지 않는 것이다. 여섯 번째, 일체지의 마음을 내어 일상생활에서 염불을 잊거나 태만하지 않는 것이다. 일곱 번째, 모든 중생에 대하여 존중심을 내어 교만심을 제거하고 겸손한 언사를 하는 것이다. 여덟 번째, 세간의 말에 대하여 흥미를 느끼거나 탐착하지 않는 것이다. 아홉 번째, 깨달음의 뜻을 가까이하여 깊이 선근의 인연을 일으켜서 어지럽고 산란한 마음을 멀리하는 것이다. 열 번째, 바르게 염하여 부처님을 관하며, 여러 의심을 제거하는 것이다."

『대보적경(大寶積經)』제92권에서도 부처님께서는 이 십심(十心)을 가지고 미륵의 질문에 답하고 있다. 그중 제6심에 대하여 '부처님의 완전한 지혜를 구하여 어느 때에도 잊지 않는 마음'이라고 하였다. 그 나머지 아홉 종류의 마음에 대해서는 문장은 비록 조금씩 다르나, 뜻은 이전의 『미륵문경』에서 말한 것과 같다. 다만 결문(結文)에서 "어떤 이가 이 십종심 중에서 어느 것이든 1심이라도 이룬다면 저 불국토로 기꺼이 가고자 할 것이다. 만약 왕생하지 못한다면 이는 무의미한 것이다." 하고 말하고 있다. 반드시 열 가지를 다 갖추어야 왕생의 업을 이루는 것이 아님이 명백하다.

『관무량수경』에서는 다음과 같이 설하였다.

"저 불국토에 왕생하려는 자는 삼복(三福)²을 닦아야 한다. 첫째, 부모에게 효도하고, 스승을 받들며, 자비심으로 살생을 금하고, 십선업을 닦는 것이다. 둘째, 삼귀계를 수지하고 여러 계율을 다 지키며, 위의(威儀)를 범하지 않는 것이다. 셋째, 보리심을 발하고 인과를 깊이 믿으며, 대승경전을 독송하고, 수행자를 권진하는 것이다. 이러한 세 가지를 정업(淨業)이라고 한다. 부처님께서 위제희(韋提希)³에게 이르시기를, '그대는 지금 알고 있는가? 이 세 가지의 수행은 과거·현재·미래 삼세 제불의 정업의 정인이다.'라고 하셨다.

또 다음과 같이 말씀하셨다.

'상품상생(上品上生)은, 만약 저 불국토에 나기를 원하는 중생이 있어서 삼종심(三種心)을 발한다면 곧 왕생할 수 있다. 어떤 것이 삼종심인가? 첫째, 지성심(至誠心), 둘째, 심심(深心), 셋째, 회향발원심이다. 삼심을 구족한 자는 반드시 불국토에 태어날 것이다.

또한 삼종의 중생은 반드시 왕생할 수 있다. 그 세 가지가 무엇인가? 첫째, 자비심으로 살생하지 않고, 여러 계율을 다 지키는 것이다. 둘째, 대승방등경전을 독송하는 것이다. 셋째, 육념(六念)⁴을 수행하며, 저 불국토에 왕생하기를 회향 발원하는 자이다. 이러한 공덕을 모두 갖추고 1일 내지 7일간 수행하면 바로 왕생할 수 있다.

....

2   세 종류의 공덕행. 간단히 세복(世福)·계복(戒福)·행복(行福)이라고 한다.

3   석가모니불 당시 마가다국의 왕인 빈비사라왕의 왕비. 『관무량수경』은 이 위제희에게 부처님께서 정토를 관상하는 십육관법을 설하는 것을 주제로 하고 있다.

4   불·법·승·계(戒)·시(施)·천(天)의 육종 관상법. 즉 삼보(불·법·승)를 염하고, 오계를 수지하며, 수행승과 교단에 재물을 보시하고, 천상계에 태어나기를 발원하는 여섯 가지 재가 신자의 실천을 말한다.

상품중생(上品中生)은, 반드시 대승경전을 수지할 필요는 없으며, 그 뜻을 잘 이해하고, 제일의(第一義)⁵에 대해 가볍게 마음을 동하지 않으며, 인과를 깊이 믿고, 대승을 비방하지 않는다. 이 공덕을 회향 발원하여 구하면 불국토에 왕생할 수 있다.

상품하생(上品下生) 또한 인과를 믿고 대승을 비방하지 않지만, 무상도의 도심을 발한다. 이 공덕으로 회향 발원하면 극락에 왕생한다.

중품상생(中品上生)은, 만약 어떤 중생이 오계를 수지하고, 팔계재법을 지키며, 여러 계를 수행하여 오역죄를 짓지 않고, 여러 과오를 짓지 않는 등의 선근을 회향 발원하면 구할 수 있다.

중품중생(中品中生)은, 만약 어떤 중생이 하루 밤낮 동안 팔계재를 수지하거나, 하루 밤낮 동안 사미계를 수지하거나, 하루 밤낮 동안 구족계를 수지하여 위의에 결함이 없게 하는 등의 공덕을 회향 발원하면 구할 수 있다.

중품하생(中品下生)은, 어떤 선남자·선여인이 부모에게 효도하고 세상에 자비를 행하면 된다.

하품상생(下品上生)은, 만약 여러 악업을 지은 중생이 비록 대승경전을 비방하지 않더라도 이런 어리석은 사람은 여러 가지 악한 법을 많이 지어도 부끄러워할 줄 모르지만, 임종할 때 십이부 경전 제목을 듣고, 합장하고 나무아미타불을 칭명하며 왼다.

하품중생(下品中生)은, 혹여 어떤 중생이 오계, 팔계 및 구족계를 범하면 이런 어리석은 사람은 목숨이 끝날 때 지옥의 여러 불이 한꺼번에 같이 온다. 선지식을 만나면 대자비의 마음으로 아미타불의 십력(十力)

───────────

5　가장 뛰어난 진리.

위덕에 대해 법문을 해주고, 널리 아미타불 광명의 신력을 설하며, 계·정·혜·해탈·지견을 찬탄하는 것을 다 듣게 되면, 이 사람은 80억 겁 생사의 죄를 없앨 수 있다.

하품하생(下品下生)은, 만약 어떤 중생이 불선업을 짓고, 오역죄·십악 등 여러 불선을 다 저지르면, 이런 어리석은 사람은 악업 때문에 악도에 떨어져야 한다. 목숨이 다할 때에 선지식을 만나서 비록 염불은 잘하지 못해도 지심(至心)으로 소리가 멈추지 않고, 십념을 구족하여 나무무량수불 칭명을 하면, 부처님의 명호를 부른 공덕 때문에 염불하는 중에 80억 겁 생사의 죄가 없어지게 된다.'"

『무량수경』에서 말하는 삼배(三輩)의 업도 여기서 말하는 것과 다르지는 않다. 또한 『관무량수경』에서는 십육관법으로 왕생의 수행법으로 삼는다.

『대보적경』에서는 불전(佛前)의 연꽃에 화생하는 데 네 가지 인연이 있음을 설하면서 다음과 같이 게송을 읊는다.

부처님과 불탑에 꽃과 향을 공양하고
다른 이를 해하지 말며, 불상을 만들라.
대보리를 깊이 믿고 이해하면
연꽃에 싸여서 불국토에 왕생한다.

나머지는 번다해서 수록하지 않는다.

제2. 총결제업(總結諸業)

혜원(慧遠) 스님[6]은 정토의 요인으로서 네 가지를 들고 있다. 첫 번째는 관법을 수행하여 왕생하는 것으로서, 십육관법 같은 것이다. 두 번째는 업을 닦아서 왕생하는 것으로서, 삼복업(三福業)과 같은 것이다. 세 번째는 마음을 닦아서 왕생하는 것으로서, 이는 지성심 등의 삼심이다. 네 번째는 귀의[歸向]하여 왕생하는 것으로서, 정토에 관한 얘기를 듣고 귀의하여 칭명, 찬탄 등을 하는 것이다.

지금 내 생각을 말하자면, 모든 경전의 행업을 총괄하여 말하면, 『범망경(梵網經)』「계품(戒品)」을 벗어나지 않는다. 개별적인 수행법에 대해 논하자면, 육바라밀을 넘어서지 않는다. 세밀하게 그 상을 밝히자면 열세 가지가 있다. 첫 번째는 재시나 법시 등의 보시이다. 두 번째는 삼귀계·오계·팔계·십계 등의 크고 작은 계율행이다. 세 번째는 인욕이다. 네 번째는 정진, 다섯 번째는 선정, 여섯 번째는 반야[제일의를 믿는 것] 등이다. 일곱 번째는 발보리심, 여덟 번째는 육념 수행을 하는 것이다.[불·법·승·시(施)·계(戒)·천(天)을 염하는 것을 육념이라 한다. 십육관법도 이 육념과 다르지 않다.] 아홉 번째는 대승경전을 독송하는 것, 열 번째는 불법을 수호하는 것, 열한 번째는 부모에게 효도하고 스승을 받드는 것, 열두 번째는 교만심을 내지 않는 것, 열세 번째는 이욕에 물들지 않는 것이다.

『대방등대집경』「월장분」게송에서 다음과 같이 설하였다.

---

6   정영사(淨影寺) 혜원(慧遠), 『관경의소(觀經義疏)』.

열매가 너무 많으면 나무 스스로 얼른 떨구어 버리는 것처럼

대나무와 갈대의 결실 역시 그러하다.

노새가 회임하면 스스로 몸을 상하게 하는 것처럼

지혜가 없이 이익만 구하는 것도 또한 그러하다.

만약 어떤 비구가 공양을 얻는데

이익을 구하는 것을 좋아하고 굳게 집착한다면

세상에 대해 이만한 악이 더 없을 것이기 때문에

그로 하여금 해탈을 얻지 못하게 하는 것이다.

이처럼 이익을 탐하고 구하는 자는

이미 도를 얻었다 해도 다시 잃게 된다.

또한 『불장경(佛藏經)』 「가섭불기(迦葉佛記)」에서는 "석가모니불은 공양을 많이 받았기 때문에 법이 빠르게 멸하게 될 것이다."라고 예언하였다.

여래도 저러하거늘 하물며 범부임에랴. 큰 코끼리가 창을 나가려는데 꼬리 하나가 장애가 된다. 수행자가 출가하는데 명리(名利)로 인해 구속을 받게 된다. 즉 출가의 최후의 적은 명리보다 큰 것이 없다는 것을 알 수 있다. 다만 정명 대사(유마 거사)는 몸은 집에 있어도 마음은 집을 떠나 있었고, 약왕(藥王)보살은 속세를 피해서 운산(雲山)에 있었다.

지금 세상의 수행자들도 마땅히 이렇게 해야 한다. 자신의 근성을 잘 헤아려서 나아가거나 물러서야 한다. 만약 그 마음을 잘 제어할 수 없으면 그곳을 피해야 한다. 삼밭의 쑥[7], 푸줏간 옆의 마구간[8]

....

7   쑥이 삼밭에서 자라면 손을 대지 않아도 곧바르게 자라난다는 뜻. 즉 본래 휘어져서 자라
     는 쑥이라도 반듯한 삼들 사이에서 자라면 저절로 함께 반듯해지듯, 사람도 선인과 교유
     하면 자연스럽게 선인이 된다는 비유이다. 『순자(荀子)』 권학편.

이니, 호오(好惡)가 어디서 말미암는 것이겠는가?[『불장경』을 보면 시비를 알 수 있다.]

---

8   『부법장인연전(付法藏因緣傳)』 권6. 전쟁에 사용된 코끼리의 축사가 소실되었기 때문에 새로운 축사를 사원 근처에 세웠더니, 코끼리의 기질이 순해져 버렸다. 그래서 이번엔 도축장 근처로 옮겼더니, 이전보다 사나움이 더 맹렬해졌다고 하는 데서 온 비유이다.

제
10
●

문답요간
問答料簡

대략 열 가지가 있는데, 첫째는 극락의정(極樂依正), 둘째는 왕생계위(往生階位), 셋째는 왕생다소(往生多少), 넷째는 심상념상(尋常念相), 다섯째는 임종념상(臨終念相), 여섯째는 추심묘과(麁心妙果), 일곱째는 제행승렬(諸行勝劣), 여덟째는 신훼인연(信毁因緣), 아홉째는 조도자연(助道資然), 열째는 조도인법(助道人法)이다.

제1. 극락의정(極樂依正)

물는다

아미타불 극락정토는 법신·보신·응신 중의 어느 신(身), 어떤 토(土)입니까?

답한다

천태 대사[1]는 응신불(應身佛)·범성동거토(凡聖同居土)라고 하였으며, 혜원 법사[2]는 응신응토(應身應土)라고 주장했다. 도작(道綽) 법사는 보불보토(報佛報土)라고 주장했다.

옛 학자들끼리 전하기는 화토화신(化土化身)이라고 했는데, 이는 커다란 착오이다. 『대승동성경(大乘同性經)』에 의거하면, 정토 안에서 성불하는 자는 모두 다 보신(報身)이다. 예토 안에서 성불하는 자는 모두 화신(化身)이라고 한다. 또한 같은 경에서 말하기를, "아미타여래·연화개부성왕여래(蓮華開敷星王如來)·용주여래(龍主如來)·보덕여래(寶德如來) 등의 제여래 청정불찰세계에서 현재 득도한 자, 득도하려고 하는 자는 이처럼 모두가 보신불이다. 어떤 것이 여래의 화신인가? 금일의 용보건여래(踊步健如來)·마공포여래(魔恐怖如來)와 같은 것이다."라고 하였다.[이상 『안락집』]

묻는다

저 아미타불은 성도한 지가 얼마나 오래되었는가?

답한다

여러 경전에서는 대부분 10겁이라고 말한다. 『대아미타경』에서는 10소

---

1 천태 지의는 사종 정토설, 즉 범성동거토(凡聖同居土)·방편유여토(方便有餘土)·실보무장애토(實報無障礙土)·상적광토(常寂光土)가 있다고 주장했다. 이 범성동거토는 범부와 삼승(三乘)의 성자가 동거하고 있는 정토이기 때문에 응신의 토이며, 예토인 사바세계 역시 범성동거토라고 할 수 있다.

2 혜원은 정토를 사정토(事淨土)·상정토(相淨土)·진정토(眞淨土)의 셋으로 나누고, 아미타불은 응신, 또는 응토로서 사정토로 보고 있다. 또한 사정토를 둘로 나누어 하나는 제천이 사는 토, 다른 하나는 극락으로 보고 있다.

겁(小劫)이라 하고,『평등각경(平等覺經)』에서는 18겁,『칭찬정토경(稱讚淨土經)』에서는 10대겁(大劫)이라 한다. 그 삿되고 바른 것을 알기 어렵다.『무량수경』에 대한 경흥(璟興) 스님의 소[3]에서는『평등각경』의 설을 회통하여 '십팔겁(十八劫)'이라고 한 것은 '소(小)' 자의 가운데 점을 빼먹은 것이라고 보고 있다.

묻는다

미래의 수명은 얼마나 될 것인가?

답한다

『아미타경』에서는 '무량무변 아승기겁'이라고 말한다.

　『관음수기경(觀音授記經)』에서는 다음과 같이 설하였다.

　"아미타불의 수명은 무량 백천억겁이며, 마땅히 끝이 있을 것이다. 부처님께서 열반하신 후에 정법이 세상에 머무르는 기간이 부처님의 수명과 같다. 선남자여, 아미타불의 정법이 멸한 후, 중야분(中夜分)[4]을 지나서 밝은 빛이 나올 때, 관세음보살은 보리수 아래에서 깨달음을 이루었고, 보광공덕산왕여래(普光功德山王如來)로 불렸다. 그 불국토에는 성문·연각 등의 소승 수행자가 없으며, 그의 불국토는 중보보집장엄(衆寶普集莊嚴)이라 불렸다. 보광공덕산왕여래께서 열반하시고 정법이 멸한 후에, 대세지보살이 곧 그 국토에서 성불하고 이름을 선주공덕보왕여래(善住功德寶王如來)라 했다. 국토·광명·수명 내지 가르침이 머무르는 기간 등이 아미타불과 차이가 없었다."

．．．．．．．．．．．．．．．．．．．．．．．．

3　　　『무량수경연의술문찬(無量壽經連義述文贊)』.

4　　　자정을 지나서 동쪽 하늘이 밝아 오는 시간.

묻는다

『대승동성경(大乘同性經)』에서는 '보신'이라고 하고, 『관음수기경(觀音授記經)』에서는 '입멸'이라고 한다. 두 경의 다른 점에 대해 여러 스승들은 어떻게 회통시켰는가?

답한다

도작 선사는 『관음수기경』을 해석하기를, "이는 보신불이 임시로 몸을 숨기는 은몰의 상을 나타낸 것이지, 멸도(滅度)는 아니다." 했고, 가재(迦才)[5]는 『대승동성경』을 해석하기를, "정토 안에서의 성불을 '보신불'이라 판단한 것은 수용(受容)의 사신(事身)[6]이지, 실제의 보신이 아니다." 라고 했다.

묻는다

어떤 견해가 바른 것입니까?

답한다

가재는 다음과 같이 설하였다.

"중생이 행을 일으키는 데 천 가지 다름이 있기 때문에 왕생하고 나서 보는 불국토에도 만 가지 차별이 있다. 만약 이렇게 이해한다면 여러 경론에서 혹은 '보토(報土)[7]'라고 하고, 혹은 '화토(化土)'라고 하는

---

5   가재의 『정토론』 권상에서는 아미타불을 보신으로 얘기하는 것에 대해서 "『대승동성경』에서 말하는 보신은 실제의 보신이 아니고, 만약 화신이라고 한다면 '세화신(細化身)'이라고 할 수 있으며, 정토와 예토 모두 보신·화신의 두 신이 있다."고 논하고 있다.

6   수용신은 보신이지만, 사신(事身)이라고 말한 것은, 그것이 구체적인 모습을 띠고 나타나는 부처님이라는 의미이다. 가재는 실보토와 사용토(事用土)의 두 가지를 다 고려한 것이다.

7   보신불의 정토.

데, 모두 이상한 것은 아니다. 단지 부처님의 수행은 보토·화토 이토(二土)를 두루 감응한다는 것을 알아야 한다."

『섭대승론(攝大乘論)』[8]에서는 설하였다.

"가행(加行)은 화를 감응하고, 정체(正體)는 보를 감응한다."고 설하였다. 보토(報土)니, 화토(化土)니 하는 것은 모두 중생의 왕생을 성취하게 하고자 하는 것이다. 이는 곧 불국토가 쓸데없이 만들어진 것이 아니고, 수행 역시 공허하게 닦는 것이 아니니, 다만 경에 의지하여 부처님의 말씀을 믿고 전념하면 바로 왕생할 수 있게 된다. 또한 보토인지, 화토인지 헤아릴 필요도 없다."[이상]

이 해석이 좋다. 모름지기 칭명염불에 전념하고, 번거롭게 분별하지 말라.

묻는다

저 부처님의 상호는 왜 같지 않은가?

답한다

『관불삼매해경』에서 제불의 상호에 대해 "사람의 상과 같기 때문에 삼십이상이라고 하고, 제천보다 뛰어나기 때문에 팔십호라고 한다. 제 보살을 위해서 8만 4천의 여러 뛰어난 상호를 설한다."고 하였다.[이상]

아미타불에 대해서도 여기에 준하여 생각하라.

8　『섭대승론석(攝大乘論釋)』 권12. 절대평등의 무차별의 진리를 아는 무분별지에 가행(加行)·정체(正體)·후득(後得)의 세 가지가 있다. 가행은 일반적으로 준비 단계의 행동을 말한다. 정체는 목적으로 연결되는 직접적인 것을 가리킨다.

묻는다

『무량수경』에서 이르기를, "저 부처님의 보리수는 높이가 4백만 리이다."라고 하였으며, 『대보적경』에서는 "보리수의 높이는 16억 유순이다."라고 하였다. 『시왕생경(十往生經)』에서는 "보리수의 높이는 40만 유순, 나무 아래 사자좌가 있는데, 높이는 5백 유순이다."라고 했으며, 『관무량수경』에서는 "부처님의 키는 60만억 나유타 항하사 유순이다."라고 하였다. 보리수와 사자좌, 불신(佛身)이 어찌하여 서로 같지 않은 것인가?

답한다

이것은 해석의 차이가 있어서 같지 않은 것이다. 혹은 "부처님의 경계에 대소가 있어도 상호 간에 장애가 되지는 않는다."고 해석하는 사람도 있고, 혹은 "응불(應佛)에 빗대어 나무의 높이를 설하고, 진불에 빗대어 키를 설한 것이다."라고 해석하는 사람도 있다. 많은 해석이 있지만 다 적을 수는 없다.

묻는다

『화엄경』에서 이르기를, "사바세계 1겁이 극락국토의 하루가 된다."고 하였다. 이로 말미암아 상품중생에서 하룻밤을 지나서 꽃이 피면 이는 사바세계의 반 겁에 해당하며, 하품하생의 12겁은 사바세계에서는 항사진수겁(恒沙塵數劫)에 해당한다는 것을 알 수 있다. 어찌 이것을 극락이라 이름할 수 있는 것인가?

답한다

설령 항사겁을 지나기까지 연꽃이 피지 않아도 이미 작은 고통도 없다. 어찌하여 이것이 극락이 아니라는 것인가?

『무량수경』에서 이르기를, "그 태생(胎生)의 자가 처하는 궁전은 혹은 1백 유순, 혹은 5백 유순이며, 각기 그 안에서 도리천과 같은 모든 쾌락을 누린다."고 하였다.[이상]

어떤 스승은 "태생은 중품과 하품"이라고 하였다. 어떤 스승은 "구품은 포함되지 않는다."고 하여 이설이 있지만, 쾌락을 누린다는 것에 대해서는 이론이 없다. 하물며 저 구품의 사람들이 경과하는 시간을 판별하는 것도 다름에랴. 회감(懷感)9·지경(智憬) 등의 여러 스승이 저 불국토의 날짜의 겁수를 판단한 것은 분명히 책임이 있다. 어떤 스승은 말하기를, "부처님은 이 사바세계의 날짜를 기준으로 정토를 설하여 중생들이 이해하도록 했다."고 한다. 후자의 해석이 틀리지 않는다고 생각한다.

　　잠시 네 가지의 사례를 가지고 이해를 돕겠다. 첫째, 저 부처님의 키가 몇 유순이라고 하는 것은, 저 부처님의 손가락 길이를 거듭 겹쳐서 유순 수를 헤아린 것이 아니다. 만약 그렇지 않다면 마치 수미산처럼 큰 사람이 터럭 하나를 손가락 마디로 삼은 것과 같은 것이다. 그러므로 부처님의 손가락 길이로 불신의 크기를 말한 것이 아니라는 것을 알 수 있다. 어찌 반드시 정토의 시각으로 꽃이 피는 것의 빠르고 느림을 말할 필요가 있겠는가.

　　둘째, 『존승다라니경(尊勝陀羅尼經)』에서 설하였다.

　　"도리천상의 선주 천자(善住天子)는 하늘에서 '너는 7일 후에 죽게 되리라.'고 알리는 소리를 들었다. 이때 제석천은 부처님의 칙명을 받들어 그 천자로 하여금 존승다라니를 7일간 근수하게 해서 7일이 지난

9　　회감의 『석정토군의론(釋淨土群疑論)』 권7.

후에도 수명이 연장되게 하였다."[취의(取意)]

이 7일은 인간세계의 주야로 말한 것이다. 만약 천상계의 7일이었다면 인간세계에서는 7백 년에 해당하므로 부처님 재세의 80년 동안에는 그러한 것이 결말이 나지 않는다. 구품 왕생의 밤낮도 또한 이와 같다.

셋째, 축법호(竺法護)가 번역한 경[10]에서 이르기를, "태생(胎生)의 사람은 5백 세를 넘겨서 부처님을 볼 수 있다."고 하였다. 『평등각경(平等覺經)』에서는 "연꽃 속에서 화생하여 성안에 있게 되며, 이 사이 5백 세 동안은 나올 수 없다."고 하였다.[취의]

경흥(憬興) 등의 여러 스승들은 이 경문에 의거하여 차방(사바세계)의 5백 세라고 입증하였다. 지금 내가 생각하기에, 저 태생의 연수(年數)가 이미 사바세계의 연수에 의거하여 말하는 것이니, 구품의 시각과 무슨 별도의 의미로 다른 점이 있겠는가?

넷째, 만약 저 계(界), 즉 정토의 구품에 의거한다면, 상품중생은 하룻밤[宿], 상품하생은 하루 밤낮[日夜]이니, 곧 이 사바세계의 반 겁과 1겁에 해당한다. 만약 이와 같다면 태생의 의심을 품은 자마저도 사바세계의 5백 세를 지나서 속히 견불할 수 있는데, 상품 신행자가 어찌하여 반 겁, 1겁을 지나서야 늦게 연꽃이 열리겠는가. 이러한 이치 때문이니, 인간세계의 시간으로 보는 후자로 해석해야 착오가 없다.

묻는다
만약 이 세계의 밤낮의 시간 개념으로 저 상을 설명한다면, 상품상생으

---

10   『무량수경』 권하를 말한다.

로 아미타 정토에 이미 태어났으며, 무생법인을 깨닫지 못했어야 한다. 왜냐하면 이 사바세계의 적은 시간의 수행이 더 뛰어난 것이고, 아미타 불국토에서의 많은 시간의 선근이 더 하등하다고 하기 때문이다. 이미 이러하다면 상품상생의 사람은 이 사바세계에서 1일에서 7일에 이르면 삼복업(三福業)을 구족하게 되지만, 오히려 무생법인을 증득할 수 없는데, 어찌하여 정토에 나서 법문을 들으면 바로 깨닫는다고 말하는가? 따라서 아미타 정토에서 길고 오랜 시간을 지나서 무생법인을 깨닫는다고 말하는 것임을 알아야 한다. 그러나 정토에서 바로 깨닫는다고 하는 것은 이 사바세계로 보면 천억 년이다. 혹은 상품상생의 사람은 반드시 방편후심의 행[11]을 완전하게 갖춘 사람인 것인가. 만약 그렇지 않다면 모든 경문은 모순이 된다.

답한다

저 정토에서의 다선(多善)은 열등한 것이고, 이 사바세계에서의 소선(少善)은 우월한 것임을 모르는구나.

묻는다

『무량수경』에서는 다음과 같이 설하였다.

"여기에 널리 덕의 근본을 심고, 은혜를 베풀며, 도덕적으로 금하는 것을 범하지 않고, 인욕·정진하고, 일심·지혜를 전하여 교화하며, 선을 세워 뜻을 바르게 하며, 하루 밤낮을 재계청정하면 무량수 불국토에서 백 년간 선을 행한 것보다 낫다. 그 까닭이 무엇인가? 불국토에서는 일부러 작위하지 않아도 자연스럽게 선이 쌓이고 머리털만큼의 악도 없

---

11   이타행으로서, 십회향위에서 행하는 수행을 가리킨다.

다. 이 사바세계에서 10일 밤낮을 선을 닦는 것이 저 불국토에서 천년 동안 선을 행하는 것보다 낫다."[이상]

이것이 그 우열이다.

답한다

두 세계의 선근을 대조 비교하면 그러하다. 그러나 부처님을 만나는 인연이 뛰어난 것이라 왕생 후에 깨달음이 속히 이루어지는 것에는 모순이 없다. 간혹 이 경문에서는 수행의 난이만 드러내고, 선근의 우열은 드러내지 않는다. 예를 들면, 가난한 사람이 1전을 보시하는 것은 비록 칭찬할 만한 일이지만 많은 일을 해낼 수는 없다. 부귀한 자가 천금을 희사하면 비록 칭찬할 만한 일은 아니지만 만 가지 일을 해낼 수 있다. 정토와 사바세계, 양 계의 수행 역시 이와 같다.

『금강반야경』에서 이르기를, "부처님 재세 시에는 (그 말씀에 대한) 믿음과 이해가 아직 부족했으나, 입멸 후의 이해가 오히려 낫다."고 하였다. 다른 해석도 있으나, 여기서 상세하게 서술하지는 못한다.

묻는다

사바세계에서의 수행의 우열에 따라서 극락에서의 계위에 차별이 있는 것처럼 왕생 후에 받는 복덕의 보응에도 어떤 차이가 있는가?

답한다

크게는 차이가 없으나, 세세하게는 다른 점이 있다. 『다라니집경(陀羅尼集經)』 제2권에서는 "만약 어떤 사람이 향화, 의식(衣食) 등으로 공양하지 않는다면 비록 정토에 태어나더라도 향화, 의식 등의 여러 공양의 보를 얻지 못한다."고 하였다.[이 경문은 아미타불의 본원에는 어긋난다. 재고하여 보라.]

또한 현일(玄一) 스님과 영인(令因) 스님[12]도 같이 말하기를, "실로 요약해서 논하자면, 또한 우열이 있기는 하지만, 그 모습이 서로 비슷하여 호추(好醜)가 없다."고 하였다.

묻는다

극락세계는 이 사바세계로부터 얼마나 떨어져 있는가?

답한다

경문[13]에서 이르기를, "이곳에서 서쪽으로 10만억 불토를 지나서 극락세계가 있다."고 하였다. 어떤 경[14]에서 이르기를, "여기에서 서방으로 이 사바세계를 떠나서 백천 구지(俱胝) 나유타 불토를 지나서 극락이라고 하는 불세계가 있다."고 하였다.

묻는다

두 경이 어찌하여 말하는 것이 다른가?

답한다

『정토론』지광(智光) 소(疏)[15]의 교의에 따르면, '구지'라고 하는 것은 '억(億)'을 말한다. '나유타'라는 것은 이 사바세계에서의 '해(垓: 천억)'라고 하는 수에 해당한다. 세속에서 말하기를, 10천을 만이라 하고, 10만을 억이라 한다. 10억을 조(兆)라 하고, 10조를 경(經), 10경을 해라 한다. 해

---

12   현일(玄一)은 신라의 승려로서, 경흥보다 후배이다. 영인(令因)은 경흥과 동시대 사람으로, 『무량수경소(無量壽經疏)』1권을 저술했다고 한다.

13   『아미타경』.

14   『칭찬정토경』.

15   지광, 『무량수경론석(無量壽經論釋)』권2.

는 대수(大數)와 같다. 백천 구지는 곧 10만억이다. 억에는 네 가지의 단위가 있으니, 첫째, 10만, 둘째, 백만, 셋째, 천만, 넷째, 만만이다. 지금 말하는 억은 곧 만만이다. 이 의미를 나타내기 위해서 나유타라고 말한 것이다.[이상 이 해석을 참고해 보라.]

묻는다

저 아미타불께서 교화를 하시는 곳이 오직 극락뿐인가, 다른 곳도 있는가?

답한다

『대지도론』에서 이르기를, "아미타불께서 교화하시는 곳 또한 청정한 엄정토(嚴淨土)와 오염된 불엄정토(不嚴淨土)가 있다는 것은 석가모니의 경우와 같다."고 하였다.

묻는다

이 정토들은 어떠한 것인가?

답한다

극락세계가 바로 정토이다. 그러나 그 예토가 어디에 있는지는 모른다. 다만 도작(道綽) 등의 여러 스님이 『고음성왕경』에서 말하는 국토가 그 예토일 것이다.

『고음성왕경』에서는 다음과 같이 말하였다.

"아미타불은 성문과 함께 계신다. 그 나라의 이름은 청태(淸泰)이다. 전륜성왕이 살고 있는 성의 가로세로는 1만 유순이며, 그 안에 찰리(刹利)¹⁶가 가득 차 있다. 아미타여래·응(應)·정변지(正遍知)의 부친의 이름은 월상전륜성왕(月上轉輪聖王)이고, 그 모친의 이름은 수승묘안(殊勝妙顏), 아들의 이름은 월명(月明)이다. 시봉하는 제자의 이름은 무구칭(無垢稱), 지혜 제자의 이름은 남광(攬光), 신족정근(神足精勤)의 이름은 대화(大化)라 한다. 이때 마왕의 이름은 무승(無勝)이고, 제바달다의 이름은 적정(寂靜)이다. 아미타불은 대비구 6만 명과 함께 있다."[이상]

묻는다

저 아미타불께서 교화를 하시는 곳이 단지 극락과 청태, 두 국토뿐인가?

답한다

경문은 인연에 따라서 그 일단을 보여 준 것뿐이다. 그 실제 장소는 불가사의하다.

『화엄경』 게송에서도 다음과 같이 설하였다.

> 보살은 서원의 바다에서 수행하고
> 두루 중생의 마음이 원하는 바에 따른다.
> 중생의 마음이 끝없이 널리 오가면
> 보살의 국토도 시방에 두루 펼쳐진다.

또 다음과 같이 게송을 설하였다.

---

16 찰제리(刹帝利)라고도 하며, 인도의 카스트 중 왕족과 귀족 출신 무사 계급이다.

여래께서는 시방에 두루 편만하시다.

하나하나의 먼지 안에 무수한 국토가 있고

그 안의 경계도 무량하다.

모두 무변무진의 겁에 머무르고 있다.

묻는다

여래께서 교화를 베푸시는 일은 단독적으로 일어나는 것이 아니라, 그에 맞는 기연(機緣)이 있어야 한다.[17] 어떻게 시방에 두루 차 있다고 할 수 있는가?

답한다

광겁 동안 수행하면서 무량 중생을 성취시켜 왔기 때문에 그 기연 역시 시방세계에 두루 차 있다고 한다.

『화엄경』에서는 다음과 같이 게송을 설하였다.

과거 여러 겁의 바다에서 근수(勤修)하셔서

중생의 깊고 무거운 장애를 바꿀 수 있는 것이다.

그러므로 분신이 시방세계에 두루 존재하여

모두 보리수 아래에 나타나는 것이다.

---

17 부처님의 교화는 개인적인 이유에 의한 것만 아니라, 반드시 그의 가르침을 알아들을 소질이 있는 대상[機]이라고 하는 연(緣)이 있어서 거기에 응한다는 의미이다.

제2. 왕생계위(往生階位)

묻는다

『유가사지론(瑜伽師地論)』에서 이르기를, "삼지(三地) 보살은 바야흐로 정토에 왕생한다."고 하였다. 초지(初地)에 이르기 전의 범부나 성문에도 왕생을 권한다는 것은 무슨 의미인가?

답한다

정토에 차별이 있기 때문에 그 점은 과오가 없다. 회감 스님이 이를 해석[18]하기를, "여러 경론에서 정토에 태어나는 것을 말하는 것에 각자 근거가 있는데, 정토에는 거친 것과 뛰어난 것의 우열이 있으므로 왕생하는 것에도 상하 계차가 있다."고 하였다.

또한 도선(道宣) 율사가 이르기를, "삼지 보살이 되어서 비로소 보불(報佛)정토를 본다."고 하였다.

묻는다

설령 보토(報土)가 아니라도 혹업(惑業)이 무거운 자가 어찌 정토에 왕생할 수 있겠는가?

답한다

천태 대사가 다음과 같이 설하였다.

"무량수불국의 과보가 비록 뛰어나지만 임종할 때 참회염불을 하면 업장을 전변시켜 바로 왕생할 수 있게 된다. 의혹과 물듦의 번뇌를 가지고 있어도 원력을 마음에 지니면 또한 정토에 거주할 수 있다."

---

18 회감, 『군의론』.

묻는다

만약 범부도 왕생할 수 있다고 인정한다면, 『미륵문경(彌勒問經)』에서 "부처님을 염한다는 것은 어리석은 범부의 염불을 말하는 것이 아니다. 번뇌[結使]와 섞이지 않고 염불하는 것에 의해서 아미타 불국토에 왕생할 수 있게 된다."고 말한 것을 어떻게 설명할 수 있겠는가?

답한다

『서방요결(西方要訣)』에서는 다음과 같이 해석하였다.

"사바세계의 고통을 알고, 영원히 번뇌의 세계를 떠나는 것은 천박한 것이 아니다. 마땅히 장래에 부처가 되어 뜻을 오로지 하여 널리 법계 중생을 제도해야 한다. 이러한 뛰어난 해석이 있기 때문에 어리석은 것이 아니다. 바르게 염할 때는 번뇌가 제복될 수 있기 때문에 번뇌의 염이 섞이지 않는다."[이상 간략하게 인용]

범부인 수행자가 이 덕을 갖추고 있다는 의미이다.

묻는다

저 아미타 불국토의 중생은 모두 불퇴전이니, 분명히 범부가 태어나는 곳이 아님을 알 수 있지 않은가?

답한다

불퇴라는 것은 반드시 성자의 덕은 아니다.

『서방요결(西方要訣)』에서 다음과 같이 설하였다.

"지금 불퇴에 대해 밝히자면, 네 가지가 있다. 『십주비바사론(十住毘婆沙論)』에서 다음과 같이 밝히고 있다. 첫째, 위불퇴(位不退)는 만겁 동안 정토의 인(因)을 닦았기 때문에 다시는 악한 율의(律儀)에 떨어져서 생사에 유전하지 않는 것이다. 둘째, 행불퇴(行不退)로서, 이미 초지(初

地)를 얻었기 때문에 이타행도 불퇴하는 것이다. 셋째, 염불퇴(念不退)로서, 제팔지(第八地) 이상의 보살은 공용(功用)[19]이 없이 자재하게 보살행을 할 수 있기 때문이다. 넷째, 처불퇴(處不退)로서, 비록 경문상의 증거가 없어도 이치상으로 말할 수 있는 것이다. 무슨 얘기인가 하면, 마치 천상계에 태어나는 과(果)를 얻으면 불퇴를 얻는 것처럼 정토 역시 그러하다는 것이다. 수명이 길어지고 병이 없으며, 뛰어난 벗과 손을 잡게 되고, 바르고 순수하여 삿됨이 없다. 오직 청정할 뿐 물듦이 없으며, 항상 부처님을 받들게 된다. 이 다섯 가지 연(緣)으로 인하여 그곳에서 물러남이 없는 것이다."[이상 간략하게 인용]

묻는다

구품 계위에 대한 교의는 다 다르다. 혜원(慧遠) 스님 같은 경우에는 상품상생은 사지·오지·육지이고, 상품중생은 초지·이지·삼지이며, 상품하생은 지전(地前)[20] 삼십심(三十心)이라고 말한다.[21] 역(力) 법사[22]는 상품상생은 십행(十行)·십회향(十廻向), 상품중생은 십해(十解=十住), 상품하생은 십신(十信)이라고 한다. 규기(窺基) 스님은 상품상생은 십회향, 상품중생은 십해·십행, 상품하생은 십신(十信)이라고 하였다.

　　어떤 이는 상품상생은 십주(十住)의 초심(初心)이고, 상품중생은 십신의 후심(後心)이며, 상품하생은 십신의 초위(初位)라고 한다. 어떤 이

19　신·구·의 삼업의 의식적인 작용이 필요 없이 자연스럽게 보살행을 할 수 있는 경지를 말한다.

20　십주(十住)·십행(十行)·십회향(十廻向)의 삼십위를 말한다.

21　『관무량수경의소(觀無量壽經義疏)』권말에 나온다.

22　누구인지는 분명하지 않다.

는 상품상생은 십신 및 이전에 삼심(三心)을 잘 발하여 삼행(三行)을 할 수 있는 자이고, 상품중생·상품하생은 오직 십신 이전의 보리심을 발하여 선을 닦는 범부를 취하며, 행을 일으키는 심천(深淺)으로 두 품을 나눈다고 말한다.

여러 스승의 판단이 다른 까닭은, 무생인(無生忍)의 위(位)가 다르기 때문이다. 『인왕반야경(仁王般若經)』에서는 무생인은 칠지·팔지·구지라고 하고, 여러 경론에서는 초지 혹은 인위(忍位)라고 한다.

『본업영락경(本業瓔珞經)』에서는 십주(十住)에 있다고 하고, 『화엄경』에서는 십신(十信)에 있다고 한다. 『점찰선악업보경(占察善惡業報經)』에서는 일행삼매(一行三昧)를 닦아서 비슷한 무생법인을 얻는 것이라고 말한다. 그러므로 여러 스승이 각기 자신의 교의를 세우고 있는 것이다. 중품의 삼생에 대해서는 혜원 스님이 이르기를, "중품상생은 전삼과(前三果)[23]이고, 중품중생은 칠방편(七方便)[24]이며, 중품하생은 해탈분(解脫分)의 선인(善人)이다."라고 하였다. 역(力) 법사도 그와 동일하다. 규기 스님의 경우에는 중상은 사선근(四善根), 중중은 삼현(三賢), 중하는 방편전(方便前)의 사람이라고 하였다.

어떤 이는 '난(煖)·정(頂)·인(忍)'과 같은 순서로 된다고 하였고, 어떤 이는 중품의 삼생은 모두 이 해탈분의 선근을 닦은 사람이라고 하였다.[이상의 육품에도 또한 다른 해석이 있다. 회감 선사의 논이나, 용흥(龍興)의 기(記) 등을 보라.]

하품의 삼생에는 별다른 계위가 없고, 단지 번뇌에 계박되어 악업

---

23 소승의 예류·일래·불환 삼과.

24 삼현(三賢)과 사선근(四善根)의 두 가지를 합친 것을 말한다. 삼현위는 오정심관위(五停心觀位)·별상념주위(別相念住位)·총상념주위(總相念住位)의 세 가지이며, 사선근은 난위(煖位)·정위(頂位)·인위(忍位)·세제일위(世第一位)의 네 가지이다.

을 짓는 사람이다. 명확하게 왕생인의 계위에는 한계가 있다. 그렇더라도 어떤 계위가 우리 중생의 분(分)에 해당한다고 말할 수 있겠는가?

답한다

상품인의 계위가 설령 깊다 해도, 하품의 삼생이 우리에게 맞는 것이 아니겠는가? 하물며 그 다음의 해석에서 이미 십신 이전의 범부를 상품의 셋에 배당시키고 있지 않은가?

또한 선도의 『관경소』 「현의분(玄義分)」에서는 대승과 소승의 칠방편 이전의 범부를 구품의 위(位)로 판별하는데, 여러 스승이 지나치게 높이 판별한 것을 인정하지 않고 있다. 또한 경·논에서는 대부분 경문에 의거하여 의미를 판별한다. 지금의 경에서 말한 상삼품(上三品)의 업도 어찌 반드시 높은 위(位)라고 고집하겠는가?

묻는다

만약 그렇다면 정토에 태어나서도 반드시 일찌감치 무생법인을 깨달을 수는 없는 것인가?

답한다

천태에는 두 가지 무생법인의 위가 있다. 만약 별교(別敎)[25]의 사람이라면 수 겁에 걸친 수행으로 무생법인을 깨닫는다. 원교(圓敎)의 사람이라면 악도에 있는 이 역시도 돈점하는 이가 있다. 예토도 오히려 이러한

---

25   천태종에서는 부처님의 가르침을 내용에 따라 장(藏)·통(通)·별(別)·원(圓)의 사교(四敎)로 정리한다. 그중 원교는 부처님의 깨달음 그대로 가장 완전하고 원만한 가르침으로 『법화경』에서 보여 주는 것이다. 별교는 성문·연각의 이승과는 다른 것으로, 보살을 위한 가르침이며, 다른 삼교와 다르다. 또한 모든 것을 차별의 측면에서 바라보는 가르침이다. 원교에서는 깨달음을 곧바로 얻기 때문에 돈증(頓證) 혹은 직도(直道)이지만, 별교는 긴 시간을 거치기 때문에 역겁(歷劫)이라 하여 양자를 구별한다.

데 하물며 정토임에랴. 아미타 정토의 모든 것은 다른 곳의 사례에 비추어 생각해서는 안 된다. 일체 범부가 그 위(位)에 이르지 않고도 종내 퇴전하여 떨어짐이 없는 곳이 어디에 있겠는가. 일체 범부가 모두 오신통을 얻어서 걸림 없이 보살행을 할 수 있는 곳이 어디에 있겠는가. 증과(證果)를 얻는 것의 빠르고 더딤의 사례도 또한 그러하다.

묻는다

상품생인이 증과를 얻는 것의 빠르고 늦음도 오로지 그러한가?

답한다

경에서 한 가지 사례를 들고 있다.

혜원 스님의 『관경의기(觀經義記)』[26]에서도 다음과 같이 설하였다.

"구품인은 아미타 정토에 태어난 이후 증과를 얻는 겁수는 뛰어난 자를 기준으로 해서 말한 것이다. 이치상으로는 그보다 더 걸리는 것도 있다."[취의(取意)]

내가 생각하기로는 전체 구품에 대해 논하자면, 혹은 이것보다 더 빠른 것도 있을 수 있다.

묻는다

『무량수경』에서도 미륵 등의 여러 대보살이 극락에 태어난다고 말하고 있다. 그러므로 『관무량수경』에서 구품의 이익은 열등한 자를 기준으로 하여 말하고 있음을 알아야 한다. 어찌 뛰어난 것에 의지하는 것이라고 말하는가?

---

26   혜원, 『관무량수경의소(觀無量壽經義疏)』 권말에서 취의(取意)하였다.

답한다

아미타 불국토에 태어나 비로소 무생인을 깨달은 전후와 빠르고 늦음에 대해서 이를 뛰어난 자를 기준으로 했다고 하는 것이다. 저 미륵과 같은 상위의 대사(大士)를 논하고 있는 것은 아니다. 그러나 저 대사를 구품 중에 들일 것인지, 들이지 않을 것인지를 별도로 생각하고 선택해야 한다.

묻는다

만약 모든 하배(下輩) 역시 왕생할 수 있다면 어찌하여 당대에 저 아미타 정토를 원하는 자가 천만이며, 그중 한두 명도 왕생하지 못했는가?

답한다

도작 화상은 다음과 같이 말하였다.[27]

　"신심이 깊지 않아서 있는 듯 없는 듯하기 때문이다. 신심이 전일하지 않으며, 굳게 정해지지 않았기 때문이다. 신심이 계속 이어지지 않고, 사이사이에 다른 마음이 생겨나기 때문이다. 이 세 가지가 상응하지 않으면 왕생할 수 없다. 만약 이 삼심(三心: 지성심·深心·회향발원심)을 가지고 왕생하지 못한다면 도리에 맞지 않는 것이다."

선도 화상은 다음과 같이 말하였다.

　"이상과 같이 염불이 계속 이어져서 목숨이 끝날 때까지 하는 자는 열 명이면 열 명, 백 명이면 백 명이 왕생하게 된다. 만약 전심으로 염불하는 것을 그만두고, 다른 수행을 섞어서 하는 자는 백 명이 원하면 한

27　『안락집』권상.

두 명, 천 명이 원할 때 3~5명이 왕생할 수 있다고 하였다."['이상과 같이'
라고 한 것은 예배·찬탄 등의 오념문(五念門), 지성심(至誠心) 등의 삼심(三心), 장시
(長時) 등의 사수(四修)²⁸를 가리킨다.]

묻는다

(선도 화상이 말한 것처럼) "반드시 목숨이 끝날 때까지 해야 한다."면,
어찌하여 회감 화상은 긴 시간, 짧은 시간, 많은 수행, 적은 수행을 하는
자도 모두 왕생할 수 있다고 했는가?

답한다

수행의 종류가 다 다르기 때문에 두 스승 모두 오류라고는 할 수 없다.
그러나 목숨이 끝날 때까지 한다는 것은 근수하고 게을리 하지 않는다
는 것으로 정토왕생이 결정되게 하는 근본이 된다.

묻는다

『보살처태경(菩薩處胎經)』 제2권에서 다음과 같이 설하였다.

"이곳 염부제로부터 서쪽으로 12억 나유타 떨어진 곳에 해만계(懈
慢界)가 있다. 그 국토는 쾌락으로 넘치고, 노래와 기악을 연주하며, 옷
과 장식, 향과 꽃으로 장엄되어 있다. 칠보가 깔린 침상이 차례로 나타
난다. 눈을 들어 동쪽을 바라보면 보물 침상이 동쪽에 펼쳐진다. 북쪽
을 보거나, 서쪽을 보거나, 남쪽을 보거나 마찬가지로 이렇게 펼쳐진
다. 발심하여 아미타 정토에 태어나기를 원하는 중생들이 모두 해만

---

28 염불의 사종 방식. ① 장시간에 걸쳐서 염불하는 장시수(長時修), ② 휴식 없이 계속 염불
하는 무간수(無間修), ③ 공경하는 마음으로 염불하는 공경수(恭敬修), ④ 남김없이 완전
하게 염불을 닦는 무여수(無餘修)를 말한다.

국토에 깊이 집착해서 아미타 정토에 나아가지 못한다. 아미타 불국토에 왕생하지 못한 자가 억천만인데, 이때 한 사람이 아미타 불국토에 태어날 수 있을 뿐이다."[이상]

이 경으로 미루어 보면 왕생하는 것은 어렵지 않은가?

답한다

『군의론(群疑論)』에서는 앞에 인용한 선도 화상의 문장을 인용하여 이 난제를 풀었다. 또한 회감 화상 스스로 깨달은 것을 더하여 다음과 같이 말했다.

"이『보살처태경』의 아래 문장에서 말한 것은 무슨 까닭인가? 모두 게을러서 마음을 잡아 두는 것이 견고하지 못하기 때문이다. 여러 수행을 섞어서 하는 자는 마음을 잡는 것이 견고하지 않기 때문에 해만국에 나게 되는 것이다. 만약 여러 수행을 하지 않고 오로지 이 정토 염불 수행만 한다면 이는 마음을 잡는 것이 견고한 자이니, 반드시 극락에 왕생하게 된다. …(중략)… 또한 보(報)정토에 태어나는 자는 극히 적으나, 화(化)정토에 태어나는 자는 적지 않다. 그러므로 경에서 해만국의 사례를 특별히 설하고 있는 것이지, 실제와 모순되는 것은 아니다."[이상]

묻는다

설령 삼심(三心)을 갖추진 못했다 할지라도, 비록 목숨이 다할 때까지 하지 못했더라도, 아미타불의 이름만 한 번만 들으면 외려 성불할 수 있다고 한다. 하물며 잠시라도 칭명염불을 하는 것이 무슨 헛된 것이겠는가?

답한다

잠시 동안은 헛된 것으로 보이겠지만 결국에는 공허한 것이 아닐 것이다. 마치『화엄경』의 게송에서 경문을 듣는 자가 다시 태어날 때에 받는 이익을 설한 것과 같다.

> 만약 어떤 이가 들을 근기가 된다면
> 비록 대해(大海) 속에서나
> 겁진(劫盡)의 불 속에서나
> 반드시 이 경을 듣게 될 것이다.[대해라는 것은 용계(龍界)이다.]

석(釋)[29]에서 다음과 같이 설하였다.

"다른 수행 때문에 저 힘든 곳에 태어나도 전생의 믿음 때문에 이 근기(根器)[30]를 이루었다고 하였다. 화엄을 믿는 자가 이미 이러한데, 염불을 믿는 자는 어찌 이러한 이익이 없겠는가? 저들이 일생 동안 악업을 지어도 임종 시에 선우를 만나서야 비로소 십념을 하더라도 바로 왕생할 수 있다. 이러한 유(類)는 대부분 전생에 정토를 흔구하며 아미타불을 염한 자들이다. 전생에 지은 선[宿善]이 익어서 금생에 발하게 된 것뿐이다."

그러므로『십의론(十疑論)』에서 다음과 같이 설하였다.

"임종 시에 선지식을 만나서 십념을 성취한 자는 모두 숙선이 강하여 선지식을 만나서 십념을 성취하게 된 것이다."

....

29 법장(法藏),『화엄경탐현기(華嚴經探玄記)』권1.

30 근기(根器)에서 근(根)이란 가르침을 받아들이는 근본으로서의 성질이며, 기(器)는 사물을 감당하는 능력을 말한다.

회감 선사 역시 견해가 동일하다. 그러므로 헛되지 않는 것이다.

묻는다

하하품의 왕생도 만약 숙선에 의지한다면 십념 왕생의 본원이 곧 유명무실해지지 않는가?

답한다

설령 숙선이 있다고 해도 십념이 없으면 무간지옥에 떨어지는 것이 결정되어서 끝없는 고통을 당하게 된다. 임종 시의 십념이 왕생의 뛰어난 조건이라는 것은 명백하다.

제3. 왕생다소(往生多少)

『무량수경』에 다음과 같이 설하였다.

"부처님께서 미륵에게 말씀하셨다.

이 사바세계에서 67억 불퇴전의 보살이 정토에 왕생하였다. 하나하나의 보살들은 이미 무수한 부처님들께 다 공양하였으며, 미륵의 뒤를 잇는 자들이다. 적은 수행의 보살 및 적은 공덕을 닦은 자들도 헤아릴 수 없이 많으며, 모두 다 왕생할 것이다. 타방 불토 역시 그러하다. 그 원조불(遠照佛)의 불국토에 180억 보살이 있으며, 보장불(寶藏佛)의 국토에는 90억 보살이 있다. 무량음불(無量音佛)의 국토에는 220억 보살이 있고, 감로미불(甘露味佛)의 국토에는 250억 보살이 있다. 용승불(龍乘佛)의 국토에는 14억 보살이 있고, 승력불(勝力佛)의 국토에는 1만 4천 보살이 있다. 사자불(獅子佛)의 국토에는 5백 보살이 있고, 이구광불(離

垢光佛)의 국토에는 80억 보살이 있다. 덕수불(德首佛)의 국토에는 60억 보살이 있고, 묘덕산불(妙德山佛)의 국토에는 60억 보살이 있다. 인왕불(人王佛)의 국토에는 10억 보살이 있으며, 무상화불(無上華佛)의 국토의 헤아릴 수 없이 무수한 불퇴 보살들은 지혜롭고 용맹하며, 이미 무량한 제불을 공양하고, 7일 중에 바로 백천억겁 동안 대사(大士)가 닦은 견고한 법을 이해할 수 있다.

무외불(無畏佛)의 국토에는 790억 대보살중, 소보살 및 비구 등이 헤아릴 수도 없이 많지만, 모두 다 왕생할 것이다. 단지 이 열네 불국토 안의 보살들만 왕생하는 것이 아니라, 시방세계 무량 불국토의 왕생자들도 또한 이처럼 무수히 많다. 내가 단지 시방제불의 명호 및 보살, 비구가 불국토에 왕생하는 것만을 주야로 1겁 동안 말해도 다 못할 것이다."[이상]

이 모든 불국토 중에 지금 사바세계에서는 소선(少善)을 닦고도 왕생하는 자가 있다. 우리들은 다행히 석존의 법을 만나서 억겁의 시간에 한 번 소선으로도 왕생하는 무리에 들 수 있게 되었으니, 마땅히 힘써 성실하게 수행하여 때를 놓치지 말아야 한다.

묻는다

만약 소선근으로도 왕생할 수 있다면 어찌하여 경에서는 적은 선근 복덕의 인연으로는 왕생할 수 없다고 하였는가?

답한다

여기에는 다른 해석들이 있는데, 많은 사례들을 다 열거할 수는 없다. 지금 내가 생각건대, 대소라고 하는 것이 고정된 것이 아니고, 상대적으로 이름 붙인 것이다. 대보살의 수행에 비해서는 소선이라고 하고, 윤회의 업에 비해서는 대선이라고 이름 붙인 것이다. 그러므로 『무량수경』과 『아미타경』 두 경전의 의미가 서로 모순되지는 않는다.

제4. 심상념상(尋常念相)

여기에는 여러 종류가 있으나, 크게 넷으로 나눈다. 첫째, 정업(定業)이니, 좌선·입정하여 관불하는 것이다. 둘째, 산업(散業)이니, 이것은 행·주·좌·와, 즉 일상생활과 산만한 마음[散心]의 상태에서 염불하는 것이다. 셋째, 유상업(有相業)이니, 이는 상호를 관하는 것 혹은 명호를 염하여 예토를 멀리하고 한결같이 정토를 구하는 것을 말한다. 넷째, 무상업(無相業)이니, 비록 칭명염불하며 정토를 구하지만 부처님의 몸과 정토가 궁극적으로 공한 것이며, 환상이나 꿈과 같고, 체를 갖추고 있으면서도 공하고, 공하면서도 존재하는 것이기 때문에 유도 아니고, 공도 아님을 관하는 것이다. 이 무이(無二)의 진리를 깨달아서 참으로 제일의에 들어가기 때문에 무상업이라 한다. 이것이 최상의 삼매이다. 그 때문에 『무량수경』에서 아미타불께서 이렇게 게송을 읊으셨다.

모든 법성이 일체 공하고
무아임을 깨달아
오로지 청정 불토를 구하면
반드시 불찰세계를 이루리라.

또한 『마하지관』 '상행삼매(常行三昧)' 중에도 삼단(三段)의 문이 있는데, 위의 〈별행(別行)〉[31] 중에서 인용한 것과 같다.

묻는다

정업(定業)·산업(散業)[32]의 염불도 공히 왕생의 인이 되는가?

답한다

진중한 마음으로 염하면 왕생하지 않음이 없다. 그러므로 회감 스님은 염불의 차별에 대해 다음과 같이 말했다.

"혹은 깊기도 하고, 혹은 얕기도 하며, 이는 정(定)과 산(散)에 공통적인 것이다. 정은 곧 범부에서 마침내 십지에 이르는 것으로서, 선재동자가 공덕운(公德雲) 비구[33]의 처소에서 배우기를 청한 염불삼매와 같은 것이다. 이는 곧 깊고도 깊은 법이다. 산은 곧 일체중생이 행·주·좌·와의 모든 때와 장소에서 모두 염불할 수 있으며, 여러 가지 일을 방해하지 않는 것이며, 임종에 이르러서도 행할 수 있는 것이다."[이상]

묻는다

유상업(有相業)·무상업(無相業)도 공히 왕생할 수 있는가?

답한다

도작 화상은 다음과 같이 말했다.

----

31   제6 「별시염불(別時念佛)」〈심상별행(尋常別行)〉 인용.

32   정업은 마음이 고요하게 삼매에 든 상태에서 행하는 염불이며, 산업은 평상시의 마음 그대로 행하는 염불을 말한다.

33   선재동자가 문수보살의 거처를 떠나서 최초로 찾아간 비구의 이름. 선재동자는 이 공덕운 비구에게서 스물다섯 종류의 염불삼매를 배우게 된다.

"만약 초심자라면 아직 부처님의 상호를 벗어나서 염할 수 없기 때문에 오로지 상호에 의지해서 전념한다면 왕생할 수 있다. 이것을 의심해서는 안 된다."

또한 회감 스님은 다음과 같이 말했다.

"왕생에는 이미 품류가 차이가 있기 때문에 그 수행의 인[修因]에도 또한 각기 얕고 깊음의 차이가 있어서 단언할 수 없다. 오직 절대평등의 무소득(無所得)의 수행을 해야 왕생할 수 있으며, (차별에 집착하는) 유소득(有所得)의 심[34]으로는 왕생하지 못한다."

묻는다

만약 그렇다면 어찌하여 『불장경(佛藏經)』에서 다음과 같이 말하는가?

"만약 어떤 비구가 다른 비구를 가르치기를, '너는 마땅히 불·법·승 삼보를 염하고, 계(戒)를 염하고, 보시를 염하고, 천(天)을 염해야 한다. 이러한 (유상의) 상념에 의해 열반의 안락, 적멸을 관하며, 오직 열반의 궁극적인 청정함을 좋아해야 한다.'고 하는 자가 있다면, 이렇게 가르치는 것을 사교(邪教)라 하고, 악지식(惡知識)이라고 한다. 또한 이 사람에 대해 말하기를 불교를 비방하고, 외도를 돕는 자라고 한다. 이러한 악인은 내가 물 한 모금을 보시 받는 것도 허락하지 않는다."

또 말하였다.

34　절대평등의 진리에 어두워서 사물의 차별에 집착하는 것이 유소득이다. 진리를 깨달아 차별을 초월해서 집착을 떠난 것이 무소득이다.

"외려 오역(五逆)의 무거운 악을 범하더라도, (자신이 불법의 실체라고 생각하는) 아견(我見), (사람은 불변의 실체라고 생각하는) 중생견(衆生見), (생명은 자신의 것이라고 생각하는) 수견(壽見), (생명은 영원한 것이라고 생각하는) 명견(命見), (자신은 영원히 존재한다고 생각하는) 음입계견(陰入界見) 등에 집착해서는 안 된다고 하였다."[이상 간략하게 인용]

답한다

회감 스님이 주석에서 다음과 같이 설하였다.

"어느 가르침에서는 또한 '차라리 아견(我見)을 수미산처럼 일으키더라도, 공견(空見)[35]을 겨자씨만큼도 일으키면 안 된다.'고 말한다. 이러한 여러 대승경전에서 유(有)를 부정하고, 공견을 책망하며, 혹은 대승을 찬탄하고, 혹은 소승을 칭찬하는 등은 모두 기(機)[36]를 고려하기 때문에 다 다른 것이다."

또 어느 경에서 다음과 같이 설하였다.

"지금 아미타여래·응·정등각께서는 이러한 삼십이상·팔십수형호를 갖추고 계시고, 그 몸의 색과 광명이 마치 여러 황금이 녹아 있는 것 같다고 상념하며, 그 다음에는 여래의 모습을 상념하지 않고, 또한 여래에 얽매이지 않는 경지에 나아가며, 그리하여 머지않아 모든 것을 공한 것으로 관하는 공삼매(空三昧)[37]를 얻는다."

35　공(空)이라고 하는 실체가 있다고 집착하는 견해.

36　상대방의 능력·성질 등과 같은 상황적 맥락을 말한다.

37　일체가 공하다는 것을 관하는 삼매. 공·무상(無相)·무작(無作)의 삼해탈문 중의 하나이며, 공해탈문이라고도 한다.

또한『관불삼매해경』에서는 다음과 같이 설하였다.

"여래는 법신·십력·무외·삼매해탈의 여러 가지 신통이 있다. 이수승한 경지는 너희 범부가 깨달을 수 있는 경계가 아니다. 다만 마음 깊이 기쁜 생각을 일으키라. 이러한 생각을 다 일으키고 나서 마음을 집중하여 공덕을 염불해야 한다고 말하고 있다. 그러므로 초학의 무리는 아미타불의 신색(身色)을 관하고, 상급자의 무리는 진여법신을 염하는 것이다. 그러므로 이렇게 하여 순서대로 공삼매를 얻을 수 있다고 말하는 것이니, 모름지기 경의 뜻을 잘 이해하고 폄훼하는 마음을 내지 말아야 한다. 대성 석존은 교묘하게 근기에 응하여 가르침을 설했음을 알 수 있다."[이상『관불삼매해경』제9권에 부처님의 터럭 하나를 관하는 것에서부터 내지는 구족한 색신을 관하는 것을 설한 후에 위에서 인용한 십력·무외·삼매 등의 문장이 있다.]

묻는다

염불의 행은 구품 중에서 어느 품에 포함되는가?

답한다

만약 설해진 대로 행한다면 이치로는 상품상생에 해당한다. 이처럼 그 우열에 따라서 구품으로 나눌 수 있다. 그러나『관무량수경』에서 설한 바 구품의 실천은 그 일단을 보여 주는 것뿐이다. 실제로 무한하다고 말할 수 있다.

묻는다

정업·산업의 염불도 함께 왕생의 인이 될 수 있다면, 또한 이 몸 그대로 불타를 보는 '현신견불(現身見佛)'의 인(因)이 되는 것인가?

답한다

경론에서는 대부분 삼매를 성취하면 바로 견불할 수 있다고 말한다. 산업은 견불할 수 없는 것이 확실하다. 단지 특별한 조건이 따르는 경우[38]는 예외이다.

묻는다

유상·무상의 관이 공히 견불의 인이 될 수 있는가?

답한다

무상의 견불은 현재로서는 의심할 것이 없다. 유상의 관도 간혹 견불할 수 있다. 그러므로 『관무량수경』 등에서 구체적인 불타의 모습[色相]을 관할 것을 권하는 것이다.

묻는다

만약 유상의 관도 견불할 수 있다면 어찌하여 『화엄경』 게송에서는 다음과 같이 읊은 것인가?

> 범부가 제법을 보는 것은
> 다만 상에 따라 전전하는 것이지,
> 법의 무상을 다 이해하는 것이 아니다.
> 이를 가지고 견불하는 것이 아니다.
> 견이 있으면 번뇌가 되니

---

38 예를 들면, 『관무량수경』에서는 위제회가 공중에서 달을 보듯이 석가모니와 목련·아난을 본 것과 같은 것이다.

이는 곧 아직 보지 않은 것이다.

모든 견을 멀리 여의는 것,

이렇게 해야 견불인 것이다.

또 다음과 같이 설하였다.

일체의 법은

자성이라는 것이 없음을 다 이해한다.

이렇게 법성을 이해하면

노사나불(盧舍那佛)[39]을 보게 된다.

『금강경』에서는 다음과 같이 설하였다.

만약 색신으로서 나를 보고

음성에 의지하여 나를 구한다면

이 사람은 사도(邪道)를 행하는 것이니,

여래를 볼 수 없을 것이다.

답한다

『서방요결』에서는 다음과 같이 설하였다.

"석존께서 설하신 가르침은 뜻이 여러 부문으로 나뉜다. 각각이 때

---

39 비로자나불이며, 광명편조(光名遍照), 편일체처(遍一切處) 등으로 번역된다. 부처님의 지혜의 빛을 상징하며, 연화장세계의 교주이자, 『화엄경』에서 설하는 법신불이다. 다만 천 태종에서는 비로자나와 노사나를 구별한다.

와 근기에 응한 것이나, 차이가 없다. 『반야경』은 독자적인 일문(一門)이며, 『아미타경』 등도 또한 하나의 이치를 이루었다. 무슨 얘기인가 하면, 일체 제불은 모두 삼신이 있다. 법신불에는 형체가 없으며, 색성(色聲)이 없다. 하지만 이승의 성문·연각 및 미숙한 보살은 '삼신과 다르지 않다.'고 설하는 것을 듣고서 곧 같은 색성을 가지고 있다고 생각하게 되며, 단지 화신(化身)의 색상을 보고서 마침내 법신도 또한 그러하다는 상에 집착하게 되므로 이를 삿된 것이라고 설하는 것이다."

『아미타경』 등에서 부처님의 명호를 염하고, 상을 관하여 정토를 구하는 것을 권하는 것은, 단지 범부의 장애가 중하기 때문에 법신은 깊고 오묘하여 붙잡기 어렵고, 진여 법체에 연이 닿는 것도 어려우니, 염불과 형체를 관하여 예찬하도록 가르치는 것이다.[약초]

묻는다
범부 수행자는 비록 성실하게 수행하고 익혀도 마음이 맑고 청정하지 않으니, 어떻게 쉽사리 견불할 수 있겠는가?

답한다
여러 연(緣)이 합쳐져서 견불하는 것이지, 오직 자력으로만 보는 것이 아니다. 『반주삼매경』에서는 세 가지 연을 제시하고 있는데, 위의 〈심상별행〉 항목에서 90일의 행을 설한 부분에 인용한 『마하지관』의 문장과 같은 것이다.

묻는다
어떠한 인연으로 정토에 왕생하는가?

답한다

경문에 의거하여 고찰하면, 네 가지의 인연이 있다. 첫째, 자선근(自善根)의 인력(因力), 둘째, 자원구(自願求)의 인력, 셋째, 미타본원의 연(緣), 넷째, 중성조념(衆聖助念)의 연이다.[석가의 호조(護助)는 『평등각경(平等覺經)』에, 육방불(六方佛)의 호념은 『소경(小經)』에 나온다. 산해혜보살(山海慧菩薩) 등의 호지(護持)는 『시왕생경(十往生經)』에 나온다.]

제5. 임종념상(臨終念相)

묻는다

"하하품의 사람도 임종 시에 십념을 하면 바로 왕생할 수 있다."고 할 때 말하는 십념은 어떠한 염인가?

답한다

도작 화상은 다음과 같이 설하였다.[40]

"단지 아미타불의 전체적인 모습[總相]이거나, 혹은 각 부위의 개별적인 모습[別相]이거나, 마음속에 억념하여 연에 따라서 관한다. 십념을 하는 사이에 다른 염상(念想)이 끼어들지 않는 것을 십념이라 한다. 또 십념상속이라는 것은 성자의 한 숫자를 이름 붙인 것일 뿐이다.[41] 다만 마음을 쌓고, 생각을 집중하여 다른 것에 반연하지 않으면 곧 왕생의

---

40 도작, 『안락집』 권상.

41 성자는 아미타불을 가리키며, 단지 부처님의 마음에 떠다니는 수의 한 종류를 보여 준 것에 지나지 않는다는 의미이다.

업이 이루어지는 것이니, 수고로이 염불의 편수(遍數)를 기억하지 말라. 또 오랫동안 수행한 사람의 염불은 대부분 이 방식에 의지하여야 하지만, 초심 염불 수행자는 염불수를 기억하는 것도 좋다. 이것 역시 부처님의 가르침에 의한 것이다."[이상]

어떤 이가 "일심으로 '나무아미타불'이라고 칭명하면서 육자(六字)를 외는 사이를 일념(一念)이다."라고 한다.

묻는다

『미륵소문경(彌勒所問經)』에서 말하는 십념왕생은 하나하나의 염이 깊고 넓다. 무슨 까닭에 지금 열 번 소리내어 염불하면 왕생할 수 있다고 하는가?

답한다

여러 스승들이 해석하는 바가 다 다르다. 의적(義寂) 법사는 다음과 같이 설하였다.

"이는 전심(專心)으로 불명을 칭할 때, 자연히 이렇게 십념을 구족시키는 것을 말한다. 반드시 하나하나 특별히 자심(慈心) 등[42]을 갖추지 않아도 되며, 또한 그 자심 등을 세어도 십념이 되지는 않는다. 그런데 어찌하여 별도의 연이 아니라도 십념을 구족한다고 하는가? 예를 들면, 수계를 하고자 하여 삼귀의를 욀 때 특별히 불살생 등의 계를 갖추지 않아도 함께 불살생 등의 계를 포함할 수 있다. 이 안의 도리가 또한 그러함을 알아야 한다. 또한 십념을 구족하여 나무아미타불을 칭하는 것은 자심 등의 십념을 구족하여 나무불을 칭하는 것이다. 만약 이와

---

42 『미륵소문경』에서 말하는 자심·비심(悲心)·호법심(護法心) 등의 십심(十心)을 말한다.

같이 할 수 있다면 칭명염불하는 것에 따라 한 번 칭하거나, 많이 칭하거나 모두 왕생할 수 있는 것이다."

회감 법사는 다음과 같이 설하였다.

　"각각의 부처님의 가르침이니, 서로 간에 왕생정토법문을 설하여 모두 정토업을 성취하게 하는 것들이다. 무슨 까닭에 저들이 옳다고 하고, 이 말은 배척하여 틀리다고 하는가? 단지 스스로 경을 이해하지 못하는 것뿐만 아니라, 또한 여러 학인들에게 의혹을 품게 한다."[이상]

가재(迦才) 스님은, "이 『미륵소문경』의 십념이라는 것은 현재의 시간에 이루어지는 것이고, 『관무량수경』의 십념은 임종 때에 이루어지는 것이다."라고 하였다.[이상]

　의미는 회감 법사와 같다.

묻는다

『무량수경』에서는 "불과 일념에도 왕생할 수 있다."고 하였는데, 이는 십념과 무슨 어긋남이 있는가?

답한다

회감 스님은 극악한 업을 지은 자도 십념을 채우면 왕생할 수 있다. 다른 자들은 불과 일념으로도 왕생할 수 있다고 하였다.

묻는다

태어난 이래 여러 악업을 짓고 하나의 선도 행하지 않은 자가 임종에 이르러서야 열 번 소리내어 염불하는 것으로 어찌 죄를 멸하고 삼계를 영원히 떠나 바로 정토에 왕생할 수 있겠는가?

답한다

『나선비구문불경(那先比丘問佛經)』에서 다음과 같이 설한것과 같다.

　"그때 미란왕(彌蘭王)이 아라한인 나선 비구에게 묻기를, '사람이 세간에서 악업을 짓는 것이 백 년에 이르렀는데도 임종 시에 염불하면 사후에 하늘에 태어난다고 하니, 나는 이 말을 믿지 못하겠다.' 하였다. 또한 이르기를, '한 생명이라도 죽이면, 죽어서 바로 지옥에 들어가는 것도 나는 믿지 못하겠다.' 하였다. 비구가 왕에게 묻기를, '만약 사람이 작은 돌을 수중에 두면 돌이 뜨겠는가, 가라앉겠는가?' 하니, 왕이 말하기를, '돌은 가라앉는다.'고 하였다. 나선이 말하기를, '만약 백 장(丈)이나 되는 큰 돌을 배 위에 두면 가라앉겠는가, 가라앉지 않겠는가?' 하니, 왕이 말하기를, '가라앉지 않는다.' 하였다. 나선이 말하기를, '배 안의 백장의 돌은 배로 인하여 가라앉지 않는다. 사람이 비록 본디 악하나 한 때라도 염불하면 지옥에 가라앉지 않고 천상에 나게 된다. 어찌 믿지 않는 것인가? 그 작은 돌이 가라앉는 것은 마치 사람이 악업을 짓고도 경전의 법문을 몰라서 사후에 바로 지옥에 들어가는 것과 같은데, 어찌 믿지 않는가?' 하니, 왕이 말하기를, '좋구나, 좋구나!'라고 하였다.

　비구가 또 말했다.

　'두 사람이 함께 죽었는데, 한 사람은 제7 범천⁴³에 나고, 한 사람은 계빈국⁴⁴에 나게 되었다. 이 두 사람은 멀고 가까움이 비록 다르지만 같

43　욕계의 육천(六天)의 위가 색계의 사선천(四禪天)이다. 그 첫 번째 제일 초선천에 범중천(梵衆天)·범보천(梵輔天)·대범천(大梵天)의 삼천이 있다. 지상에서 헤아리면 일곱 번째에 해당한다.

44　서북인도 카슈미르 지역. 고대에는 간다라 지역을 가리키는 것이었으나, 당 중기 이후에

은 시간에 죽어서 마치 한 쌍의 새처럼 하나는 높은 나무 위에 머무르고, 다른 하나는 낮은 나무 위에 머물렀다. 두 새가 동시에 함께 날면, 그 그림자가 하나로 보일 정도였다. 어리석은 이가 악업을 지으면 재앙을 크게 얻지만, 지혜로운 이가 악을 지으면 재앙을 적게 얻는다. 불타는 쇠가 땅에 있는데, 한 사람은 불타는 것을 알고, 한 사람은 알지 못하여 두 사람이 함께 쇠를 집으면 알지 못했던 자는 손이 크게 짓무르게 되지만, 아는 자는 적게 상처를 입는 것과 같다. 악업을 짓는 것도 또한 그러하다. 어리석은 자는 스스로 참회할 줄 모르기 때문에 얻는 재앙이 크다. 지혜로운 자는 악을 짓되 부당한 것을 알기 때문에 매일 스스로 참회를 하여 그 받는 죄가 적다.'"[이상]

십념에 의해 여러 가지 죄를 멸하고, 부처님의 자비서원의 배에 올라타서 순식간에 왕생할 수 있는 것도 그 이치로서는 또한 그러하다.

또한『십의론』에서는 다음과 같이 해석하였다.

"지금 삼종의 도리로 고찰해 보면 경중이 고정되어 있지 않으며, 시간의 장단, 행위의 다소에 있는 것도 아니다. 세 가지란 무엇인가. 첫째, 마음에 있고, 둘째, 연(緣)45에 있으며, 셋째, 결정심에 있다.

첫째, 마음에 의해 결정된다는 것은 죄를 지을 때에는 저절로 허망하고 전도된 마음으로부터 생겨나는 것이지만, 염불하는 마음은 선지식을 따라서 아미타불의 진실한 공덕의 명호를 설하는 것을 듣는 마음에서 생겨나는 것이다. 하나는 허망하고, 하나는 진실한 것이니, 어찌

....

는 카불(아프가니스탄) 지방을 가리키게 되었다.

45   마음이 작용하는 대상에 의해 정해지는 것.

서로 비교할 수 있겠는가? 예를 들면 만년의 암실에 햇빛이 잠시라도 비치게 되면, 어둠이 문득 사라지는 것과 같다. 어찌 오래된 어둠이라 해서 멸하는 것을 인정하지 않을 수 있겠는가?

연에 의해 결정된다는 것은, 죄를 지을 때에 허망하고 어리석은 마음이 허망의 경계로 전도된 마음에서 생겨나지만, 염불의 마음은 부처님의 청정한 진실공덕의 명호를 듣고, 무상보리심을 구하는 마음에서 생겨나는 것이다. 하나는 진실되고, 하나는 거짓이니, 어찌 서로 비교할 수 있겠는가? 예를 들면 어떤 사람이 독화살에 맞아 화살이 깊이 독에 스며서 피부에 상처를 입히고 뼈에까지 이르러도, (독을 제거하는) 멸제약(滅除藥)의 북소리를 한 번 들으면 곧 독화살이 없어지는 것과 같은 것이다. 어찌 깊은 독이라 해도 뽑혀 나오는 것을 인정하지 않겠는가?

결정에 있다고 하는 것은, 죄를 지을 때에는 유간심(有間心)과 유후심(有後心)[46]이 작동하는데, 염불할 때는 전일한 무간심(無間心), 더 이상 뒤가 없다고 생각하는 무후심(無後心)을 가지고 곧 목숨을 버릴 정도에 이르기까지 선심을 닦으니, 이 때문에 곧 왕생할 수 있다는 것이다. 예를 들면, 열 겹의 동아줄은 천 명의 장정도 다스리지 못하지만, 동자가 한 번 칼을 휘두르면 순식간에 두 조각으로 잘리는 것과 같다. 또 예를 들면 천년 동안 쌓인 풀이라도 콩알만 한 불에 의해 타서 바로 없어지게 되는 것과 같다. 또 비유하자면, 어떤 사람이 태어난 이래로 십선업을 닦아서 마땅히 천계에 태어나고자 하나, 임종 시에 한순간 결정의 사견을 일으키면, 바로 아비지옥에 떨어지는 것과 같다. 악업이 허망하

---

46 유간심은 다른 생각이 교차하는 산만한 마음이다. 유후심은 또한 뒤로 미룰 여지가 있다고 생각하는 마음이다.

왕생요집

다 하나, 맹렬해져 있을 때는 오히려 일생의 선업을 저버리고 악도에 떨어질 수 있는 것이다. 하물며 임종 시에 맹렬한 마음으로 염불하는 진실 무간의 선업이 무시(無始)의 악업을 밀어내지 못하고, 정토에 왕생하지 못할 리는 없다."[이상]

또한 『안락집(安樂集)』에서는 일곱 가지의 비유를 들어 이 뜻을 설명했다.

"첫째, 작은 불의 비유는 앞에서 말한 바와 같다. 둘째, 앉은뱅이도 배에 타게 되면 바람과 돛으로 인해 하루에 천 리를 갈 수 있다. 셋째, 가난한 이가 상서로운 물건을 얻어서 왕에게 바치고, 왕이 기뻐하며 큰 상을 내리면 순식간에 부귀하게 되어 소망을 이루게 된다. 넷째, 만약 능력이 저열한 자라도 전륜성왕의 행렬을 따르면 허공을 날아서 자유롭게 다니게 된다. 다섯째, 열 겹 동아줄의 비유이며, 앞에 서술한 것과 같다. 여섯째, 짐새[鴆鳥][47]가 물속에 들어가면 물고기와 대합조개가 죽게 되지만, 물소 뿔에 닿으면 모든 죽은 것들이 다시 살아난다. 일곱째, (자안을 돕던) 황곡(黃鵠)이 무덤 앞에서 자안(子安)[48]을 부르면 자안이 다시 살아난다고 한다. 어찌 무덤 아래 천년 동안 지나서 결코 살아날 수 없다고 하겠는가? 일체 만법이 모두 자력·타력, 자섭(自攝)·타섭(他攝)이 있어 천개(千開)·만폐(萬閉)로 무량무변한데, 어찌 장애가 있는 식(識)으로써 저 장애가 없는 법을 의심할 수 있겠는가? 또한 다섯 불가사의 중에 불법이 가장 불가사의한 것이다. 어찌 삼계에 매인 업이 무거운데 저 짧은 시간의 염법을 의심하는가?"[이상 간략하게 인용]

---

47 독조(毒鳥)의 일종이며, 그 새가 품고 있는 독을 짐독(鴆毒)이라 한다. 그 깃털을 물이나 술에 적셔서 마시면 죽게 된다고 한다.

48 신선의 이름.

지금 더 첨언하자면, 첫째, 전단수가 나올 때는 40유순의 이란(伊蘭)나무[49] 숲이 두루 향기로워진다. 둘째, 사자의 힘줄을 이용하여 비파의 줄을 만들어서 한 번 소리를 울리면 일체의 다른 악기 줄 소리가 모두 끊기고 무너진다. 셋째, 한 근의 석즙(石汁)[50]은 천 근의 동을 금으로 변화시킬 수 있다. 넷째, 금강이 비록 견고하다고 하나, 영양의 뿔로 그것을 두드리고 물을 부으면 얼음처럼 녹는다.[이상 멸죄의 비유]

다섯째, 설산에 인욕(忍辱)이라는 이름의 풀이 있는데, 소가 만약 이 풀을 먹으면 바로 제호(醍醐)[51]를 얻을 수 있다. 여섯째, 사가약(沙訶藥)[52]은 단지 보기만 하는 자도 무량한 수명을 얻고, 그것을 생각하는 자는 숙명지(宿命智)를 얻는다. 일곱째, 공작이 우레 소리를 듣게 되면 임신할 수 있다. 여덟째, 시리사(尸利沙: 합환수)나무가 묘성(昴星)을 보면 열매를 맺는다.[이상 생선(生善)의 비유]

아홉째, 주수보(住水寶)로 자신의 몸을 장식하면 깊은 물에 들어가도 가라앉지 않는다. 열째, 자갈돌은 비록 작아도 물에 뜰 수 없고, 반석은 아무리 크더라도 배에 타면 뜰 수 있다.[이상은 총괄적 비유]

제법의 용력의 불가사의함이 이와 같다. 염불의 공력은 그에 준하여 생각하고 불설을 의심하지 말라.

---

49 꽃은 아름답지만 악취가 강한 나무.

50 연금술의 비약(祕藥).

51 최상급의 유제품.

52 히말라야에 있다고 하는 향약.

묻는다

임종 시의 심념(心念)은 그 힘이 어느 정도나 되는가? 왕생을 성취할 수 있는가?

답한다

그 힘이 백 년의 수행보다 낫다. 그 때문에 『대지도론』에서 다음과 같이 설하였다.

"이 마음은 비록 시간으로는 짧지만 심력의 용맹함은 불과 독처럼 비록 적더라도 왕생의 대사를 이룰 수 있다. 이는 죽음이 드리울 때의 마음으로서, 흔들림 없이 용맹하고 강건하기 때문에 백 년의 수행력보다 나은 것이다. 최후의 마음을 대심(大心)이라 하는 것은 몸과 모든 근기를 바치는 것이 급하고 절박하기 때문이다. 마치 사람이 전쟁터 진지에 들어가 목숨을 아끼지 않는 것을 용건(勇健)이라고 하는 것과 같다. 아라한이 이 몸에 대한 집착을 버리기 때문에 아라한도를 얻는 것과 같다."[이상]

여기에 의하여 『안락집(安樂集)』에서도 일체의 중생이 임종할 때 칼바람이 몸을 가르고 죽음의 고통이 몰려오면 큰 공포가 일어나게 되지만 곧 왕생할 수 있다고 하였다.

묻는다

깊이 관하고 염하는 힘으로 멸죄할 수 있다는 것은 이해할 수 있다. 어찌하여 칭명염불하는 것만으로 무량한 죄를 멸할 수 있다고 하는가? 만약 손가락으로 달을 가리키고 있는데, 이 손가락이 어둠을 파했다고 할 수 있는 것인가?

답한다

도작 화상은 이렇게 설하였다.

"제법의 다양한 차이를 하나로 개괄할 수는 없다. 이름 자체가 법(작용)인 것도 있고[53], 이름이 법과 다른 것도 있다. 이름이 곧 법인 것은 제 불보살의 명호, 금주(禁呪)의 음사(音辭), 경전의 구절 등이다. 금주의 음사라는 것은, 이를테면 '일출동방사적사황(日出東方乍赤乍黃: 동쪽에 해가 뜨니 문득 붉고, 홀연히 누렇다)'과 같은 것을 말한다. 가령 서쪽으로 가는 것을 금하면 환자가 낫는다든지, 또는 어떤 이가 개에 물리면 호랑이 뼈를 구워서 그 위에 붙이면 환자가 즉시 낫는다든지, 혹시 호랑이 뼈가 없으면 손바닥을 펼쳐서 잘 문지르면서 입으로 '호랑이가 온다, 호랑이가 온다'고 외면 환자가 또한 낫는다든지, 혹은 또 어떤 사람이 다리의 근육이 뒤틀리면 모과나무 지팡이를 구워서 붙이면 환자가 곧 낫는다든지, 혹시 모과나무가 없으면 손에 뜸을 떠서 문지르면서 입으로 '모과'라고 외도 환자가 또한 낫는다든지, 이름이 법과 다른 것은, 이를테면 손가락으로 달을 가리키는 것과 같은 것이다."[이상]

『서방요결』에서는 다음과 같이 설하였다.

"제불은 원과 행으로 이룬 과보로써 그 이름을 얻는 것이다. 단지 그 이름을 염하기만 해도 여러 가지 덕을 함께 포섭할 수 있기 때문에 큰 선을 성취하게 된다."[이상 저 문장은 『유마경』과 『성실론』의 문장을 인용하고 있다. 상세하게는 위에서 서술한 「조념방법」의 장을 보라.]

묻는다

만약 하품하생의 사람이 오역죄를 짓고서 십념에 의해 왕생할 수 있다

---

53 언어와 작용이 일치하는 것.

면 어찌하여 『불장경』 제3권에서 다음과 같이 말하고 있는가?

"대장엄불이 입멸한 후에 네 명의 악한 비구가 있었는데, 제일의·무소유·필경공법(畢竟空法)을 버리고, 외도 니건자(尼揵子: 자이나교) 교의에 탐착했다. 이 사람은 죽은 후에 아비지옥에 떨어져서 올려보고 눕기, 엎드려 눕기, 왼쪽으로 눕기, 오른쪽으로 눕기 등의 자세로 각각 9백만억 년을 지냈다. 뜨거운 쇠 위에서 그을려서 죽었다가 회지옥(灰地獄)·대회지옥(大灰地獄)·활지옥·흑승지옥에 다시 태어나서 모두 위에서 말한 햇수만큼 고통을 받고, 흑승지옥에서 죽었다가 아비지옥에서 다시 태어난다. 그들과 가까운 재가·출가의 가까운 이들과 여러 단월(檀越)들, 모두 604만억 명의 사람들이 이 네 명의 논사들과 생사를 같이 하면서 대지옥 안에서 모두 불에 태워지고 익혀졌다. 겁이 다하면 다른 지옥으로 다시 태어났다가 겁이 다 이루어지면, 이 사이의 지옥에 태어난다. 기나긴 시간 후에 지옥을 면하고 인간 세상에 태어났지만 5백 생 동안 맹인이 되었다. 그 후에 일체명왕불(一切明王佛)을 만나 출가하여 10만억 년 동안 성실하게 수행정진하기를, 마치 머리에 불이 붙은 것을 끄듯이 하였지만, 순인(順忍)[54]을 얻지 못했는데, 하물며 깨달음을 얻었겠는가. 목숨이 끝난 후에 아비지옥에 다시 태어나고, 그 후에 99억 부처님을 만났지만 순인을 얻지 못한 것은 무슨 까닭인가?

부처님께서 설하신 심오한 법을 이 사람이 믿지 않고, 파괴하고, 거스르며, 현성(賢聖)[55]과 지계 비구를 폄훼하여 과한 악을 저지른 것이

----

54 십지 중에서 사지·오지·육지의 삼지를 가리킨다.

55 소승에서는 칠현(七賢)·칠성(七聖)으로 이루어진다. 칠성은 오정심(五停心)·별상념주(別相念住)·총상념주(總相念住)의 삼현(三賢)과 난(煖)·정(頂)·인(忍)·세제일법(世第一法)의 사선근을 합한 것이다. 칠성은 수신행(隨信行)·수법행(隨法行)·신해(信

파법의 인연이 되어 법으로서 응당 이렇게 된 것이다."[이상 간략하게 인용하였다. 네 명의 비구는 고안(苦岸) 비구·살화다(薩和多) 비구·장거(將去) 비구·발난타(跋難陀) 비구이다.]

10만억 년 동안 마치 머리에 붙은 불을 끄듯이 수행했지만 여전히 죄는 멸해지지 않고 다시 지옥에 태어났다. 어찌하여 염불을 일성(一聲) 혹은 십성(十聲)을 하면 바로 멸죄하고 정토에 왕생할 수 있다는 것인가?

답한다

회감 스님은 다음과 같이 설하였다.

"염불은 다섯 가지 연(緣)으로 말미암아 멸죄할 수 있는 것이다. 첫째, 대승심을 발하는 연이다. 둘째, 정토왕생을 발원하는 연이다. 소승인들은 시방 세계의 불타를 믿지 않기 때문이다. 셋째, 아미타불 본원의 연이다. 넷째, 염불공덕의 연이다. 『불장경』의 저 비구들은 단지 사념처관(四念處觀)을 했기 때문이다. 다섯째, 부처님의 위신력으로 가지(加持)[56]하는 연이다. 이 때문에 멸죄하고 정토에 태어날 수 있는데, 저 소승인들은 그렇지 않기 때문에 멸죄할 수 없는 것이다."[간략하게 인용]

묻는다

만약 그렇다면 어찌하여 『무량수경』에서는 십념왕생을 말하면서 다만 오역죄와 정법을 비방한 자는 제외한다고 했는가?

답한다

解)·견지(見至)·신증(身證)·혜해탈(慧解脫)·구해탈(俱解脫)이다. 대승에서는 삼현·십성의 체계로 되어 있으며, 삼현은 십주(十住)·십행(十行)·십회향(十廻向)이며, 십성은 십지이다.

56 가호(加護)의 의미와 같다.

지경(智憬) 등의 여러 스님이 이렇게 말했다.

"오직 오역죄만 지은 자는 십념을 했기 때문에 왕생할 수 있다. 만약 오역죄를 지은 자가 또한 정법을 비방한다면 왕생할 수 없다. 어떤 이는 말하기를[57], '오역의 부정업(不定業)을 지은 자는 왕생할 수 있어도, 오역의 정업(定業)을 지은 자는 왕생하지 못한다.'고 한다."

이러한 열다섯 가지의 해석이 있다. 회감 법사는 여러 스님들의 해석을 사용하지 않고 이렇게 자신의 견해를 밝혔다.

"만약 오역죄를 짓지 않은 사람은 염(念)의 다소를 논하지 않고 일성(一聲)·십성(十聲) 모두 다 정토에 왕생할 수 있다. 만약 오역죄를 지은 사람이라면 반드시 십성을 채워야 하며, 하나라도 빠트리면 왕생하지 못한다. 그러므로 제외한다고 한 것이다."[이상]

지금 내가 해석을 보탠다면, 다른 곳[58]에서는 두루 왕생의 종류를 밝히면서도 본원에는 오직 정생(定生)[59]의 사람만을 들고 있으면서, "그렇지 않으면 정각을 취하지 않겠다."고 말하고 있다. 다른 사람들의 십념은 반드시 왕생할 수 있는데, 오역죄를 지은 역자(逆者)의 일념은 반드시 왕생하지 못한다. 역자(逆者)의 십념과 나머지 사람의 일념은 모두 왕생이 정해지지 않기 때문에 본원문에서는 나머지 사람의 십념을 예로 들고, 다른 곳에서는 겸하여 역자의 십념과 나머지 사람의 일념을 취한 것이다. 이 해석은 아직 결정되지 않은 것이기 때문에 각각 다른 견해를 택하고 있는 것이다.

---

57 『석정토군의론』 권3.

58 『관무량수경』의 구품의 조목을 가리킨다.

59 반드시 정토에 태어날 것으로 결정되어 있는 사람.

묻는다

역자의 십념은 어찌하여 왕생이 결정되지 않는 것인가?

답한다

숙선(宿善)의 유무에 의해 염력(念力)이 각기 다르기 때문이며, 임종과 평상시에 염할 때가 다르기 때문이다.

묻는다

오역죄는 순생(順生)의 업[60]으로서, 보(報)와 시(時)가 정해져 있다. 어찌하여 이 오역죄를 멸할 수 있는 것인가?

답한다

회감 스님은 다음과 같이 설명했다.

"구부(九部)의 불료의교(不了義教)[61]에서는 업의 과를 믿지 않는 모든 범부들을 위하여 밀의(密意)적 방편으로서 죄의 과보가 정해져 있는 '정보(定報)의 업'이 있다."

그러나 여러 대승 요의교에서는 일체 업이 모두 부정(不定)이라고 설하였다. 이를테면『대반열반경』제18권에서 다음과 같이 설하였다.

"기바(耆婆)[62]는 아사세왕(阿闍世王)을 위하여 참회법이 죄를 멸할 수 있다고 설하면서 다음과 같이 말했다.

---

60 업의 과보를 받는 시기의 차이에 따라서 순현업(順現業)·순생업(順生業)·순후업(順後業)의 세 가지로 나뉜다. 순현업은 그 과보를 이 세상에서 받는 것이고, 순생업은 다음에 태어나는 생에서 받는 것이며, 순후업은 그 다음의 두 번째 생 및 그 다음 생에서 받는 것이다. 이들 세 가지는 업보를 받는 시기가 정해져 있기 때문에 정업(定業)이라 한다.

61 방편을 위해서 설해진 교의. 본문에서는 소승의 가르침이라는 의미로 쓰였다.

62 석가모니 재세 당시의 명의.

‘신이 부처님의 말씀을 들었습니다. 하나의 선을 닦으면 백 가지의 악을 파할 수 있으니, 적은 독약으로도 중생을 해할 수 있는 것과 같습니다. 적은 선도 또한 그러하니, 큰 악을 파할 수 있습니다.’”

또한 제31권에서 다음과 같이 설하였다.

“선남자여, 여러 중생들 중에 업연(業緣)⁶³을 마음으로 경시하여 믿지 않는 자가 있다. 그들을 제도하기 위하여 이렇게 설하는 것이다. 선남자여, 일체의 짓는 업에는 경중이 있다. 경업(輕業)과 중업(重業)의 두 업에는 또한 각기 두 가지가 있다. 하나는 결정(決定)이고, 다른 하나는 불결정(不決定)이다.”

또 다음과 같이 설하였다.

“혹시 중업이라 하더라도 가볍게 지을 수 있으며, 경업이더라도 무겁게 지을 수 있다. 지혜가 있는 사람은 지혜의 힘으로써 지옥으로 떨어질 극중한 업을 현세에 가볍게 받을 수 있고, 어리석은 사람은 현재의 경업을 지옥에서 무겁게 받을 수 있다. 아사세왕은 죄를 다 참회하여 지옥으로 들어가지 않았으며, 앙굴마라(鴦掘摩羅)⁶⁴는 아라한이 되었다.”

『유가사지론』에서는 지금 해탈하지 못한 것을 ‘결정업(決定業)’이라 하

---

63 선과(善果)·악과(惡果)의 인연을 이루는 행위.

64 사람을 살해하면 깨달음을 얻을 수 있다고 믿고 999인을 죽여서 손가락으로 머리장식을 만들었는데, 천 명째로 모친을 살해하려다가 부처님의 교화를 받게 되었다고 한다.

고, 이미 해탈을 얻은 것을 '부정업(不定業)'이라 한다고 설하였다.

이처럼 여러 대승경론에서 오역죄 등을 모두 '부정'이라 하고, 모두 소멸될 수 있다고 설하였다.[중업을 변화시켜 가볍게 받는 상(相)은 『방발경(放鉢經)』에 나온다.]

묻는다

위에 인용한 문장에서 말하기를, "지혜로운 자는 중업을 전변시켜서 가볍게 받는다."고 하였다. 하품하생의 사람은 단지 십념만 해도 곧 정토에 왕생한다고 설하고 있는데, 어디에서 가볍게 받는다는 것인가?

답한다

『무량수경』에서 정토 태생(胎生)에 관해 다음과 같이 설하였다.

"5백 세 동안 삼보를 보지 못하고, 공양하지 못하며, 여러 선행을 닦지도 못한다. 그것이 그들의 고통이며, 비록 다른 곳에서 즐거움이 있더라도 그곳에서 수행하는 것을 원하지는 않을 것이다."[이상]

그에 준하여 고찰해 보면, 칠칠일, 6겁, 12겁 동안 부처님을 보지 못하고, 법문을 듣지 못하는 것 등으로 가볍게 고통을 겪어야 할 뿐이다."[65]

묻는다

만약 임종 시에 일념 칭명염불하여 80억 겁의 여러 죄를 멸할 수 있다면 평상의 수행자도 또한 가능하지 않겠는가?

....

65 『관무량수경』에서는 상생은 칠칠일, 중생은 6겁, 하생은 12겁의 기간 동안 정토의 연꽃이 개화하지 않는다고 설하였다.

답한다

임종 시의 심력(心力)이 강하여 무량의 죄를 멸할 수 있지만, 평상의 칭명염불은 그때에 비할 수는 없다. 그러나 관념(觀念)이 성취되면 또한 무량의 죄를 멸할 수 있다. 만약 단지 칭명염불만 한다면 마음의 심천에 따라 그 이익을 얻는 것에 차별이 있게 된다. 상세히는 앞에 서술한 「염불이익」의 장에서 말한 것과 같다.

묻는다

어떻게 얕은 마음[淺心]의 염불에도 또한 이익이 있음을 알 수 있는가?

답한다

『수릉엄삼매경』에서 다음과 같이 설하였다.

"어느 대약왕(大藥王)이 있는데 이름이 멸제(滅除)이다. 전투 시에 도고(塗鼓)를 이용하는데, 화살에 맞고, 칼, 창에 상처를 입어도 북소리를 들으면 화살이 빠져나가고 독이 없어지게 된다. 이처럼 보살이 수릉엄삼매에 머무를 때는 그 이름을 듣는 자가 있으면 탐(貪)·에(恚)·치(痴)의 화살이 자연히 뽑혀 나가고, 모든 사견의 독도 다 사라지게 되어 일체의 번뇌 또한 다시는 일어나지 않게 된다."[이상 제법의 진여실상을 관하고 범부의 견해와 부처님의 법이 다르지 않음을 보는 것을 이름하여 수릉엄삼매를 실천한다고 한다.]

보살의 이름도 이미 그러한데 하물며 부처님임에랴. 이름만 들어도 이미 그러한데, 하물며 염을 함에랴. 얕은 마음으로 염하는 이익 역시 허망하지 않음을 알아야 한다.

제6. 추심묘과(麁心妙果)

묻는다

만약 보리를 위하여 부처님에 대한 선을 행하면 묘과를 증득한다고 하는 것은 이치가 반드시 적절한 것인가? 만약 인천(人天)의 과(果)[66]를 위하여 선근을 닦는다면 그것은 어떠한가?

답한다

혹시 물들거나 혹시 청정하거나 해도 부처님에 대해 선을 닦는다면 비록 느리고 빠른 차이는 있어도 반드시 열반에 이르게 된다. 그러므로 『대비경(大悲經)』제3권에서 다음과 같이 설하였다.

　"부처님께서 아난에게 말씀하셨다.

　'만약 어떤 중생이 생사의 삼유(三有)의 애과(愛果)[67]에 탐착하여 부처님의 복전(福田)[68]에 선근을 심고서 이 선근으로 내가 반열반하지 않기를 바란다고 말한다 해도, 아난아, 이 사람이 열반하지 못하는 그런 일은 없을 것이다. 아난아, 이 사람은 비록 열반을 구하지 않았지만 부처님께서 계신 곳에 여러 선근을 심었기 때문에 내가 이 사람은 반드시 열반을 얻게 되리라고 말하는 것이다.'"[이상]

묻는다

66　인간계와 천상계에 태어나는 것.

67　현세에 얻고자 하는 과보

68　부처님을 복덕을 생하는 밭으로 비유한 개념이다. 부처님을 대복전(大福田)·최승복전(最勝福田)이라고도 한다. 또한 부처님과 승려 등 공경해야 하는 존재들은 경전(敬田), 부모와 스승 등 은혜를 받은 사람들은 은전(恩田), 빈자와 병자 등 자비의 대상은 비전(悲田)이라고 하며, 이들을 통칭하여 삼복전이라고 한다.

지은바의 업은 원하는 것에 따라 과보를 받을 수 있다. 어찌하여 이 세상의 이익[報]을 원하는데 출세간의 과를 얻는다고 말하는가?

답한다

행위와 과보[業果]의 이치가 반드시 같지는 않다. 여러 선업을 불도에 회향하는 것은, 이는 곧 업을 지어 마음먹은 대로 과(果)로 전환하는 것이다. 닭이나 개의 흉내를 내는 것으로 천상의 즐거움을 구하려는 것은 악견이므로 업으로 하여금 과로 전환하게 할 수 없다. 그 때문에 부처님에 대한 여러 선업을 닦으면 그 의도가 비록 다를지라도 반드시 열반에 이르게 되는 것이다. 그러므로 저 『대비경』에서 비유를 들어서 다음과 같이 설하였다.

"예를 들면 장자가 때에 어긋나지 않게 좋은 밭에 씨앗을 뿌리고, 때맞춰 물을 대며, 항상 보살폈다. 만약 이 장자가 다른 때에 저 밭에 이르러서 '어이! 종자여, 너는 종자가 되지 말고, 싹을 내지 말고, 자라지 말라.'고 이렇게 말해도 그 종자는 반드시 열매를 맺을 것이고, 열매를 맺지 않는 일은 없을 것이다."[취의 약초]

물는다

저들은 어느 때에 열반을 얻을 수 있는가?

답한다

설령 기나긴 생사의 윤회를 하더라도 선근은 없어지지 않고 반드시 열반을 얻게 된다. 그러므로 저 경에서 다음과 같이 설하였다.

"부처님께서 아난에게 말씀하셨다.

'낚시꾼이 고기를 잡기 위해서는 큰 호수에 미끼를 끼운 낚시 추를 드리워서 물고기로 하여금 삼켜서 먹게 한다. 물고기가 미끼를 다 삼켜

먹으면 호수 속에 있다 해도 오래지 않아 나와야 한다. …(중략)… 아난
아, 일체중생이 부처님에 대하여 존경과 믿음을 내게 되면 여러 선근을
심고 수행하고, 보시하며, 마침내 발심하게 되고 일념으로 믿게 된다.
비록 다시 다른 악과 불선업을 행하여 장애에 덮여서 지옥도·아귀도·
축생도에 떨어지더라도 …(중략)… 제불 세존께서 불안으로 이 중생을
보게 되면 발심이 뛰어난 까닭에 마침내 지옥에서 꺼내 벗어나게 하신
다. 꺼내고 난 다음에는 열반의 언덕에 그를 데려다 놓게 된다.'"

묻는다

이 경의 의미는 공경하고 믿기 때문에 마침내 열반을 얻게 되었다는 것
이다. 만약 그렇다면 단지 한 번 듣는 것으로는 열반의 인이 되지 못한
다. 이미 그렇다고 한다면 어찌하여 『화엄경』에서는 다음과 같이 게송
을 설하고 있는 것인가?

> 만약 여러 중생이 있어
> 아직 보리심을 발하지 못했는데
> 한 번만 부처님의 이름을 들을 수 있다면
> 반드시 보리를 이루게 되리라.

답한다

제법의 인연이 불가사의하다. 예를 들면, 공작이 우레 소리를 들으면
잉태하게 된다. 또한 시리사과(尸利沙菓)는 처음에는 형질이 없지만 묘
성(昴星)을 보는 때에 과일이 나와서 길이가 5촌(寸)이 되게 자란다. 부
처님의 명호에 의지하여 불인(佛因)을 맺는 것도 또한 이와 같다. 이러

한 작은 인에서 마침내 대과로 드러나게 된다. 저 니타수(尼陀樹)가 겨자씨 정도의 종자에서 가지와 잎이 나오고 두루 5백 량의 수레를 덮게 되는 것과 같다. 천근(淺近)한 세상법도 오히려 불가사의한데, 하물며 출세간의 심오한 인과임에랴. 오직 믿고 받아들이라. 의심하지 말라.

물는다

번뇌에 물든 마음으로 여래에 연을 맺는 자에게도 또한 이익이 있는가?

답한다

『대보적경』 제8권에서 밀적(密迹) 역사[69]가 적의(寂意)보살에게 다음과 같이 말했다.

"기역(耆域: 耆婆) 의왕이 모든 약을 모아서 약초를 취하여 동자의 형상을 만들었다. 단정하고 아름다운 것이 세상에 보기 드문 모습이었다. 행동하는 것이 안정되고 편안하였으며, 여러 가지 것이 다 갖추어져서 뛰어남을 견줄 만한 것이 없었다. 오고 가며 돌기, 멈추고, 서고, 앉는 것, 눕고, 자고, 걷는 것 모두 부족함이 없었으며, 나타내는 재주가 다양했다. 혹은 대호(大豪)의 국왕·태자·대신·백관·귀족·장자 등이 기역 의왕의 처소에 와서 보고 함께 노래 부르며 놀면서 그 안색을 보면 병이 모두 나아서 편안하게 안정되었으며, 무욕의 상태에 이르게 되었다.

적의보살이여, 기역 의왕이 세간을 치료하는 것을 관하라. 다른 의사들이 그에 미치지 못할 것이다. 이처럼 적의보살이여, 만약 보살이

69　금강역사. 집금강(執金剛)·금강밀적(金剛密迹)이라고도 한다. 부처님을 받들어서 비밀스러운 일을 한다고 하는 의미이다. 손에는 금강저를 들고 있으며, 부처님의 가르침을 수호하는 역할을 하는 두 왕 중의 왼쪽에 있는 호법선신이다.

법신을 봉행하면['음종제입(陰種諸入)⁷⁰을 하지 않는 것'을 믿고 이해하며, 관하는 것을 이름하여 '법신을 봉행한다.'고 한다.], 가령 중생의 음욕과 분노, 어리석음이 치성하여 남녀노소가 욕망을 추구하여 함께 즐기게 되어도 탐욕의 번뇌를 모두 멈추게 할 수 있다. 법신을 봉행하는 보살도 이러한데 하물며 법신불을 증득함에랴."

묻는다

만약 욕망의 마음[欲想]에 의한 연(緣)에도 이러한 이익이 있다면, 비방하고, 미워하며, 싫어하는 것에도 또한 이익이 있는가?

답한다

이미 '음욕·분노·어리석음'이라고 했으니, 단지 욕망의 마음만이 아님은 분명하다. 『여래비밀장경(如來秘密藏經)』 하권에서 다음과 같이 설하였다.

"차라리 여래께 불선업을 행할지언정 외도 사견을 가진 자에 대하여 공양을 베풀지 말라고 한 것은 무슨 까닭인가? 만약 여래에 대해 불선업을 행한다 해도 응당 참회하는 마음이 있어서 끝내는 열반에 이르게 될 것이지만, 외도의 견해에 따르면 당연히 지옥·아귀·축생에 떨어지게 된다."

묻는다

이 문장은 인과의 이치에 어긋나고, 또한 중생의 망심을 더욱 늘리는

70　음(陰)·입(入)·계(界)(또는 蘊·處·界)를 말한다. 오음(五陰)·십이입(十二入)·십팔계(十八界)로 구성된다.

것이다. 어떻게 악한 마음으로 대열반락을 얻을 수 있겠는가?

답한다

악한 마음이기 때문에 삼악도에 떨어지게 되고, 한 번 여래에 연을 맺었기 때문에 반드시 열반에 이르게 되는 것이다. 그러므로 인과의 이치에 어긋나는 것이 아니다. 저 중생들이 지옥에 떨어질 때, 부처님에 대해 믿음을 내고, 참회하는 마음이 생기면 이로 말미암아 전환되어 반드시 열반에 이르게 된다고 하는 것이다.[『대비경(大悲經)』에 보인다.]

　"번뇌에 물든 마음으로 여래에 연을 맺은 자도 이익이 오히려 이러한데, 하물며 청정한 일념으로 한 번이라도 부처님의 대은덕을 칭함에랴."라고 한 것에서 그것을 알 수 있다.

물는다

여러 경문에서 설한바의 보리열반은 삼승(三乘) 중에서 어느 과(果)인가?

답한다

처음에는 비록 근기에 따라서 삼승과를 얻지만, 궁극적으로는 반드시 무상(無上)의 불과에 이르게 된다. 『법화경』에서 이르기를, "시방 불토 중에서 오직 일승법(一乘法)[71]이 있을 뿐, 둘도 없고, 셋도 없다. 부처님의 방편설은 제외한다."고 하였다.

또한 『대반열반경』에서는 여래께서 확신하여 결정하신 가르침의 의미를 다음과 같이 설명하였다.

71　부처님의 진실한 가르침은 단지 한 가지여서, 이승이라든가 삼승이라든가 하는 것은 아니라는 의미이다. 여기서 일(一)은 대립·상대를 초극한 절대의 개념이라고 할 수 있다.

"일체중생은 모두 불성이 있다. 여래는 영원히 존재하며 변화하지 않는다."

또 『대반열반경』에서 다음과 같이 설하였다.
　"일체중생은 반드시 아뇩보리를 얻도록 되어 있기 때문에 내가 일체중생은 모두 불성이 있다고 한 것이다."

또 설하였다.
　"일체중생이 모두 마음이 있다고 한 것은 모든 마음이 있는 자는 반드시 아뇩보리를 얻게 되어 있기 때문이다."

묻는다
무엇 때문에 여러 경문에서 설하는 것이 다른가? 한 번 부처님의 이름을 들으면 반드시 보리를 이룬다고 말하기도 하고, 혹은 머리에 붙은 불을 끄듯이 성실하게 수행해야 한다고 한다.

또한 『화엄경』의 게송에서는 다음과 같이 설하였다.

　　사람이 타인의 보물을 세어도
　　자신은 반 푼도 없는 것처럼
　　불도 수행도 또한 그러하다.
　　많이 듣는 것만으로는 의미가 없다.

답한다

만약 속히 해탈하고자 한다면 성실하게 수행하지 않으면 결과를 기대할 수 없다. 만약 영겁의 인(因)을 기약한다면 한 번의 법문도 헛되지 않을 것이니, 그러므로 이 경문들의 이치가 서로 어긋나지 않는 것이다.

제7. 제행승렬(諸行勝劣)

묻는다

왕생업 중에서 염불이 가장 뛰어난데, 다른 업 중에도 또한 가장 뛰어난 것이 있는가?

답한다

다른 행법 중에도 또한 이것이 가장 뛰어나다. 그러므로 『관불삼매해경』에는 여섯 종류의 비유가 있는데, 그중 하나에 대해 다음과 같이 설하였다.

"부처님께서 아난에게 말씀하셨다.

'예를 들면 장자가 오래지 않아 죽게 되자, 여러 창고에 쌓인 재물을 그의 아들에게 물려주었다. 그 아들은 재물을 얻게 되자 마음대로 놀며 즐기다가, 갑자기 국왕의 군대가 쳐들어와서 수많은 도적들이 다투어 재물들을 빼앗아 갔다. 오직 하나의 금이 남아 있었는데, 이것이 바로 염부단나자금(閻浮檀那紫金)으로서, 무게는 16냥(兩), 금정(金鋌)의 길이 또한 16촌(寸)이었다. 이 금 1냥의 가치는 다른 보물 백천만 냥에 해당했다. 그때 바로 지저분한 물건으로 진짜 금을 싸매서 진흙 덩어리 안에 놔두었기 때문에 도적들은 이 금을 보고도 알아보지 못하고 발로 밟고 지나갔다. 도적들이 간 후에 주인은 이 금을 지켜서 마음속으로 크게 기뻐했다. 염불삼매도 또한 이와 같이 비밀스럽게 잘 숨겨야 한다.'"

두 번째 비유이다. 예를 들면 가난한 사람이 왕의 보물인장을 가지고 나무 위로 도망쳤는데, 육병(六兵)[72]이 그를 쫓아오자, 가난한 사람이 그 것을 보고 보물인장을 삼켜 버렸다. 병사들이 빠르게 뒤쫓아와서 나무 를 넘어뜨리자, 가난한 사람은 땅으로 떨어져서 신체가 흩어지고 부서 졌으나 오직 금인(金印)은 그대로 있었다. 염불의 심인(心印)이 무너지지 않는 것도 또한 이와 같다.

세 번째 비유이다. 예를 들면 장자가 머지않아 죽게 되자, 한 딸에 게 이르기를, "나는 지금 보물을 가지고 있는데, 보물 중에서도 뛰어난 것이다. 너는 이 보물을 얻어 잘 숨겨서 결코 왕이 알지 못하도록 하라." 고 하였다. 딸은 아버지의 명을 받들어 마니주 및 여러 보물을 똥 더미 속에 넣어서 숨겨 놓았는데, 집안의 대소 식구들도 알지 못하였다. 세 간에서 기근을 당하면 여의주를 가지고 마음먹은 대로 백 가지의 음식 을 비처럼 내렸다. 이처럼 마음먹은 대로 여러 가지 보물을 얻는 것과 같다. 염불삼매의 견고한 마음이 동요하지 않는 것 역시 이와 같다.

네 번째 비유이다. 예를 들면 큰 가뭄에 비가 오지 않아서 한 선인이 주문을 외웠는데, 신통력으로 인해 하늘에서 단비가 내리고 땅에서 샘물 이 솟는 것과 같다. 염불삼매를 얻은 자는 주문을 잘 외는 사람과 같다.

다섯 번째 비유이다. 예를 들면 역사(力士)가 자주 왕법을 범하여 감

72 　보통 왕의 군대는 사병(四兵)으로, 상병(象兵)·거병(車兵)·마병(馬兵)·보병(步兵)이 다. 육병이라는 것은 여섯 필의 코끼리에 분승한 병대를 말하며, 그 주위에 네 명이 코끼리 의 네 다리를 지킨다.

옥에 갇혔다가 도망가서 해변에 이르렀다. 상투의 명월주를 풀어서 뱃사공을 고용하여 맞은편 언덕에 도착하니, 편안하고 안정되어 두려움이 없었다. 염불을 행하는 자도 마음의 속박에서 해방되어 지혜의 언덕에 이르게 되는 것과 같다.

여섯 번째 비유이다. 예를 들면 겁이 다하는 때에 대지가 불타게 되는데, 오직 금강산(金剛山)만이 무너지지 않고 그 본래의 모습으로 머물러 있다. 염불삼매 또한 이와 같아서 이 삼매를 행하는 자는 과거불의 진여의 바다에서 머무르게 된다.[이상 간략하게 인용하였다.]

또 『반주삼매경』 「문사품(問事品)」에서 염불삼매를 다음과 같이 설하였다.

"항상 익히고, 항상 지켜서 다시는 다른 법을 따르지 말라. 여러 공덕 중에서 가장 뛰어난 것이다."[이상]

또한 불퇴전위에 이르러서 난이(難易) 이도(二道)가 있는데, 이행도(易行道)라는 것은 염불이다. 그러므로 『십주비바사론』 제3권에서 다음과 같이 설하였다.

"세간의 도에는 난이가 있다. 육도의 보행은 어려우나, 수로로 배를 타고 가면 즐겁다. 보리도 또한 이와 같다. 근행정진하는 이도 있고, 혹은 믿음의 방편으로 이행(易行)하여 빠르게 아비발치에 이르는 이도 있다.

아미타불 등과

여러 대보살을 칭명하고

일심으로 염해도

또한 불퇴전을 얻는다."[이상]

경문에서 과거·현재의 1백여 부처님과, 미륵·금강장(金剛藏)·정명(淨
名)·무진의(無盡意)·발타바라(跋陀婆羅)·문수(文殊)·묘음(妙音)·사자후
(獅子吼)·향상(香象)·상정진(常精進)·관음(觀音)·세지(勢至) 등의 1백여
보살을 들고 있다. 그중에서 널리 아미타불을 찬하고 있다. 여러 수행
중에서는 오직 염불행만이 수행하기 쉽고 상위(上位)를 증득하기 때문
에 이것이 가장 뛰어난 수행법임을 안다.

또한 『대보적경(大寶積經)』 제92권에서 다음과 같이 설하였다.

"만약 어떤 보살이 많은 여러 가지 일을 하고, 칠보의 탑을 세워 삼천
대천세계에 가득 채운다 해도, 이러한 보살은 나로 하여금 환희심이 일
어나게 하지 못한다. 또한 이것은 나를 공양하고 공경하는 것도 아니다.
만약 어떤 보살이 바라밀에 상응하는 법[73] 내지는 하나의 사구게(四句偈)
를 수지하고, 독송하고 수행하며, 남을 위하여 설해 주면 이 사람은 나에
게 공양하는 것이 된다. 무슨 까닭인가? 제불의 보리는 많이 듣는 것으로
부터 나오지, 부지런히 애쓰는 것에서 나오는 것이 아니다. …(중략)… .

만약 한 염부제에서 세사를 경영하고 있는 보살들이라면, 독송하
고, 수행하며, 연설하는 보살의 처소에 가서 응당 친근하게 공양하고
사사해야 한다. 만약 한 염부제에서 독송하고, 수행하며, 연설하는 보살
들이라면, 선정을 근수하는 보살에게 가서 응당 친근하게 공양하고 사

....

73   깨달음을 얻기 위한 보살의 보시·지계 등 여섯 종류의 수행에 상응하는 가르침.

사해야 한다. 이러한 선업은 여래께서 좋아하시고 기뻐하시는 것이다.

　　만약 지혜를 근수하는 보살에게 사사하며 공양한다면 무량한 복덕을 얻게 된다는 것은 무슨 까닭인가? 지혜의 업은 가장 뛰어난 것으로서 일체 삼계에서 행해지는 것을 초월하기 때문이다."

『대방등대집경』「월장분」에서는 다음과 같이 게송을 설하였다.

　　사람이 백억 제불의 처소에서
　　수많은 세월 항상 공양하는 것보다
　　7일 동안 난아에서 근기를 잘 다스려
　　정(定)을 얻는 것이 복이 더 많다.

　　…(중략)…

　　고요하고 무위함은 부처님의 경계이니
　　그곳에서 청정한 보리를 얻을 수 있다.
　　어떤 이가 선 수행하는 것을 비방한다면
　　이 사람은 제불 여래를 훼방하는 것이다.
　　어떤 사람이 백천의 탑을 부수고
　　백천의 절을 불태우는 것과
　　어떤 이가 선 수행하는 자를 비방하는 것을
　　비하면 그 죄가 저것보다 훨씬 크다.
　　만약 선정을 수행하는 자에게
　　음식, 의복, 탕약을 공양한다면

이 사람은 무량한 죄를 소멸하고

또한 삼악도에 떨어지지 않게 된다.

그러므로 지금 너희에게 두루 이르노니

만약 아란야에 머무를 수 없다면

응당 저 사람에게 공양하라.[이상]

일반의 선정 수행이 이미 이러할진대, 하물며 염불삼매는 가장 뛰어난 삼매임에랴.

묻는다

만약 선정업이 독송·해의(解義) 등보다 뛰어나다고 하지만, 어찌하여 『법화경』「분별공덕품」에서는 80만억 나유타겁 동안 닦은 전의 오바라밀 공덕이,『법화경』을 듣고서 일념이라도 신해하는 공덕에 비교하면 백천만억분의 일이 된다고 하였는가? 하물며 널리 남을 위하여 설함에랴.

답한다

이러한 제행들에 각기 심천이 있는 것은 편교(偏教)와 원교(圓教)의 차별[74]이 있기 때문이다. 만약 교의상의 우열을 논한다면 앞에서 말한 것과 같다. 만약 여러 교의를 상대하여 이를 논한다면 편교의 선정(禪定)은 원교의 독송의 수행에 미치지 못한다. 『대집경』과 『대보적경』에서는 하나의 교(教)로서 논하지만, 『법화경』의 비교는 편교·원교의 이교를 대조하고 있는 것이다. 그러므로 여러 경문의 의미는 상위하지 않

----

74 대승(정확히는 천태교학)의 입장에서 소승을 바라보면, 치우친 가르침이라는 의미에서 편교라 하며, 또한 대승 중에서도 통교와 별교를 편교로 수렴하는 시각이다.

다. 염불삼매 역시 또한 이러하다. 편교의 삼매는 그 교에서는 수승한 것이지만, 원교(圓教) 수행자의 삼매는 보편적으로 제행에서 수승하다.

또한 선정(禪定)에는 두 가지가 있는데, 첫째는 지혜와 상응하는 선정이니, 이것이 가장 뛰어난 것이다. 둘째는 (가르침의 뒷받침이 없는) 암선(暗禪)이니, 아직 뛰어나다고 할 수 없는 것이다. 염불삼매는 응당 전자에 포함되는 것이다.

제8. 신훼인연(信毁因緣)

『반주삼매경』에서 다음과 같이 설하였다.

"홀로 한 부처님께서 계신 곳에서 공덕을 지은 것이 아니다. 둘, 혹은 셋, 혹은 열 부처님도 아니다. 모두 1백 부처님의 처소에서 이 반주삼매를 듣고, 후세에도 이 삼매를 들었다. 이 삼매를 들은 자는 경권을 서사하고, 배우고, 독송하여 기억하고, 마지막 하루 밤낮까지 삼매를 지키면 그 복을 헤아릴 수 없을 것이다. 스스로 불퇴전에 이르러서 원하는 것을 얻게 된다."

묻는다

만약 그렇다면 듣는 자는 반드시 믿어야 한다. 무슨 이유로 들어도 믿는 자도 있고, 안 믿는 자도 있는가?

답한다

『무량청정평등각경(無量清淨平等覺經)』에서 다음과 같이 설하였다.

"선남자·선여인아, 무량청정불의 이름을 들으면 환희심에 뛰어오르고, 몸의 터럭이 마치 뽑혀 나올 것처럼 일어나는 자는 모두 전생에서부터 이미 불도 수행을 한 자이다. 어느 사람들이 의심하고 믿지 않는다면 모두 악도로부터 와서 그 죄업이 아직 다하지 않은 것이니, 이들은 해탈을 얻지 못한다."[간략하게 인용한 것이다. 무량청정불은 아미타불이다.]

또한 『대집경』 제7권에서 다음과 같이 설하였다.

"만약 어떤 중생으로서 이미 무량무변한 부처님의 처소에서 공덕의 근본을 기른 자는, 곧 이 여래의 십력·사무소외·불공법·삼십이상에 대해 들을 수 있다. …(중략)… 하열한 사람은 이러한 정법을 들을 수가 없으며, 설혹 듣는다 하더라도 반드시 믿지를 못한다."[이상]

생사의 인연이 불가사의한 것임을 알아야 한다. 박덕하여 들어도 그 연을 알기 어려우니 검은콩이 모인 가운데 한 알의 푸른콩이 섞여 있는 것과 같다. 단지 저들은 들어도 믿지를 못하는 것이니, 이는 곧 박덕한 소치일 뿐이다.

묻는다

부처님께서는 전생에 여러 바라밀을 수행하셨으나, 8만 년 동안 이 (반주삼매의) 가르침을 들을 수 없었다고 한다. 어찌하여 박덕한 자가 쉽게 들을 수 있는 것인가? 설령 희유한 경우를 인정한다 하더라도 여전히 이치에 어긋나지 않는가?

답한다

이 뜻은 알기 어려운데, 시험 삼아서 말해 보자면, 중생의 선악에는 네 가지 층위가 있다. 첫째, 악만이 계속 늘어나는 악용편증(惡用偏增)이다.

이 위(位)의 자는 불법을 듣는 것이 없다. 『법화경』에서 말한 대로 2백억 겁 동안 법문을 듣지 않는 '증상만인(增上慢人)'과 같다. 둘째, 선용편증(善用偏增)이다. 이 위는 항상 법을 듣는 십지·십주(十住) 이상의 보살 등과 같다. 셋째, 선악교제(善惡交際)이다. 범부의 위치를 버리고 성인의 경지에 들려고 하는 상태[75]를 말한다. 이 위에는 한 종류의 사람이 있는데, 법을 듣는 것이 매우 어려우나, 적시에 들으면 바로 깨닫는다. 상제(常啼)보살이나, 수달(須達)의 늙은 여인과 같은 사람으로서, 혹은 마장(魔障)을 겪기도 하고, 혹은 스스로 의혹을 내어 장애가 되기도 하여 비록 견문하는 것에 가로막힘이 있다 해도, 오래지 않아 바로 깨닫는다. 넷째, 선악용예(善惡容預)이다. 이 위는 선악이 동시에 생사유전하기 때문에 대부분 법을 듣는 데 어려움이 많지만, 악이 증장되는 것은 아니라서 전혀 듣지 않는 것은 아니다. 선악교제의 위와는 다르기 때문에 듣는다 해도 큰 이익은 없다. 육도사생(六度四生)의 꿈틀거리는 유(類)가 이것이다. 그러므로 상품의 사람 중에도 또한 듣는 것이 곤란한 자가 있으며, 범부 어리석은 중생 중에도 또한 듣는 이가 있는 것이다. 이는 아직 결론이 나지 않았으니, 후현의 취사에 맡긴다.

묻는다

믿지 않는 자는 무슨 죄보를 얻게 되는가?

답한다

『칭양제불공덕경(稱揚諸佛功德經)』 하권에서 다음과 같이 설하였다.

---

75 오십이위에서 예를 들자면, 십신위(十信位)에서 십주(十住)의 제1 발심주(發心住)에 들려고 하는 때를 말한다.

"저 아미타불의 명호를 찬탄하고 칭양하는 공덕을 믿지 않고 훼방하는 이가 있거든, 5겁 중에 응당 지옥에 떨어져서 여러 고통을 받게 된다."

묻는다

만약 깊은 믿음이 없이 의심의 마음을 내는 자는 끝내 왕생하지 못하는 것인가?

답한다

만약 전적으로 불신하고 왕생업을 닦지 않으며, 왕생을 구하지 않는 자는 이치상으로는 왕생하지 못한다. 만약 비록 부처님의 지혜를 의심하더라도 정토왕생을 원하고, 왕생업을 닦는 자는 또한 왕생할 수 있다.

『무량수경』에서 다음과 같이 설하였다.

"만약 어떤 중생이 의혹심을 지니고, 여러 공덕을 닦아서 정토에 왕생하고자 원하며, 불지(佛智)·부사의지(不思議智)·불가칭지(不可稱智)·대승광지(大乘廣智)·무등무륜최상승지(無等無倫最上勝智)[76]를 다 알지 못하고, 이 여러 지혜에 대해 의혹을 품고 믿지 않더라도, 죄복을 믿고, 선의 근본을 닦으며, 정토에 왕생하기를 원한다면, 이들 중생은 저 궁전에 태어나 5백 세 수명의 시간 동안 항상 부처님을 보지 않고, 법문을 듣지 않으며, 보살·성문·성중을 보지 않는다. 그러므로 그 국토에서는 이를 태생(胎生)이라고 한다."[이상]

---

76 이들 다섯 가지를 오지(五智)라고 한다. 불지(佛智)는 깨달음의 지혜이며, 부사의지(不思議智)는 깨달음의 지혜가 마음에서 생각하여 헤아릴 수 없는 것임을 말하는 것이고, 불가칭지(不可稱智)는 언어로는 표현할 수 없는 것을 말하고, 대승광지(大乘廣智)는 일체의 것을 평등하게 구제하는 것을 말하며, 무등무륜최상승지(無等無倫最上乘智)는 다른 대등한 것이 없을 정도로 뛰어난 지혜임을 나타낸다.

부처님의 지혜를 의심하는 죄는 응당 악도에 떨어져야 하지만, 원하는 대로 왕생하는 것은 부처님의 자비의 원력이다. 『무량청정평등각경』에서는 이 태생의 자가 중배인(中輩人)·하배인(下輩人)에 해당한다고 한다. 그러나 여러 스승들의 해석을 번잡하게 다 내놓을 수는 없다.

묻는다

불지 등을 말씀하시는데 그 상은 어떠한가?

답한다

경흥(憬興) 스님은 『불지경(佛地經)』의 오법을 지금의 오지(五智)에 배당시켰다. 말하자면 청정법의 다른 이름이 불지라고 하는 것이다. 『대원경(大圓鏡)』 등의 네 가지를 순차적으로 부사의 등의 네 가지에 배당했다.[77]

현일(玄一) 스님은, 불지는 전의 경흥 스님과 동일하되, 뒤의 사지(四智)를 역으로 성사지(成事智=成所作智) 등의 네 가지에 대입시켰다.[78] 나머지 다른 해석도 있으나, 번거롭게 적지 않는다.

제9. 조도자연(助道資緣)

묻는다

범부 수행자는 의식(衣食)을 갖추지 않으면 안 된다. 이는 비록 적은 연

---

[77] 『불지경(佛地經)』에서 설한 '청정법계'를 『무량수경』의 '불지(佛智)'로 보고, 이하 『불지경』의 대원경지(大圓鏡智)·평등성지(平等性智)·묘관찰지(妙觀察智)·성소작지(成所作智)의 사지를 『무량수경』의 부사의지(不思議智)·불가칭지(不可稱智)·대승광지(大乘廣智)·무등무륜최상승지(無等無倫最上乘智)에 배당한 것이다.

[78] 경흥 스님과 반대로 '성소작지·묘관찰지·평등성지·대원경지'의 순서로 배당시켰다는 것이다.

(緣)이라 해도 중요한 것이다. 발가벗고, 굶주리면 안정되지 않으니, 불도가 어디에 있으리오?

답한다

수행자에는 두 종류가 있으니, 재가와 출가이다. 그 재가의 사람은 가업이 자유로우니, 식사와 의복 문제 어느 것이 염불을 방해하겠는가? 『목환경(木槵經)』의 유리왕(瑠璃王)의 수행에 나오는 얘기와 같은 것이다. 출가인에도 세 종류가 있으니, 만약 상근자라면 풀로 만든 자리에 사슴 가죽을 입고 채소와 과일로 견디는데, 설산(雪山) 대사가 그러하다. 만약 중근자라면 항상 걸식하고 분소의(糞掃衣)[79]를 입는다. 하근자라면 단월들의 보시에 의존하지만, 단지 조금만 얻어도 바로 만족할 줄 안다. 자세히는 『마하지관』 제4권을 보라. 하물며 불제자로서 오로지 정도를 수행하여 탐착하는 바가 없는 자에게는 자연히 의식의 연이 준비되는 것이다.

『대지도론』에서 이르기를, "예를 들면 비구로서 탐심으로 구하는 자는 공양을 얻지 못하고, 탐착하지 않는 자는 부족한 것이 없게 된다."고 하였다. 마음도 또한 이와 같다. 만약 분별하여 상에 집착하면 진실한 법을 얻지 못한다.

또한 『대방등대집경』「월장분」에서 욕계의 육천(六天)·일월성수(日月星宿)·천룡팔부가 각자 부처님 앞에서 서원을 발하며 말하기를, "부처님의 성문제자로서 법에 머무르고, 법에 따르며, 삼업이 상응하는 수

---

79 승려의 의복을 만드는 천은 똥이나 먼지처럼 버려진 것으로 만드는 것이 원칙이다. 사체를 쌌다가 묘지에 버려진 천, 소나 쥐가 갉아먹은 천, 불타 버린 천, 월경이나 출산에 사용되었던 천 등으로 만든다. 새 천으로 짓는 경우에도 일단 작게 재단해서 합쳐 바느질하기 때문에 할재의(割裁衣)라고 한다.

행자는 우리가 모두 함께 호지하며 양육하고, 필요로 하는 바를 공급하여 궁핍함이 없도록 하겠습니다. 또한 세존의 성문제자로서 모으는 것에 집착하는 자 내지 삼업이 법에 상응하지 않는 자는 응당 버려두고 다시는 양육하지 않겠습니다."라고 하였다.

묻는다

범부는 반드시 삼업이 상응하지 않아도 된다 하니, 만약 흠결이 있다면 의지할 곳이 없어지지 않겠는가?

답한다

이러한 질문은 나태하여 도심이 없는 자의 소치이다. 만약 진실로 보리를 구하고 진실로 정토를 원하는 자라면 차라리 목숨을 바칠지언정 계를 어기겠는가? 응당 일생 동안 성실하게 애쓰고 영겁의 묘과를 기약해야 한다. 하물며 계를 어기는 자라고 해도 그 원조의 분(分)이 없는 것은 아니다. 같은 『대방등대집경』에서 부처님께서 다음과 같이 설하신 것과 같다.

"즉 만약 어떤 중생으로서 나를 위하여 출가하고 머리카락을 자르며, 가사를 입은 자는, 지계를 하지 않는다 해도 그들은 모두 이미 열반인(涅槃印)이 소인된 자들이다. 또한 출가하여 지계를 하지 않는 자에게라도, 비법으로써 어지럽히고, 욕을 하며, 헐뜯고, 손에 칼과 몽둥이를 쥐고 때리며, 만약 의발을 빼앗고, 여러 생활도구를 빼앗는 자라면, 삼세제불의 진실한 보신(報身)을 망가뜨리는 것이며, 모든 천인(天人)의 눈을 도려내는 것이다. 이 사람은 제불께서 가지신 정법과 삼보의 종(種)을 은몰[80]했기 때문에 모든 천인들로 하여금 이익을 얻지 못하게

---

80 삼보의 종(種)을 은몰했다는 것은, 곧 '부처님의 모습[佛], 부처님의 가르침[法], 가르침

하였고, 지옥에 떨어지게 했으며, 삼악도를 늘려서 가득 차게 했기 때문이다.

이때 다시 일체 천·용 내지 일체의 가타부단나(迦吒富單那)[81]·인비인(人非人)[82] 등이 모두 합장하며 이렇게 말하였다.

'우리는 부처님의 일체 성문제자에 대해서 내지는 또한 금계를 지키지 않는 자에 대해서도, 머리와 수염을 깎고, 가사 조각을 걸친 자에 대해서도 스승으로 생각하고 호지하며 양육하고 모든 곳에서 궁핍함이 없도록 하겠습니다. 만약 다른 천·용 내지 가타부단나 등이 괴롭히거나, 악심을 가진 눈으로 바라보거나 하면, 우리는 모두 함께 그 천·용·부단나 등의 여러 가지 상을 이지러지고 추하게 해서 그들로 하여금 다시는 우리와 함께 살거나 먹지 않게 하겠습니다. 또한 같은 곳에서 웃고 즐거워하지 않게 하도록 이렇게 배척하는 벌을 하겠습니다.' [이상 취의]

같은 경에서 또 다음과 같이 설하였다.

"이때 세존께서 상수(上首) 제자 미륵과 이 세계의 모든 보살마하살에게 말씀하셨다.

'모든 선남자들아, 나는 과거 보살도를 행하던 시절에 과거의 제불여래께 공양을 했으며, 이 선근으로 나는 삼보리(三菩提)의 인을 삼았다. 나는 지금 여러 중생을 가련히 여기기 때문에 이 과보를 3분(分)으로 나

. . . .

을 전할 공동체[僧]를 사라지게 하고 말았다는 의미이다.

81 기취귀(奇臭鬼)로 번역한다. 악취가 무척 심하다고 한다.

82 긴나라(緊那羅)의 번역어이다. 구역에서는 인비인(人非人), 신역에서는 가신(歌神)으로 번역되었다. 이를 '인·비인'으로 읽을 경우, '비인'은 인간이 아닌 천·용 혹은 야차·악귀 등을 가리키며, 의미가 고정되어 있지는 않다.

누어서 1분은 나 자신이 받고, 2분은 내가 입멸한 후에 선(禪)해탈삼매에 견고하게 매진하는 성문에게 주어서 곤궁함이 없게 할 것이다. 3분은 저 파계는 했지만, 경전을 독송하며, 성문에 상응하여 정법·상법의 세상에 머리를 깎고 가사를 걸친 자에게 주어서 곤궁함이 없게 할 것이다.

미륵이여, 나는 지금 다시 이 삼업 수행에 상응하는 여러 성문중· 비구·비구니·우바새·우바이를 너의 손에 맡긴다. 궁핍하거나 고독하게 죽게 하지 말라. 정법·상법의 시대에 금계를 파하고, 가사를 걸친 자를 너의 손에 맡긴다. 그들이 여러 물자가 부족하여 가난하게 일생을 마치게 하지 말라. 또한 선타라왕(旋陀羅王)[83]이 함께 서로 뇌해(惱害)를 하여 심신에 고통을 입지 않도록 하라. 내가 지금 다시 저 여러 시주들을 너의 손에 맡긴다.'"[이상]

파계마저도 오히려 이러한데 하물며 지계함에랴. 성문마저도 오히려 이러한데 하물며 보리심을 발하여 지성으로 염불함에랴.

묻는다

만약 파계인도 또한 천·용이 호념하는 바가 된다면, 어찌하여 『범망경』에서는 "5천 귀신이 파계 비구의 자취를 지워 버린다."고 하였으며, 『대반열반경』에서는 국왕·군신 및 지계 비구가 응당 파계한 자를 벌하고, 멀리 축출하며, 꾸짖어야 한다고 하지 않았는가?

답한다

만약 도리에 맞게 벌한다면, 부처님의 가르침에 순종하게 되지만, 이치가 아니면 마음이 혼란하게 되어 다시 부처님의 뜻에 어긋나기 때문에

---

83 부처님께서 교화한 용왕. 선타리(旋陀利)라고도 표기한다.

서로 모순되지 않은 것이다. 예를 들면 「월장분」에서 부처님께서 말씀하셨다.

"국왕·군신은 출가자가 대죄업·대살생·큰 도둑질·비범행(非梵行)·대망어 및 다른 불선을 하는 것을 보면, 이러한 무리들을 다만 여법하게 국토와 성읍, 촌락에서 축출하여 절에 있게 하지 말아야 한다. 또한 함께 승가 사업을 할 수 없고, 이익의 분도 함께 가져서는 안 된다. 채찍질해서는 안 되며, 만약 채찍질하는 자는 도리에 합당하지 않게 된다. 또한 입으로 욕을 해서는 안 되며, 일체 그 몸에 벌을 가해서는 안 된다. 만약 법을 어기고 벌을 가하는 자는 바로 해탈로부터 물러나게 되며, 반드시 아비지옥으로 떨어지게 된다. 하물며 부처님을 위하여 출가하고, 빠짐없이 지계하는 자를 채찍질 함에랴.'"[간략하게 인용]

묻는다

인간이 배척하여 다스리는 것에 차별이 있는 것은 당연한 일인데, 제천·용신·귀신 등의 비인(非人)의 행은 아직 이해되지 않는다.『범망경』에서는 "항상 자취를 치워 버린다."고 하였으며,『월장경(月藏經)』에서는 "항상 공급한다."고 하였다. 어찌 이러한 어그러짐이 있는가?

답한다

죄복의 의미를 알기 위해서는 반드시 사람의 행을 결단해야 하며, 반드시 비인의 소행을 결단할 필요는 없다. 제복시키거나, 풀어 주거나, 각자 커다란 이익이 있다. 혹은 또 인간의 마음이 같지 않은 것처럼, 비인이 원하는 것도 같지 않을 따름이다. 후학인에게 응당 결론을 맡긴다.

묻는다

앞의 문답에 이어서 묻게 되는 것인데, 저 계를 파한 출가인에 대해 공양하면서 혼란스럽게 만든다면 어떠한 죄복을 얻는가?

답한다

『지장십륜경(地藏十輪經)』게송에서 다음과 같이 설하였다.

> 항하의 모래알같이 많은 부처님의
>
> 해탈당의(解脫幢衣)를 입은 자에게
>
> 악심을 일으키면
>
> 무간지옥에 떨어지게 되리니.[가사를 해탈당의(解脫幢衣), 즉 깨달음의 옷이라고 한다.]

『대방등대집경』「월장분」에서 다음과 같이 설하였다.

"만약 그를 고통스럽게 하면, 그 죄가 만억 부처님의 몸에서 피가 나게 한 것보다 클 것이다. 만약 그를 공양하면 무량 아승기 대복덕을 쌓게 될 것이다."[취의]

묻는다

만약 그렇다면 일념으로 그를 공양해야 하는데, 어찌하여 벌하여서 큰 죄보를 불러들이는가?

답한다

만약 그가 힘이 있는데도 죄과를 징벌하지 않는다면 그것도 죄과가 된다. 이는 불법에 큰 적이 될 것이다.

그러므로 『대반열반경』제3권에서 다음과 같이 설하였다.

"법을 지키는 비구가 정법을 어기는 파계자를 보면 응당 추방하고, 꾸짖으며, 죄를 규명해야 한다. 만약 선(善) 비구가 법을 어기는 자를 보고도 내버려 두고서 꾸짖고, 추방하고, 죄를 규명하지 않는다면, 이 사람은 불법의 적이 된다는 것을 알아야 한다. 만약 추방하고, 꾸짖고, 죄를 규명할 수 있다면, 이가 곧 나의 제자이고, 진정한 성문이다. 내지는 여러 국왕 및 사부대중은 응당 여러 학인들에게 증상(增上)의 계·정·혜를 얻을 수 있도록 장려해야 한다. 만약 이 삼품(三品)의 법을 배우지 않고, 게으르며, 파계하여 정법을 훼손하는 자가 있다면, 왕·대신·사부대중이 응당 징벌하여야 한다."

또 다음과 같이 설하였다.

"만약 어떤 비구가 비록 금계를 지키지만 이양(利養)을 위하여 파계자와 함께 기거왕래하며, 함께 친하게 지내면서 그 사업을 같이한다면 이를 파계라 할 수 있다. …(중략)… .

만약 어떤 비구가 아란야처에 있었는데 모든 근기가 뛰어나지 못하고, 어둡고 둔하여 욕심이 적고 걸식을 하였다. 설계(說戒)의 날[84] 및 자자(自恣)를 하는 때[85]에 여러 제자들에게 청정 참회를 가르치는데, 제자가 아닌 자가 많은 금계를 범하는 것을 보고도 가르침을 이행하지 못하여 청정 참회를 시키지 못했다. 그럼에도 불구하고 함께 계를 설하고

----

84 승려들이 모여서 자신의 행위를 반성하고, 죄 지은 것을 고백·참회하는 모임으로 이를 포살(布薩)이라고 한다. 포살을 할 때는 계율의 조문인 계본을 읽는다.

85 인도의 우기에 해당되는 3개월간 승려들은 외출을 하지 않고 수행에 전념하는데, 이를 안거(安居)라고 한다. 일반적으로 7월 16일에 안거가 끝나며, 이날 안거 중에 지은 죄의 유무를 묻는 모임을 갖게 되는데, 이를 자자(自恣)라고 한다.

자자(自恣)를 한다면 이것을 우치승(愚癡僧)이라 하였다."[이상 간략하게 인용하였다.]

과하거나, 미치지 못하거나 모두 부처님의 가르침에 어긋나는 것이다. 이상의 논의는 부처님의 진실한 뜻을 얻기 위한 것이다.

제10. 조도인법(助道人法)

이는 대략 세 가지가 있다. 첫째, 내외의 율[86]에 밝아서 장애를 없애 줄 수 있는 명사(明師)를 골라 공경하고 배워야 한다. 그러므로 『대지도론』에서 이르기를, "또한 비가 내리면 산꼭대기에 머무르지 않고 반드시 아래로 흘러내려 가는 것과 같다."고 하였다. 만약 사람이 교만심에 스스로를 높이면 가르침의 법수(法水)가 들어오지 않는다. 만약 좋은 스승을 공경하면 공덕이 그에게 돌아간다.

둘째, 동행과 함께 험한 곳을 가거나, 내지는 임종에 이르기까지 서로 권면하여야 한다. 그러므로 『법화경』에서 이르기를, "선지식은 큰 인연이다."라고 하였다. 또한 아난이 선지식은 (불도를 성취하는 요인의 절반을 책임지는) 반인연(半因緣)이라고 하자, 부처님께서 "그렇지 않다. 전인연(全因緣)이다."라고 말씀하셨다.[87]

셋째, 염불에 상응하는 경문에 대해 항상 수지하고, 읽고, 학습해야

....

86　보통 불교의 전적을 내전(內典), 외도·이교의 전적을 외전(外典)이라고 하는데, 여기에서는 겐신[源信]이 속한 천태종을 기준으로 하여 범망보살계를 내율, 소승사분율을 외율로 부르고 있다.

87　『부법장인연전(付法藏因緣傳)』 권6 인용.

한다.

그러므로『반주삼매경』에서 다음과 같이 게송을 설하였다.

　　이 삼매경은 진실한 부처님의 말씀이다.
　　만약 멀리 이 경문이 있는 것을 들으면
　　도법을 사용하기 위해 가서 듣고
　　일심으로 외워서 잊어버리지 말라.
　　혹시 가서 구했으나 듣지 못하더라도
　　그 공덕과 복은 다함이 없으니
　　그 덕의(德義)를 헤아릴 수가 없다.
　　하물며 다 듣고 나서 바로 수지함에랴.[40리, 4백 리, 4천 리를 먼 곳이라고 말한다.]

묻는다
어떠한 경문들이 염불에 상응하는가?

답한다
앞에서 인용한 서방 극락정토의 증거와 같은 것이 모두 그러한 경문이다. 그러나 서방 극락정토에 대한 관행(觀行) 및 구품의 행과(行果)를 바르게 밝히는 것에 있어서는『관무량수경』제1권만 같지 못하다.[1권은 강량야사(畺良耶舍)역이다.]

아미타불의 본원 및 극락의 자세한 상에 대해 설한 것은『무량수경』2권만 한 것은 없다.[2권은 강승개(康僧鎧)역이다.] 제불의 상호 및 관상(觀相)의 멸죄에 대해 설명한 것은『관불삼매해경(觀佛三昧海經)』만 한 것이 없다.[10권 혹은 8권은 각현(覺賢)역이다.]

부처님의 색신·법신의 상 및 삼매의 뛰어난 이익에 대해 설명한 것으로는『반주삼매경』[3권 혹은 2권은 지루가참(支婁迦讖) 역이다.]·『염불삼매경』[6권 혹은 5권. 공덕직(功德直)과 공현창(共玄暢) 역이다.]만 한 것이 없다. 수행 방법을 밝힌 것으로는 위에서 말한 세 경 및『시왕생경(十往生經)』[1권]과·『십주비바사론』[14권 혹은 12권. 용수 저술, 구마라집역]에 견줄 만한 것이 없다.

매일의 독송은『소아미타경』[1권 5지(紙). 구마라집역], 게송을 묶어서 총설한 것은『무량수경우바제사원생게(無量壽經優婆提舍願生偈)』[혹은『정토론』이라고도 하고,『왕생론』이라고도 한다. 세친(世親) 저술, 보리류지(菩提留支), 1권]에 비할 것이 없다. 수행 방법이 많이 실려 있는 것은『마하지관』[10권] 및 선도 화상의『관념법문(觀念法門)』과『육시예찬(六時禮讚)』[각 1권]이 있다. 문답에 의한 교리 논의[問答料簡]는 대부분『천태십의(天台十疑)』[1권], 도작 화상의『안락집』[2권], 자은(慈恩) 대사의『서방요결(西方要決)』[1권], 회감 화상의『석정토군의론(釋淨土群疑論)』[7권]에 실려 있다.

왕생한 사람에 대해 기록한 것은 대부분 가재(迦才) 스님의『정토론』[3권] 및『서응전(瑞應傳)』[1권]에 실려 있으며, 그 밖에도 많지만 그 요체는 이보다 못하다.

묻는다

수행자는 스스로 저 여러 경문들을 배워야 한다. 무슨 까닭에 지금 수고로이 이 글을 쓰는 것인가?

답한다

전에도 말하지 않았는가? 나와 같은 자는 널리 경문을 읽기 힘들기 때문에 그 약간의 요문을 베끼는 것이다.

묻는다

『대방등대집경』에서 이르기를, "혹은 경법을 베끼면서 문자를 탈락시키거나, 혹은 다른 법을 손상시키며, 혹은 다른 경을 암장시킨다면, 이러한 업연으로 인해 금생에 맹인이 되는 과보를 얻을 것이다."라고 하였다. 그러나 지금 경론을 베끼면서 혹은 많은 문장을 줄이고, 혹은 전후를 어지럽히는 것은 응당 맹인으로 태어나야 하는 인(因)이 될 것이다. 어찌하여 스스로 해하겠는가?

답한다

천축과 진단(震旦)의 논사·인사(人師)는 경론의 문장을 인용할 때, 대부분 생략하여 뜻을 취한다. 그러므로 경의 뜻을 오류로 어지럽히는 것은 맹인으로 태어나는 인(因)이 되지만, 문자를 생략하는 것은 맹인의 인(因)이 아니라는 것을 알아야 한다.[혹은 또 저 십법행(十法行) 중에서 처음 사경하면서 문장을 빼먹는 것은 잘못이지만, 설명 등을 위해서 베끼는 것은 잘못이 아니다.] 하물며 베끼는 것의 대부분이 정문(正文) 혹은 여러 스님들이 내놓은 글을 인용하는 것임에랴. 또한 복잡한 문장을 내놓을 수 없을 때는 주에 혹은 '내지(乃至)'라고 하거나, '약초(略抄)'라고 하거나, 혹은 '취의(取意)'라고 하였다. 이는 곧 학자로 하여금 본문을 교감하기 쉽게 하려는 것이다.

묻는다

인용한 정문은 진실로 믿을 수 있는 것인가? 단지 자주 자신의 말을 더하고 있는 것은 사람들의 비방을 부르지 않겠는가?

답한다

비록 정문이 아니라도 이치를 잃은 것은 아니다. 만약 오류가 있다면 진실로 그것을 고집하지 않고, 보는 자가 취사하여 바른 이치에 따르게 하려 한다. 만약 비방이 나온다 해도 또한 굳이 사양하지 않겠다.

『화엄경』에서는 다음과 같이 게송을 설하였다.

　　만약 보살의 수행이

　　갖가지로 행해지는 것을 보면서

　　선심·불선심을 일으킨다 해도

　　보살은 모두 수용할 것이다.[이상]

비방을 하는 것 또한 연을 맺는 것[結緣]임을 응당 알아야 한다. 내가 만약 도를 얻는다면 저들을 이끌어 주고자 한다. 저들이 만약 도를 얻었다면 나를 이끌어 주기를 바란다.[내지] 보리를 이루기까지는 서로 사제가 되었으면 한다.

묻는다

경론을 인용하는 것, 논을 만들어내는 것으로 많은 시간 붓을 물들이며 심신을 수고롭게 하였다. 그 공이 없는 것은 아닐 것이다. 무엇을 기대하고 있는 것인가?

답한다

이 여러 공덕에 의하여 목숨이 끝날 때에 아미타불의 무변공덕신을 보고자 한다. 나도, 다른 신자도 저 부처님을 볼 수 있다면, 원컨대 허물을 여읜 눈을 얻어서 무상보리를 증득하고자 한다.

- 끝 -

영관(永觀) 2년 갑신년 겨울 11월, 천태산 연력사(延曆寺) 수릉엄원(首楞嚴院)에서 이 글을 찬집하였으며[1], 다음 해 여름 4월에 그 공을 마쳤다. 어떤 승려가 꿈을 꾸었는데, 비사문천(毘沙門天)[2]이 두 동자를 데리고 와서 일러 주었다.

겐신[源信]이 찬술한 『왕생요집』은 모두 경론의 문장이다. 한 번씩 이것을 보고, 이것을 들은 사람은 무상보리를 증득하게 될 것이다. 아무쪼록 게송 하나를 더해서 널리 유포하게 해야 한다.

다른 날에 이 꿈에 대해 말했기 때문에 게송을 지었다.

부처님의 가르침과 바른 이치에 의지하여
중생들에게 왕생극락을 권진하니
한 번이라도 들은 자는
함께 속히 무상각을 증득하고저.

불자 겐신[源信]이 잠시 본산을 떠나서 서해도 여러 주의 명산과 영굴(靈窟)을 두타(頭陀)할 때, 멀리서 온 객을 상륙한 날에 의도하지 않게 만나게 되었으니, 이는 전생의 인(因)이었다. 서로 말이 통하지 않았지만, 조정으로 돌아가야 할 날이 촉박하게 되자, 새삼스럽게 편지에 심회를 썼다.

....

1   이 해는 서기 984년이며, 당시 겐신[源信]의 나이는 43세였다.
2   불교를 수호하는 사천왕의 하나이며, 다문천(多聞天)으로 번역한다.

겐신이 송나라 주문덕에게 보낸 편지

곁에서 듣기로는, 법공(法公)의 본국에서는 삼보가 홍하다고 하니, 매우 기쁩니다. 동쪽에 있는 우리나라에 전해진 가르침도 불일(佛日)이 재차 중천에 이르러서 지금은 극락계를 마음에 새기고 『법화경』에 귀의한 자가 무척 많습니다. 저도 극락을 염하는 자의 한 명입니다만, 본디의 습(習)이 깊기 때문에 『왕생요집』 3권을 지어 관상(觀想)과 염불에 대비하고 있습니다. 대저 한 천지 아래 한 법 안에 있으면 모두 사부대중인데 어디에 친소가 있겠습니까? 그러므로 이 글을 감히 귀국하시는 배에 부탁하는 것입니다. 저희 본국에서도 여전히 그 졸렬함이 부끄러운데, 하물며 타향에서야 어떠하겠습니까. 그러나 본디 한 서원을 발하기를, 비방하는 자가 있거나, 칭찬하는 자가 있거나, 모두 나와 함께 왕생극락의 연을 맺고자 하였습니다. 또한 스승 고 지에 대승정[慈惠大僧正][휘는 료겐(良源)]은 『관음찬(觀音讚)』을 지었고, 요시시게노 야스타네[慶慈保胤]는 『십육상찬(十六相讚)』 및 『일본왕생전』을 저술하였습니다. 전진사(前進仕) 미나모토노 타메노리[源爲憲]는 『법화경부(法華經賦)』를 지었습니다.

또한 마찬가지로 그대에게 드려서 이역의 동지들에게도 이 책들을 알게 하고자 합니다. 오호라! 일생은 지나가기 쉽고, 두 언덕[兩岸]은 아득하게 먼데, 나중에 만날 수 있을까요? 눈물을 뿌릴 뿐입니다. 글로써 다 적지 못하겠습니다.

정월 15일 천태 능엄원 모 올림
대송국 모 빈려하(賓旅下)

송나라 주문덕이 겐신에게 보낸 답장

대송국 태주(台州) 제자 주문덕(周文德)이 삼가 올립니다. 중춘이 점차 따스해지고, 온화한 바람이 아스라이 흩어집니다. 엎드려 생각건대 법위께서는 평안하게 잘 계신지요? 근황을 자세히 살피지 않아서 두렵고 불안합니다.

저 주문덕이 귀국한 초기에 먼저 스님 계신 선실(禪室)을 향하여 예배를 하고, 작년 겨울 동안에 적당한 인편이 있어서 상세한 사정을 편지로 올렸습니다. 그때 대부(大府)³의 관수(貫首)께서 풍도(豊島)의 재인(才人)에게 서간 하나를 보내셔서 올렸는데, 읽어 주셨으면 하고 있습니다. 조석으로 계속 마음에 걸려 있었습니다만, 애태우던 차에 다른 인편을 만나서 소중히 보냅니다. 오직 대사께서 고르신『왕생요집』3권은 받들어 천태 국청사(國淸寺)에 보냈는데, 이미 잘 도착하였습니다. 그때 그것을 전한 승려에게 수령장을 청하여 받아 두었습니다. 이에 도속 귀천이 기뻐하며 귀의하여 남녀 제자 5백여 인이 결연하고, 각자 경건한 마음으로 정재를 희사하여 국청사에 보시했습니다. 50칸의 낭실을 축조하고, 기둥을 칠하고, 벽에 그림을 그려서 내외를 장엄했으며, 공양 예배하고 우러르며 찬탄했습니다. 불일(佛日)은 거듭 빛나고, 법등은 밝게 타오르며, 불법 흥륭의 터전, 왕생극락의 인연이 다만 여기에 있을 뿐입니다.

바야흐로 지금 저 주문덕이 황공하옵게도 쇠락한 시기에 의식의 어려움을 면했습니다. 황제의 은택을 우러르며, 칙명을 멀리하지 못했

---

3   중국의 관청명.

습니다. 하루의 식량을 아껴먹으며, 시루는 겹쳐진 그대로 먼지를 쌓고 있는 괴로운 생활을 견디고 있습니다만, 어떻게 기근의 의혹을 피할 수 있겠습니까.

엎드려 대사에게 조감(照鑑)을 드리워 주시길 간청하오니, 제자는 북받치는 감정을 이기지 못하겠습니다. 삼가 예를 표하고 편지를 올립니다. 말로써 다하지 못하겠습니다.

2월 11일
대송국 제자 주문덕 올림
근상(謹上) 천태 능엄원 원신 대사 선실 법좌전(法座前)

원본의 이본 오서(奧書)

『왕생요집』은 일대 성교(聖教)의 간심(肝心)이며, 구품 왕생의 중요한 지행(智行)이다. 비록 유포된 것은 많으나, 인쇄된 본은 매우 적다. 나무틀에 문자를, 관화(貫花)에 게송 구절을 새겼으나, 그 뜻과 의도가 그 힘에 상응하지 못했다. 삼보에 기도하고 청하며, 여러 사람에게 권진하여 이 공덕이 익어 가도록 도우며, 문지방 안에서 내밀하게 행했던 것을 세간에까지 널리 퍼지도록 하였다. 만약 빌려 달라고 청하는 무리가 있으면 아까워하지 않을 따름이다.

　인안(仁安) 3년 6월 19일에 조각을 완료했다.

　승원(承元) 4년 4월 8일에 조각을 완료했다.

　원주(願主) 대법사 실안(實眼)은 미력이나마 자심(自心)으로 재보를 불계에 회사할 것을 권장하여 공덕을 간청한 것이 1백 매(枚)에 이르렀다. 다만 이 경판 모형은 성인이 시방에 권진하여 그 전의 것에 대조하여 조각한 것이나, 이곳에서 생각지 못한 실화를 당해서 다 타 버렸다. 자력으로 그것을 새긴 것으로 인하여 바로 사은(四恩)이 되어 칠세 무연(無緣)의 법계에서 성불하여 득도할 것이다.

갑본(甲本) 오서(奧書)

지금 이 『왕생요집』은 횡천(橫川)에서 나와서 사해로 흘러 전해진 것이다. 단지 문자의 가감이 있었으나, 무엇이 옳고 무엇이 그르겠는가. 문장의 뜻이 다 뛰어나니 취사할 근거가 없다.

　널리 여러 문장을 숙고하면, 혹은 고본에서 이르기를, "이 본문은 양 본이 있는데, 당에 보낸 본과 일본에 머물러 있던 본이다. 지금 이 본은 당에 보낸 본이다. 기원정사(祇園精舍) 무상원(無常院)의 문장에도 두 행이 다른 것이 있는데, 이는 일본에 남은 본이다."라고 하였다.[이상] 그러므로 당에 보낸 본은 다시 조사하여 교정한 재치(再治)본임이 분명하다. 지금은 당에 보낸 본을 개판하여 새긴 것이다. 이 공덕으로써 자리이타(自利利他)를 이루고, 나와 중생이 정토에서 만나게 되어지이다.

　건장(建長) 5년(1253) 계축년 4월에 각조를 시작하여 9월에 마치다.

원주 도묘(道妙)

을본(乙本) 오서

연구(延久) 2년(1070) 4월 10일.

평등원(平等院) 남천방(南泉坊)에서 많은 본을 모아서 읽고 서로에게 주었다. 그중 좋은 본에 히노[日野]가 표점을 다 찍었다. 그 무리가 황궁 대부전(大夫殿)에 모였으며, 초고카보[張護樺尾] 아사리를 강사로 삼았다. 운운.

승안(承安) 원년 12월 11일 서사를 마치다.

사문 코에[弘惠]본이다.

전령(傳領) 추다츠[十達]

전령(傳領) 에이코[英弘]

오른쪽 『왕생요집』 상·중·하 3권을 감득하였다.

경안(慶安) 3년(1651) 11월 중순에 전령 노승 손준[尊純]이 기록하다.

역자 후기

햇수로는 3년에 걸쳐 번역해 온 『왕생요집(往生要集)』을 마침내 세상에 내놓게 되었다. 『왕생요집』이 세상에 나온 시기가 영관(永観) 3년 혹은 관화(寛和) 1년으로 되어 있으니, 거의 천여 년이 지난 다음에 한국에서 번역된 것이다.

내가 『왕생요집』을 번역하게 된 것은 박사학위논문 주제가 「동아시아 염불결사의 연구: 천태교단을 중심으로」였기 때문이었다고 말해도 좋을 것이다. 한국과 중국, 일본의 아미타정토신앙결사들을 비교 연구한 학위논문에서 일본 히에이잔 염불결사인 '25삼매회'의 지도자 역할을 했던 겐신[源信]이 바로 『왕생요집』의 저자이기 때문이다. 학위논문을 쓰면서 겐신과 중세 일본교단의 승려들이 결사의 형태로 신앙과 포교를 실현했던 과정에 강한 흥미를 느꼈었는데, 결국엔 이렇게 사상적 구심점이 되었던 문헌을 번역하게 되는 인연으로 맺어지게 된 것이다.

본문 안에서 겐신 자신의 염불관과 정토관을 중간중간 서술하고 있지만, 이 『왕생요집』의 상당 부분은 저술 시점인 10세기 말 이전의 모든 정토교학 관련 경전과 주석서들의 인용문으로 채워지고 있다. 책 제목에 '요집(要集)'이라는 이름이 붙은 것도 바로 이러한 이유 때문일 것이다.

저자가 중세 일본 천태교단의 승도(僧都)인 겐신이기는 하지만, 이 책은 일본불교보다는 주로 중국불교의 정토문헌과 교가들에 대해 다루고 있다. 또한 신라 출신의 원효, 의적, 경흥 등의 논서도 자주 인용하고 있다. 따라서 본『왕생요집』은 중세 일본 불교교단에서 나왔으되, 동아시아적 범주의 정토불교문헌으로 보는 것이 맞을 것이다.

본『왕생요집』은 이처럼 정토사상에 관해 논하고 있는 거의 모든 불교문헌을 망라하고 있을 뿐만 아니라, 신앙인으로서 가질 만한 의심에 대해서도 솔직하게 고백하고 이에 대한 답을 구하는 등 다양한 면모를 보여 준다.

역자가 번역한 저본은, 겐신이 쓴 원문을 교감하여 송의 주문덕(周文德)에게 보낸 본을 건장(建長) 5년(1253) 계축년에 개판하여 새긴 것이다. 번역을 진행하는 과정에서 본문의 오·탈자 여부가 의심스러운 경우를 만나게 되면, 일본에서 현대일본어로 번역된 역주본 3종[石田瑞麿·梯 信曉·川崎庸之]을 상호 비교하며 교감했다. 번역 작업은 원문에 충실하되, 기본적으로 불교에 대해 흥미를 가지고 있거나, 불교신앙을 가지고 있는 독자들을 기준으로 진행했다. 이는 다시 말해, 괄호나 각주 등으로 최대한 독자의 이해를 돕되, 원문의 용어나 문맥들은 거의 바꾸지 않았다는 것이다.

그 광범위한 동아시아 정토교학의 바다를 넘나드는 원문에서 헤매느라 무척 고생을 하기는 했지만 곳곳에서 나타나는 저자의 솔직하고도 예리한 시각들이 청량제처럼 내 의식을 각성시키는 체험을 한 적이 많았다. 중생으로서 사는 삶의 한계에 대한 통찰과 구원에 대한 열망, 흔들림 없는 신앙 안에서도 치열하게 궁구하는 학자적 태도, 그리고 무엇보다도 물음과 답의 형태로 정토교학의 논증을 진행해 가면서 다양한 독자층의 수준을 감안하는 방식은 21세기의 사람들에게도 울림이 있으리라 생각한다.

나보다 좀 더 학문적 권위를 가진 분들이 이 책을 번역했더라면 그 안의 경문과 사유, 통찰의 언어들이 좀 더 빛이 났으리라는 생각도 하지만 이 또한 인연(因緣)이리라, 내 마음 편한 대로 아쉬움을 놓아 버리기로 했다.

　　『왕생요집』의 후기에는 이 책의 찬집을 마친 후, 어떤 승려의 꿈속에서 비사문천이 동자 둘을 데리고 나타나 일러 주더라는 얘기가 나온다. 이 번역서가 세상에 유통될 즈음에 행여라도 겐신이 내 꿈속에 나타나지 않을까 조금은 두렵다.

　　천여 년이 지나 바다 건너 이웃나라에까지 이 책을 알려 줘서 고맙다고 하시려나, 그 얄팍한 재주로 귀한 법문을 어지럽혔다고 야단을 치시려나.

저자 겐신[源信]

『왕생요집(往生要集)』의 저자 혜심승도(惠心僧都) 겐신[源信, 942~1017]은 헤이안 시대 말기인 천경(天慶) 5년에 대화국(大和國: 현 나라현) 갈성하군(葛城下郡) 당마향(當麻鄉)에서 태어났다. 부친은 우라베 마사치카[占部正親], 모친은 키요하라씨[淸原氏] 집안 출신으로 알려져 있다. 겐신의 출가에 영향을 준 모친은 신심 깊은 정토 수행자였으며, 세 누이와 함께 비구니가 되었다. 그는 어린 나이에 히에이잔에 출가하여 지에 대승정[慈慧大僧正] 료겐[良源, 912~985]에게 천태교학을 배웠다. 32세에 광학수의(廣學竪義)에 급제했으나, 비예산(比叡山) 횡천(橫川)에서 은둔하며 염불 실천과 교학에 매진했다. 63세에 권소승도(權少僧都)에 임명되었으나, 다음 해에 사퇴했다.

그의 저서에는 『일승요결(一乘要訣)』 3권, 『인명론소사상위략주석(因明論疏四相違略註釋)』 3권, 『대승대구사초(大乘對俱舍抄)』 14권, 『아미타경략기(阿彌陀經略記)』 1권, 『왕생요집』 3권, 『존승요문(尊勝要文)』, 『침초자(枕草子)』, 『태종의문(台宗疑問)』, 『백골관(白骨觀)』, 『구사송소정문(俱舍頌疏正文)』, 『관심략요집(觀心略要集)』 2권 등이 있으며, 『혜심승도전집(惠心僧都全集)』 5권 안에 약 90부의 저작이 실려 있다.

겐신은 천태교학에만 머무르지 않고, 구체적인 수행을 통해 구도의 길을 밝히고자 했으며, 아미타왕생신앙을 실천함으로써 아침 제목[朝題目]·저녁 염불[夕念佛]의 실천을 기반으로 하는 천태정토교의 대표적인 사상가가 된다. 겐신의 천태정토교 이론과 실천을 핵심적으로 체계화한 저술이 바로 이 『왕생요집』이다.

겐신이 44세가 되는 해인 관화(寬和) 원년(985)에 『왕생요집』을 저술하자 이내 히에이잔의 승려들을 비롯하여 헤이안 말기 귀족사회에 큰 반향을 일으키게 된다. 관화 2년(986) 5월, 횡천 수릉엄원의 승려 25인이 근본결중이 되어 결성한 염불결사인 25 삼매회도 『왕생요집』을 실천의 소의경전으로 삼았다.

또한 『왕생요집』은 가마쿠라 시대 정토교의 대성자인 호넨[法然, 1133~1212]과 그의 계승자인 신란[親鸞, 1173~1263]에게도 적지 않은 영향을 미치게 된다. 『왕생요집』의 영향력은 『원씨물어(源氏物語)』나 『화영물어(華英物語)』, 『평가물어(平家物語)』 등의 문학작품과 미타회(彌陀繪), 지옥변상도 등 불교미술에까지 나타난 것은 물론, 여러 사찰에서 아미타당이나 왕생극락원 등의 임종행의(臨終行儀)를 위한 전용공간이 만들어지게 되었다.

역자 김성순

1967년생. 서울대 종교학과 대학원에서 2007년에 「중국종교의 도·불교섭에 나타난 수행론: 당·송대를 중심으로」를 주제로 석사학위를 받았으며, 2011년에 동대학원에서 「동아시아 염불결사의 연구: 천태교단을 중심으로」를 주제로 박사학위를 받았다. 이후 원광대 마음인문학연구소 HK연구교수, 캐나다 브리티시컬럼비아 대학에서 Post-Doctoral Research Fellow, 금강대 불교문화연구소 HK연구교수, 서울대 종교문제연구소 객원연구원을 거쳤으며, 현재 동국대·한국전통문화대 강사를 역임하고 있다.

왕생요집

수행과 구원의 서사

ⓒ 김성순, 2019

2019년 3월 28일 초판 1쇄 발행
2025년 4월 25일 초판 2쇄 발행

지은이 겐신 • 옮긴이 김성순
발행인 박상근(至弘) • 편집인 류지호 • 편집이사 양동민
편집 김재호, 김소영, 양민호, 최호승, 정유리 • 디자인 쿠담디자인
제작 김명환 • 마케팅 김대현, 김대우, 이선호, 류지수 • 관리 윤정안
콘텐츠국 유권준, 김희준
펴낸 곳 불광출판사 (03169) 서울시 종로구 사직로10길 17 인왕빌딩 301호
대표전화 02) 420-3200 편집부 02) 420-3300 팩시밀리 02) 420-3400
출판등록 제300-2009-130호(1979. 10. 10.)

ISBN 978-89-7479-662-4 (93220)

값 25,000원